古典文獻研究輯刊

十九編

潘美月・杜潔祥 主編

第2冊

群書校補（續）
——傳世文獻校補（第二冊）

蕭旭 著

國家圖書館出版品預行編目資料

群書校補（續）——傳世文獻校補（第二冊）／蕭旭 著 -- 初
版 -- 新北市：花木蘭文化出版社，2014〔民 103〕
目 4+324 面；19×26 公分
（古典文獻研究輯刊 十九編；第 2 冊）
ISBN 978-986-322-862-2（精裝）
1.古籍 2.校勘
011.08   103013706

ISBN-978-986-322-862-2

9 789863 228622

古典文獻研究輯刊
十九編　第二冊
ISBN：978-986-322-862-2

群書校補（續）——傳世文獻校補（第二冊）

作　　者　蕭旭
主　　編　潘美月　杜潔祥
總 編 輯　杜潔祥
副總編輯　楊嘉樂
編　　輯　許郁翎
企劃出版　北京大學文化資源研究中心
出　　版　花木蘭文化出版社
社　　長　高小娟
聯絡地址　235 新北市中和區中安街七二號十三樓
　　　　　電話：02-2923-1455 ／傳真：02-2923-1452
網　　址　http://www.huamulan.tw 信箱 hml810518@gmail.com
印　　刷　普羅文化出版廣告事業
初　　版　2014 年 9 月
定　　價　十九編 18 冊（精裝）新台幣 32,000 元

群書校補(續)
——傳世文獻校補(第二冊)

蕭　旭　著

目次

第一冊

序　虞萬里

序　曾良

簡帛校補 ·· 1

《清華竹簡（一）》校補 ···························· 3

《睡虎地秦墓竹簡》校補 ·························· 19

馬王堆帛書（一）《九主》《明君》《德聖》校補····· 67

馬王堆漢簡（四）《天下至道談》、《合陰陽》校補 · 75

《銀雀山漢墓竹簡（一）》校補 ················ 89

《銀雀山漢墓竹簡（二）》校補 ·············· 123

張家山漢簡《脈書》《引書》校補 ·············· 167

尹灣漢簡《神烏傅（賦）》校補 ················ 193

第二冊

傳世文獻校補 ································ 201

《鶡子》校補 ·································· 203

《國語》補箋 ·································· 213

《鬼谷子》校補 ································ 227

《商子》校補 ·································· 285

《孔子家語》校補 ····························· 331

第三冊

《新語》校補 ·································· 525

《賈子》校補 ·································· 547

第四冊

《列女傳》校補 ································ 787

《鹽鐵論》校補 ································ 869

桓譚《新論》校補 ····························· 1001

第五冊

《孔叢子》校補 ································ 1037

《越絕書》校補（續） ························ 1103

《吳越春秋》校補 ····························· 1177

《金樓子》校補 ································ 1241

第六冊

敦煌文獻校補 ····························· 1315

　敦煌變文校補（二）····················· 1317

第七冊

　《〈敦煌願文集〉校錄訂補》訂補 ············ 1607

　敦煌寫卷 P.2569、P.5034V《春秋後語》校補 ····· 1697

　敦煌寫卷 P.5001《俗務要名林》「了𠯃□」考辨 · 1723

　敦煌寫卷 S.1380《應機抄》補箋 ············ 1733

　敦煌寫卷 Φ367《妙法蓮華經音義》校補 ········· 1789

第八冊

小學類著作疏證 ························· 1815

　《爾雅》「㺜貐」名義考 ················· 1817

　《方言》「䰇」字疏證 ··················· 1829

　《說文》「襬」字音義辨正 ··············· 1839

　《說文》「鱉姍」疏證 ··················· 1851

　《說文》「樫，樫桯也」補疏 ·············· 1865

　《說文》「𠊱，眹也」音義考 ·············· 1871

　《說文》「溿」字義疏 ··················· 1881

　《釋名》「速獨」考 ····················· 1885

　《廣雅》「狼，很也、戾也」補正 ··········· 1889

　《玉篇》「洌，清洌」疏證 ··············· 1895

　《玉篇》「䵝」字音義考 ················· 1903

　《廣韻》「壹，輩也」校疏 ··············· 1911

　《龍龕手鑑》「鉏」字考 ················· 1915

三餘讀書雜記 ························· 1923

　《國語》「僬僥」語源考 ················· 1925

　《楚辭·九思》「闅眸窊」正詁 ············· 1935

　《大戴禮記》拾詁 ····················· 1941

　《莊子》拾詁 ························· 1949

　《荀子·大略》「藍苴路作」解詁 ··········· 1965

　《孟子》「挾太山以超北海」義疏 ··········· 1971

　司馬遷《報任安書》「茸以蠶室」新解 ········ 1975

《史記》校札 ……………………………… 1981
《說苑》「猿得木而挺」校正 ……………… 2003
《越絕書》古吳越語例釋 …………………… 2007
越王劍名義考 ………………………………… 2019
《世說新語》「窋窡」正詁 ………………… 2027
「不護細行」正詁 …………………………… 2037
《孔雀東南飛》「恐此事非奇」補證 …… 2039
杜詩「惡臥」正詁 …………………………… 2041
「撍」、「嗛」二字音義考 ………………… 2045
「扰屆」考 …………………………………… 2055

第九冊

「嬰兒」語源考 ……………………………… 2065
詈語「豎」語源考 …………………………… 2085
「兒郎偉」命名考 …………………………… 2091
「風日字纘」再考 …………………………… 2101
「屈盧之矛」考辨 …………………………… 2119
「鹿車」名義考 ……………………………… 2123
「蛇矛」考 …………………………………… 2135
「治魚」再考 ………………………………… 2141
古國名「渠搜」名義考 ……………………… 2149
古地「陸梁」名義考 ………………………… 2169
「蝗蟲」名義考 ……………………………… 2183
「窮奇」名義考 ……………………………… 2195
象聲詞「札札」考 …………………………… 2203
唐五代佛經音義書同源詞例考 ……………… 2213
漢譯佛經語詞語源例考 ……………………… 2235
「首鼠兩端」解詁 …………………………… 2251
釋「寄彊」 …………………………………… 2257
「活潑」小考 ………………………………… 2261
「賺」字「欺騙」義小考 …………………… 2269
《《本草綱目》「醗」字音義》補正 ……… 2275
《《何典》『易』字考》補正 ……………… 2279
「重棗」解 …………………………………… 2283

第十冊

同源詞例考 …………………………………………………… 2287

　「果蠃」轉語補記 ……………………………………… 2289

　「狼抗」轉語記 ………………………………………… 2321

　「郎當」考 ……………………………………………… 2363

　「齟齬」考 ……………………………………………… 2383

　「暗淡」考 ……………………………………………… 2397

　「煸爛」考 ……………………………………………… 2401

　「匾匜」考 ……………………………………………… 2407

　「轒輼」考 ……………………………………………… 2411

　「煥爛」考 ……………………………………………… 2419

　「坎坷」考 ……………………………………………… 2425

　「襤褸」考 ……………………………………………… 2427

　「流利」考 ……………………………………………… 2433

　「酩酊」考 ……………………………………………… 2447

第十一冊

　「抹殺」考 ……………………………………………… 2459

　「蓬勃」考 ……………………………………………… 2471

　「翩翩」考 ……………………………………………… 2477

　「崎嶇」考 ……………………………………………… 2483

　「熱烘烘」考 …………………………………………… 2485

　「志忑」考 ……………………………………………… 2489

　「煒燁」考 ……………………………………………… 2499

　「邂逅」考 ……………………………………………… 2501

　「抑鬱」考 ……………………………………………… 2509

　「蜿蜒」考 ……………………………………………… 2517

　「唐突」考 ……………………………………………… 2525

古籍校注 ……………………………………………………… 2529

　《鄧析子》集證 ………………………………………… 2531

書　評 ………………………………………………………… 2575

　《中古漢語詞匯史》補正 ……………………………… 2577

　《敦煌佛典語詞和俗字研究》舉正 …………………… 2613

附　錄 ………………………………………………………… 2625

　作者著述目錄 …………………………………………… 2625

後　記 ………………………………………………………… 2631

傳世文獻校補

《鬻子》校補

　　《鬻子》乃子書之祖〔註1〕，《漢書・藝文志》著錄《鬻子》22篇，舊題周鬻熊撰，早已殘缺不全，唐逢行珪注本存14篇。今人鍾肇鵬撰《鬻子校理》，中華書局2010年版。茲據鍾本作校補，逢注甚陋，其錯謬一般不作辨正。

一、《鬻子》校補

（1）民者，賢不肖之杖也。賢不肖皆具焉，故賢人得焉，不肖者休焉（《撰吏篇（一）》）

　　鍾校：杖，古通「丈」。丈爲衡量尺度的標準，故稱丈量。《新書・大政下》「杖」作「材」，形近而誤。俞樾《諸子平議補錄》據《新書》以「杖」爲「材」之誤，其說未是。得，謂得民心。休，廢除、免去。

　按：鍾說非也，俞說是〔註2〕。《賈子・大政下》王謨本亦誤作「杖」。盧文弨曰：「材，別本作『杖』，同《鬻子》。」〔註3〕未作按斷。得，猶言遇合，受到重用。《穀梁傳・隱公四年》：「遇者，志相得也。」休，《賈子》作「伏」〔註4〕。「伏」字是，謂隱處、退黜。言民有賢與不肖之材，二者皆具，賢人重用，不肖者退黜。《賈子》「得」、「伏」、「飭」爲

〔註1〕　《文心雕龍・諸子》云：「至鬻熊知道，而文王諮詢，餘文遺事，錄爲《鬻子》。子自（之）肇始，莫先於茲。」

〔註2〕　俞說見《俞樓雜纂》卷34《著書餘料》，收入《春在堂全書》，清光緒二十三年重訂石印本，下引同。《諸子平議補錄》乃近人李天根所輯。

〔註3〕　盧文弨《賈誼新書》校本，收入《諸子百家叢書》，上海古籍出版社影印浙江書局本1989年版，第66頁。

〔註4〕　四庫本、王謨本《賈子》亦誤作「休」。

韻，作「休」則失韻〔註5〕。

（2）杖能側焉，忠臣飭焉（《撰吏篇（一）》）

鍾校：側，通「測」，測量，衡量。忠臣，原作「忠信」，義頗難通。唯《新書・大政下》作「忠臣」，今據校正。

按：鍾說非也。俞樾曰：「杖字亦材字之誤。『側』字未詳。《賈子新書・大政篇》作『技能輸焉』，恐亦未是。」「杖」、「技」皆「材」之誤。「側」即「輸」字形誤。錢熙祚曰：「當依《新書》作『技能輸焉』，『技』與『杖』，『輸』與『側』，皆形似而誤。」〔註6〕其說得失參半。方向東曰：「輸，獻。」〔註7〕鍾氏妄說通借，皆未得《鬻子》之誼。「忠信」謂忠信之臣，不煩據《賈子》改作。

（3）雖愚，明主撰吏焉，必使民興焉（《撰吏篇（一）》）

鍾校：興，舉也。

按：《賈子・大政下》「撰」作「選」，「興」作「與」。選、撰，正、借字。方向東曰：「劉師培曰：『案「與」《鬻子》作「興」，當從之。「興」即《周禮・鄉師》「興賢興能」之「興」。』『興』乃『與』形近之誤。此言民雖愚，賢明之君主讓民參與選吏。劉說非。」〔註8〕「興」訓舉，方說非。言明主選吏，必使民推舉之。潘銘基謂「『選』取意較『撰』為佳」〔註9〕，未達通假之指也。

（4）士民與之，明上舉之；士民苦之，明上去之（《撰吏篇（一）》）

鍾校：與，觀古堂本作「興」，誤。與，許也。《新書・大政下》：「民者雖愚也，明上選吏焉，必使民與焉。」並足證。苦，舊本均誤作「若」，《新書》作「苦」，不誤，今據正。

〔註5〕 顧炎武指出「得」、「伏」為韻。顧炎武《唐韻正》卷14，收入《叢書集成三編》第27冊，新文豐出版公司1997年印行，第656頁。又參見劉殿爵《賈誼〈新書〉逐字索引》，臺灣商務印書館1996年版，第65頁。
〔註6〕 錢熙祚《〈鬻子〉校勘記》，《守山閣叢書》本，下引同。
〔註7〕 方向東《賈誼集匯校集解》，河海大學出版社2000年版，第363頁。
〔註8〕 方向東《賈誼集匯校集解》，河海大學出版社2000年版，第363頁。
〔註9〕 潘銘基《〈鬻子〉與賈誼〈新書〉互文考》，《古籍整理研究學刊》2010年第2期，第28頁。

按：四庫本作「苦」，不得謂「舊本均誤」。鍾氏引《賈子》上文以證，非也。此二語《賈子・大政下》作「故士民譽之，則明上察之，見歸而舉之；故士民苦之，則明上察之，見非而去之」，俞樾、錢熙祚皆訂「若」為「苦」。與，讀為譽。

（5）故君子之謀，能必用道，而不能必見受；能必忠，而不能必入；能必信，而不能必見信（《撰吏篇（二）》）

按：據文例，「入」上亦當有「見」字，《長短經・君德》、《皇王大紀》卷 9 引正有「見」字。《長短經・君德》引「之謀」上有「與人」二字。

（6）敢問：「人有大忌乎？」（《大道篇》）

鍾校：忌，原作「忘」，誤。《治要》作「忌」，是。下兩「忌」字均同。

按：《治要》卷 31 引誤，鍾改非也。《御覽》卷 490「迷忘」類，引三「忘」字同今本。下文「知其身之惡而不改也……是謂之大忘」，《黃氏日抄》卷 55《讀諸子一・鶡子》：「其語亦多可採，如以知其身之惡而不改為大忘。」亦作「忘」字。知惡不改，以喪其軀，是忘身也，此大忘，而非大忌。《御覽》卷 490 引《尸子》：「魯哀公問孔子曰：『魯有大忘，徙而忘其妻，有諸？』孔子曰：『此忘之小者也，昔商紂有臣曰王子須，務為諂，使其君樂須臾之樂，而忘終身之憂。』」此亦「大忘」之例。

（7）聖人在上，賢士百里而有一人，則猶無有也。王道衰微，暴亂在上，賢士千里而有一人，則猶比肩也（《守道篇》）

按：《戰國策・齊策三》：「王曰：『子來！寡人聞之，千里而一士，是比肩而立；百世而一聖，若隨踵而至。』」《賈子・大政下》：「故聖王在上位，則士百里而有一人，則猶無有也。故王者衰，則士沒矣。故暴亂在位，則士千里而有一人，則猶比肩也。」《意林》卷 5 引《任子》：「累世一聖是繼踵，千里一賢是比肩。」《類聚》卷 20 引《申子》：「千里有賢者，是比肩而立也。」皆本《鶡子》。

（8）力生於民，而功最於吏，福歸於君（《貴道篇》）

鍾校：民，原誤作「神」，唯《治要》卷 31 引作「民」，不誤。錢熙祚校：

「鈔本《書鈔》卷 77 引作『民』。」「神」、「民」音近而誤。最，聚也。

按：《永樂大典》卷 2948 引同。孔廣陶校本《書鈔》卷 77 引作「力生於神，功取於吏，福歸於君」，陳禹謨本引作「功寂於吏，福歸於君」。取，讀為冣，《說文》：「冣，積也。」「寂」為「最」俗字，為「冣」之譌字。

（9）君王欲緣五帝之道而不失，則可以長久（《貴道篇》）

按：欲，猶若也，如也，假設之辭〔註 10〕。

（10）不肖者，不自謂不肖也，而不肖見於行。雖自謂賢，人猶謂之不肖也。愚者，不自謂愚，而愚見於言。雖自謂智，人猶謂之愚（《道符篇》）

按：《慎子・君人》同。《治要》卷 31 引《鬻子》：「不肖者不自謂不肖，而不肖見於行。不肖者雖自謂賢，人猶皆謂之不肖也。愚者不自謂愚，而愚見於言。愚者雖自謂智，人猶皆謂之愚也。」《御覽》卷 499 引《鬻子》：「愚者不自謂愚，而愚見於言。愚者雖自謂智，人皆謂之愚也。」

（11）發政施令為天下福者，謂之道。上下相親，謂之和。民不求而得所欲，謂之信。除去天下之害，謂之仁。仁與信，和與道，帝王之器也（《道符篇》）

按：所欲，《治要》卷 31、《長短經・君德》、黃震《黃氏日抄》卷 24《讀禮記》引同，《意林》卷 1、《子略》卷 1、《皇王大紀》卷 9 引無此二字；《御覽》卷 430 引作「不求（求）而得，謂之信」，皆省去「所欲」二字。除去，《治要》卷 31、《意林》卷 1、《長短經・君德》、《御覽》卷 419 引無「去」字。天下，《治要》卷 31、《意林》卷 1、《御覽》卷 419 引同，《黃氏日抄》卷 24 引作「天地」，蓋據《禮記》改作。《禮記・經解》：「發號出令而民說，謂之和。上下相親，謂之仁。民不求其所欲而得之，謂之信。除去天地之害，謂之義。義與信，和與仁，霸王之器也。」黃震曰：「《鬻子》與此略同，但『霸王之器』作『帝王之器』，旨意宏矣。」除去天下之害，《皇王大紀》卷 9 作「起天下疾」，蓋臆改。

〔註 10〕 參見裴學海《古書虛字集釋》，中華書局 1954 年版，第 74 頁。

（12）昔者帝顓頊年十五而佐黃帝，二十而治天下。其治天下也，上緣
黃帝之道而行之，學黃帝之道而常之。昔者帝嚳年十五而佐帝顓
頊，三十而治天下。其治天下也，上緣黃帝之道而明之，學帝顓
頊之道而行之（《數始篇》）

鍾校：常之，謂以黃帝之道爲常法也。

按：鍾說非也。《賈子·修政語上》：「故上緣黃帝之道而行之，學黃帝之道
而賞之，加而弗損，天下亦平也。」即本《鶡子》。俞樾曰：「按賞讀爲
償。《廣雅》：『償，復也。』」劉師培曰：「案賞當作常。常者，恒一而
守之也。《鶡子》作『常』，此其證。」方向東曰：「按：依劉說，則『加
而弗損』之『加』，義無所屬，俞說見長。《子彙》本『賞』作『常』……
按疑當作『而弗加損』，此言緣黃帝之道而行，學黃帝之道而還原其道，
而不加損，天下亦平矣。」〔註11〕王耕心曰：「常者，天不變，道亦不
變也。俞別有說，非。」〔註12〕俞、方說是，《賈子》上文云「帝顓頊
曰：『至道不可過也，至義不可易也，是故以後者復迹也。』」「不可過、
不可易」即「而弗加損」之誼，謂無所增減也。「復迹」二字，正「賞」
字確詁。此文「常」，《書鈔》卷 49 引同，當讀爲償。《慧琳音義》卷
65：「欲償：尚羊反，《廣雅》：『復舊也。』《說文》：『還也。』」錢大昭
《廣雅疏義》曰：「償者，《說文》：『償，還也。』鄭注《曾子問》云：
『復，猶償也。』《莊子·庚桑楚》云：『因以死償節。』《釋文》引《廣
雅》：『償，報也，復也。』」〔註13〕潘銘基謂「俞氏所論於古籍中罕尋
證據支持，故其立說成疑」〔註14〕，失之未能考也。

（13）禹之治天下也，得皋陶，得杜子業，得既子，得施子黯，得季子
寧，得然子堪，得輕子玉（《禹政篇》）

按：孔廣陶校本《書鈔》卷 49 引作「得皋陶、杜子業、尸子黔、尹子機、

〔註11〕 諸說並見方向東《賈誼集匯校集解》，河海大學出版社 2000 年版，第 373～374
頁。

〔註12〕 王耕心《賈子次詁》，收入《續修四庫全書》第 933 冊，上海古籍出版社 2002
年版，第 71 頁。

〔註13〕 錢大昭《廣雅疏義》，收入徐復主編《廣雅詁林》，江蘇古籍出版社 1998 年第
2 次印刷，第 369 頁。

〔註14〕 潘銘基《〈鶡子〉與賈誼〈新書〉互文考》，《古籍整理研究學刊》2010 年第 2
期，第 29 頁。

季子寧、然子湛、鄉子玉」，孔校云：「今按陳、俞本及守山閣本《鬻子》
尸作施，黔作黵，尹子機作既子，鄉作輕。」〔註15〕「湛」、「堪」形、
聲亦近。《玉海》卷134引作「禹得皋陶、杜子業，得既子黵，〔得施子
黵〕，得季子甯，得然子堪、子玉」，有脫文。明‧陳士元《名疑》卷1：
「《鬻子》云：『禹有七大夫：皋陶、杜子業、既子黵、施子黵、季子甯、
然子堪、輕子玉也。』業，一作墨，又作默。黵，一作黔。甯，一作冉。」
「甯」爲「寧」俗字，「冉」爲「甯」脫誤。「既子」下脫一「黵」字。

（14）禹之治天下也，以五聲聽，門懸鐘鼓鐸磬，而置鞀，以待四海之士（《禹政篇》）

鍾校：待，原作「得」，今據《治要》卷31引校正。「得」爲「待」字形
近而誤。

按：得，《路史》卷22引同，讀爲待〔註16〕，非形近而誤。《書鈔》卷9、
121引作「待」，《淮南子‧氾論篇》、《資治通鑑外紀》卷2、《冊府元龜》
卷102亦作「待」，《初學記》卷9引《說苑》同。

（15）語寡人以憂者擊磬（《禹政篇》）

鍾校：語，唯《治要》引作「告」，《御覽》卷82引亦作「語」。

按：《文選‧永明九年策秀才文》李善注、《類聚》卷44、《書鈔》卷121、
《玉海》卷90引作「語」，《淮南子‧氾論篇》、《資治通鑑外紀》卷2
亦作「語」。

（16）教寡人以獄訟者揮鞀（《禹政篇》）

按：揮，《玉海》卷90引作「搖」，《淮南子‧氾論篇》、《資治通鑑外紀》卷
2、《冊府元龜》卷102亦作「搖」。《玉海》注：「搖，一作揮。」

（17）湯之治天下也，得慶誧、伊尹、湟里且、東門虛、南門蝡、西門疵（疪）、北門側（《湯政篇》）

〔註15〕孔廣陶校注本《書鈔》，收入《續修四庫全書》第1212冊，上海古籍出版社
2002年版，第222頁。
〔註16〕參見裴學海《古書虛字集釋》，中華書局1954年版，第448頁。蕭旭《古書
虛詞旁釋》有補充，廣陵書社2007年版，第194～195頁。

按：側，孔廣陶校本《書鈔》卷 49 引作「測」，孔校云：「今按陳、俞本及守山閣本《鬻子》測作側。」〔註 17〕宋・王應麟《姓氏急就篇》卷上：「《鬻子》湯七佐有慶輔。」《路史》卷 23：「得慶誧、湟里沮、東門虛、南門壖、西門庇（疵）、北門側七大夫佐司御門。」又卷 29：「慶，湯臣慶誧。湟里，七大夫有慶誧、湟里沮。」明・陳士元《名疑》卷 1：「慶誧，一作慶輔。湟里沮，湟里，姓；沮，名，一作且。東門虛、南門壖、西門疵、北門側，各以所居爲姓。虛，一作虞。壖，一作蝡。疵，一作訿。」

（18）天地闢而萬物生，萬物生而人為政焉（《湯政篇》）

鍾校：政者正也，正者長也。

按：《御覽》卷 360 引作「天地闢萬物生，人爲正焉」。

（19）人化而為善，獸化而為惡。人而不善者，謂之獸（《湯政篇》）

按：二「獸」字，《御覽》卷 360 引作「禽獸」。

（20）知善不行者，謂之狂。知惡不改者，謂之惑。夫狂與惑者，聖王之戒也（《周公》）

鍾校：《意林》引「行」作「信」，音近而誤。

按：錢熙祚但出校《意林》，而無按斷。「行」字是，《文選・報任少卿書》李善注、《治要》卷 31、《御覽》卷 739 引同。《賈子・大政上》：「知善而弗行，謂之狂。知惡而不改，謂之惑。故狂夫與惑者，聖王之戒也。」《長短經・定名》引古語：「知善不行，謂之狂；知惡不改，謂之惑。」正本《鬻子》，皆作「行」字。

（21）與殺不辜，寧失有罪（《周公》）

鍾校：《左傳・襄公二十六年》引《夏書》曰：「與其殺不辜，寧失不經。」

按：與，《治要》卷 31 引同，《類聚》卷 23、《御覽》卷 459 引誤作「無」。《御覽》卷 652 引《尚書大傳》：「故與其殺不辜，寧失不經。」《漢書・刑法志》引孔子曰：「與其殺不辜，寧失有罪。」《賈子・大政上》：「故

〔註 17〕孔廣陶校注本《書鈔》，收入《續修四庫全書》第 1212 冊，上海古籍出版社 2002 年版，第 222 頁。

與其殺不辜也，寧失于有罪也。」「不殺不辜，不失有罪」是墨子的尚同思想〔註18〕，與此不合。

（22）無有無罪而見誅，無有有功而不賞（《周公》）

按：二句《治要》卷31引同，《賈子・大政上》作「毋有無罪而見誅，毋有有功而無賞」。「無有」即「毋有」，命令之辭。《類聚》卷23、《永樂大典》卷15073引作「亦有無罪而見誅，無有有功而不賞」，《御覽》卷459引作「亦有無罪而見誅，亦有有功而不賞」。「亦」皆當作「無」。

二、《鬻子》佚文校補

（1）故曰：「和可以守，而嚴可以守，而嚴不若和之固也；和可以攻，而嚴可以攻，而嚴不若和之德也；和可以戰，而嚴可以戰，而嚴不若和之勝也；則惟由和而可也。」（《賈子・修政語下》引）

按：《長短經・政体》節引，作「和可以守，而嚴不可以守，嚴不若和之固也；和可以攻，而嚴不可以攻，嚴不若和之得也」。「嚴不可以守」、「嚴不可以攻」，二「嚴」字下皆衍「不」字。

（2）故智愚之人，有其辭矣；賢不肖之人，別其行矣；上下之人，等其志矣（《賈子・修政語下》引）

鍾校：辭，指言語。

按：陶鴻慶曰：「按『有』字誤文，雖不能定爲何字，當與下文『別其行』、『等其志』意義相近，皆答成王『何以爲異』之問也。」劉師培曰：「案下文『別其行』、『等其志』（俞云：『等猶差也。』）均爲分別之義。『有』與『囿』同，言智愚之人均可以言定之也。」方向東曰：「辭，別。有其辭即有其別，義可自通。」〔註19〕閻振益、鍾夏曰：「有，質也。」〔註20〕俞氏等訓差，是也。「辭」、「行」對舉，自當訓言，方說非也。「有」疑當作「肴」，字之誤也。肴，讀爲較，同「較」，比較、比量

〔註18〕 見《墨子・尚同中》。
〔註19〕 並見方向東《賈誼集匯校集解》，河海大學出版社2000年版，第386～387頁。
〔註20〕 閻振益、鍾夏《新書校注》，中華書局2000年版，第377頁。

之義。張相《詩詞曲語辭匯釋》：「較，猶差也。」〔註21〕上文云「故夫行者善則謂之賢人矣，行者惡則謂之不肖矣；故夫言者善則謂之智矣，言者不善則謂之愚矣」，比較言、行之善與不善，可區別智愚賢不肖之人，故此云「較其辭」。「辭」即上文之「言」。

（3）聖王在上位，使民富且壽云（《賈子・修政語下》引）

按：方向東曰：「《書鈔》卷15引作『民宜其壽』，訛。」〔註22〕

（4）若夫富，則可為也；若夫壽，則不在天乎（《賈子・修政語下》引）

按：《類聚》卷12引無「不」字，《慎子・君人》亦無「不」字，是。《治要》卷40、《御覽》卷84引亦衍「不」字。

（5）故諸侯不私相攻，而民不私相鬭鬩，不私相殺也（《賈子・修政語下》引）

按：《御覽》卷84引無三「私」字，又無「鬩」字。《類聚》卷12引作「故諸侯不私相攻，而民不私相鬭也」，《慎子・君人》同；《治要》卷40引作「民不私相殺」，各有脫文。

（6）而民積於用力（《賈子・修政語下》引）

按：《治要》卷40、《類聚》卷12引同，《慎子・君人》亦同，《御覽》卷84引無「力」字。

（7）故婦人為其所衣，丈夫為其所食，則民無凍餒矣（《賈子・修政語下》引）

按：餒，《海錄碎事》卷10引同，《治要》卷40、《類聚》卷12引作「餓」，《慎子・君人》亦作「餓」。

（8）則刑罰廢，而無大過之誅（《賈子・修政語下》引）

鍾校：大過，指重大的罪過。「大過」本或作「夭遏」。夭遏，夭折也，亦可通，作「大過」義為長。

按：鍾說非也。《類聚》卷12、《御覽》卷84、《海錄碎事》卷10引作「夭

〔註21〕張相《詩詞曲語辭匯釋》，中華書局1979年版，第243頁。
〔註22〕方向東《賈誼集匯校集解》，河海大學出版社2000年版，第387頁。

遏」，《慎子・君人》同；《治要》卷 40 引作「夭竭」。「夭竭」爲「夭遏」之誤。是宋以前舊本並作「夭遏」也。「大過」亦爲「夭遏」之誤。章太炎曰：「『大過』亦通。」〔註23〕雖通，非其舊也。

（9）若使臣捕虎逐麋，臣已老矣（《意林》卷 1 引）

按：虎，《續博物志》卷 7、《黃氏日抄》卷 55《讀諸子一・鬻子》引作「獸」。麋，《御覽》卷 383、《記纂淵海》卷 49 引作「鹿」，《子略》卷 1 引作「麕」。《路史》卷 17 羅苹注引作「君若以臣逐麋，則老矣」。

（10）起自黃鳥，至於赤斧（《文選・宣德皇后令》李善注引）

鍾校：黃鳥，旗名。《墨子・非攻下》：「天賜武王黃鳥之旗。」大旗在前，故曰「起自黃鳥」。赤斧，巴人也。

按：鍾說非也。至於，《書鈔》卷 117、《御覽》卷 301 引作「訖于」。赤斧，《書鈔》卷 117、《御覽》卷 301 引作「赤甫」〔註24〕。「斧」、「甫」古字通。《御覽》卷 305 引《尉繚子》：「武王之伐紂也，河水逆流，左驂霆死，地方百里，戰卒三萬。紂之陣，起自黃鳥，至于赤斧，其間百里。武王不罷士民，兵不血刃，克殷誅紂，其人事然。」言黃鳥、赤斧其間百里，是黃鳥、赤斧皆當爲地名也。《文選・宣德皇后令》：「白羽一麾，黃鳥底定。」云「底定」，亦可知「黃鳥」當爲地名。《皇王大紀》卷 11：「紂率其眾，號七十萬，會於牧野，起自黃陵，至于鵲岸。」則又誤也。《列仙傳》卷下：「赤斧者，巴戎人也。」此自是人名，兩無涉也。

（11）武王乃命太公把白旄以麾之，紂軍反走（《文選・宣德皇后令》李善注引）

按：《文選・出師頌》李善注、《書鈔》卷 117、《御覽》卷 301、341 引無「白」字。

〔註23〕轉引自方向東《賈誼集匯校集解》，河海大學出版社 2000 年版，第 387 頁。
〔註24〕《書鈔》據陳禹謨本，孔廣陶校注本引《尉繚子》作「赤斧」。

《國語》補箋

　　《國語》者，《春秋》之《外傳》，是先秦的一部重要典籍，三國時吳國學者韋昭爲之作注，是存世的完整注本。有清以降，眾多學者作了大量的攷辨工作，爲我們今天研究、利用《國語》奠定了堅實的基礎。但是存在的問題仍然很多，我以前作過《國語校補》〔註1〕，今讀書復有所得，這裏刺取四條，整比成文，以就正於博雅之君子焉。

（1）公父文伯之母，季康子之從祖叔母也，康子往焉，闔門與之言，皆不踰閾（《魯語下》）

　　韋注：闔，闢也。門，寢門也。

　　按：闔門，四庫本《家語·公西赤問》作「側門」。《說文》：「闔，闢門也。」《慧琳音義》卷 19、54 並引《國語》賈逵注：「闔，闢也。」卷 19 又申釋之云：「闢猶開也。」賈逵與許愼、韋昭說同。《廣韻》：「闔，苦緺切，斜開門。《國語》云：『闔門而與之言。』」字或作闓，《玄應音義》卷 7：「開闔：《字詁》今作闓，同。于彼反。《廣雅》：『闓，開門也。』《三蒼》：『闓，小開門也。』」小開門即指斜開門也，賈、許、韋三氏闔訓闢，其義不完備。字或作閍，《玉篇》：「閍，苦乖切，門不正也。」《集韻》：「閍，空媧切，門不正開，或作閍。」字或作瘑、咼，《說文》：「瘑，口咼也。」段注：「《口部》曰：『咼，口戾不正也。』

〔註1〕　蕭旭《國語校補》（一、二、三），《東亞文獻研究》總第 2、3、5 輯；收入《群書校補》，廣陵書社 2011 年版，第 75～221 頁。

此亦疊韻爲訓。」〔註2〕又「咼」字段注：「《通俗文》：『斜戾曰咼。』」
〔註3〕字或作嗎，《玉篇》：「嗎，許爲切，口不正也，醜也。」《廣韻》：
「嗎，許爲切，口不言正。」《白帖》卷21：「哆嗎，口張不正，音侈
撝。」字或作㗐，《玉篇》：「㗐，口戾貌。」《廣韻》：「㗐，口偏。」
字或作喎、䶥，《玉篇》：「咼，口戾。喎，同上。」《慧琳音義》卷15：
「喎戾：上苦懷反，《考聲》云：『口偏戾也。』《說文》正體作咼，
口戾也。」又卷33：「喎斜：上苦乖反，又音夸。」敦煌寫卷 S.5431
《開蒙要訓》：「矢喎偏戾。」《集韻》：「咼，空媧切，或作喎、䶥。」
《三國志・武帝紀》裴松之注引《曹瞞傳》：「（操）乃陽敗面喎口。」
〔註4〕《白帖》卷33作「敗面口偏」，以訓詁字「偏」易之也。「喎」、
「㗐」爲口戾不正之專字，故字從口。《法華經玄贊要集》卷34：「脣
不下垂……亦不喎邪。」字或作譌，《說文》：「譌，疾言也。」《集韻》：
「譌，黠也，或作譁。」俗作「乖」字。本字作𩰚，《說文》：「𩰚，
不正也。」段注：「俗字作歪。」〔註5〕敦煌寫卷 P.3906《碎金》：「物
𩰚斜：若（苦）乖反。又喎。」字或作茥（乖）、華、㧪，《說文》：「茥，
戾也。」《集韻》：「茥，空媧切，不正也，或作華、㧪、𩰚。」《周禮・
夏官・形方氏》：「掌制邦國之地域，而正其封疆，無有華離之地。」
鄭註：「華，讀爲㧪哨之㧪，正之，使不㧪邪離絕。」「哨」亦不正之
義，「㧪哨」同義連文。敦煌寫卷 P.2976《駕行溫湯賦》：「猪倚力而
頭強，狐怕人而尾喎。」P.5037作「捼」。「捼」當同「茥」。《廣韻》：
「茥，茥雜（離），斜絕。」我舊說「捼疑爲乖字之增旁俗字」〔註6〕，
「乖」、「茥」訓背戾、相違，皆即「喎」之別體字。伏俊璉曰：「捼
疑爲捶字之誤。捶，同『垂』，低下之意。」〔註7〕非是。「華離」即
「乖離」。《三國志・費詩傳》諸葛亮《與孟達書》：「豈徒空託名榮貴
爲華離乎？」《冊府元龜》卷 426、《通志》卷 118、宋・蕭常《續後

〔註2〕 段玉裁《説文解字注》，上海古籍出版社 1981 年版，第 349 頁。
〔註3〕 段玉裁《説文解字注》，上海古籍出版社 1981 年版，第 61 頁。《通俗文》見
　　　　《玄應音義》卷 6 所引。
〔註4〕 《御覽》卷 93、512、743 引同。
〔註5〕 段玉裁《説文解字注》，上海古籍出版社 1981 年版，第 500 頁。
〔註6〕 蕭旭《敦煌賦校補》，收入《群書校補》，廣陵書社 2011 年版，第 825 頁。
〔註7〕 伏俊璉《敦煌賦校注》，甘肅人民出版社 1994 年版，第 199 頁。

漢書》卷 13 作「乖離」。莊履豐、莊鼎鉉謂《三國志》「華離」即「華麗」〔註 8〕，非也。字或作蹝，《韓子‧說林下》：「此其為馬也，蹝肩而腫膝。」字或作狐、弧，《鹽鐵論‧非鞅》：「狐刺（刺）之鑿，雖公輸子不能善其柄。」又《申韓》：「若檃栝輔檠之正弧刺也。」王利器謂「弧、狐、觚字並通」〔註 9〕。俗字或作夭、妖，《後漢書‧楊賜傳》：「今殿前之氣，應為虹蜺，皆妖邪所生，不正之象。」唐‧白居易《和春深》：「杭州蘇小小，人道最夭斜。」自注：「夭音歪。」宋‧陳與義《清明》：「街頭女兒雙髻鴉，隨蜂趁蝶學夭邪。」「夭邪（斜）」同「妖邪」。方以智曰：「白樂天自〔注〕『夭斜』為歪，則是未看《說文》，又不記孟德事，而隨用俗說之字耳。」〔註 10〕吳玉搢曰：「觚邪、夭邪，歪邪也。夭，亦皆讀如歪。」〔註 11〕胡吉宣曰：「門不正謂之闖，亦謂之闊；猶口戾謂之咼，亦謂之喎矣。」〔註 12〕口不正為喎、喎、咼、喎、嚼，言不正為譌（譌），門不正開為闊、闖、闖，皆即俗「歪」字，其義一也。今吳方言「歪」音 kuǎi，又音 huāi。北京官話有「攨老將」、「走路兩腳朝外攨」之語〔註 13〕，吳方言亦同。「攨」正字當作「蹝」，即「歪」字。「闊」音「苦緺切」、「空媧切」，與「咼」同音，舊讀許為切、于委切、王詭切、韋委切、枯懷切、羽委切，或「撝」音者，皆音之轉耳。《淮南子‧修務篇》：「啳睽哆嗤，籧蒢戚施，雖粉白黛黑，弗能為美者，嫫母、仳傀也。」高誘注：「哆，讀大口之哆。嗤，讀楚蔿氏之蔿。」傅山曰：「哆，《廣韻》脣下垂貌，此字聲有七八聲而此又音夸。嗤字《玉篇》、《廣韻》皆『不正也』，而音同。」〔註 14〕楊樹達曰：「哆，《說文》訓張口，高訓大口，與許

〔註 8〕 莊履豐、莊鼎鉉《古音駢字續編》卷 4，收入景印文淵閣《四庫全書》第 228
冊，臺灣商務印書館 1986 年版，第 504 頁。
〔註 9〕 王利器《鹽鐵論校注》，中華書局 1992 年版，第 105 頁。
〔註 10〕 方以智《通雅》卷 1，收入《方以智全書》第 1 冊，上海古籍出版社 1988 年
版，第 95 頁。
〔註 11〕 吳玉搢《別雅》卷 1，收入景印文淵閣《四庫全書》第 222 冊，臺灣商務印書
館 1986 年初版，第 630 頁。
〔註 12〕 胡吉宣《玉篇校釋》，上海古籍出版社 1989 年版，第 2200 頁。
〔註 13〕 許寶華、宮田一郎《漢語方言大詞典》，中華書局 1999 年版，第 3283 頁。「攨
老將」指下象棋被對方將軍時，把「將」或「帥」移離中線。
〔註 14〕 傅山《讀子二‧淮南存雋》，收入《霜紅龕集》卷 33，《續修四庫全書》1395

說同。嗎當爲瘑之或作。《說文》：『瘑，口咼也。』又『咼，口戾不正也。』瘑讀韋委切，與高讀蔦氏之蔦者亦合。」〔註15〕于省吾曰：「《說文》：『哆，張口也。』《文選・辯命論》注引《通俗文》：『嗎，口不正也。』顴朕哆嗎，言顴部醜陋，口大而不正也。」〔註16〕《廣雅》：「頯嗎、朧朕，醜也。」「哆嗎」即「頯嗎」。王念孫《疏證》引《淮南子》此文，云：「頯、哆，朧、唪，並通。」錢大昭說同〔註17〕。《文選・辯命論》：「夫麋顏膩理，哆嗎齫頻，形之異也。」李善注：「《說文》曰：『哆，張口也。』音侈。《通俗文》曰：『嗎，口不正也。』」方以智曰：「《文心雕龍》所引『嗎嗎雉雉』，亦聲也。雉雉蓋咍哆之轉。《淮南》：『唪朕哆嗎。』正言開口出聲之醜。而高誘音權葵夸麾，《說文》音哆爲丁可切，皆非也。毛詩音扯，口微張貌，得之矣……唯從口隹聲，轉而爲應聲耳，本義固與嗎通。唐歌于蔦于，蔦亦嗎聲也。以六書本指論之，出口爲亏，啓齒爲兮，嗋口虛送爲乎，滿口爲唯。後因唯爲應聲，故或用維，或用嗎耳……今《字彙》又收嗎，以爲喎字。按嗎見《文心雕龍》引《綠圖》，嗎嗎與雉雉叶，不必用也。」〔註18〕方說皆非也。《字彙》以「嗎」同「喎」不誤，方氏失考《文選》「哆嗎」李善注耳。

（2）木石之怪，夔、蝄蜽（《魯語下》）

韋注：蝄蜽，山精，好斆人聲而迷惑人也。

按：此據明道本，公序本作「罔兩」，《周禮・方相氏》鄭注、《左傳・宣公三年》孔疏、《後漢書・馬融傳》李賢注、《後漢書・禮儀志》劉昭注、《文選・思玄賦》李善注、《六書故》引並作「罔兩」，《說苑・辨物》亦作「罔兩」；《風俗通義・怪神》引作「魍魎」，《史記・孔子世家》作「罔閬」，《家語・辨物》作「魍魎」。《廣韻》：「蝄，蝄蜽。魍，魍魎，

冊，上海古籍出版社 2002 年版，第 673 頁。
〔註15〕楊樹達《淮南子證聞》，上海古籍出版社 2006 年版，第 189 頁。
〔註16〕于省吾《淮南子新證》，收入《雙劍誃諸子新證》，上海書店 1999 年版，第 433 頁。
〔註17〕王念孫《廣雅疏證》，錢大昭《廣雅疏義》，並收入徐復主編《廣雅詁林》，江蘇古籍出版社 1992 年版，第 171 頁。
〔註18〕方以智《通雅》卷 4，收入《方以智全書》第 1 冊，上海古籍出版社 1988 年版，第 192～193 頁。

上同。」《慧琳音義》卷71:「魍魎:古文蛧蜽,二形同。」《左傳·宣公三年》:「螭魅罔兩,莫能逢之。」杜預注:「罔兩,水神。」《釋文》:「兩,本又作蜽,音同。罔兩,水神也。《說文》云:『山川之精物也。』」今本《說文》作「蛧蜽」。《周禮·春官·宗伯》鄭注引作「螭魅魍魎」。字或作「罔兩」,《楚辭·七諫·哀命》:「哀形體之離解兮,神罔兩而無舍。」洪興祖《補注》本作「罔兩」,注:「罔,一作罔。」王逸註:「罔兩,無所據依貌也。」「無所據依貌」即虛空之義。《淮南子·覽冥篇》:「浮游不知所求,魍魎不知所往。」〔註19〕《書鈔》卷15引作「罔兩」。《莊子·在宥》「浮游不知所求,猖狂不知所往」爲《淮南》所本,「猖狂」猶言狂走不知所之也,亦無所據依貌,義同。漢·嚴遵《道德指歸論》卷2:「蒙蒙不知所求,茫茫不知所之。」「茫茫」義亦同。是「魍魎」與「倡狂」、「茫茫」義近也。字或作「罔浪」,《莊子·齊物論》:「罔兩問景曰。」郭象注:「罔兩,景外之微陰也。」《釋文》:「崔本作『罔浪』,云:『有無之狀』。」《文選·幽通賦》:「恐魍魎之責景兮,羌未得其云已。」李善注:「郭象爲『罔兩』,司馬彪爲『罔浪』。」李周翰注:「魍魎,影外微陰也。」《淮南子·道應篇》:「此罔兩問於景曰:『昭昭者神明也。』」高誘注:「罔兩,水之精物也。」字或作「蝄蜽」、「魍魎」,《龍龕手鑑》:「蝄蜽:上音冈(罔),下音兩。」又「霆、魍:音兩,魍魎也,狀如三歲小兒,黑赤色也。」諸詞字雖異,而語源並同。「山精」、「水神」、「景外之微陰」並取名「罔兩」者,皆取虛妄之義也。鍾泰曰:「罔兩,景外微陰,即有二光時,景外別一景也,故曰兩。曰罔者,言其罔罔然若有若無也。」〔註20〕陳煒舜曰:「罔,無也。兩,二也。」〔註21〕胥失之。

　　又音轉爲「方相」、「方良」、「方皇」,《集韻》:「蝄,或作蛧、魍、方。」《六書故》:「木石之怪亦曰罔兩,謂其薄有景象也。亦作『方良』。」又「罔兩,通作『方良』,別作『魍魎』。」蓋以虛空之景象命名鬼物也。《周礼·夏官·方相氏》:「方相氏,掌蒙熊皮,黃金四目,玄衣朱裳,執戈揚盾,帥百隸而時難,以索室毆疫。」《晉書·庾翼傳》:「翼如厠,

---

〔註19〕「求」字《書鈔》卷15引誤作「來」。
〔註20〕鍾泰《莊子發微》,上海古籍出版社2002年版,第61頁。
〔註21〕陳煒舜《釋「罔兩」》,《海南師範學院學報》2005年第6期。

見一物如方相，俄而疽發背。」《周禮・夏官・方相氏》：「以戈擊四隅，毆方良。」鄭註：「方良，罔兩也。《國語》曰：『木石之怪，夔、罔兩。』」《釋文》：「方良，上音罔，下音兩。」段玉裁曰：「案不言讀爲『罔兩』者，此古語以言相傳，本無正字。」〔註22〕《文選・東京賦》：「斬蝣蛇，腦方良。」李善注：「方良，草澤之神也。」高步瀛曰：「『罔兩』即『蝄蜽』之借字，與『方良』並疊韻，字通。」〔註23〕《莊子・達生》：「水有罔象，野有方皇。」高步瀛曰：「『方皇』與『方良』音亦相近，疑皆一類。」所說是也，但又謂「諸說詭怪不經，莫可究詰」，以「罔象」與「罔兩」爲異〔註24〕，則猶未達一間。

又音轉爲「罔象」、「罔像」、「蝄像」、「蝄象」，《說苑・辨物》：「木之怪夔、罔兩，水之怪龍、罔象。」唐・段成式《酉陽雜俎》卷 13 引《周禮》：「方相氏毆罔象。」是「罔象」即「方良」，亦即「罔兩」也。考《說文》：「蝄，蝄蜽，山川之精物也。淮南王說：蝄蜽狀如三歲小兒，赤黑色，赤目長耳，美髮。」《玉篇》：「魍，魍魎，水神，如三歲小兒，赤黑色。」《莊子・達生》《釋文》：「罔象，司馬本作『無傷』，云狀如小兒，赤黑色，赤爪，大耳長臂，一云水神名。」《搜神記》、《法苑珠林》卷 11 並引《夏鼎志》：「罔象如三歲兒，赤目黑色，大耳長臂，赤爪，索縛則可得。」所說「蝄蜽」、「罔象」形狀相同，是一物無疑也。《關尹子・四符篇》：「浮游罔象，無所底止。」《文選・東京賦》：「殘夔魖與罔像。」五臣本作「罔象」。《文選・海賦》：「天吳乍見而彷彿，蝄像暫曉而閃屍」《古今事文類聚》前集卷 15 引作「蝄象」。呂向注：「天吳、蝄像，並海神也。」《文選・洞簫賦》：「薄索合沓，罔象相求。」李善注：「罔象，虛無罔象然也。」亦可單言「象」，《楚辭・遠遊》：「蟲象並出。」倒言則作「象罔」，《莊子・天地》：「遺其玄珠，使知索之而不得，使離朱索之而不得，使喫詬索之而不得也，乃使象罔，象罔得之。」《淮南子・人間篇》作「使忽怳而後能得之」，「忽怳」亦虛無之義。劉瑞明曰：「罔者，亡也，無也。象者，像也。

〔註22〕段玉裁《周禮漢讀考》，收入阮元《清經解》，鳳凰出版社 2005 年版，第 5021 頁。
〔註23〕高步瀛《文選李注義疏》，中華書局 1985 年版，第 705 頁。
〔註24〕高步瀛《文選李注義疏》，中華書局 1985 年版，第 705 頁。

罔象，什麼也不像。」〔註25〕非也。

又音轉爲「無傷」、「亡傷」、「狐祥」、「孤傷」，《莊子・達生》：「水有罔象。」《釋文》：「罔象，如字，司馬本作『無傷』。」睡虎地秦簡《日書》甲《詰咎》：「人恒亡赤子，是水亡傷取之。」劉樂賢曰：「水亡傷即水罔象。」〔註26〕《戰國策・秦策四》：「鬼神狐祥無所食。」《史記・春申君傳》作「孤傷」，《新序・善謀》作「潢洋」。鮑彪註：「狐祥，狐之爲妖者。」鮑氏望文生訓也。姜亮夫曰：「『方相』、『無傷』皆同族矣。」〔註27〕

以上皆爲鬼怪之名，又音轉爲「岡㝩」、「罔㝩」、「罔浪」、「罔㝩」、「岡㝩」、「罔㝩」、「罔㝩」，廣大空虛之義，語源亦同。《淮南子・道應篇》：「若我南遊乎岡㝩之野，北息乎沉墨之鄉，西窮冥冥之黨，東開鴻蒙之光。」岡㝩，《三國志・郤正傳》裴松之注、《古今事文類聚》前集卷34、《古今合璧事類備要》前集卷50、又別集卷87引作「罔㝩」，《御覽》卷37引作「岡㝩」〔註28〕，《事類賦注》卷6、《楚辭・遠遊》洪興祖《補注》引作「罔㝩」，《永樂大典》卷8845、《天中記》卷7、《藝蒙》卷上引作「罔㝩」，《論衡・道虛》作「罔浪」，《神仙傳》卷1作「洞瀰」。「洞瀰」當據《雲笈七籤》卷109所引作「潤沔」。諸詞並音之轉也。《史記・司馬相如傳》《哀二世賦》：「精罔閬而飛揚兮，拾九天而永逝。」

又音轉爲「莽洋」、「潒瀁」、「潒蕩」、「莽瀁」、「洸瀁」，《楚辭・九辯》：「莽洋洋而無極兮。」《家語・致思》：「賜願使齊、楚合戰於潒瀁之野。」王肅注：「潒瀁，廣大之類。」《說苑・指武》作「莽洋」，《御覽》卷308引作「潒蕩」，又卷463引作「莽瀁」。「潒瀁之野」即《淮南子》之「岡㝩之野」也。《宋書・王微傳》：「公孫碎毛髮之文，莊生縱潒瀁之極，終不能舉其契，爲之辭矣。」「潒瀁」即「洸洋」之音轉也。

〔註25〕劉瑞明《確釋「墳羊」及其系列詞語》，《寧夏大學學報》2006年第2期。
〔註26〕劉樂賢《睡虎地秦簡日書〈詰咎篇〉研究》，《考古學報》1993年第4期，第442頁。
〔註27〕姜亮夫《楚辭通故（一）》，收入《姜亮夫全集》卷1，雲南人民出版社2002年版，第219頁。
〔註28〕此據景宋本，四庫本引作「罔㝩」。

又音轉為「壙垠」、「莽罠」、「碈碭」，《莊子・應帝王》：「處壙垠之野。」郭象注：「垠，李音浪。壙垠，崔云：『猶曠蕩也。』」蔣禮鴻曰：「『岡㝩之野』即『壙垠之野』也。字又作康作㢊……今上海、蘇州、嘉興、揚州等處謂首不戴帽若削髮如僧曰光浪頭，即『岡㝩』、『壙垠』、『康㝩』、『㢊㝩』也。長言為『光浪』，短言為『光』。」〔註29〕于省吾亦謂「岡㝩」即「壙垠」〔註30〕。二氏說並是，「壙垠之野」即《莊子・逍遙遊》之「廣莫之野」，亦即《淮南子》之「岡㝩之野」也。《文選・吳都賦》：「相與騰躍乎莽罠之野。」李善註：「莽罠，廣大貌。」《古今合璧事類備要》別集卷1引作「莽罠」，「莽」、「莽」正俗字。「莽罠之野」亦即《淮南子》之「岡㝩之野」也。朱起鳳曰：「漭、莽、岡三字音義同。」〔註31〕唐・楊炎《承天皇后哀冊文》：「適於碈碭之野，進於閶闔之門。」「碈碭之野」亦即《淮南子》之「岡㝩之野」也。倒言則作「泱莽」、「泱漭」、「泱莽」，《史記・司馬相如傳》《子虛賦》：「徑乎桂林之中，過乎泱莽之野。」《漢書》同，《文選》作「泱漭」，《玉海》卷20、98引作「泱莽」，李善註引如淳曰：「大貌也。」王先謙曰：「莽，漭同。《文選・海賦》：『泱漭澹濘。』注：『泱漭，廣大也。』此言廣大之墍耳。」〔註32〕《文選・七啓》：「於是鏡機子聞而將往說焉，駕超野之馰，乘追風之輿，入乎泱漭之野，遂屆玄微。」張銑註：「泱漭，廣大也。」「泱漭之野」即《淮南子》之「岡㝩之野」、《吳都賦》之「莽罠之野」也，「泱漭」為「岡㝩」、「莽罠」之倒言。

又音轉為「洞瀇」、「罔養」，《楚辭・遠遊》：「覽方外之荒忽兮，沛洞瀇而自浮。」朱熹注：「洞瀇，一作罔象。洞瀇，水盛貌。」《後漢書・馬嚴傳》：「於是宰府習為常俗，更共罔養，以崇虛名。」李賢注：「罔養，猶〔無〕依違也。」〔註33〕方以智曰：「履按：罔養猶之罔象，是亦一義。」〔註34〕朱起鳳曰：「『罔養』是虛無之義，象、養

〔註29〕 蔣禮鴻《義府續貂》，收入《蔣禮鴻集》卷2，浙江教育出版社2001年版，第96頁。又見《淮南子校記》，收入《蔣禮鴻集》卷4，第224頁。
〔註30〕 于省吾《雙劍誃諸子新證》，上海書店1999年版，第420頁。
〔註31〕 朱起鳳《辭通》，上海古籍出版社1982年版，第2121頁。
〔註32〕 王先謙《漢書補注》，書目文獻出版社1995年版，第1158頁。
〔註33〕 「無」字據元・陳仁子《文選補遺》卷12引補。
〔註34〕 方以智《通雅》卷6，收入《方以智全書》第1冊，上海古籍出版社1988年版，第245頁。

疊韻，古每通叚。『滉瀁』亦作『滉漾』，是其例矣。」〔註35〕

又音轉爲「汪洋」、「汪漾」，《楚辭・九懷・蓄英》：「臨淵兮汪洋，顧林兮忽荒。」王逸注：「瞻望大川，廣無極也。」洪興祖注：「汪洋，晃養二音。」漢・揚雄《蜀都賦》：「於氾則汪汪漾漾，積土崇隄。」姜亮夫曰：「『罔象』一詞本虛無而又似可形之意……『汪洋』亦即『罔象』之聲轉，字又作『罔像』……聲轉爲『罔兩』。」〔註36〕其同源詞極多，中心詞義皆爲「虛無」，余另作專文論述。

（3）遇兆，挾以銜骨，齒牙為猾（《晉語一》）

韋注：遇，見也。挾，猶會也。骨，所以鯁刺人也。猾，弄也。

按：《淮南子・泰族篇》許愼注：「晉獻公得驪姬，使史蘇占之，史蘇曰：『俠以銜骨，齒牙爲禍也。』」即本此文。下文「不跨其國，可謂挾乎？不得其君，能銜骨乎？」「挾」字義同，猶言夾持，故韋注「猶會也」。「俠」同「挾」。朱駿聲曰：「挾，叚借爲頰。按：猶口也。」〔註37〕失之。猾，《史記・晉世家》作「禍」，與許氏引同。「猾」當作「䄏」，形之誤也。「䄏」同「禍」。「䄏」是本字，從骨的字多有亂義；「禍」從咼得聲，咼是歪義，不是所指。《可洪音義》卷21：「䄏害：上胡果反，正作禍。」《龍龕手鑑》：「䄏，俗，舊藏作禍。」《改併四聲篇海》引《龍龕手鑒》作「䄏，音禍，義同」。皆以「䄏」爲俗字，儱矣。敦煌寫卷 P.2313V：「禍累爭消，嘉祥競集。」「禍」原卷作「䄏」〔註38〕。「䄏」字出現極早，清華簡《金縢》：「周公石（蹠）東三年，䄏（禍）人乃斯𠭏（得）。」〔註39〕戰國楚簡中「禍」字多作異體字形「䄏」〔註40〕。韋注「猾，弄也」，是所見本已誤矣。張

〔註35〕朱起鳳《辭通》，上海古籍出版社1982年版，第1510頁。

〔註36〕姜亮夫《楚辭通故（一）》，收入《姜亮夫全集》卷1，雲南人民出版社2002年版，第218～219頁。

〔註37〕朱駿聲《說文通訓定聲》，武漢市古籍書店1983年版，第151頁。

〔註38〕參見趙鑫曄《敦煌佛教願文研究》，南京師範大學2009年博士學位論文，第200頁。趙君謂今高麗本《龍龕》無「䄏」字，失檢也。

〔註39〕《清華大學藏戰國竹簡（壹）》，中西書局2010年版，第158頁。禤健聰讀「石」爲「蹠」，訓往、適。禤健聰《〈史記〉釋讀札記二則》，《文獻》2014年第2期，第122～123頁。

〔註40〕參見何琳儀《戰國古文字典》，中華書局1998年版，第1194頁；又參見黃靈

以仁謂史公變字以爲訓，我舊說從之〔註41〕，非也，亟當訂正。字又或誤作「滑」，《淮南子・詮言篇》：「有滑則詘，有福則贏。」一本「滑」作「禍」，《御覽》卷739引亦作「禍」。「滑」當作「禍」。《家語・觀周》引《金人銘》：「口是何傷，禍之門也。」〔註42〕即「齒牙爲禍」之誼。

（4）吳王夫差既勝齊人於艾陵，乃使行人奚斯釋言於齊（《吳語》）

韋注：奚斯，吳大夫。釋，解也。以言辭自解，歸非于齊。

按：吳大夫名奚斯，《左傳・閔公二年》魯公子名奚斯，字子魚，其取名之誼當同。「奚斯」本爲神馬名，得義于馬足色白。人取名「奚斯」者，以神馬爲譬也。《文選・赭白馬賦》李善註引魏・劉劭《趙都賦》：「良馬則飛兔奚斯，常驪紫燕。」〔註43〕字或作「雞斯」〔註44〕，《類聚》卷93引《太公六韜》：「於是得犬戎氏文馬，毫毛朱鬣（鬃），目如黃金，名雞斯之乘。」〔註45〕《淮南子・道應篇》：「得騕褭、雞斯之乘。」許慎注：「雞斯，神馬也。」「雞」、「奚」之本字爲「騱」，《爾雅》：「前足皆白，騱。」《釋文》：「騱，音奚，郭又音雞，舍人本作雞。」繆楷曰：「騱、奚、雞三字通……『奚斯』與『雞斯』同，皆即此所謂『騱』也。斯，語辭，猶『螽斯』、『鷺斯』之例耳。」〔註46〕繆氏前說是也，然「斯」非語辭。斯，讀爲皙，白也。《說文》：「皙，人色白也。」《廣雅》：「皙，白也。」王念孫曰：「斯與皙聲近而義同。」〔註47〕音又

庚《楚辭與簡帛文獻》，人民出版社2011年出版，第303頁。黃說當即本於何氏，而不著所出。

〔註41〕 張以仁《國語斠證》，臺灣商務印書館1969年版，第189頁。蕭旭《國語校補》，收入《群書校補》，廣陵書社2011年版，第130頁。

〔註42〕 《說苑・敬慎》引同。

〔註43〕 《類聚》卷61引同。

〔註44〕 「雞毒」或作「奚毒」，亦其例。

〔註45〕 《山海經・海內北經》郭璞注、《事類賦注》卷21引《六韜》略同。

〔註46〕 繆楷《爾雅稗疏》卷4，收入《續修四庫全書》第189冊，上海古籍出版社2002年版，第55頁；又收入朱祖延主編《爾雅詁林》，湖北教育出版社1996年版，第4558頁。

〔註47〕 王念孫《廣雅疏證》，收入徐復主編《廣雅詁林》，江蘇古籍出版社1992年版，第686～687頁。

轉爲「鮮」字〔註48〕，《詩・瓠葉》：「有兔斯首。」鄭箋：「斯，白也。今俗語『斯白』之字作鮮，齊、魯之間聲近斯。」〔註49〕音又轉爲「思」字，《左傳・宣公二年》：「于思于思，棄甲復來。」《釋文》引賈逵曰：「于思，白頭貌。」《詩・瓠葉》孔疏：「服虔以于思爲白頭貌，字雖異，蓋亦以思聲近鮮，故爲白頭也。」〔註50〕時兵謂「『于思』是『于之思』的簡化式，即『在那兒想』的意思」，望文生義，無過於此〔註51〕。楊樹達曰：「《詩・盧令篇》云：『其人美且偲。』《釋文》：『偲，多鬚貌。』按：『思』、『偲』同。」〔註52〕楊說非是。奚，小也。從奚之字，多有小義。小僮爲奚（女奴專字爲傒）〔註53〕，小穴爲谿，小禽爲鷄，小畜爲騱，小鼠爲鼰，小豕爲豯，小徑爲蹊，小水爲溪，小蟬爲螇，小蝗亦爲螇，小馬爲騠。其義一也。體形小而前足皆白之馬名爲騠斯，「斯」字當取「白」爲義。胡元玉曰：「奚，古騠字。奚斯、鷄斯，即《爾雅》之騠也。斯，白也，即指其前足皆白言之。」〔註54〕張澍曰：「奚斯，馬名……字魚者，《爾雅》：『馬二目白曰魚。』」竹添光鴻說同〔註55〕。斯皆得之。騠斯指馬足白，魚指馬眼白，故魯公子

〔註48〕《爾雅》：「鮮，善也。」《釋文》：「鮮，本或作𩵋。沈云：『古斯字。』」《說文》：「𩅹，從雨鮮聲，讀若斯。」此皆鮮與斯聲近之證。參見阮元《揅經室集》卷1《釋「鮮」》，收入《續修四庫全書》第1478冊，上海古籍出版社2002年版，第533頁。

〔註49〕王引之曰：「斯，語助也。」俞敏謂舊說不可推翻。王引之《經傳釋詞》，嶽麓書社1984年版，第171頁。俞敏《經傳釋詞札記》，湖南教育出版社1997年版，第138頁。

〔註50〕孔疏引作「服虔」，與《釋文》引作「賈逵」不同，不知孰是。

〔註51〕時兵《論「NP（施事）＋于＋V」的起源與發展》，《中國語文》2014年第2期，第115頁。

〔註52〕楊樹達《讀〈左傳〉》，收入《積微居讀書記》，上海古籍出版社2006年版，第41頁。

〔註53〕《說文》：「奚，大腹也。」此說不確。《周禮・天官・塚宰》：「奚三百人。」鄭玄注：「古者從坐，男女沒入縣官爲奴，其少才知以爲奚，今之侍史官婢，或曰奚宦女。」少才智爲奴者稱「奚」，是亦有小義。《說文》：「傒，女隸也。」「傒」爲女奴義專字。

〔註54〕胡元玉《駁〈春秋名字解詁〉》，收入王先謙《清經解續編》第13冊，鳳凰出版社2005年版，第7181頁。

〔註55〕張澍《春秋時人名字釋》，《養素堂文集》卷32，收入《續修四庫全書》第1507冊，上海古籍出版社2002年版，第100頁。竹添光鴻《左氏會箋》，巴蜀書社2008年版，第363頁。

名奚斯字子魚，名、字相應也。張澍又曰：「斯字古讀如鮮……魚以鮮為美，或取此。」阮元曰：「有以鮮魚名為本誼而藉聲近之斯為用者……斯乃鮮字假藉也。」〔註56〕皆以「鮮魚」說之，非也。錢大昕曰：「《吳語》『奚斯』即《檀弓》之行人儀也。奚斯疊韻，並言之則成儀字。魯公子奚斯亦作公子魚，魚、儀聲相近。」王引之曰：「奚讀為鮭，聲近假借也。斯，語詞。……或曰：奚斯，馬名……或作雞斯……字子魚者，魚讀為圉，養馬為圉。」〔註57〕三說亦皆失之。俞樾曰：「王氏《解詁》云云，樾謂如後說，則魚字不必改讀，亦馬名也。《爾雅》：『二目白魚。』……奚斯字子魚，其名字皆取馬名耳。」〔註58〕俞說是也。張永言曰：「奚即騱，亦有白義，字亦作雞。」〔註59〕張氏謂奚、騱、雞三字相通，亦是也；而謂有「白」義則非是。從「奚」之字無「白」義。《類聚》卷95引《韓詩外傳》：「太公使南宮適至義渠，得駭雞犀以獻紂。」〔註60〕《金樓子·箴戒》亦云「駭雞犀」，則以為犀角，此又一說，然與《爾雅》不合。方以智曰：「雞斯即笄縰，或因其名而改，亦未可知。然或是雞嗉，雞以嗉盛食，此以盛物，故云。《六韜》云：『太公等求得雞斯之乘。』雞斯蓋國名，豈其國佩此囊邪？」〔註61〕「雞斯之乘」者，「雞斯」是馬名，非國名，方說非也。蕭兵曰：「雞斯者，疑吉爾吉斯（Kirghiz，Kirgis）之音譯……吉斯之乘者，吉爾吉斯所出或所傳之名馬也（又疑所謂『騏驥』之發聲亦與Kirgis有關）。」〔註62〕附會之說，尤不足信。研究古漢語詞語的詞義，當從漢語研究本身出

〔註56〕阮元《揅經室集》卷1《釋「鮮」》，收入《續修四庫全書》第1478冊，上海古籍出版社2002年版，第533頁。

〔註57〕錢大昕《十駕齋養新錄》卷2，收入《嘉定錢大昕全集（七）》，江蘇古籍出版社1997年版，第46頁。王引之《春秋名字解詁》，收入《經義述聞》卷23，江蘇古籍出版社1985年版，第564頁。

〔註58〕俞樾《春秋名字解詁補義》，收入《續修四庫全書》第128冊，上海古籍出版社2002年版，第430頁。

〔註59〕張永言《上古漢語的「五色之名」》，收入《語文學論集》，語文出版社1992年版，第114頁。

〔註60〕《白帖》卷97、《御覽》卷890、《記纂淵海》卷98、《古文苑》卷6章樵註引同。

〔註61〕方以智《通雅》卷49，收入《方以智全書》第1冊，上海古籍出版社1988年版，第1453頁。

〔註62〕蕭兵《文馬與雞斯之乘》，《社會科學輯刊》1981年第3期。

發。不能深考，動輒拿外來語言相比附，故作驚人之論，余期期不信
之也。學者宜深戒之。

《鬼谷子》校補

　　許富宏《鬼谷子集校集注》〔註1〕，以清人秦恩復嘉慶十年校正本爲底本，參校各本，彙錄俞樾、孫詒讓、陳乃乾、尹桐陽、俞棪、蕭登福、鄭傑文等各家成說〔註2〕，甚便學者，茲取以作校補焉。

　　尹桐陽好立怪異不經之說，許富宏君多不曾辨訂，認同其說邪？抑不知其誤邪？本文不憚辭費，隨文駁正。

《捭闔》第一

（1）微排其所言而捭反之，以求其實；貴得其指，闔而捭之，以求其利

　　　陶弘景曰：凡臣言事者，君則微排抑其所言，撥動以反難之，以求其實情；實情既得，又自閉藏而撥動彼，以求其所言之利何如耳。

按：各本陶注皆無「臣」、「君」二字，下一「撥動」下有「之」字，「彼」當屬下句，許富宏誤也。微，密也。排，推也，擠也，故陶以「排抑」釋之。尹桐陽曰：「微，隱行也。排，同『扉』，《說文》亦云：『隱也。』」《說文》作「扉」，「扉」爲俗譌字。尹氏破讀，非也。

〔註1〕　許富宏《鬼谷子集校集注》，中華書局 2010 年版。
〔註2〕　俞樾《鬼谷子平議》，收入《諸子平議補錄》，中華書局 1956 年版。孫詒讓《札迻》，中華書局 1989 年版。陳乃乾《鬼谷子校記》，收入《鬼谷子四種》，中國子學名著集成編印基金會 1977 年排印本。尹桐陽《鬼谷子新釋》，上海文明印刷所民國 21 年鉛印本。俞棪《鬼谷子新注》，上海商務印書館民國 26 年排印本（許富宏誤作民國 20 年版）。蕭登福《鬼谷子研究》，文津出版社 1984 年版。鄭傑文《鬼谷子奧義解說》，山東大學出版社 1993 年版。

（2）可與不可，審明其計謀，以原其同異

陶弘景曰：凡有所言，有可有不可，必明審其計謀以原其同異。

按：可與不可，猶言是與不是，對與不對。《公孫龍子・白馬論》：「可與不可，其相非明。」《韓子・南面》：「然則古之無變，常之毋易，在常古之可與不可。」尹桐陽曰：「『可』同『閜』，大開也。」非也。尹氏訓詁，務求新異，每每失之。

（3）離合有守，先從其志

按：守，陶弘景解爲執守，是也，猶言執持、準則。俞樾曰：「守者，中也。」當言「守者，守其中也」，謂遵守其準則。許富宏曰：「守，待也。」非是。從，猶隨也，順也。尹桐陽曰：「『從』同『揗』，推也。」亦非是。

（4）即欲捭之貴周，即欲闔之貴密，周密之貴微，而與道相追。

陶弘景曰：言撥動之，貴其周遍；閉藏之，貴其隱密。而此二者，皆須微妙合於道之理，然後爲得也。

按：周、微，亦密也。陶氏解爲「周遍」、「微妙」，非也。尹桐陽曰：「『微』同『幾』，精謹也。」許富宏曰：「微，隱蔽，藏匿。」亦皆非是。《文選・辯命論》李善注引作「即欲聞之貴密，密之貴微」，蓋節引，「聞」爲「闔」誤。

（5）捭之者，料其情也；闔之者，結其誠也。

陶弘景曰：料而簡擇，結謂繫束。情有眞僞，故須簡擇；誠或無終，故須繫束也。

按：料，讀爲敹。《說文》：「敹，擇也。《周書》曰：『敹乃甲胄。』」《玉篇》：「敹，簡也，擇也。」《廣韻》：「敹，揀擇。」字或作撩，《慧琳音義》卷 100：「敹束：《考聲》：『敹，理也。』《通俗文》作撩，今時用多作撩。」結，陶氏訓繫束，是其本義，引申爲堅固。《戰國策・秦策五》：「雖有子異人，不足以結秦。」高誘注：「結，固。」《荀子・勸學》：「詩曰：『其儀一兮，心如結兮。』故君子結於一也。」楊倞註：「義一則用心堅固，故曰心如結也。」又《成相》：「君子執之心如結。」楊倞註：「言堅固不解也。」皆其例也。尹桐陽曰：「『結』同『詰』，糾察也。」非是。

（6）皆見其權衡輕重，乃為之度數，聖人因而為之慮

按：皆，盡也。乃，猶言於是。尹桐陽曰：「皆，機也。《說文》作『幾』。
乃，又也。」皆非是。

（7）捭闔者，天地之道

按：尹桐陽引《說文》「丙讀若三年導服之導」，許富宏標點，竟以「丙讀若」
三字讀斷為句，《說文》都沒讀懂。

（8）捭闔者，以變動陰陽，四時開閉，以化萬物，縱橫反出、反覆、
反忤，必由此矣

陶弘景曰：縱橫謂廢起萬物，或開以起之，或闔而廢之。言捭闔之道，或
反之令出於彼，或反之覆來於此，或反之於彼忤之於此，皆從捭闔而生。
故曰：必由此也。

按：陶注「覆來於此」，是讀「覆」為「復」也。「出」即上文「故捭者，
或捭而出之，或捭而內之」之「出」，當讀如字。忤，讀為啎。《說文》：
「啎，逆也。」尹桐陽曰：「『出』即『趉』，行也。『忤』同『伍』，
耦合也。『反』對『忤』言，謂不合耳。」皆非是。

（8）口者，心之門戶也。心者，神之主也

按：主，君也，言心為神之君主。尹桐陽曰：「主，住也，《說文》作『侸』。」
大誤。

（9）故言死亡、憂患、貧賤、苦辱、棄損、亡利、失意、有害、刑
戮、誅罰，為「陰」，曰終

按：「有害」、「亡利」並列，「有」即「有無」之「有」。尹桐陽曰：「『有』
字當同『試』，皋也。」非是。

（10）諸言法陽之類者，皆曰始，言善以始其事。諸言法陰之類者，皆
曰終，言惡以終其謀

按：「始其事」、「終其謀」，二「其」字皆指代之詞。尹桐陽曰：「上『其』
同『基』，謀也。其事猶云謀事。」直瞀說耳。

《反應》第二

（1）動靜虛實之理，不合于今，反古而求之。

按：「求」者，求其理也，當讀如字。尹桐陽曰：「『求』同『仇』，合也。」非是。下文云：「言有不合者，反而求之，其應必出。」尹說亦誤。

（2）事有反而得覆者，聖人之意也，不可不察

按：「意」亦當讀如字，「不可不」表示必須。許富宏引尹桐陽曰：「意，隱審也。《說文》：『己，反丂也。』讀若訶。此『可』字，當同『己』。不可，謂其不反察覆審也。」皆非是。《說文》當點作「己，反丂也，讀若訶」。許君誤以「讀若訶」爲尹氏語。不辨尹說錯誤，固不足怪；標點之事，翻檢一下《說文》原書，即可避免，總非難事罷。

（3）言有象，事有比，其有象比，以觀其次

陶弘景曰：應理既出，故能言有象、事有比。前事既有象比，更當觀其次，令得自盡。象謂法象，比謂比例。

按：《玉篇》：「比，類也。」猶言同類事例。其次，猶言其他、其餘。尹桐陽曰：「『比』同『仿』，相似也。次即恣，態也。」皆失之。俞樾引《易》「比，輔也」，亦非。

（4）其釣語合事，得人實也。其猶張罝網而取獸也，多張其會而司之，道合其事，彼自出之，此釣人之網也

按：會，疑爲「檜」省文，同「栝」。《釋名》：「矢，其末曰栝。栝，會也，與弦會也」。句謂釣語如同取獸，多設弓矢，而伺察之，說到與彼人相投合的事情，彼人自然主動說出了，這就是釣別人言語的網。「合其事」的「合」，與上文「合事」之「合」同。尹桐陽曰：「『多』同『哆』，張口也。會，話也。『合』同『拾』，掇也。」皆失之。許富宏曰：「會，指野獸彙集之地。」此說與「張」字不屬。

（5）以象動之，以報其心；見其情，隨而牧之

陶弘景曰：此言其變也。報，猶合也。謂更開法象以動之，既合其心，其情可見。因隨其情慕而牧養也

按：陶注各本皆無「慕」字，此誤衍。「動」即打動之誼。俞樾「牧」訓察，

是也。許富宏引尹桐陽曰：「動，眮也，吳、楚謂瞋目顧視曰眮。『報』同『桴』，引取也。」皆非是。訓引取者，字當作『捊』，手邊無尹書覆檢，不知是尹氏之誤，還是許君誤引。

（6）己反往，彼覆來，言有象比，因而定基

陶弘景曰：己反往以求彼，彼必覆來而就職，則奇策必申。故言有象比，則口無擇言。故可定邦家之基矣。

按：尹桐陽曰：「基，謀也。」「基」訓謀，見《爾雅》，郝懿行曰：「基，通作諆，《玉篇》、《廣韻》並云：『諆，謀也。』又別作譧，《爾雅》《釋文》：『基，本或作譧。』蓋基爲本字，諆爲叚音，譧爲或體耳。」〔註3〕字亦作諅、惎，《廣韻》：「諅，謀也。」又「惎，謀也。」考《說文》：「諆，欺也。」欺謂詐謀也。《玉篇殘卷》：「諆，《爾雅》：『諆，謀也。』野王案：謂謀謨也。今亦爲基字。」今本《爾雅》作「基」。《集韻》：「諆、譧：謀也，一曰欺也。或從基，通作基。」是「基」、「譧」、「諆」三字同也，謂謀事之始也。王引之曰：「諆、惎、基，竝字異而義同。」〔註4〕郝氏以「基」爲本字，稍失之。朱駿聲謂本字爲「謀」〔註5〕，亦隔。許富宏曰：「基，疑同『機』，謀也。尹說是。」其說疏甚，《雅》、《韻》皆根柢之書，而竟不一檢。

（7）聖人所誘愚智，事皆不疑

按：所誘，猶言所欺惑。疑，讀爲礙〔註6〕。事皆不礙，謂凡事皆順也。尹桐陽曰：「所，戶也。誘，進也。不疑，謂不亂。」非是。

（8）變象比，必有反辭，以還聽之

按：「變」與上文諸「變」字同，謂變化也。「必」者，辭之定也。許富宏引尹桐陽曰：「『變』同『曫』，日且昏時也。變，曫亡，亦聲近字矣。『必』同『眣』，直視也。」皆瞽說耳。尹氏語當斷爲「變、曫，亡亦聲近字矣」，蓋尹氏說「變、曫」通借，但並無把握，故云「亡亦聲近字矣」。

〔註3〕 郝懿行《爾雅義疏》，上海古籍出版社 1983 年版，第 40 頁。
〔註4〕 王引之《經義述聞》卷 19，江蘇古籍出版社 1985 年版，第 472 頁。
〔註5〕 朱駿聲《說文通訓定聲》，武漢市古籍書店 1983 年版，第 182、183 頁。
〔註6〕 例證參見宗福邦主編《故訓匯纂》，商務印書館 2003 年版，第 1498 頁。

尹氏語且讀不懂，亂點一氣，「彎亡」果何義乎？許富宏曰：「必，必定，非作『眇』。」許君「必」字還是能理解的，實在難得。於「變」字，則惑於尹說矣。

（9）欲聞其聲反默，欲張反斂，欲高反下，欲取反與

按：斂，道藏本作「瞼」。瞼讀爲斂，《老子》第 36 章：「將欲歙之，必固張之。」河上本作「噏」，《釋文》本作「儉」，傅本、范本作「翕」，《韓子・喻老》引作作「翕」，《意林》卷 1、《玉海》卷 140 引作「噏」。范應元注：「翕，斂也，合也，聚也。」是其證也。尹桐陽引《說文新附》「瞼，目上下瞼也」，無當於文義。

（10）欲開情者，象而比之，以牧其辭

按：開，啓也，謂引誘、導引之也。許富宏引尹桐陽曰：「『開』同『掔』，摩也。一曰開即睊，直視也。」二說皆非。「睊」字字書所無，以尹氏好引《說文》度之，當作「盰」。《說文》：「盰，一曰直視也。」手邊無尹書覆檢，不知是尹氏之誤，還是許君誤引。

（11）同聲相呼，實理同歸

按：歸，歸往也，許富宏解爲「走到一起」，近之。實，讀爲至。《禮記・雜記上》：「使某實。」鄭注：「實，當爲『至』，此讀周秦之人聲之誤也。」尹桐陽曰：「『歸』同『覷』，注目視也。歸、窺亦雙聲矣。」二說皆非。

（12）或因此，或因彼，或以事上，或以牧下

按：因，就也。事，奉也。皆常詁耳。尹桐陽曰：「『因』同『隱』，占也。事，伺也。」皆非是。

（13）動作言默，與此出入，喜怒由此以見其式

按：「動」、「作」並言之，「言」、「默」對言之。尹桐陽曰：「『動』、『作』對言，『作』當同『乍』，止也。」拘文害義也。

（14）符應不失，如螣蛇之所指，若羿之引矢

陶弘景曰：螣蛇所指，禍福不差；羿之引矢，命處輒中。

按：螣蛇，星名，主水中之蟲及軍兵、風雨諸事。《唐開元占經》卷 65 引

石氏曰：「螣蛇二十二星，在營室北，螣蛇，天蛇也，主水蟲。」又「螣蛇星移南，則軍兵起；移北，大水。若星明，不安；微，則安。」又引黃帝曰：「螣蛇星明，水蟲茂，魚鹽賤；星不明，則水蟲衰耗，魚鹽貴。」亦作「騰蛇」，《靈臺秘苑》卷 2：「次二十二星曰騰蛇，北方，水蟲，主風雨。」《御覽》卷 933 引《星經》：「騰虵二十二星，在室北，近河，主蟲虵。」《晉書・天文志上》：「騰蛇二十二星，在營室北，天蛇也，主水蟲。」又名「神蛇」，《說文》：「螣，神蛇也。」《墨子・親士》：「靈龜近（先）灼，神蛇近（先）暴。」〔註7〕《淮南子・齊俗篇》：「犧牛粹毛，宜於廟牲，其於以致雨，不若黑蜧。」許慎注：「黑蜧，神蛇也。」《董子・求雨篇》：「春旱求雨，暴巫聚蛇。」古代暴神蛇以求雨者，正以神蛇主風雨也。陶注云「禍福不差」者，即指螣蛇星所主的結果而言，正陰陽應變之說也。許富宏曰：「螣蛇與青龍、白虎、朱雀、玄武、勾陳一起，用來預測禍福，乃六朝術士所爲。此言螣蛇指哪飛哪，非言禍福，陶說誤。」《墨子》已言神蛇可用以致雨，六朝術士以螣蛇預測禍福，當有所傳承也。許氏謂陶說誤，所謂以不狂爲狂也。且如許說「螣蛇指哪飛哪」，與「符應不失」又有何聯繫？不思之甚也。

（15）其相知也，若比目之魚；其見形也，若光之與影

按：《御覽》卷 462 引作「其和也，若比目魚；其司言也，若聲與響」，又引注：「和，答問也。因問而言，申敘其解，如比目魚，相須而行，候察言辭往來，若影〔之〕隨形，響之應聲。」俞樾因謂「知」爲「和」之誤，古本作「其相知也，若比目之魚；其伺言也，若聲之與響也；其見形也，若光之與景也」。「和」字是，讀爲合。舊注「答問」，非也。其相合也，若比目之魚，謂若比目之魚相互合兩如一體也。《戰國策・燕策二》：「比目之魚，不相得，則不能行。故古人稱之，以其合兩而如一也。」許富宏曰：「相，表示一方對另一方有所動作。相知，言要對對方實情想有所瞭解。」如許君說，「相」表單指，何故取比目魚爲喻乎？且又與下句「光之與影」不倫。

〔註7〕《意林》卷 1 引「近」作「先」。

《內揵》第三

（1）日進前而不御，遙聞聲而相思

按：《意林》卷 2 引作「或遙聞而相思，或前進而不御」。許富宏校引作「進前」，此承秦恩復之誤，而不核檢原書也。尹桐陽曰：「相，想也。思，通也。」亦是囈語。

（2）用其意，欲入則入，欲出則出；欲親則親，欲疏則疏；欲去則去，欲求則求，欲思則思

陶弘景曰：自入出以下八事，皆用臣之意。

按：各本「欲去則去」上有「欲就則就」四字，此脫，則與陶注言「八事」不合。

（3）合而不結者，陽親而陰疏

陶弘景曰：或有離合而不結固者，謂以陽外相親，陰內相疏也。

按：陶注解「結」爲「結固」，甚確。許富宏解爲「結交對方」，望文生義也。曾未讀陶注邪？

（4）得其情，乃制其術

按：制，控制。尹桐陽曰：「『制』同『逝』，行也。」非是。

（5）欲合者用內，欲去者用外

陶弘景曰：內謂情內，外謂情外。得情自合，失情自去，此蓋理之常也。

按：「合」即上文「合其謀」、「合於陰陽」之「合」。尹桐陽曰：「『合』同『拾』，掇取也。用內，用納也。外即去耳。」許富宏從之，又曰：「內，即『納』。」皆失之。

（6）治名入產業，曰揵而內合；上暗不治，下亂不寤，揵而反之

按：「揵而內合」與「揵而反之」對舉，「曰」疑衍文。尹桐陽曰：「『曰』同『汨』，治也。」非是。

（7）若欲去之，因危與之

按：俞樾曰：「危讀爲詭。詭與反同，猶《反應篇》所謂『欲高反下，欲取

反與』也。」與，猶從也。句言若欲離開君主，就假裝隨從他。許富宏曰：「此言若欲去而言己將危君，君自放行。俞樾說未妥。」理解爲威脅君主，把古籍讀成這樣，古書亡矣。

（8）環轉因化，莫知所為，退為大儀

陶弘景曰：儀者，法也。

按：《爾雅》：「儀，善也。」儀，讀爲宜。言退隱最合宜也。高金體曰：「儀，刑也。爲物之典則。」尹桐陽曰：「『儀』同『獻』，賢也。」皆失之。

《抵巇》第四

（1）抵巇

陶弘景曰：抵，擊實也。巇，釁隙也。牆崩因隙，器壞因釁。方其釁隙而擊實之，則牆器不敗，若不可救，因而除之，更有所營置，人事亦猶是也。

按：《漢書·杜業傳》：「業因勢而抵陒。」服虔曰：「抵，音紙。陒，音義。謂罪敗而復抨彈之，蘇秦書有此法。」顏師古曰：「抵，擊也。陒，毀也。言因事形勢而擊毀之也。陒，音詭。一說，陒讀與戲同，音許宜反。戲亦險也，言擊其危險之處，《鬼谷》有《抵戲篇》也。」王先謙曰：「陒，垝之或體。《說文》：『垝，毀垣也。』抵陒謂因其毀而擊之。師古謂擊毀之，非是。一說亦非。」服、顏蓋讀抵爲抵，《說文》：「抵，側擊也。」故服氏音紙（zhǐ）。王說非是，顏氏一說讀爲「抵戲」是也，而解爲「擊其危險之處」則非是。《文選·蜀都賦》劉逵注引本書亦作「抵戲」。《法言·重黎》：「或問蒯通抵韓信不能下……曰：『巇可抵乎？』」汪榮寶曰：「抵巇乃古語，《鬼谷子》云云。謂不以直言正諫，而紆迴其辭以觸發之，正側擊之謂……彼注訓抵爲擊，是亦以抵爲抵，其云擊實者，謂擊而實之，猶言填補。此文巇可抵乎，則謂擊而離之，猶言開坼。蓋抵巇字備此二義也。」〔註8〕「抵」皆讀爲「抵」。抵巇，猶言擊其罅隙也。《續資治通鑒》卷93：「夫乘時抵巇以盜富貴，探微揣端以固權寵，謂之姦，可也。」「因勢而抵巇」即「乘時抵巇」之誼〔註9〕。尹桐陽曰：

〔註8〕 汪榮寶《法言義疏》，中華書局1987年版，第380頁。
〔註9〕 參見蕭旭《漢書校補》，收入《群書校補》，廣陵書社2011年版，第302頁。

「『抵』同『坻』，小渚也。小渚可以堵水，因有堵塞之義。」釋義雖是，未得其字。方以智曰：「抵陒，即抵巇。戲有麾音，故與陒通。」〔註10〕字亦作「涅籥」、「涅闇」，《周禮·春官·典同》：「微聲韽。」鄭注：「韽讀爲飛鉆涅籥之籥。籥，聲小不成也。」賈疏：「《鬼谷子》有《飛鉗》、《揣摩》之篇，皆言從橫辨說之術。飛鉗者，言察是非語，飛而鉗持之……飛鉗涅籥，使之不語。此鍾聲韽亦是聲小不成也。」段玉裁曰：「按《鬼谷子》有飛箝，無涅籥。蓋涅籥即抵巇之異文。《抵巇篇》曰：『巇者，罅也。罅者，㵎也。㵎者，成大隙也。』巇始有朕，可抵 149 而塞。是知涅訓抵塞，籥訓微聲，故云聲小不成也。」〔註11〕《集韻》：「鉆，《鬼谷篇》有飛鉆、涅闇，戚衮說。」又「涅，《鬼谷篇》有飛鉆、涅闇，劉昌宗說。」宋本《御覽》卷 462 引作「抵巇」，有注：「巇，音熙。」秦恩復校本謂《御覽》引作「攕」，許富宏君承其誤，而不一檢原書，此非治學之態度也。

（2）巇始有朕，可抵而塞

按：朕，宋本《御覽》卷 462 引作「朕」。

（3）事之危也，聖人知之，獨保其身

按：保，守也。尹桐陽曰：「『保』同『揄』，引也。」非是。

（3）因化說事

按：化，宋本《御覽》卷 462 引作「作」。「作」爲「化」形譌。本書《內揵篇》：「環轉因化。」《韓詩外傳》卷 3：「因化之功，若推四時。」

（4）經起秋毫之末，揮之於太山之本

陶弘景曰：經，始也。揮，發也。

按：各本陶注皆作「揮，動也」，作「發」者，秦恩復誤改也。揮，散也。「本」指山基，山腳。此言始起於秋毫之末，終散之於太山之腳。尹桐陽曰：

〔註10〕方以智《通雅》卷 7，收入《方以智全書》第 1 冊，上海古籍出版社 1988 年版，第 295 頁。
〔註11〕段玉裁《周禮漢讀考》卷 3，收入阮元《清經解》卷 636，上海書店 1988 年版，第 4 冊，第 203 頁。

「揮，奮也。本，顚也。」尹氏解「本」爲「顚」，則指山頂，非也。
許富宏曰：「經，常也。《書·大禹謨》：『與其殺不辜，寧失不經。』《傳》：
『經，常。』揮，拋灑，甩出，這裏指撼動，毀。」解「經」爲「常常」。
二氏皆失之。且孔《傳》「經，常」是「常法」之義，是與「變」相對
的概念，而非副詞「常常」，許君引證不當。古注如未理解，不可妄爲
徵引。

（5）其施外，兆萌牙蘖之謀，皆由抵巇

按：施外，謂行於外也。「兆萌」亦「牙蘖」也，猶言徵兆。也倒言作「萌
兆」，《淮南子·俶眞篇》：「所謂有始者，繁憤未發，萌兆牙蘖，未有形
垺垠堮。」句謂行於外者，皆由於內之始謀。尹桐陽曰：「『外』同『乂』，
治也。施外，猶云行治。兆萌即眾氓，眾民之稱。」皆非也。

（6）聖人見萌芽巇罅，則抵之以法

按：「則」爲承接之詞。尹桐陽曰：「『則』同『垠』，遏遮也。」非是。

《飛箝》第五

（1）然後乃權量之，其有隱括，乃可徵，乃可求，乃可用

按：求，索也。尹桐陽曰：「求，糾也。」非是。

（2）其不可善者，或先徵之而後重累，或先重以累而後毀之
陶弘景曰：不可善，謂鉤箝之辭所不能動，如此必先命徵召之。

按：許富宏引尹桐陽曰：「『善』同『蝙』，搖動也。《方言》卷 12：『搖，扇
疾也。』則扇固有搖動義。」《方言》見卷 2，當點作「搖、扇，疾也」。
尹氏引徵「搖」、「扇」同訓疾，以證明「扇」亦有「搖」義。許君未讀
懂《方言》，亦未核查卷號。

（3）或以重累爲毀，或以毀爲重累

按：此即「以……爲」句式。許富宏引尹桐陽曰：「『爲』同『貱』，迻，予
也。」尹說固爲妄說，許君連尹說亦沒讀懂。當標點作「迻予也」。尹
氏實是取《說文》「貱，迻予也」爲說。嗚呼，古人的注釋讀不懂，近

代人的話又不理解，忙著著書，也真難爲了時下的學者。

（4）將欲用之于天下，**必度權量能，見天時之盛衰，制地形之廣狹，岨嶮之難易，人民貨財之多少，諸侯之交孰親孰疏，孰愛孰憎**

按：「將欲」同義連文。尹桐陽曰：「將欲，大欲也。」直是夢話。

（5）以箝求之

按：求，取也。尹桐陽曰：「求，糾也。」非是。

（6）用之於人，則量智能、權材力、料氣勢，為之樞機

按：「於」爲介詞。尹桐陽曰：「於人，與人也。」非是。

（7）以迎之隨之，以箝和之，以意宣之，**此飛箝之綴也**

陶弘景曰：或先而迎之，或後而隨之，皆箝其情以和之，用其意以宣之……故曰：飛箝之綴也。謂用飛箝之術連於人也。

按：「隨」謂隨從，「意」即意指，「綴」即連綴，陶注均確。許富宏引尹桐陽曰：「『隨』同『篕』，飛也。『意』同『䇷』，快也，宜所安也。《說文》：『乚，鉤，識也。』從反亅，讀若釁。此『綴』即「釁」字。與『乚』通。」皆不經之說。尹氏所引《說文》，當點作「乚，鉤識也。從反亅，讀若釁」。許君又沒讀懂《說文》，且把《說文》的文字當作了尹氏的話。這條不懂的地方，如果勤快點，查查《漢語大字典》，也不致犯錯。

（8）雖覆能復，不失其度

按：「雖」爲推縱之詞。尹桐陽曰：「雖與唯同。」非也。

《忤合》第六

（1）化轉環屬，各有形勢，反覆相求，因事為制

陶弘景曰：言倍反之理，隨化而轉，如連環之屬。

按：《說文》：「屬，連也。」《廣雅》：「屬，續也。」環屬，猶言連環。「屬」非「類」義。尹桐陽曰：「『屬』同『趨』，行也。」《說文》「趨」訓行貌，據《玉篇》、《廣韻》，指小兒行皃，今吳語狀小兒、老人走路之貌，猶謂之趨。尹說無當於文義，非也。

（2）世無常貴，事無常師

按：尹桐陽曰：「《子略》引『貴』作『責』，誤。」許富宏曰：「陶注云『世無常貴』，則陶所見作『貴』，尹說是。」檢《子略》卷 3 所引，《四庫全書》本、《四明叢書》本、《叢書集成新編》本作「貴」，《南宋寶慶本》、《左氏百川學海》本、《叢書集成初編》本作「責」。《意林》卷 2 亦引，《武英殿聚珍》本、《指海》本引作「貴」，《道藏》本、《四庫全書》本引作「責」〔註12〕。元·張天雨《玄品錄》卷 1 引作「世無常責，士無常師」，「責」字亦誤。《書·咸有一德》：「德無常師，主善爲師。」

（3）聖人无常與，無不與；無所聽，無不聽

按：「所」爲助詞。尹桐陽曰：「《說文》：『許，聽也。』『所』即『許』，與單云『聽』義同。」非是。

（4）用之天下，必量天下而與之

陶弘景曰：與，謂與之親。凡行忤者，必稱其事業所有而親媚之，則暗主無從而覺，故得行其術也。

按：與，猶隨從也，下同。陶說亦通。尹桐陽曰：「『與』同『舉』，行也。」非是。

（5）古之善背向者，乃協四海，包諸侯，忤合之地而化轉之，然後求合

陶弘景曰：言古之深識背向之理者，乃合同四海，兼并諸侯，驅置忤合之地，然後設法變化而轉移之。眾心既從，乃求其眞王而與之合也。

按：各本陶注「眞王」作「眞主」，此誤。許富宏引尹桐陽曰：「地，蹋。聲轉而同。㞬，丸之埶也。地而者謂蹋，鞠丸之埶。化轉者，似之。因舉以爲喻。」許君云：「尹讀爲『忤合之，地而化轉之』，又解『地』爲蹋。地、蹋聲轉，然未舉證，不可信。」尹氏確爲妄說不可信，然許君實在沒讀懂尹氏的話，標點錯得離奇，尹氏九泉有知，必呼恨恨。尹氏的話應點爲：「『地』、『蹋』聲轉。『而』同『㞬』，丸之埶也。地而者，謂蹋鞠丸之埶。化轉者似之，因舉以爲喻。」不知出版社的編輯是怎麼審查，

又是怎麼把關的，這等東西居然堂堂列於《新編諸子集成》，就不愛惜百年的招牌？

（6）此知天命之箝，故歸之不疑也

按：《御覽》卷 462 引作「此天知之，至歸之不疑」，許富宏引，誤以「至」屬上句。蓋「故」誤爲「致」，因脫爲「至」。《御覽》有注：「伊尹、呂尚各以至知說聖王，因澤釣行其術策。」

（7）非勞心苦思，不能原事

按：尹桐陽曰：「原，度也。《說文》作『倞』。」「原」即「源」古字，由尋其源引申，即有「度」義；「倞」即「涼薄」之「涼」。尹說非也。

《揣篇》第七

（1）揣篇

陶弘景曰：揣者，測而探之也。

按：《御覽》卷 462 引作「揣情篇」。本篇下文：「古之善用天下者，必量天下之權，而揣諸侯之情。」《史記・平原君虞卿傳》：「虞卿料事揣情，爲趙畫策，何其工也！」是「揣」亦「料量」、「料度」之義。許富宏引尹桐陽曰：「《說文》：『揣，一曰捶之。』又『㪜，讀若捶。』則揣古有垂音。《漢書・藝文志》：『兵權謀：《婕》一篇。』殆斥此《揣篇》言，與師古說誤。」許君云：「揣，《說文》：『量也。』又曰：『度高曰揣。』尹說不可取。」許君又把尹氏的話點錯，應點爲「殆斥此《揣篇》言與？師古說誤」。尹氏不敢肯定《漢書》記載的《婕》一篇」就是本書的「《揣篇》」，故云「殆斥此《揣篇》言與」，「與」同「歟」，疑辭。《漢書》顏師古注：「婕音女瑞反，蓋說兵法者人名也。」尹氏認爲師古以「婕」爲人名是錯的，故云「師古說誤」。許君斷作「與師古說誤」，成什麼話了？這裏尹氏的意見很精彩，倒很難得，可惜許氏不能領會；但當言「婕有揣音」，讀丁果切，尹氏說顛倒了。《說文》的原文是：「揣，量也，度高曰揣，一曰捶之。」段玉裁注：「量者，稱輕重也。此以合音爲聲，初委切。按方言常絹反，是此字古音也。《木部》有椯字，『箠也。一曰度也。一曰剟也。』聲義皆與此篆同，而讀兜果切。又今人語言用战數

字,上丁兼切,下丁括切,知輕重也。亦揣之或體,其音爲耑之雙聲。」〔註13〕段氏指出「揣」與「椯」同,又作「敠」。段說猶有未盡,字亦作採、婑〔註14〕,《廣雅》:「採,量也。」王念孫曰:「《說文》:『婑,量也。』又云:『揣,量也。度高下曰揣。』《昭三十二年左傳》:『揣高卑。』《釋文》音丁果反。《莊子·知北遊篇》:『大馬之捶鉤者,年八十矣,而不失豪芒。』司馬彪注云:『捶者,玷捶鐵(鉤)之輕重也。』《釋文》:『玷,丁恬反。捶,丁果反。』採、婑、揣、捶並字異而義同。『玷捶』或作『战採』,《集韻》:『战採,以手稱物也。』轉之則爲『战掇』,《玉篇》:『战,战掇,稱量也。』今俗語猶謂稱量輕重曰『战採』,或曰『战掇』矣。」〔註15〕《莊子》郭象注:「玷捶鉤之輕重而無毫芒之差也。」《釋文》:「捶,郭音丁果反,徐之累反,李之睡反。」字亦作掇、敠〔註16〕。稱輕重曰揣,度高下亦曰揣,其義一也。

(2)料人民多少,饒乏有餘不足幾何

按:當點作「料人民多少、饒乏、有餘不足幾何」。「多少」、「饒乏」、「有餘不足」皆對舉成文。尹桐陽曰:「『乏』同『弱』,盛飛貌。乏有餘者,謂盛而有餘耳。」失其讀,並失其義。

(3)辨地形之險易,孰利孰害;謀慮孰長孰短;揆君臣之親疏,孰賢孰不肖;與賓客之智慧,孰少孰多

按:各本無「揆」字,是也。「地形之險易」、「謀慮」、「君臣之親疏」、「賓客之智慧」皆「辨」之賓語。與,猶言以及,連詞。秦恩復校本有二个刻本,早先的乾隆五十四年石研齋刻本尚未補「揆」字,秦氏嘉慶十年重刻本補之,失其句法矣。夫如是,然則「謀慮」上當補何字乎?許富宏謂《道藏》本脫「揆」字,可謂無識。下文「觀天時之禍福,孰吉孰凶;諸侯之交,孰用孰不用;百姓之心,去就變化,孰安孰危,孰好孰

〔註13〕段玉裁《說文解字注》,上海古籍出版社1981年版,第601頁。

〔註14〕《易·頤》:「觀我朵頤。」《釋文》:「朵,京作椯。」《集韻》、《類篇》引作「椯頤」,此「揣」、「採(婑)」通用之證。

〔註15〕王念孫《廣雅疏證》,收入徐復主編《廣雅詁林》,江蘇古籍出版社1992年版,第271頁。

〔註16〕參見蕭旭《敦煌寫卷〈碎金〉補箋》,收入《群書校補》,廣陵書社2011年版,第1311～1312頁。

憎」，「觀」字亦直貫至底。許富宏引尹桐陽曰：「與，謂友朋臣，下亦通稱之。」許君又是亂點一通。當點作「與，謂友朋臣下，亦通稱之」。鄭傑文曰：「與，古通預。預，預先，此指預測。」皆失之。

（4）其有欲也，不能隱其情，必以其甚懼之時，往而極其惡也；其有惡也，不能隱其情，情欲必出其變

按：《文選‧演連珠》李善注引作「藏形，其有欲也，不能隱其情，重光日也」。「往」上逗號當刪去。出，各本皆作「失」。秦恩復乾隆五十四年石研齋刻本作「失」，秦氏嘉慶十年重刻本臆改作「出」，無據。失，讀爲軼，《說文》：「軼，車相出也。」引申爲突出。言情欲必突出于變化中。俞樾曰：「『失』疑當作『知』。」尹桐陽曰：「『失』同『觀』，見也。」非是。

（5）說人主，則當審揣情

按：《御覽》卷 462 引作「說王公君長，則審情以說王公，避所短，從所長」。許富宏引《御覽》誤作卷 436。

（6）乃可貴，乃可賤；乃可重，乃可輕；乃可利，乃可害；乃可成，乃可敗，其數一也

按：許富宏引俞樾曰：「俞樾《古書疑義舉例》曰：『乃者，承上之詞也。而，古人或用以發端。』」許氏又沒讀懂俞樾《古書疑義舉例》，當點作「『乃』者，承上之詞也，而古人或用以發端」。讀不懂，查一查中華版的《古書疑義舉例五種》整理本，只是麻煩點。

（7）常有事於人，人莫能先，先事而生，此最難為

按：生，各本皆作「至」。陶注云「故先事而至」，亦作「至」字。秦恩復乾隆五十四年石研齋刻本作「至」，秦氏嘉慶十年重刻本改作「生」，並注亦改之，無據。《道藏》本脫作「人莫先事而至」（許君引「莫」下有「能」字，失檢），許富宏引尹桐陽曰：「莫、先合音爲蒿，《說文》：『蒿，冂。』冂，不見也，謂人情多隱而不見。一曰『先』同『鐉』，所以鉤門戶樞也。人莫先者，猶云人情不易鉤取也。『此』同『掌』，積也。至此者，猶云至多，字亦與『嘖』同。『爲』同『窺』，小視也。」

全是夢語，無一而當。「鼻」不知何字，檢《說文》：「鼻，宀宀不見也。」不知是尹氏原來的錯誤，還是許君不識此字，胡亂摹個字形，糊弄於人。許君此處又沒讀懂《說文》，胡亂地加個標點了事。

（8）故曰揣情最難守司，言必時有謀慮

陶弘景曰：謀慮出於人情，必當知其時節，此其所以最難也。

按：必，陶解「必當」，是也。有，各本皆作「其」，陶注云云，亦作「其」字。此誤。「時」亦「司」也，異字同義。《廣雅》：「時，伺也。」尹桐陽曰：「『必』同『謐』，無聲也。『時』同『數』，刺探也。」皆非是。

（9）故觀蜎飛蠕動，無不有利害，可以生事。美生事者，幾之勢也

陶弘景曰：……觀此可以成生事之美。生事者，必審幾微之勢，故曰生事者幾之勢也。

按：陶注以「美」字屬上，故云「可以成生事之美」，即釋「可以生事美」也。俞樾曰：「美當作變，形近而誤。」可備一說。尹桐陽曰：「『美』同『嬍』，司也。」蓋以「美」字屬下，許富宏從其讀，非也。

（10）此揣情飾言成文章，而後論之

陶弘景曰：言既揣其情，然後修飾言語以遵之，故說辭必使成文章，而後可論也。

按：陶說皆是，「揣情」、「飾言」、「成文章」爲辭。尹桐陽曰：「『此』同『呰』，量也。情飾，謂誠。言成，言行也。文，摩也。『章』同『商』，度也。摩度者，即摩揣也。」全是夢話。

《摩篇》第八

（1）用之有道，其道必隱

陶弘景曰：然則以情度情，情本潛密，故曰其道必隱也。

按：「必」爲副詞。尹桐陽曰：曰：「必，祕也。」非是。

（2）其所應也，必有為之

陶弘景曰：內符既應，必欲為其所爲也。

按：許富宏引尹桐陽曰：「有，猶也。爲同囮；率鳥者，繫生鳥以來之，名曰
囮。例與譌言詩作訛言同，故使用也。故與下文去爲韻。」尹說不經，
不足辨也。許君又沒讀懂尹氏的話。尹氏以下句「故」屬上，以「必有
爲之故」爲句。當點作「有，猶也。『爲』同『囮』；率鳥者，繫生鳥以
來之，名曰囮。例與『譌言』《詩》作『訛言』同，故，使用也。『故』
與下文『去』爲韻。」《詩》指《詩經》。《說文》：「囮，率鳥者，繫生鳥
以來之，名曰囮。」又「故，使爲之也。」此皆尹氏暗引《說文》者也。

（3）故微而去之，是謂塞窌、匿端、隱貌、逃情，而人不知，故能成 其事而無患

陶弘景曰：人既不知所以息其所僭妒，故能成事而無患也。

按：胡式鈺曰：「塞竅者，窺人於微，不招嫌忌也。《鬼谷子・摩篇》：『故
微而去之，是謂塞窌。』同『竅』。」〔註17〕斯說爲得。端，兆迹、
徵兆也。《道德指歸論・民不畏威》：「竄端匿迹，遁貌逃情。」〔註18〕
即本此文，是「端」爲「端迹」之義也。尹桐陽曰：「窌、端，皆所
以藏物者。《說文》：『窌，窖也。』端，即『篅』，判竹圜以盛穀也。」
蕭登福亦謂「窌」同「窖」，皆失之。陶注之「僭妒」，秦恩復疑爲「譖
妒」，至確。《漢書・佞幸傳》：「以爲不妬譖望之矣。」「譖妒」即「妒
譖」。「僭妒」不辭。許富宏曰：「僭，差錯。《詩・鼓鍾》：『以雅以南，
以籥不僭。』孔疏：『此三者皆不僭差。』妒，嫉妒。僭、妒當分別
作解。」許君沒讀懂孔疏，僭差謂僭越逾等，以下儗上也。

（4）平者，靜也；正者，宜也；喜者，悅也；怒者，動也；名者， 發也；行者，成也；廉者，潔也；信者，期也；利者，求也； 卑者，諂也

按：宜、期，各本作「直」、「明」，秦恩復乾隆五十四年石研齋刻本亦同。
《周禮・考工記》鄭玄注：「正，直也。」《禮記・玉藻》鄭玄注：「正，
直方之間語也。」《左傳・昭公二十五年》杜預注：「信，明也。」又
《定公八年》杜預注：「信，猶明也。」《玉篇》：「信，明也。」此當

〔註17〕胡式鈺《寶存》卷4《語竇》，收入《叢書集成續編》第23冊，新文豐出版公
司1988年版，第769頁。

〔註18〕此據《道藏》本，《四庫全書》本「貌」誤作「類」。

作「直」、「明」之確證。謟，《正統道藏》本、《四庫全書》同，秦恩
復乾隆五十四年石研齋刻本、《四部叢刊》本、《中華道藏》本、《子
書百家》本、《鴻文書局》本作「諂」〔註19〕。當以作「諂」為是。《韓
詩外傳》卷 4：「佞，諂也。」《玉篇》：「諂，佞也。」《論語・學而》
朱子注：「諂，卑屈也。」本書《權篇》：「先意成欲者，諂也。」又
「佞言者，諂而于（干）忠。」「諂」是佞言，故與「卑」義相因。
許富宏引尹桐陽曰：「卑者，常諂諛人，故曰諂。《說文》：『譖，諛也，
或作諂。』」我無尹書覆查，這裏三個「諂」皆當作「諂」。如果不是
許君鈔錯了，就是尹氏筆誤。「譖」的或體明明是「諂」，怎會是「謟」？
尹氏此條解說是對的，許君偏偏曰：「謟，通『韜』，隱藏，隱瞞。尹
說不妥。」所謂以不狂為狂也。俞樾改「謟」作「賤」，曰：「《說文》：
『卑，賤也。』一本作『謟』，誤也，茲校正。」亦未得。尹桐陽又
曰：「『成』同『町』，田踐處曰町。利，和也。『求』同『仇』，合也。」
此又皆是妄說。陶注：「行貴成功，故曰成也。」「利求」、「行成」義
皆相因也。

（5）故謀莫難於周密，說莫難於悉聽，事莫難於必成

按：聽，《御覽》卷 462 引作「行」，蓋臆改。陶注云「說不悉聽，則違順
而生疑」，所見本作「聽」字。《鄧子・轉辭》：「夫謀莫難於必聽，事
莫難於必成。」雖有脫文，亦作「聽」字。

（6）故物歸類，抱薪趨火，燥者先然；平地注水，濕者先濡

按：《鄧子・轉辭》：「故抱薪加火，燥者必先燃；平地注水，濕者必先濡。」
尹桐陽曰：「『濡』同『濢』，潤也。」「濢」為「渜」形誤字，亦省作
「洳」。字當從「如」，故與從「而」之字通。

（7）故曰摩之以其類焉，有不相應者，乃摩之以其欲焉，有不聽者，
故曰獨行之道

按：當點作：「故曰摩之以其類，焉有不相應者？乃摩之以其欲，焉有不聽

〔註19〕《正統道藏》，文物出版社、上海書店、天津古籍出版社 1988 年影印，第 21
冊，第 682 頁。張繼禹主編《中華道藏》，華夏出版社 2004 年版，第 24 冊，
第 737 頁。

者？」《鄧子・轉辭》：「故曰動之以其類，安有不應者？」「焉」、「安」一聲之轉，皆反問之詞。俞樾正以「焉」屬下句。尹桐陽曰：「焉，安也。『故』同『胡』，何也。」前說是，後說非也。

《權篇》第九

（1）先分不足而窒非者，反也

陶弘景曰：己實不足，不自知而內訟，而反攻人之過，窒他為非，如此者反也。

按：先分，猶言天分，先天的才情。故陶注「先分不足」為「己實不足」。窒，讀為挃，擣擊也。《淮南子・兵略篇》：「夫五指之更彈，不若卷手之一挃。」許慎注：「挃，擣也。」《釋名》：「殳，殊也，長丈二尺而無刃，有所撞挃於車上，使殊離也。」《廣韻》：「挃，撞挃。」即撞擊之誼。字或作揤，《廣雅》：「揤，搏也。」《玉篇》：「揤，挃也。」字或作銍，《賈子・勢卑》：「夫胡人於古小諸侯之所銍權而服也。」「銍權」即《淮南》之卷手之一挃也。字或作搷、挃，《集韻》：「搷、挃：《博雅》：『摘也。』或省。」又「挃，擣也，通作挃。」《龍龕手鑑》：「搷，撞也，与挃同。」字或作喹、喹，《廣雅》：「喹，咄也。」《玄應音義》卷7：「喹，怒也。」蔣斧印本《唐韻殘卷》：「喹，喹咄。」〔註20〕敦煌寫卷P.2717《碎金》：「人喹咄：丁列反，盧聿反。」〔註21〕《廣韻》：「喹，喹咄，叱呵也。」《集韻》：「喹，喹咄，語無節。」《龍龕手鑑》：「喹，俗。喹，正。喹咄，叱呵也。」喹謂以言語呵斥人，故字從口。窒非者，謂攻擊人之過失也。陶注「窒他為非」者，謂叱呵別人犯錯。尹桐陽曰：「分，奮也。『非』同『騑』，驂旁。馬窒騑，則馬不行。『反』與『緩』同。」不知所云。許富宏曰：「謂自己理由不足而反攻人之過，致他為非。」改「窒」為「致」，亦非也。

（2）故口者，機關也，所以關閉情意也

陶弘景曰：口者所以發言語，故曰機關也。情意宣否在於機關，故曰所以

〔註20〕蔣斧印本《唐韻殘卷》，收入周祖謨《唐五代韻書集存》，中華書局1983年版，第706頁。
〔註21〕P.3906、P.2058、S.6204脫二「反」字。

開閉情意也。

按：《道藏》本、《四部叢刊》本陶注作「故曰口者機關也」、「宜否」、「關閉情意」，此有脫誤。睡虎地秦簡《爲吏之道》：「口，關也。舌，幾（機）也。」〔註22〕《說苑‧說叢》：「口者，關也。舌者，機也。」《靈樞經‧憂恚無言》：「口唇者，音聲之扇也。舌者，音聲之機也。」皆本此文。疑此脫一「舌」字，本作「故口舌者，機關也」。

（3）故曰參調而應，利道而動

按：參，偶合也。《莊子‧知北遊》：「調而應之，德也；偶而應之，道也。」郭注：「調偶，和合之謂也。」《淮南子‧覽冥篇》：「邪人參耦比周而陰謀。」「參調」即「調偶」、「參耦」，指口耳目和合於心。諸家謂「參」即「三」，陶弘景、尹桐陽以「參」指耳目心，蕭登福謂「參」指口耳目，胥失之。許富宏讀「利道」爲「利導」，是。尹桐陽曰：「道，言也。『利道』即上文所謂利辭。」非是。

（4）故不可以往者，無所開之也。不可以來者，無所受之也。物有不通者，故不事也

陶弘景曰：此不可以往說於彼者，爲彼暗滯，無所可開也；彼所以不來說於此者，爲此淺局無所可受也。夫淺局之與暗滯，常閉塞而不通，故聖人不事也

按：「無所」爲詞，猶言無處。「故」爲連詞，猶言所以。許富宏引尹桐陽曰：「『所』同『許』，聽也。開，即『並』，相從也。所開謂聽從，所受謂聽受，故言也。故不事者，謂言當止而不事。」尹氏說皆夢夢，許君連尹說也讀不懂。尹氏語當點作「故，言也」，他以「言」釋「故」。此三字不當與上文相連，「聽受」後當用句號。

（5）衆口爍金，言有曲故也。

陶弘景曰：金爲堅物，衆口能爍之，則以衆口有私曲故也

按：曲故，巧詐。《淮南子‧修務篇》：「若吾所謂無爲者……循理而舉事，因資而立〔功〕，權（推）自然之勢，而曲故不得容者。」〔註23〕高誘

〔註22〕《睡虎地秦墓竹簡》，文物出版社 1990 年版，第 176 頁。
〔註23〕《淮南子‧氾論篇》：「隨時而動靜，因資而立功。」又《說林篇》：「聖人者

注：「曲故，巧詐也。」又《俶真篇》：「不以曲故是非相尤。」高注：「曲故，曲巧也。」陶注釋爲「有私曲故」，許富宏據以解說，非也。

（6）是故智者不用其所短，而用愚人之所長；不用其所拙，而用愚人之所工，故不困也

按：許富宏校：「《意林》引『工』作『巧』。」尋《意林》卷 2 引仍作「工」字，許君承秦氏之誤，而竟不一檢原書，校書何易邪？鈔鈔前人意見，便成新作。俞樾引《鄧子·轉辭》「故明者不以其短，疾人之長。不以其拙，病人之工」以證，是也。《晏子春秋·內篇問上》：「任人之長，不強其短；任人之工，不強其拙，此任人之大略也。」亦足參證。

（7）言其有利者，從其所長也；言其有害者，避其所短也

按：《御覽》卷 462 引作「言有通者，從其所長；言有塞者，避其所短」，蓋臆改。

（8）故介虫之捍也，必以堅厚；螫蟲之動也，必以毒螫。故禽獸知用其長，而談者亦知用其用也

陶弘景曰：言介虫之捍也，入堅厚以自藏，螫蟲之動也，行毒螫以自衛，此用其所長，故能自勉於害。

按：陶注「勉」當作「免」，誤排。許富宏引《御覽》引作「故禽獸知其所長而談者，不知用也」，當「而談者不知用也」爲句。捍，《御覽》卷 462 引同，《道藏》本作「悍」，借字。《莊子·大宗師》：「彼近吾死，而我不聽，我則悍矣，彼何罪焉？」《釋文》：「悍，本亦作捍。」許富宏謂作「悍」誤，失考也。《淮南子·說山篇》：「介蟲之動以固，貞蟲之動以毒螫。」高注：「介甲龜鱉之屬。動，行也。貞蟲，細腰蜂、蜾蠃之屬，無牝牡之合曰貞，而有毒，故能螫。」即本此文。

（9）恐者，腸絕而無主也

陶弘景曰：恐者內動，故腸絕而言無主也。

隨時而舉事，因資而立功。」《文子·自然篇》「循理而舉事，因資而立功。」王念孫據補「功」字，又據《文子》改「權」作「推」，皆是。《韓子·喻老》：「隨時以舉事，因資而立功。」亦其證。王念孫《讀書雜志》卷 15，中國書店 1985 年版，第 3～4 頁。

按：許富宏引尹桐陽曰：「腸同愓，思也，痛也，絕極也。」尹說不經，固不足辨。許君把尹氏的話又點錯了，當作：「『腸』同『愓』，思也，痛也。絕，極也。」尹氏訓「絕」爲「極」，這都讀不懂，還寫書，余甚奇。

（10）**此五者，精則用之，利則行之**

陶弘景曰：此五者既失於平常，故用之在精，而行之在利。其不精利，則廢而止之也。

按：陶注是，《廣韻》：「精，善也。」尹桐陽曰：「『精』同『情』。」許富宏解爲「精通」，皆非也。

（11）**故與智者言，依於博；與博者言，依於辨；與辨者言，依於要；與貴者言，依於勢；與富者言，依於高；與貧者言，依於利；與賤者言，依於謙；與勇者言，依於敢；與愚者言，依於銳，此其術也，而人常反之**

許富宏校：（博者言）的「博」，《道藏》本、嘉靖鈔本、《百子全書》本訛作「拙」。辨，嘉靖鈔本作「辯」。愚，《道藏》本作「過」，別本作「通」。

按：《御覽》卷 462 引作「與智者言依於博，與博者言依於辯，與辯者言依於要，此其說也」。《鄧子·轉辭》：「夫言之術，與智者言依於博，與博者言依於辯，與辯者言依於安，與貴者言依於勢，與富者言依於豪，與貧者言依於利，與勇者言依於敢，與愚者言依於說。此言之術也。」《太白陰經·數有探心篇》：「夫與智者言依於博，智有涯而博無涯，則智不可以測博；與博者言依於辨，博師古而辨應今，則博不可以應辨；與貴者言依於勢，貴位高而勢制高，則位不可以禁勢；與富者言依於物，富積財而物可寶，則財不足以易寶；與貧者言依於利，貧匱乏而利豐贍，則乏不可以賙豐；與賤者言依於謙，賤人下而謙降下，則賤不可以語謙；與勇者言〔依於敢，勇不懼而敢剛毅，則勇不可以懾剛；與愚者言〕依於銳，愚質朴而銳聰明，則朴不可以察聰。」[註24] 作「博」、「愚」是也。「愚」誤作「遇」，因而形近誤作「過」或「通」。「辨」讀爲辯。伍非百曰：「按此文與今本《鬼谷子》各有脫

〔註24〕 此據《守山閣叢書》本，《四庫全書》本有脫誤。「依於敢」21 字原脫，依《四庫》本補。《叢書集成初編》第 943 冊影印，中華書局 1985 年版，第 19 頁。

誤，可以互證。『依於安』當依《鬼谷子》作『依於要』。『依於高』、『依於銳』當依《鄧析子》作『依於豪』、『依於說』。『與過者言』，『過』當作『愚』。『說』與『悅』同。」〔註25〕「安」當作「要」，伍說是也。「高」爲「豪」音誤，「豪」又「物」形誤；說，讀爲銳。伍說皆失之。許富宏曰：「高，原義爲倉舍高大……即富。作『豪』誤。」〔註26〕亦未得。

（12）是故與智者言，將以此明之；與不智者言，將以此教之，而甚難爲也

陶弘景曰：與智者語，將以明斯術；與不智者語，將以此術教之。然人迷日久，教之不易，故難爲也

按：尹桐陽曰：「明，勉也。『甚』同『諶』，誠也。難，謹也。」又皆不經之言。

（13）故終日言，不失其類而事不亂。終日不變而不失其主。故智貴不忘（妄）

按：俞樾指出「不變」的「不」衍，是也。「而事」的「而」，《道藏》本作「故」，亦是。「終日言」下當依下句補「而」字。當點作「故終日言，〔而〕不失其類，故事不亂；終日變，而不失其主，故智貴不妄」。

《謀篇》第十

（1）奇不知其所壅，始於古之所從

陶弘景曰：奇計既生，莫不通達，故不知其所壅蔽。然此奇計，非自今也，乃始於古之順道而動者，蓋從於順也。

按：壅，一本作「擁」。《爾雅》：「邕、支，載也。」《釋文》：「邕，字又作擁。」邢昺疏引謝氏云：「邕，字又作擁，釋云：『擁者，護之載。』」鄭樵注：「擁護支持，皆載任之義。」蓋「邕、支」乃「支閣、承載」

〔註25〕伍非百《鄧析子辯僞》，收入《中國古名家言》，中國社會科學出版社 1983 年版，第 853～854 頁。

〔註26〕許富宏《〈鬼谷子〉眞僞及文學價值》，西北師範大學 2004 年博士學位論文，第 40 頁。

之誼。黃侃曰：「邕載即擁戴。」〔註27〕黃氏以「邕、支」為同條異義，恐未得。「載」由「承載」引申，則為「生出」、「生成」義。《小爾雅》：「載，成也。」《釋名》：「載，生物也。」從，介詞。古之所從，猶言從古。此言不知奇計之所由生，蓋從古即有。尹桐陽以「奇不知其所擁始」為句，云：「『擁』與『終』同。」俞棪曰：「擁，裹也，裹也。從，隨行也，逐也，自也，順也。」皆未允。附帶說一句，俞棪引《詩》毛傳「從，逐也」，誤作「曾傳」，許富宏照鈔，竟不知《詩經》是毛傳，這等常識也沒有！

（2）鄭人之取玉也，載司南之車，為其不惑也

許富宏校：俞棪曰：「和璞出於荊山。見《意林》引《抱朴子》：『鄭在荊北，故取玉必載司南之車。』《御覽》引《鬼谷子》曰：『肅慎氏獻白雉於文王，還，恐迷路，問周公。作指南車以送之。』今按全書無此文，疑是『司南』句下注文也。按此為樂壹注文，見《事物紀原》九引樂壹注。」「載」字前，《類聚》有「必」字，《宋書‧禮志》同。

按：《類聚》見卷83，《文選‧吳都賦》劉淵林注、《書鈔》卷140、《御覽》卷775、《事類賦注》卷16引亦有「必」字，《御覽》卷805、《玉海》卷78引則無。司南，《書鈔》卷140、《事類賦注》卷16引作「指南」。《宋書‧禮志五》引無「之車」二字。許君沒讀懂俞氏語，又亂點一通。當點作：「和璞出於荊山，見《意林》引《抱朴子》。鄭在荊北，故取玉必載司南之車。」俞氏原書標點，除沒有書名號、引號外，逗號、句號分明，鈔書如認真一些，決不會錯成這樣。《意林》卷4引《抱朴子》：「荊山是和璧所生。」此俞氏所據。「鄭在荊北，故取玉必載司南之車」是俞氏的解釋語。俞氏疑為注文，其說本於秦恩復。孔本《書鈔》卷140引此文，又引注「肅慎氏」云云，與《御覽》卷775引合，正有「注曰」二字。俞氏以「問周公」為句，非也，當「問」一字句，「周公」屬下句。《事物紀原》卷2引樂臺注，而非卷9引樂壹注。俞氏之失，許君照鈔，既不核對，也不能訂正。《事物紀原》原書作「臺」字，為「壹」字之誤〔註28〕。

〔註27〕黃侃《爾雅音訓》，上海古籍出版社1983年版，第71頁。
〔註28〕參見蕭旭《〈史記〉校札》。

（3）此所以察異同之分也

陶弘景曰：異同之分，用此而察。

許富宏校：「分」字下，《道藏》本、乾隆本、《百子全書》本有「類一」二字，疑衍。

按：此，代詞。所以，猶言用以。陶注「用此」即「此所以」之解。異同，各本皆作「同異」，注同。「類一」上，乾隆五十四年秦氏石研齋刻本注：「一本有『其』字。」《四庫全書》本有「其」字，當據補。「其類一也」爲句。尹桐陽曰：「『此』同『咨』，謀也。類，善也。類一，猶云善始。」全爲妄說。

（4）故牆壞於其隙，木毀於其節，斯蓋其分也

許富宏校：其隙，《意林》引作「有隙」。

按：《書鈔》卷 99 引亦作「有隙」。俞樾引《淮南子·人間篇》「夫牆之壞也於隟，劍之折必有齧」以證（許富宏把「齧」錯鈔成「齒」，鈔書也不認眞！），是也。此爲古成語。《商子·修權》「諺曰：『蠹眾而木折，隙大而牆壞。』」《韓子·亡徵》：「木之折也必通蠹，牆之壞也必通隙。」《淮南子·說林篇》：「蠹眾則木折，隙大則牆壞。」《易林·乾之大壯》：「郄大牆壞，蠹眾木折。」〔註29〕斯蓋，猶言此乃。分，讀去聲，猶言原則、原理。尹桐陽曰：「『斯』同『基』，先也。蓋，合也。分，幡也，指隙、節言。」皆夢語。

（5）故變生事，事生謀，謀生計，計生議，議生說，說生進，進生退，進生制

陶弘景曰：計謀者，必須議說。議說者，必有當否，故須進退之。

按：許富宏引尹桐陽曰：「進同傲，理也，退上下通也。《說文》作｜。」尹說不經，不足辨。許君沒讀懂尹語，又亂點一氣。當點作：「『進』同『傲』，理也。退，上下通也，《說文》作｜。」《說文》：「｜，上下通也。引而上行，讀若囟；引而下行，讀若退。」是「｜」有「囟」、「退」二讀，尹取下讀。

〔註29〕《剝之中孚》「郄」作「隙」。

（6）故為強者，積於弱也；為直者，積於曲也；有餘者，積於不足也

按：俞樾引《韓子‧喻老》以證之，不甚切近。考《列子‧黃帝》引《粥
（鬻）子》曰：「欲剛，必以柔守之；欲彊，必以弱保之。積於柔必
剛，積於弱必彊。觀其所積，以知禍福之鄉。」為此文所本。《淮南
子‧原道篇》：「是故欲剛者，必以柔守之；欲強者，必以弱保之。積
於柔則剛，積於弱則強。觀其所積，以知禍福之鄉。」〔註30〕亦本於
《鬻子》。

（7）故因其疑以變之，因其見以然之

陶弘景曰：若內外無親而懷疑者，則因其疑而變化之；彼或因見而有所見，
則因其所見而然之。

按：陶注非也。變，讀為辯、愮。《說文》：「辯，憂也，一曰急也。」《廣
雅》：「愮，憂也。」《玉篇》：「愮，憂也，迫也。」《韓子‧亡徵》：「變
褊而心急，輕疾而易動。」俞樾曰：「變當讀為辯，與褊同義。」〔註31〕
字或作卞，《左傳‧定公三年》：「莊公卞急而好潔。」杜注：「卞，躁
疾也。」惠棟曰：「竊意《左傳》『莊公卞急而好潔』卞急即此辯字，
未知是否？」〔註32〕惠疑是也。字或作弁，《禮記‧玉藻》：「弁行，
剟剟起屨。」《釋文》：「弁，急也。」「然」疑「戁」之譌。《爾雅》：
「戁，懼也。」字亦省作難，《釋名》：「難，憚也，人所忌憚也。」
此文二句對舉，言彼有疑則憂急之，無疑則恐懼之。尹桐陽曰：「變，
辨也。然，明也。」皆未得。

（8）因其說以要之，因其勢以成之

陶弘景曰：既然見彼或有可否之說，則因其說要結之；可否既形，便有去
就之勢，則因其勢以成就之。

按：要，要約，陶注「要結」，是也。許富宏曰：「要，和也。」非是。

（9）因其惡以權之，因其患以斥之

陶弘景曰：去就既成，或有惡患，則因其惡也，以權量之；因其患也，為

〔註30〕《文子‧道原》略同。
〔註31〕俞樾《韓非子平議》，收入《諸子平議》，上海書店 1988 年版，第 418 頁。
〔註32〕惠棟《惠氏讀說文記》，收入丁福保《說文解字詁林》，中華書局 1988 年版，
　　　　第 10403 頁。

斥除之。

按：權，讀爲勸。《廣雅》：「勸，助也。」言因其惡而助順之也。尹桐陽曰：「權，歡也。」非是。

（10）摩而恐之，高而動之

陶弘景曰：患惡既除，惑恃勝而驕者，便切摩以恐懼之，高危以感動之。

按：《廣韻》：「摩，迫也。」恐，懼也。尹桐陽曰：「『摩』同『靡』，無也。恐，空也。動，厚也。」皆非是。

（11）微而證之，符而應之

陶弘景曰：雖恐動之，尚不知變者，則微有所引據以證之，爲設符驗以應之。

按：「微」當作「徵」，字之譌也。《廣韻》：「徵，證也。」下文「符而應之」、「擁而塞之，亂而惑之」，符亦應也，擁（壅）亦塞也，亂亦惑也，義皆相類。陶注「微有所引據」，是其所據本已誤。陶氏增字爲訓，非也。尹桐陽曰：「『微』同『頗』，謹莊貌。」臆說無據。

（12）無以人之所不欲而強之於人，無以人之所不知而教之於人

陶弘景曰：教人當以所知，今反以人所不知者教之，猶以暗除暗，豈爲益哉？

按：俞樾引《管子・經言篇》「毋與不可，毋彊不能，毋告不知」（當爲《形勢篇》）以證之，至確。《管子・形勢解篇》解釋說：「狂惑之人，告之以君臣之義，父子之理，貴賤之分，不信聖人之言也，而反害傷之，故聖人不告也。故曰毋告不知。」《呂氏春秋・貴公》高誘注：「教，猶告也。」《廣雅》：「教，語也。」尹桐陽曰：「『知』同『伎』，合也。」曾未讀陶注邪？

（13）故陰道而陽取之也

陶弘景曰：學順人之所好，避諱人之所惡，但陰自爲之，非彼所逆，彼必感悅，明言以報之，故曰：陰道而陽取之也。

按：疑當乙作「故陽道而陰取之也」。道，從也。言表面順從，而暗中取之。陶注云云，是「陰」、「陽」二字已倒。尹桐陽曰：「『道』同『逃』，

去也。」非是。

（14）故去之者從之，從之者乘之

許富宏校：從，《道藏》諸本作「縱」。

按：乘，謂因而取之也。許富宏引尹桐陽曰：「乘，履也，縱之以極其惡，便履滅之。」「乘」無「履」訓，考《說文》：「乘，覆也。」此即尹氏所本。尹說雖不合，但亦好引經傳以說之，斷無自造訓解之理。「履」當是「覆」之誤。手邊無尹書檢核，如非尹氏筆誤，便是許君鈔書不認眞，鈔錯了。

（15）貌者，不美又不惡，故至情托焉

按：許富宏引尹桐陽曰：「惡，故惡苦也。」此又許君讀不懂尹語，亂點一通。尹氏以「不美又不惡故」爲句，解爲「惡故，惡苦也」。尹氏妄說，不足辨也。

（16）可知者，可用也；不可知者，謀者所不用也

陶弘景曰：謂彼情寬，密可令知者，可爲用謀。故曰可知者，可用也。其不寬，密不可令知者，謀者不爲用謀也。故曰不可知者，謀者所不用也。

按：陶注當「寬密」連文，言或寬或密也。許富宏引尹桐陽曰：「『可』同『柯』，柄也。『知』即『伎』，與也。可知謂與柄下，所謂握權。」尹氏妄說，亦不足辨也。許君又將尹語亂點一通。當點作「可知謂與柄，下所謂握權」。此文下文有「制人者，握權也」的話，故尹云「下所謂握權」。

（17）故曰事貴制人，而不貴見制於人。制人者，握權也；見制於人者，制命也

陶弘景曰：制命者，言命爲人所制也。

按：尹桐陽曰：「語見《中經》，事作道，制命作失命。」《太白陰經·數有探心篇》：「夫道貴制人，不貴制於人。制人者，握權也；制於人者，遵命也。」語本《鬼谷子·中經》，「失命」又改作「遵命」。

（18）以此觀之，亡不可以為存，而危不可以為安。然而無為而貴智矣

按：「安」下當用逗號。然而，猶言然則、那麼。無為，猶言無須。言如果
不能危者安之，亡者存之，則無須貴智也。俞樾引《國語・吳語》「危
事不可以為安，死事不可以為生，則無為貴知矣」以證，是也。《戰國
策・趙策一》：「張孟談曰：『臣聞之：亡不能存，危不能安，則無為貴
知士也。』」《韓子・十過》：「張孟談曰：『臣聞之：亡弗能存，危弗能
安，則無為貴智矣。』」又見《淮南子・人間篇》。是此為古成語也。俞
樾疑「然而無為而貴智矣」有衍誤，非也。許富宏未得其讀，其解釋語
亦未達厥誼，不鈔。

（19）智用於眾人之所不能知，而能用於眾人之所不能見。既用，見
可，否擇事而為之，所以自為也；見不可，擇事而為之，所以
為人也

按：秦恩復、俞樾皆謂「否」字衍，是也。句言既用其智能，見其可，則
擇事而為之，為的是自己；見其不可，亦擇事而為之，為的是別人。
其事既見其可，而為之者，於己有利，故為的是自己；其事既見其不
可，而猶為之者，於己不利，故為的是別人。尹桐陽以「見既用」為
句，曰：「既，盡也。見既用者，謂見能盡見而不遺。見事可而人能
為之。否，不也。」皆非是。許富宏曰：「秦、俞『否』字上讀，訛。
尹桐陽『否』字下讀，今從之。」可謂無識。

（20）故先王之道陰，言有之曰：「天地之化，在高與深；聖人之制
道，在隱與匿。」

陶弘景曰：言先王之道，貴於陰，密尋古遺言，證有此理。

按：陶注「密」字當屬上句。

（21）道理達於此之義，則可與語

陶弘景曰：言謀者曉達道理，能於此義，達暢則可與語，至而言極矣。

按：陶注當點為「言謀者曉達道理，能於此義達暢，則可與語至而言極矣」，
「語至」、「言極」對舉。許君亂點一通，不知所云。古籍整理成這樣，
是學術之大不幸。尹桐陽曰：「『義』同『議』，則法也。」非是。

（22）由能得此，則可與穀遠近之誘

> 許富宏校：誘，《道藏》本、嘉靖鈔本、乾隆本、《百子全書》本作「義」。

> 陶弘景曰：穀，養也。若能得此道之義，則可與居大寶之位，養遠近之人，誘於仁壽之域也。

按：由，與「則」字相呼應，讀爲猶，若也，表假設〔註33〕。陶注正解爲「若」。「誘」當據各本作「義」。俞樾曰：「穀，善也。亦釋弓滿也，疑穀爲彀之誤。」後說近之，然不必指爲誤字。穀，讀爲彀，《說文》：「彀，張弩也。」引申爲張大之誼。俞樾曰：「穀，當讀爲彀，盡也。」尹桐陽曰：「由，行也。穀，祿也。之，是也。義，儀也。」許富宏曰：「穀，活着。」皆非是。

《決篇》第十一

（1）決篇

按：許富宏引尹桐陽曰：「決，斷也。《說文》：『以抉爲之。』」當點作「《說文》以『抉』爲之」。

（2）善至於誘也，終無惑偏

> 陶弘景曰：然善於決疑者，必誘得其情，乃能斷其可否也。懷疑曰惑，不正曰偏。

按：陶注皆是。「偏」謂偏蔽。尹桐陽曰：「『誘』同『瘤』，息肉也，害之顯著者。『偏』同『便』，親信也。」又是夢語。

（3）若有利於善者，隱託於惡，則不受矣，致疏遠

> 陶弘景曰：謂疑者本其利，善而決者隱其利；善之情反託之於惡，則不受其決，更致疏遠矣。

按：陶注當點爲「謂疑者本其利善，而決者隱其利善之情，反託之於惡……」。「若」爲假設之詞。尹桐陽曰：「若，擇也。隱，度也，與『託』意同。」皆非。

〔註33〕裴學海《古書虛字集釋》，中華書局 1954 年版，第 73 頁。

（4）故其有使失利者，有使離害者，此事之失

按：此，代詞。尹桐陽曰：「『此』同『吝』，謀也，決也。」非是。許富宏引俞樾曰：「《荀子·不苟篇》曰：『欲惡取捨之。權，見其可欲也，則必前後慮其可惡也者；見其可利也，則必前後慮其可害也者，而兼權之，孰計之。』《淮南子·人間訓》曰：『眾人皆知利，利而病，病唯聖人。知病之為利，知利之為病。』」許君讀不懂《荀子》與《淮南子》，亂點一氣。當分別點作：「欲惡取捨之權：見其可欲也……」，「眾人皆知利利而病病，唯聖人知病之為利，知利之為病」。俞樾原書標點不誤。

（5）四者，微而施之

按：陶注解「微」為「精微」，是也。尹桐陽曰：「『微』同『機』，謹也。」失之。

（6）於是度之往事，驗之來事，參之平素，可則決之

按：各本皆作「度以往事」。

《符言》第十二

（1）安徐正靜，其被節（先）〔無不〕肉

陶弘景曰：被，及也。肉，肥也，謂饒裕也。言人若居位能安徐正靜，則所及之節度無不饒裕。

許富宏校：先肉，二字《道藏》本、乾隆本、《百子全書》本作「無不肉」，今據改。李學勤曰：「『先肉』應作『先定』。」說見《古文獻叢論》。

按：《管子·勢》：「故賢者安徐正靜，柔節先定。」又《九守》：「安徐而靜，柔節先定。」李學勤引唐蘭說，謂「肉」應作「定」，李氏又校「其被節先肉」為「其柔節先定」〔註34〕，皆是也。《九守》的「而靜」，當據本書及《勢》校作「正靜」，校《管子》諸家皆未及。尹注：「人居位當安徐而又靜默。」是唐代已誤。《六韜·文韜·大禮》：「太公曰：『安徐而靜，柔節先定。』」「而」字亦誤，敦煌寫卷 P.3454《六韜》作「安徐正靜，索節先定」，「正」字不誤，「柔」誤作「索」〔註35〕。

〔註34〕李學勤《〈鬼谷子·符言篇〉研究》，收入《古文獻叢論》，上海遠東出版社 1996年版，第 207 頁。

〔註35〕王繼光《敦煌唐寫本〈六韜〉殘卷校釋》並失校，《敦煌學輯刊》1994 年第 6

馬王堆漢墓帛書《十六經‧順道》、《稱》並有「安徐正靜，柔節先定」之語〔註36〕，此尤其確證。《國語‧越語下》：「宜爲人主，安徐而重固；陰節不盡，柔而不可迫。」亦足參證，「柔節」即「陰節」，亦即「雌節」，《十六經‧順道》又稱爲「女節」。許君既引李說，而猶從誤本，無識甚矣。

（2）善與而不靜，虛心平意以待傾損

陶弘景曰：言人君善與事結，而不安靜者，但虛心平意以待之，傾損之期必至矣。

按：《管子‧九守》：「虛心平意以待須。」《六韜‧文韜‧大禮》：「善與而不爭，虛心平志，待物以正。」敦煌寫卷 P.3454《六韜》作「善與而不爭，虛心平志，以待須以定」。李學勤引唐蘭說，謂「靜」應作「爭」，李氏又云：「『損』字係衍文。《九守》的『須』，則是錯字，俞樾說：『須本作傾，待訓爲備。』」〔註37〕丁士涵曰：「須當作傾。傾，覆也，危也。」戴望亦訓「待」爲備〔註38〕。唐蘭改「爭」是也，馬王堆漢墓帛書《稱》：「善予不爭。」正作「爭」字，陶注「不安靜」，是所見本已誤。許富宏從陶說解爲「不能安靜」，則於唐說，竟視而不見。李氏謂「損」字衍，亦是也。而諸家謂「須當作傾，待訓爲備」則未必是。宋本《六韜》作「待物以正」，唐寫卷「正」作借字「定」。《管子》及此文蓋本作「虛心平意以待物以正」，皆脫「以正」二字，「正」、「爭」爲韻；「傾」、「須」皆爲「物」之譌。虛心平意，猶言心平氣和。上「以」字，猶「而」也，連詞。下「以」字，介詞。待物以正者，言以正待物也。《管子‧明法解》：「權衡平正而待物。」《淮南子‧齊俗篇》：「今吾雖欲正身而待物，庸遽知世之所自窺我者乎！」皆「以正待物」之謂也。許富宏引俞樾曰：「韋注：《周語》曰：『待猶備也。』」許君沒讀過《國語》，致有誤點。當點作「韋注《周語》曰：『待猶備也。』」「待猶備也」是韋昭的話。

期，第 28 頁。

〔註36〕馬王堆漢墓帛書《十六經‧順道》、《稱》，《馬王堆漢墓帛書〈經法〉》，文物出版社 1978 年版，第 85、95 頁。

〔註37〕李學勤《〈鬼谷子‧符言篇〉研究》，收入《古文獻叢論》，上海遠東出版社 1996 年版，第 207 頁。

〔註38〕三氏說並轉引自郭沫若《管子集校》，科學出版社 1956 年版，第 873 頁。

尹桐陽曰：「『善』同『韻』，倨視人也。與，舉也。善與者，謂倨傲以舉事也。『虛』同『魖』，衰也，《廣雅》作『戲』。平意，偏意也。『待』同『時』。」全是昏話，無足辨者。

（3）目貴明，耳貴聰，心貴智。以天下之目視者，則無不見；以天下之耳聽者，則無不聞；以天下之心思慮者，則無不知

按：俞樾、尹桐陽、許富宏引《管子・九守》、《六韜・文韜・大禮》、《鄧子・轉辭》同文相證，皆是也。《淮南子・主術篇》：「人主者以天下之目視，以天下之耳聽，以天下之智慮，以天下之力爭。」〔註39〕亦足參證。「思」字當據《道藏》等本刪去。心貴智，《六韜》、《管子》同，許維遹據《鄧子》及《呂氏春秋》校作「心貴公」，云「明、聰、公爲韻」，舉《呂氏春秋・任數》「去聽無以聞則聰，去視無以見則明，去智無以知則公」爲證〔註40〕。許說是也，《淮南子・齊俗篇》：「以視則明，以聽則聰，以言則公，以行則從。」亦其證。

（4）德之術曰：勿堅而拒之

按：俞樾曰：「堅乃望字之誤。《管子・九守篇》作『勿望而距，勿望而許』，可據以訂正。句上亦應有『勿望而許之』五字，宜據《管子》補。」俞說是也，《六韜・文韜・大禮》：「勿妄而許，勿逆而拒。」敦煌寫卷P.3454《六韜》作「無望而許，亦無逆而拒」。《說苑・政理》：「毋迎而距也，毋望而許也。」「妄」即「望」借字。逆亦迎也，望，猶言面對、面向、正對著，與「迎」同義。《抱朴子外篇・廣譬》：「是以迎而許之者，未若鑒其事而試其用；逆而距之者，未若聽其言而課其實。」即本《六韜》，改「望（妄）」作「迎」，其義尤爲顯豁。于省吾曰：「望應讀作妄。」〔註41〕王繼光曰：「望，妄也，音同之誤。」〔註42〕皆非也。許富宏曰：「一說德乃聽字形近而誤，亦通。」「德」當據《管

〔註39〕《文子・上仁》略同。
〔註40〕許維遹說，轉引自郭沫若《管子集校》，科學出版社1956年版，第873頁。
〔註41〕于省吾《管子新證》，收入《雙劍誃諸子新證》，上海書店1999年版，第237頁。
〔註42〕王繼光《敦煌唐寫本〈六韜〉殘卷校釋》，《敦煌學輯刊》1994年第6期，第37頁。

子》作「聽」〔註43〕。陶注云「崇德之術」，是所見本已誤。尹桐陽曰：「『堅』同『掔』，牛很不從引也。」非是。

（5）許之則防守，拒之則閉塞

按：防，讀爲放，《小爾雅》：「放，棄也。」《廣雅》：「放，去也。」《管子‧九守》、《六韜‧文韜‧大禮》、《說苑‧政理》並作「失」，義同。陶注云「眾必歸而防守」，是所見本已誤。尹桐陽曰：「防，有也，《廣雅》作『方』。『塞』同『寒』，實也，安也。」皆非是。

（6）高山仰之可極，深淵度之可測

按：二「可」字上，當據《管子‧九守》、《六韜‧文韜‧大禮》、《說苑‧政理》補「不」字。馬王堆帛書《道原》：「是故上道高而不可察也，深而不可則（測）也。」〔註44〕《六韜‧文韜‧上賢》：「夫王者之道……若天之高不可極也，若淵之深不可測也。」《淮南子‧原道篇》：「夫道者……高不可際，深不可測。」皆其證。陶注云「高莫過山，猶可極；深莫過淵，猶可測」，是所見本已脫。極、察、際，猶至也、及也。

（7）神明之〔位〕德術正靜，其莫之極

許富宏校：德，《道藏》本、乾隆本、《百子全書》本作「位」字。下注《道藏》本、乾隆本作「神明之位，德術正靜」，依《注》補「位」字。

按：《管子‧九守》、《六韜‧文韜‧大禮》并作「神明之德，正靜其極」，敦煌寫卷 P.3454《六韜》「德」作「位」，餘同。此文當作「神明之聽術正靜」，「德」亦「聽」之譌，注同。作「位」亦誤。此言聽術正靜，乃其極至也。尹桐陽曰：「神明之位即主位也。」非是。《道藏》本「極」下有「歟」字。

（8）右主德

陶弘景曰：主於德者，在於含弘而勿距也。

按：「德」當據《管子》作「聽」，注同。陶注所見本已誤。

〔註43〕參見郭沫若説，郭沫若《管子集校》，科學出版社 1956 年版，第 874 頁。
〔註44〕馬王堆帛書《道原》，收入《馬王堆漢墓帛書〔壹〕》，文物出版社 1980 年版，第 87 頁。

（9）用賞貴信，用刑貴正

按：正，定也，必也〔註45〕。《六韜・文韜・賞罰》：「凡用賞者貴信，用罰
者貴必。」《管子・九守》：「用賞者貴誠，用刑者貴必。」又《幼官》：
「信賞審罰。」《商子・修權》：「故賞厚而信，刑重而必。」〔註46〕《韓
子・難二》：「賞厚而信，人輕敵矣；刑重而必，人不北矣。」又《姦劫
弒臣》：「於是犯之者，其誅重而必；告之者，其賞厚而信。」又《內儲
說上》：「二曰必罰明威，三曰信賞盡能。」又「賞厚而信，罰嚴而必。」
又《五蠹》：「是以賞莫如厚而信，使民利之；罰莫如重而必，使民畏之。」
又《外儲說左下》：「信賞以盡能，必罰以禁邪。」又《外儲說右上》：「信
賞必罰，其足以戰。」《荀子・彊國篇》：「審其刑罰，重而信；其誅殺，
猛而必。」《潛夫論・三式》：「賞重而信，罰痛而必。」皆足參證。俞
樾改「正」作「必」，偶失考也。許富宏解爲「公正」，望文生義也。「貴
誠」即「貴信」。許富宏曰：「『誠』乃『信』之誤。」〔註47〕非也。

（10）誠暢於天下神明，而況姦者干君

按：《六韜・文韜・賞罰》：「夫誠暢于天地，通于神明，而況於人乎？」《管
子・九守》：「誠暢乎天地，通於神明，見姦僞也。」《管子》「見」爲「兄」
誤，「兄」通「況」〔註48〕。此文「天下」當作「天地」，「神明」前脫
「通于」二字。陶注云「言每賞從信，則至誠暢於天下。神明保之如赤
子，天祿不傾如泰山」，則所見本已脫誤。干，犯也。尹桐陽曰：「『況』
同『竝』，比也。干，扞也，衛也。」皆非是。

（11）君因其所以求，因與之，則不勞

許富宏校：「所以」前，《道藏》本、乾隆本、《百子全書》本衍「政之」
二字。求，《管子》、《鄧析子》作「來」。

按：《管子・九守》：「君因其所以來，因而予之，則不勞矣。」《鄧子・轉

〔註45〕例證參見宗福邦主編《故訓匯纂》，商務印書館2003年版，第1178頁。
〔註46〕原誤作「故賞厚而利，刑重而威必」，據《治要》卷36引改，《韓子・定法》
同。
〔註47〕許富宏《〈鬼谷子〉眞僞及文學價值》，西北師範大學2004年博士學位論文，
第49頁。
〔註48〕參見俞樾、許維遹說，轉引自郭沫若《管子集校》，科學出版社1956年版，
第874頁。

辭》：「因其所以來而報之，循其所以進而答之。」王念孫、尹桐陽謂「來」當作「求」，傎矣，張佩綸、顏昌嶢已辨之〔註49〕。

（12）聖人用之，故能賞之，因之循理，固能久長

按：《管子·九守》：「聖人因之，故能掌之；因之修理，故能長久。」《鄧子·轉辭》：「聖人因之，故能用之；因之循理，故能長久。」此文「用」，猶因也。尹桐陽曰：「『用』同『庸』，功也。」非是。《管子》「修理」，當據此文及《鄧子》訂作「循理」，字之誤也。《管子》「掌」，當據此文讀作賞，《鄧子》作「用」，亦謂賞也。尹注掌訓主，顏昌嶢、黎翔鳳申證之，並非也。張佩綸謂「賞」當作「當」，郭沫若謂「賞」當作「群」〔註50〕，亦妄改不足據。《說苑·政理篇》：「是故民不可稍而掌也，可並而牧也。」向宗魯曰：「掌，疑當爲賞。」〔註51〕掌亦讀作賞，並非誤字。

（13）人主不可不周，人主不周，則群臣生亂

陶弘景曰：周謂徧知物理。

按：《管子·九守》：「人主不可不周，人主不周，則群臣下亂。」尹知章注：「周謂謹密也。」尹注是，「周」即周密義。尹桐陽曰：「周，徧也。『生』同『眚』，目病生翳也。」直是妄生是非。

（14）家于其無常也

陶弘景曰：家，猶業也。

按：《管子·九守》：「寂乎其無端也。」「家」爲「寂」字形譌，陶所見本已誤。「寂」或作「家」，見《玉篇》，因誤爲「家」字。尹桐陽曰：「《禮》：『諸侯曰國，大夫曰家。』於，以也。『常』同『瞪』，直視也。」皆夢語。蕭登福曰：「家，居也。」許富宏曰：「家，落戶安居。」皆非也。

〔註49〕王念孫、張佩綸說轉引自郭沫若《管子集校》，科學出版社1956年版，第875頁。顏昌嶢《管子校釋》，嶽麓書社1996年版，第450頁。

〔註50〕張佩綸說轉引自郭沫若《管子集校》，科學出版社1956年版，第875頁。顏昌嶢《管子校釋》，嶽麓書社1996年版，第450頁。黎翔鳳《管子校注》，中華書局2004年版，第1044頁。

〔註51〕向宗魯《說苑校證》，中華書局1987年版，第147頁。

（15）內外不通，安知所開

　　　　陶弘景曰：內外閉塞，觸途多礙，何如知所開乎？

　按：開，一本作「聞」，皆涉下句而誤。當從《管子・九守》作「怨」。陶所見本已誤。尹桐陽曰：「知，見也。『所』同『許』，聽也。謂無見又無聞也。」皆非。

（16）開閉不善，不見原也

　按：《管子・九守》作「關閉（閉）不開，善否無原」，尹知章注：「既不開其關閉（閉），故善之與不善，不得知其原矣。」陳乃乾曰：「『開』當作『關』，『善』上脫『開』字。」是也，此文當作「開（關）閉不〔開〕，善不見（無）原也」。「不」同「否」，「見」為「無」誤。許富宏引尹桐陽曰：「『開』同『訐』，諍語，訐訐也。『見』同『覝』，面見也。『原』即『謜』，徐語也。」尹氏雖滿紙胡言，倒也好引書傳以充門面。尹語當點作「諍語訐訐也」，這五字是《說文》中解釋「訐」字的話，許君不讀《說文》，當然也就亂點一通了。

（17）循名而為，實安而完

　　　　陶弘景曰：實既副名，所以安全。

　按：《管子・九守》：「修名而督實，按實而定名。」《鄧子・轉辭》：「循名責實，實之極也。按實定名，名之極也。」敦煌寫卷 P.3454《六韜・主用》：「修名督實，案實而定名」「修」當作「循」，「完」當作「定」，並字之誤也。「實安」當作「按實」。為，猶作也。此言循其名而作為，按其實而定名。尹桐陽曰：「為，謂也。循名則實不誤，故安而完。」許富宏從其說，非也。

《本經陰符七術》

（1）內修練而知之，謂之聖人（《盛神法五龍》）

　按：「內」即「內外」之「內」。《淮南子・俶眞篇》：「是故聖人內修道術，而不外飾仁義。」又《原道篇》：「是故聖人內修其本，而不外飾其末。」尹桐陽曰：「『內』同『芮』，芮芮，草生貌。」直是夢話。

（2）心無其術，必有不通（《盛神法五龍》）

按：此假設句，「必」表肯定之判斷。尹桐陽曰：「必，閟也。」非是。

（3）化有五氣者，志也，思也，神也，德也（《盛神法五龍》）

按：「者」表提頓。許富宏引尹桐陽曰：「者，同也。《墨子》者多作也。」
許君沒讀懂尹語，又亂點。當點作：「『者』同『也』，《墨子》『者』多
作『也』。」如依許君標點，豈不是「者」訓作「同」，真是滑天下之大
稽。

（4）故心氣一，則欲不惶；欲不惶，則志意不衰；志意不衰，則思理
達矣（《養志法靈龜》）

許富宏校：惶，《道藏》本、乾隆本、《百子全書》本作「偟」。

按：「惶」、「偟」同，並讀爲惶，惶懼、恐亂。尹桐陽曰：「『偟』同『㞷』，
妄生也。」真妄說也。

（5）神喪則髣髴，髣髴則參會不一（《養志法靈龜》）

陶弘景曰：髣髴，不精明之貌。參會，謂志、心、神三者之交會也。

按：參，偶合也。參會，猶言會合。銀雀山漢墓竹簡《尉繚子》：「償尊參
會，移民之具也。」〔註52〕《漢書》卷52：「凶德參會，待時而發。」
皆此義。尹桐陽曰：「參會，謂糝雜也。」許富宏曰：「參，即『三』。」
皆非是。

（6）意慮定則心遂安，心遂安則所行不錯（《實意法螣蛇》）

按：《玉篇》：「遂，安也。」《廣韻》：「遂，從志也。」尹桐陽曰：「『遂』
同『愫』，深也。」非是。

（7）識氣寄，姦邪得而倚之，詐謀得而惑之，言無由心矣（《實意法螣
蛇》）

陶弘景曰：寄謂客寄，言識氣非真，但客寄耳。

按：陶注之「識」字，《道藏》本、乾隆本皆無，此乃嘉慶本誤衍之，當
刪。正文「識」，猶知也，辨也。言能辨識其氣但客寄耳。「氣寄」是

〔註52〕《銀雀山漢墓竹簡〔壹〕》，文物出版社1985年版，第85頁。

「識」的賓語。高金體曰：「識者，虛妄之見。」尹桐陽曰：「『寄』同『奇』，不正也。」蕭登福曰：「識謂器識，氣謂心氣。」許富宏曰：「識，記住。蕭說是。」皆未達其句式。許君既謂「識」是記住，又謂蕭說是，難道「記住」與「器識」同義？可見許君實在是沒有讀懂，強作解人耳。

（8）計謀者，存亡樞機。慮不會，則聽不審矣，候之不得。計謀失矣，則意無所信，虛而無實（《實意法螣蛇》）

按：中間二句當點作：「慮不會，則聽不審矣。候之不得，計謀失矣。」

（9）無為而求安靜五臟，和通六腑，精神魂魄固守不動，乃能內視，反聽，定志。慮之大虛，待神往來（《實意法螣蛇》）

陶弘景曰：言欲求安心之道，必先寂澹無為。如此則五臟安靜，六腑和通，精神魂魄各守所司，澹然不動則可以內視無形，反聽無聲，志慮宅太虛，至神明千萬往來歸於己也。

許富宏校：慮，《道藏》本、乾隆本、《百子全書》本作「思」。

按：「無為而求」當逗開。許富宏引尹桐陽曰：「為，偽也。而與如，同求，即虬，龍子有角者。思，通也，《說文》作丨。待同 𦐫，飛盛皃。」這又是一段奇文，真是絕了。尹氏妄說，固不足辨。據《說文》「翄，飛盛皃」，「𦐫」當是「翄」字。許君胡亂摹一個字，糊弄讀者；且又讀不懂尹氏的話，亂點一通。尹語當點作：「為，偽也。『而』與『如』同。『求』即『虬』，龍子有角者。思，通也，《說文》作『丨』。『待』同『翄』，飛盛皃。」陶注「和通」，《道藏》本、乾隆本皆作「通和」；「宅」當從《道藏》本作「定」。注當點作：「……精神魂魄各守所司。澹然不動，則可以內視無形，反聽無聲，志慮定，太虛至，神明千萬，往來歸於己也。」

（10）以觀天地開闢，知萬物所造化，見陰陽之終始，原人事之政理，不出戶而知天下，不窺牖而見天道，不見而命，不行而至（《實意法螣蛇》）

陶弘景曰：唯神也，寂然不動，感而遂通天下之，故能知於不知，見於不

見，豈待出戶窺牖，然後知見哉！

按：陶注「通天下之」下當有「志」字，各本皆脱。《易・繫辭上》：「夫易，聖人之所以極深而研幾也。唯深也，故能通天下之志。」「豈待出戶窺牖」，《道藏》本、乾隆本皆作「豈待出戶牖闚之」。

（11）是謂道知，以通神明，應於無方，而神宿矣（《實意法螣蛇》）

　　陶弘景曰：宿，猶舍也。

按：陶注是，舍亦猶止也。尹桐陽曰：「『宿』同『憂』，和也。」非是。

（12）分威者，神之覆也（《分威法伏熊》）

　　陶弘景曰：覆，猶衣被也。

按：許富宏引俞樾曰：「《呂氏春秋・本生》曰：『精通乎天地，神履乎宇宙。』此之謂神之履也。」二「履」字皆「覆」之誤。《呂氏・本生》高注：「言其德大，皆覆被也。」又《下賢》：「精充天地而不竭，神覆宇宙而無望。」高注：「言其神而包覆之。」陶注與高合，是也。許君曰：「覆，意即伏。」非是。

（13）故靜意固志，神歸其舍，則威覆盛矣（《分威法伏熊》）

　　許富宏校：靜意固志，《道藏》本、乾隆本、《百子全書》本訛作「靜固志意」。

按：正文「靜固志意」不誤，是合敘；陶注言「靜意固志」是分敘。許富宏引尹桐陽曰：「《說文》：『成，古文從午，聲作戌。』」許君讀不懂《說文》，當點作「成，古文從午聲作戌」。

（14）以實取虛，以有取無，若以鎰稱銖（《分威法伏熊》）

　　許富宏校：銖，《道藏》本訛作「珠」。

按：「鎰」字是，《孫子・軍形》：「故勝兵若以鎰稱銖，敗兵若以銖稱鎰。」許富宏引尹桐陽曰：「珠蚌之陰精……鎰者，溢，剐體字。」「剐」當作「別」，尹語當點作「珠，蚌之陰精……鎰者，溢別體字」。

（15）故動者必隨，唱者必和，撓其一指，觀其餘次，動變見形，無能間者（《分威法伏熊》）

按：撓，攪動。指，即手指。陶注云云，俱得之。許富宏引尹桐陽曰：「撓同驍，健也。指，《說文》作恉，意也。觀，嬽也。次同恣，態也。無同模，法也。《說文》：無或說規，模字。能，熊屬，足似鹿間，即儞，武貌。間者，猶云儞。著，謂猛著也。」尹說全是昏話，一無可取。許君連尹語又讀不懂，亂弄一通。這等學識，何苦非得整理古籍？尹語當點爲：「……《說文》：『無，或說規模字。能，熊屬，足似鹿。』『間』即『儞』，武貌。間者，猶云儞著，謂猛著也。」《說文》原文具在，何不一檢？

（16）將欲動變，必先養志伏意以視間（《分威法伏熊》）

按：尹桐陽曰：「視，效也。間同儞。」皆非。

（17）知其固實者，自養也；讓己者，養人也。故神存兵亡，乃為之形勢（《分威法伏熊》）

按：尹桐陽曰：「『知』同『駃』，強健也。『自』即『垍』，堅也。『人』同『仁』。上文曰『神乃爲之』，爲即存耳。『乃』同『仍』，再也。」許富宏曰：「尹說是。」「自養」與「養人」對舉，「自」、「人」皆當讀如字。「知」即知曉，「乃」爲承接連詞，此易曉者也，尹氏好爲怪異之說，許君不辨其誤，從而是之，可謂無識之甚。

（18）散勢者，神之使也。用之，必循間而動（《散勢法鷙鳥》）

按：俞棪謂間訓隙，是也。言依循對方之間隙而動作。尹桐陽曰：「『循』同『揗』，摩也。間，儞也。」皆失之。許富宏曰：「散勢，分散對方的威勢。」亦非。散勢謂發散自己的威勢，故云「神之使也」。

（19）故觀其志意為度數，乃以揣說圖事，盡圓方，齊短長（《散勢法鷙鳥》）

按：「觀」即觀察義，陶解爲「知」。尹桐陽曰：「『觀』同『雚』，揮角貌。」亦妄說耳。

（20）無間則不散勢，散勢者，待間而動，動勢分矣（《散勢法鷙鳥》）

陶弘景曰：散不得間，則勢不行。

按：勢分，即「勢散」。尹桐陽曰：「『無』同『模』，法也。『則』、『不』合音爲『鴟』，鷙鳥之一種。例與『夫』、『不』合音爲『鶏』同。『待』同『庤』，儲置屋下也。分，奮也。」皆妄說耳。許富宏引俞棪引《國語》：「（里克）旦而見平鄭，告之：『平鄭曰：「子謂何？」曰：「吾對以中立。」平鄭曰：「惜也。不如曰：不信以疏之，亦固太子以攜之，多爲之故以變其志，志少疏，乃可間也。今子曰中立，況固其謀彼有成矣，難以得間。」』」許君讀不懂《國語》，亂點一通。當點作：「旦而見平鄭，告之。平鄭曰：『子謂何？』曰：『吾對以中立。』平鄭曰：『惜也。不如曰不信以疏之，亦固太子以攜之，多爲之故，以變其志，志少疏，乃可間也。今子曰中立，況固其謀也。彼有成矣，難以得間。』」俞氏原引「況固其謀」下有「也」字，許君脫去。「曰不信以疏之」爲句，許君於「曰」下點斷，曾不讀韋昭注乎？

（21）故善思間者，必內精五氣，外視虛實，動而不失分散之實（《散勢法鷙鳥》）

按：思間，謂尋思對方之間隙。尹桐陽曰：「『思』同『偲』，強力也。思間，猶云強猛。」又爲妄說。許君把尹語錯點成「思、間猶云強猛」。

（22）動則隨其志意，知其計謀（《散勢法鷙鳥》）

按：隨，順從也，依循也。許富宏引尹桐陽曰：「隨同讙，壯也。知即馶，謂強健也，一曰隨。《說文》作陸，飛也。」尹語當點作：「『隨』同『讙』，壯也。『知』即『馶』，謂強健也。一曰：隨，《說文》作陸，飛也。」尹說皆非是。又《說文》陸訓敗城皀，訓飛者作「鼉」。手邊無尹書核查，不知是尹氏原書脫「隹」旁，還是許君鈔錯了。

（23）勢敗者，不以神肅察也（《散勢法鷙鳥》）

陶弘景曰：神不肅察，所以勢敗。

按：秦恩復曰：「案『敗』疑『散』字之誤。」秦氏意指正文與注皆當作「勢散」，許富宏將秦語以小字列於注下，未得秦旨。然秦說非也，上文云「散勢者，神之使也」，是「散勢」乃神之所使，此反言之，故云神不肅察，則勢敗也。「察」即上文「觀其志意」、「隨其志意，知其計謀」

之「觀」、「知」。尹桐陽曰：「察，殺也。」非是。

（24）無窮者，必有聖人之心，以原不測之智而通心術（《轉圓法猛
獸》）

　　許富宏校：原，一本作「厚」。

按：「原」字是，《子書百家》本、鴻文書局光緒石印本作「源」，謂尋其本
也，察度也。字亦作源，《廣雅》：「源，度也。」

（25）而神道混沌為一，以變論萬類，說義無窮（《轉圓法猛獸》）

　　陶弘景曰：既以聖心原不測，通心術，故雖神道混沌如物，杳冥而能論其
　　萬類之變，說無窮之義也。

按：陶注「如」，當據《道藏》本、《四部叢刊》本、乾隆本作「妙」，「妙物
杳冥」為句。陶注「論」，《道藏》本、《四部叢刊》本作「類」，誤。「變
論」疑當作「論變」，與「說義」對舉，故陶云「論其萬類之變」。俞樾
讀「變論」為「徧論」，固非；許富宏謂俞說迂曲，解為「變萬類」，則
又把「論」字漏了。尹桐陽曰：「神，變也。道，猶也，若也。字亦作
撢，《說文》云『取也』。混沌即渾沌，猛獸之一種。為，如也。『論』
同『睔』，大目也。論萬，猶云大萬，即鉅萬也。『義』與『議』同。類，
法也，象也。『說』同『敓』，取也。」全為妄說，一無可取。

（26）故聖人懷此用，轉圓而求其合（《轉圓法猛獸》）

按：許富宏引尹桐陽曰：「懷，思也。此同咨謀也。合，《說文》作匌，周
匝之意。」尹語當點作：「『此』同『咨』，謀也。」尹氏皆妄說，不
足辨也。

（27）故與造化者為始，動作無不包大道，以觀神明之域（《轉圓法猛
獸》）

　　陶弘景曰：聖人體道以為用。其動也，神其隨也。天故與造化其初，動作
　　先合大道之理，以稽神明之域。

　　許富宏校：與造化其初，《道藏》本、乾隆本訛作「興造教化其功」。「合」
　　字《道藏》本、乾隆本作「合」，今據改。

按：陶注當點作「聖人體道以為用，其動也神，其隨也天，故與造化其初，

動作先合大道之理，以稽神明之域」。陶注之「先」，疑「无不」脫誤。秦恩復改「合」爲「含」，當從之，「含」即正文「包」字之義。許富宏引尹桐陽曰：「造同浩，大也。造化猶云大化。爲始，爲治也。觀司趨行。趨，趨也。」尹氏皆妄說，不足辨也。尹語當點作：「……『觀』同『趨』，行趨趨也。」「司」爲「同」誤，斷可知也。「行趨趨也」爲《說文》解釋「趨」字的話。許君亂點一氣，敢問許大教授，「觀司趨行」成什麼話？「造化」從無解爲浩化、大化者，許君竟云「尹說是」。

（28）天地無極，人事無窮（《轉圓法猛獸》）

陶弘景曰：天地則獨長且久，故無極；人事則吉凶相生，故無窮。天地以日月不過陵谷，不遷爲成人事，以長保元亨，考終厥命爲成。

按：陶注當點作：「天地以日月不過、陵谷不遷爲成，人事以長保元亨、考終厥命爲成。」日月不過，謂日月不逾度而行也。考，老也。考終厥命，言得壽考，終其天命也。

（29）轉化者，所以觀計謀；接物者，所以觀進退之意（《轉圓法猛獸》）

按：許富宏引尹桐陽曰：「觀字，皆同趨，行也。意，禮也。《莊子·徐無鬼》：『於蟻棄和，於魚得計，於羊棄意。』於，如也。知即伎，敵也。蟻，性好鬥，因云棄知。意字亦同禮，羊類。知禮，道家因取棄禮以爲言。」《莊子》本作「於蟻棄知」，觀尹氏以下解說，是尹氏「知」字不誤，許君鈔錯了。尹氏皆妄說，不足辨也。尹語當點作：「蟻性好鬥，因云棄知。意字亦同禮。羊類知禮，道家因取棄禮以爲言。」

（30）皆見其會，乃爲要結以接其說也（《轉圓法猛獸》）

陶弘景曰：謂上四者，必見其會通之變，然後總其綱要以結之，則情僞之說，可接引而盡矣。

按：要結，爲先秦成語，皆讀爲「約結」。陶注云「總其綱要」，非也。

（31）故聖人以無爲待有德，言察辭合於事（《損兌法靈蓍》）

按：「言察辭」下當逗開。許富宏引尹桐陽曰：「德同直，正見也。合同彶，急行也。《史記·商君傳》《索隱》：『闟，亦作鈒。』同及，合聲轉。」

尹氏皆妄說，不足辨也。尹語當點作：「《索隱》：『鬮，亦作鈒，同。』及、合聲轉。」許君不讀《史記》，亂點一通。

（32）兑者，知之也；損者，行之也（《損兑法靈蓍》）

陶弘景曰：用其心眼，故能知之；減損他慮，故能行之。

按：尹桐陽曰：「『知』同『馶』，強健也。損，運也。」皆非是。許富宏引俞樾曰：「按《說文》：『兑，說也。』段注曰：『說者，今之悅字，借爲閱。閱同穴。』《易·大雅》：『行道兑矣。』傳曰：『兑成蹊也，松柏斯兑。』此爲引伸之義。」俞氏引段注，有脫文倒句，標點亦誤。段注當補足脫文，點作：段注曰：「說者，今之悅字。其義見《易》。《大雅》：『行道兑矣。』傳曰：『兑，成蹊也。』『松柏斯兑。』傳曰：『兑，易直也。』此引伸之義。《老子》：『塞其兑，閉其門。』借爲閱字，閱同穴。」

（33）物有不可者，聖人不爲之辭（《損兑法靈蓍》）

陶弘景曰：理有不可，聖人不生辭以論。

按：尹桐陽曰：「『辤』同『辭』，止也。」非也。尹語依文例當作「『辭』同『辤』」，疑許君鈔僨倒了。

（34）故智者不以言失人之言，故辭不煩而心不虛，志不亂而意不邪（《損兑法靈蓍》）

按：尹桐陽曰：「『失』同『瞋』，視也。『虛』同『魅』，衰也，《廣雅》作『戲』。」尹注《符言篇》曰：「『虛』同『魖』。」許君把「魖」錯鈔成「魅」。然尹氏皆妄說，一無可信也。

（35）當其難易而後爲之謀，因自然之道以爲實（《損兑法靈蓍》）

按：當，值也。尹桐陽曰：「『當』同『矘』，直視也。道，言也。」皆非是。

（36）益之損之，皆爲之辭（《損兑法靈蓍》）

陶弘景曰：至於謀之損益，皆爲生辭，以論其得失也

按：尹桐陽曰：「『爲』同『僞』，僞言也。『辭』即『辤』，不受也。」皆非

是。

（37）用分威散勢之權，以見其兌威、其機危，乃為之決（《損兌法靈蓍》）

按：當點作「……以見其兌威，其機危乃爲之決」。上文云「損兌者，機危之決也」，此云「其機危乃爲之決」，與之對應。尹桐陽曰：「『威』同『眓』，視高貌。」直是臆說。

（38）圓者不行，方者不止，是謂大功……故善損兌者，譬若決水於千仞之堤，轉圓石於萬仞之谿（《損兌法靈蓍》）

按：《孫子·軍形》：「勝者之戰，若決積水於千仞之谿者，形也。」又《兵勢》：「木石之性，安則靜，危則動，方則止，圓則行。故善戰人之勢，如轉圓石於千仞之山者，勢也。」《呂氏春秋·適威》：「苟得爲上用，民之走之也，若決積水於千仞之谿，其誰能當之？」《淮南子·兵略篇》：「是故善用兵者，勢如決積水於千仞之隄，若轉員石於萬丈之谿。」皆可互證。疑此文「水」上脫「積」字，「決積水」、「轉圓石」相對爲文。

《持樞》

（1）故人君亦有天樞，生、養、成、藏，

按：此對應上文「持樞謂春生、夏長、秋收、冬藏，天之正也」而言，「養」即「長」，「成」當作「收」，字之誤也。陶注云云，是字已誤矣。

《中經》

（1）能言者，儔善博惠

陶弘景曰：儔，類也。謂能言之士，解紛救難，雖不失善人之類，而能博行恩惠也。

按：儔，讀爲稠，《說文》：「稠，多也。」與「博」同義對舉。陶注非也。尹桐陽曰：「『儔』同『讎』，應也。儔善者，謂其善於應對也。」亦失之。

（2）施德者，依道

陶弘景曰：言施德之人，動能循理，所爲不失道也。

按：此與上文「施之能言厚德之人」對應，「施」當作「厚」。陶氏所見本已
誤。

（3）而救拘執者，養使小人

陶弘景曰：言小人在拘執，而能救養之，則小人可得而使也。

按：《廣雅》：「養，使也。」《玉篇殘卷》：「養，《尚書》：『德惟善政，政在
養民。』野王案：謂畜養之也。《公羊傳》：『斯伇（役）尾（屋）養。』
何休（休）曰：『炊者曰養，汲水漿者曰伇（役），刈草爲防者曰斯也。』」
養即蓄使、役使之義。陶注「救養」，未允。尹桐陽曰：「養，利也，猶
恩也。」亦非。

（4）蓋士遭世異時危

按：各本皆作「蓋士當世異時」，秦本改之，無據。當世，猶言當代。異時，
謂時運不同。

（5）或當因免闐坑

陶弘景曰：闐坑，謂將有兵難，轉死溝壑，士或有所因，而能免斯禍者。

按：免，《四部叢刊》本、乾隆本注：「一本作勉。」轉死，《道藏》本誤作
「轉使」。陶注是，此言免於兵難也。許富宏引尹桐陽曰：「因免，抑免
也。抑而不用，曰因免闐坑。愼，浚也，謂謹直之人。」尹說非也，尹
語當點作：「因免，抑免也。抑而不用，曰因免。闐坑，愼浚也，謂謹
直之人。」許君亂點。

（6）或當破德為雄

陶弘景曰：破德爲雄，謂毀文德、崇兵戰。

按：《逸周書‧大開武》：「淫樂破德，德不純，民乃失常。」破德，猶言敗
德。爲雄，猶言稱雄。尹桐陽曰：「爲，剝也。」不知所云。

（7）或當抑拘成罪

陶弘景曰：抑拘成罪，謂賢人不辜，橫被縲絏。

按：《道藏》本無「賢」字，「辜」誤作「章」。《玉篇》：「抑，冤也。」猶
言冤枉、冤屈。許富宏引尹桐陽曰：「抑拘，謂抑抑自守之人。『成』

同『扛』，撞也。罪，捕魚竹網成罪。猶云離於罪網耳。」尹說非也，尹語當點作：「……罪，捕魚竹網。成罪，猶云離於罪網耳。」《說文》：「罪，捕魚竹網。」此尹氏所本。許君亂點，句可通邪？

（8）或當敗敗自立

陶弘景曰：謂天未悔過，危敗相仍，君子窮而必通，終能自立，若管仲者也。

按：敗敗，猶言敗而又敗，陶注云「危敗相仍」，是也。許富宏引尹桐陽曰：「『敗』同『𩛂』，囚突出也。」尹說非是。《說文》訓囚突出的字作「𩖕」，許君鈔書也不認真，鈔錯了。

（9）制人者握權，制於人者失命

按：失，《太白陰經·數有探心篇》作「遵」，本書《謀篇》作「制」。

（10）其變要在《持樞》、《中經》

陶弘景曰：至於權變之要，乃在《持樞》、《中經》也。

按：陶注是。尹桐陽曰：「變要，謂治要。《說文》：『䜌，一曰治也。』『變』與『䜌』同，『亂』之借字。」失之。

（11）如是隱情塞郤而去之

按：郤，間隙。尹桐陽曰：「塞，止也。『郤』同『膥』，舌也。」皆失之。

（12）故音不和則悲，是以聲散傷醜害者，言必逆於耳也

按：《道藏》本「悲」上衍「不」字。「是以」乃連詞。尹桐陽曰：「『悲』同『比』，和也。『是』即『湜』，清也。『以』與『矣』同。一曰：『是』同『提』，理也。『醜』同『啾』，小聲也。『害』即『齘』，齒相切聲也。」全是妄說。

（13）雖有美行盛譽，不可比目合翼相須也。

按：須，待也。尹桐陽曰：「譽與須為韻。須讀蘇也。『須』同『胥』。相胥，相助也。」亦通。《方言》卷6：「胥，輔也，吳、越曰胥。」許富宏曰：「須，需要。須、需為同源字。尹說前後不一，既解須為蘇，又解為胥，不妥。」許君不懂尹氏體例。尹云「須讀蘇」者，擬其音

也。是說須有蘇音，故與「譽」字合韻，非謂須借爲蘇也；下云「須同胥」，才是說通借。

（14）解仇鬭郄，謂解贏微之仇；鬭郄者，鬭強也

陶弘景曰：贏微爲仇，從而解之；強者爲郄，從而鬭之也。

按：《玉篇》：「贏，弱也。」贏微，猶言微弱。仇，怨惡。「郄」同「隙」，嫌隙，怨恨，與「仇」同義。尹桐陽曰：「贏微，贏弱也。『仇』同『究』，窮也。郄，卻之或體，與勮通用。《說文》：『勮，務也。』《爾雅》：『務，強也。』郄，故可以強釋之。」尹氏解「贏微」是，餘說皆非。「贏微」與「強」相對爲文，「強」謂強壯。《鬼谷》此文「鬭郄者，鬭強也」乃「謂鬭強之郄」省文，非訓詁。下文「強郄既鬭」，正承此而言。尹氏所引「勮」是強求、勉強義，不是強壯義，不得牽合。二句言弱者之仇則解之，強者之郄則鬭之。許富宏曰：「仇，同伴。解仇鬭郄，即團結弱者，抵抗強者。」非也。

（15）強郄既鬭，稱勝者高其功，盛其勢也

按：強郄既鬭，謂強者之郄既鬭之也。尹桐陽解爲「謂既說強者，使與人鬭」，非也。

（16）故勝者鬭其功勢，苟進而不知退；弱者鬭哀其負，見其傷，則強大力倍，死而是也

陶弘景曰：弱者聞我哀傷，則勉強其力，倍意致死，爲我爲是也。

按：上「聞」字，各本皆作「鬭」，是也，與「苟進而不知退」相應。苟，但也。許富宏引尹桐陽曰：「苟，亟也。力同劦，材，十人也。強大力倍者，謂強大其力而或劦或倍也。《詩·黃鳥》：『百夫之特。』特即劦耳。是同臺，止也。」尹氏全爲妄說。尹氏苟訓亟者，是誤認作「苟」字。尹語「材十人也」當爲一句，是《說文》解釋「劦」字的話。《詩》之「特」，毛傳訓匹，是也，實是「臺」的借字〔註53〕。據陶注「勉強其力，倍意致死」，則「大」衍，當「倍死」連文〔註54〕。然此句不可

〔註53〕 參見蕭旭《〈廣韻〉「壹，臺也」校疏》。《方言》卷2：「臺，匹也。」
〔註54〕 以下「倍死」似與此不同。《大戴禮記·禮察》：「喪祭之禮廢，則臣子之恩薄，而倍死忘生之禮眾矣。」《禮記·經解》同。《韓詩外傳》卷3：「臣子之恩薄，

解，疑有譌誤。

（17）郄無強大，御無強大，則皆可脅而並

按：御，各本作「禦」。並，各本作「幷」，兼幷。「並」無兼幷義。許富宏
引尹桐陽曰：「並讀攜也。《說文》：『盺，讀若攜，手。』」尹說非也。
《說文》：「盺，讀若攜手。」許君以「手」一字為句，成什麼話了？
又誤「盺」為「盺」，「目」、「耳」不辨，鈔書也不認真！陶注云云，
皆是，許君另列新說，亦非。

（18）綴去者，謂綴已之繫言，使有餘思也

陶弘景曰：繫，屬也。謂己令去，而欲綴其所屬之言，令後思而同也

按：陶注之「己」，各本作「已」。綴，連綴。「綴已」之「已」當作「己」。
言連綴我之所屬之言，使彼有所回想也。尹桐陽曰：「『綴』同『輟』。
去，驅也。綴去者，謂事已綴而復驅之使行也。繫言，誹言也，猶云飛
語。『思』即『偲』，彊力也。」皆妄說。許富宏曰：「綴去，系連去者。」
本是對的，但許君又說「尹說可參」，首攝二端，不能定斷。

（19）故接貞信者，稱其行，屬其志，言可為可復，會之期喜

陶弘景曰：欲令去後有思，故接貞信之人，稱其行之盛美，屬其志令不怠，
謂此美行必可常為，必可報復，會通其人，必令至於喜悅也。

許富宏校：「可」字疑衍。《論語》曰：「信近於義，言可復也。」《管子》
曰：「言而不可復者，君不言也。」皆無「可」字。

按：陶注云云，「可」字不衍。「可為」、「可復」並列。復，報答。《論語》
的「復」，是「踐行」義；《管子》的「復」，是「重複」義。此文「言」
是動詞，《論語》、《管子》的「言」是名詞。皆與此文不同。「故」者，
申事之辭。接，交往。許富宏引尹桐陽曰：「故，詁也，謂釋。上文

則背死亡（忘）生者眾。」《漢書・禮樂志》：「骨肉之恩薄，而背死忘先者眾。」
《論衡・薄葬》：「臣子恩泊，則倍死亡先。」《史記・秦始皇本紀》會稽刻石：
「有子而嫁，倍死不貞。」又《太史公自序》：「欒公不劫於勢而倍死。」《漢
書》、《論衡》之「先」，乃「生」之譌誤。《後漢書・荀淑爽傳》對策陳便宜引
《傳》、《梁書・徐勉傳》亦作「背死忘生」。「倍」同「背」，棄也。黃暉謂「生」
為「先」誤，俱矣。黃暉《論衡校釋》，中華書局 1990 年版，第 964 頁。

『綴去者』至『使有餘』，思之義。繼續而行曰接。厲同勵，勉也。
言可謂信行，可謂貞也。會，快也。對下文喜字言。」尹說除「厲同
勵，勉也」是對的，餘說皆非。尹語當點作：「故，詁也，謂釋上文
『綴去者』至『使有餘思』之義。……言可謂信，行可謂貞也。」許
君亂弄一氣。

（20）以他人庶，引驗以結往，明欵欵而去之

陶弘景曰：言既稱行屬志，令其喜悅，然後以他人庶幾於此行者，引之
以爲成，驗以結己往之心，又明己欵欵至誠如是，而去之，必思己而不
忘也。

按：各本「庶」上有「之」字，陶注「己往」作「已往」，「於此」下無「行」
字。秦氏後刻本刪「之」，補「行」。陶注當點作「……引之以爲成驗，
以結已往之心，又明己欵欵至誠，如是而去之，必思己而不忘也」。
欵欵，正文及注各本作「疑疑」，秦氏校作「欵欵」，是也。陶注云「至
誠」，是所見本固亦作「欵欵」也。俞樾於「疑疑」有二說，皆不可
信。庶，讀爲度。《書‧益稷》：「明庶以功。」章太炎曰：「《逸周書
‧諡法解》：『心能制義曰庶。』《春秋傳》庶作度。此庶亦度也。《呂刑》：
『明啓刑書，胥占，咸庶中正。』庶亦度也。度本從庶省聲，故古字
相借。」〔註55〕章氏所引《春秋傳》見《左傳‧昭公二十八年》，《詩‧
皇矣》毛傳、《中論‧務本》亦曰：「心能制義曰度。」以他人之度，
謂從對方角度考慮也。陶注云「庶幾」，未允。許富宏曰：「庶，也許
可以，表示希望或揣測。」亦非。明，表明、顯示。許富宏引尹桐陽
曰：「『庶』同『蹠』，行也。《說文》：『驗，馬名。』『結』字當同『趨』，
走也。謂人引馬而走。明，勉也。疑疑，即『莘莘』，往來之貌。《說
文》作『燊』，去，驅也。」皆爲妄說。尹語當點作：「疑疑，即『莘
莘』，往來之貌，《說文》作『燊』。」尹氏是說「莘」字《說文》作
「燊」。

（21）故言多必有數短之處，識其短驗之

陶弘景曰：言多不能無短，既察知其短，必記識之，取驗以明也。

〔註55〕章太炎《古文尚書拾遺》，《章氏叢書》續編之四，成都薛氏崇禮堂 1944 年木
刻本。

按：此即「言多必失」之誼。尹桐陽曰：「『多』同『哆』，張口言也。『數』同『譖』，譴譖也，支離牽引之謂。處，敷也，陳也。『驗』同『譣』，問也。」都是夢話，無一可信。

（22）其人恐畏，然後結信，以安其心，收語蓋藏而卻之

陶弘景曰：其人既以懷懼，必有求服之情，然後結以誠信，以安其懼，以收其向語，蓋藏而卻之，則其人之恩威，固以深矣。

許富宏校：以收其，《道藏》本、乾隆本訛脫作「心」。

按：陶注「心」字屬上，「以安其懼心」爲句。《道藏》等本脫「以收其」三字。結，固也。安，定也。收，收回。尹桐陽曰：「結，束縛也。『安』同『按』，抑也。『收』同『孈』，竦身也。收語猶云竦語。」都是夢話，無一可信。

（23）無見己之所不能於多方之人

陶弘景曰：既藏向語，又戒之曰：勿於多方人前，見其所不能也。

按：見，示也。方，道也。此言不要在對方面前示短。許富宏引尹桐陽曰：「無，《說文》孈讀若。見，倪也，覣也，盡也。所同許，聽也。不能，不怠也。」又都是夢話。這裏許君鈔書，極不認眞。既鈔漏了，又鈔錯了位置。「《說文》孈讀若《詩》『糾糾葛屨』」當是上條的注釋語，斷無可疑。此條「無」字，尹氏如何說的，我無原書，無從補足。

（24）攝心者，謂逢好學伎術者，則為之稱遠。方驗之道，驚以奇怪，人繫其心於己

許富宏校：道，《道藏》本、乾隆本、《百子全書》本脫。

按：各本無「道」字，秦氏後刻本補此字，蓋據陶注「方且以道驗其伎術」，非也。「方」即「方且」，猶言將要。許富宏引尹桐陽曰：「術、遠與怪、己間句韻。遠讀陟，怪讀窟也。《說文》：『遠，古文從陟。』古文德，省聲作遵。又聖讀若兔窟之窟。方，有也。」尹說皆非。這裏許君又鈔錯二字，「兔」當作「兔」，「聖」當作「圣」。尹語當點作：「……《說文》：『遠。古文從陟。古文德，省聲作遵。又圣讀若兔窟之窟。』」都是《說文》中的話。《說文》「圣」字的原話解釋是「汝

穎之間謂致力於地曰圣，從又土。讀若兔鹿窟」，鈔出來，可看仔細了，許慎說「從又土」，明明白白。「兔鹿窟」是指兔鹿的窩，吳語稱作「兔窠」。讀過《戰國策》，記得馮諼那著名的話，也不會出錯。「兔窟」是何意？不思之甚也。至於「圣」之錯作「聖」，也不能怪繁簡字惹禍。連「兔窟」都弄錯，又哪能懂「圣」字是何義。這個「圣」字大有來頭，是「窟」音，《廣韻》讀苦骨切，今吳語猶然，形容用力之貌。韓愈《進學解》：「恒兀兀以窮年。」一本作「矻矻」。「矻矻」、「兀兀」的本字就是「圣圣」。《世說新語‧品藻》：「伊窟窟成就。」《世說》多吳語，「窟窟」用的是借音字〔註56〕。

（25）効之於人，驗去，亂其前，吾歸誠於己

陶弘景曰：人既繫心於己，又効之於時人，驗之於往賢，然後更理其目前所爲，謂之曰：吾所以然者，歸誠於彼人之己。如此，則賢人之心可得，而攝亂者，理也。

按：《道藏》本、乾隆本、《四部叢刊》本陶注作「前所爲」，是也，秦氏後刻本誤衍「目」字。陶注當點作：「……歸誠於彼人之己如此，則賢人之心可得而攝。亂者，理也。」尹桐陽曰：「去，無也。『亂』同『嬾』，好也。『前』即『揃』，竊也。吾，語也。前吾即竊語。歸誠，終信也。」皆爲妄說。

（26）遭淫酒色者，為之術；音樂動之，以為必死，生日少之憂

陶弘景曰：言將欲攝愚人之心，見淫酒色者，爲之術；音樂之可說，又以過於酒色，必之死地，生日減少，以此可憂之事，以感動之也。

按：正文「酒色」，各本作「色酒」，秦氏後刻本誤倒。當點作「遭淫色酒者，爲之術音樂，動之以爲必死生日少之憂」，「動之……之憂」爲句。陶注亦當以「爲之術音樂之可說」爲句。

（27）喜以自所不見之事，終可以觀漫瀾之命，使有後會

陶弘景曰：又以音樂之事，彼所不見者，以喜悅之言，終以可觀，何必淫於酒色。若能好此，則性命漫瀾而無極，終會於永年。

〔註56〕參見蕭旭《〈世說新語〉「窟窟」正詁》。

按：自，自己，指對方自身。陶注當點作「又以音樂之事彼所不見者，以喜悅之。言終以可觀……」。尹桐陽曰：「自，始也。『可』同『訶』，大言而怒也。《爾雅》：『觀，多也。』即，延也。漫瀾，放蕩之貌。後會，後快也。」尹氏皆妄說不經，固不足辨。尹語當點作：「《爾雅》：『觀，多也。』即延也。」尹氏以「延」釋「觀」。許君亂點作「即，延也」，正文沒有「即」字，又何來解釋語？許君又曰：「漫瀾之命，意即燦爛前景。」亦非是。漫瀾，流溢四散貌〔註57〕，此形容壽命之長。

（28）守義者，謂守以人義，探其在內以合也

陶弘景曰：義，宜也。探其內心，隨其人所宜，遂所欲以合之也。

許富宏校：其，《道藏》本、嘉靖鈔本、乾隆本、《百子全書》本作「心」。

按：據陶注，「心」字是。探心在內，謂從內探其心也。許富宏引尹桐陽曰：「在，裁也。在內即下文所云制內。合，同伋行也。」尹說皆非。尹語當點作「……『合』同『伋』，行也」。

（29）從外制內，事有繫曲而隨之

許富宏校：曲，《道藏》本、嘉靖鈔本、乾隆本、《百子全書》本訛作「由」。

按：各本「之」下有「也」字。「由」字是，言緣由。尹桐陽曰：「由，《說文》作𡊃，囮之或體，譯也。率鳥者，繫生鳥以來之，名曰囮。」非是。

（30）故小人比人，則左道而用之，至能敗家奪國

按：則，承接之詞。許富宏引尹桐陽曰：「則，賊也，言小人則為人害者相親。比與下文國、存為韻。左同佐，佐佐，行不正也。」尹解皆誤。尹氏蓋以「故小人比人則」為句，尹語當點作「言小人則為人害者相親比」。尹氏是說「則（賊）」與「國」、「存」為韻，「比」字怎麼合韻？許氏不思之甚也。《增韻》：「人道尚右，以右為尊，故非正之術曰左道。」《禮記‧王制》孔疏、《通鑑》卷22胡三省註並引盧植曰：「左道謂邪道也。地道尊右，右為貴，故漢書云右賢左愚，右貴左賤。故正道為右，不正道為左。」「左」不讀為「佐」。

〔註57〕 參見蕭旭《「煥爛」考》。

《鬼谷子》佚文

（1）故曰：聖人不朽，時變是守。虛者，道之常也；因者，君之綱也
（《史記・太史公自序》）

按：《索隱》「出《鬼谷子》，遷引之以成其章，故稱故曰也」。《漢書・司馬遷傳》「朽」作「巧」，《韻補》卷 3 云：「巧，《史記》作朽，音同。」裴學海曰：「朽爲巧之借字。」〔註 58〕《國語・越語下》作「上帝不考，時反是守」，馬王堆帛書《十大經・觀》作「聖人不巧，時反是守」。

（2）不放不忘（《書鈔》卷 27）

按：孔本《書鈔》卷 27 引如此，陳本作「不僭不濫」。

（3）魯酒薄而邯鄲圍（《書鈔》卷 148）

按：孔本《書鈔》卷 148 引出處是《鬼谷子》，陳本注出處是《淮南子》，俞本注出處是《莊子》。《淮南子》今見《繆稱篇》，《莊子》今見《胠篋篇》。

（4）人動我靜，人言我聽，能固能去，在我而問（《意林》卷 2）

按：《子略》卷 3 亦引「人動我靜，人言我聽」。

（5）《反覆篇》云：其和也，若比目魚；其司言也，若聲與響。注曰：「和荅問也，因問而言，申敘其解。如比目魚，相須而行，候察言辭，往來若影隨形，響之應聲（《御覽》卷 462）

按：本書《反應篇》：「其相知也，如比目之魚；其見形也，如光之與影也；其察言也不失，若磁石之取鍼，舌之取燔骨。」當即《御覽》所本。「反覆」當作「反應」，「其知」當作「相和」。注語當點作「和，荅問也……候察言辭往來，若影〔之〕隨形，響之應聲」。「影」下脫「之」字。許君據《御覽》卷 462 所引《摩意篇》以下 5 條，又據《御覽》卷 728 所引 1 條，今本皆有，不得輯作佚文。許君引《御覽》卷 462 所引「故禽獸知其所長而談者，不知用也」，當以「而談者」屬下句。

〔註 58〕裴學海《評高郵王氏四種》，《河北大學學報》1962 年第 2 期，第 114 頁。

（6）《鬼谷子》曰：事聖君有听從無諫爭，事中君有諫諍無諂諛，事暴
君有補削無矯拂（《御覽》卷 620）

按：此條許君未錄。考《御覽》上條引《孫卿子》文，檢「事聖君」云云
見《荀子・臣道》，則此條非《鬼谷子》佚文也。

（7）《鬼谷子》云：周有豪士居鬼谷，號為鬼谷先生，蘇秦、張儀往見
之。先生曰：「吾將為二子陳言至道，子其齋戒擇日而學。」後
秦、儀齋戒而往（《書鈔》卷 90）

按：此條許君未錄。《御覽》卷 530 引同，許君第 273 頁謂《御覽》所引是
《鬼谷子序》文，是。《意林》卷 2 引《序》云：「周時有豪士隱者居鬼
谷，自號鬼谷先生，無鄉里族姓名字。」注：「此蘇秦作書記之也。鬼
之言遠，猶司馬相如假無是公云爾。」《文選・遊仙詩》李善注引《鬼
谷子序》：「周時有豪士隱於鬼谷者，自號鬼谷子，言其自遠也。」

（8）《鬼谷子》云：木雖蠹，無風不折；牆雖隟，無雨不壞。牆壞於有
隟，木毀於有節也（《書鈔》卷 99）

按：此條許君未錄。《意林》卷 2 引後二句同。今本《鬼谷子・謀篇》存後
二句，二「有」作「其」，脫前 14 字。《韓子・亡徵》：「木之折也必通
蠹，牆之壞也必通隙。然木雖蠹，無疾風不折；牆雖隙，無大雨不壞。」
《御覽》卷 9：「木雖蠹，無疾風不折；墻雖隟，無大雨不壞。」《記纂
淵海》卷 55 引《管子》同，又卷 62 引「隟」誤作「隤」，餘同。

（9）鬼谷先生曰：蘇秦、張儀一體也，然其矯尾厲角、含吐縱橫，
張儀不如蘇秦，是能分人主之地也（《白帖》卷 30）

按：《論衡・答佞》引《傳》曰：「蘇秦、張儀從橫習之鬼谷先生，掘地為坑，
曰：『下說，令我泣，則耐分人君之地。』」《御覽》卷 463 引《史記》：
「（鬼谷）先生曰：『蘇秦詞說，與張儀一體也。』」

《商子》校補

一、緒　論

　　《漢書・藝文志》《諸子略・法家》載：「《商君》二十九篇。」又《兵書略・權謀家》載：「《公孫鞅》二十七篇。」今本《商子》5 卷 26 篇，2 篇有題無文，實存 24 篇。舊題秦商鞅即公孫鞅撰。有清以還，嚴萬里、錢熙祚、王紹蘭、俞樾、孫詒讓、于鬯、陶鴻慶、朱師轍、王時潤、簡書、尹桐陽、陳啓天、蔣禮鴻、高亨、王叔岷、阮廷卓、劉如瑛等學者董理此書者眾〔註1〕，

〔註 1〕　嚴萬里《商君書新校正》，收入《續修四庫全書》第 971 冊，上海古籍出版社 2002 年版。錢熙祚《商子》校本，收入《叢書集成初編》第 752 冊據指海本排印，中華書局 1985 年影印；又收入《叢書集成新編》第 26 冊，新文豐出版公司 1985 年版。王紹蘭《讀書雜記・商子》，收入《叢書集成續編》第 18 冊，新文豐出版公司 1991 年印行。俞樾《商子平議》，收入《諸子平議》，上海書店 1988 年版。孫詒讓《札迻・商子》，中華書局 1989 年版。孫詒讓《〈商子・境內篇〉校釋》，收入《籀廎遺著輯存》，中華書局 2010 年版。于鬯《香草續校書・商君書》，中華書局 1963 年版。陶鴻慶《讀〈商君書〉札記》，《制言》第 26 期；又收入《讀諸子札記》，浙江人民出版社 1998 年版。朱師轍《商君書解詁定本》，古籍出版社 1956 年版。王時潤《商君書斠詮》，收入《民國時期哲學思想叢書》第 1 編，據《聞雞軒叢書》第 1 集宏文圖書社 1915 年刊行本影印，文聽閣圖書有限公司 2010 年版。簡書《商君書箋正》，收入《民國時期哲學思想叢書》第 1 編，據民國 20 年鉛印本影印，文聽閣圖書有限公司 2010 年版。陳啓天《商君書校釋》，（上海）商務印書館 1935 年版。蔣禮鴻《商君書錐指》，中華書局 1986 年版。高亨《商君書新箋》，《山東大學學報》1963 年第 1 期；高亨《商君書注譯》，中華書局 1974 年版；又分別收入《高亨著作集林》卷 6、7，清華大學出版社 2004 年版。楊樹達《讀商君書記》，收入《積微居讀書記》，上海古籍出版社 2006 年版。王叔岷《商君書斠補》，收入《諸子斠補》，中華書局 2007 年版。劉如瑛《商君書箋校商補》，收入《諸

用力頗勤，疑難去其少半。然遺缺尙多，可補可議者隨處有之。今依嚴萬里校本爲底本，作校補焉。

二、校　補

《更法》第一

（1）慮世事之變，討正法之本，求使民之道

　按：討，《新序・善謀》作「計」。朱師轍曰：「討，治也。」石光瑛曰：「討疑計字形近而譌。」〔註2〕石說是也，「計」、「慮」同義對舉。《國語・魯語下》：「夜而計過無憾，而後即安。」《列女傳》卷1「計」作「討」，是其例。楊春霖謂「『討』可通借爲『搜』」〔註3〕，臆說無據。求，各本無，嚴萬里據元本增。《新序》亦脫「求」字。

（2）君曰：「代立不忘社稷，君之道也。」

　按：代立不忘社稷，《新序・善謀》作「代位不亡社稷」，《戰國策・趙策二》作「嗣立不忘先德」。孫詒讓曰：「立、位，忘、亡，俱古通字。」石光瑛曰：「孫說是。代位，謂嗣立也。本書位、亡字當讀爲立、忘。」〔註4〕范祥雍曰：「立，古『位』字。」〔註5〕石說是也。

（3）今吾欲變法以治，更禮以教百姓，恐天下之議我也

　按：「治」字下石光瑛補一「民」字，以與下句對舉〔註6〕。

（4）疑行無成，疑事無功

　按：無成，嚴萬里曰：「《史記》作『無名』。」朱師轍曰：「《長短經・適變篇》、《御覽》卷496引《商君書》皆作『無名』。」《戰國策・趙策二》、

子箋校商補》，山東教育出版社1995年版。賀凌虛《商君書今注今譯》，（臺灣）商務印書館1987年刊行。張覺《商君書校注》，嶽麓書社2006年版。張燕《商君書新疏》，貴州教育出版社2009年版。劉相山《商君書校詁》，曲阜師範大學2009年碩士學位論文。

〔註2〕　石光瑛《新序校釋》，中華書局2001年版，第1154頁。
〔註3〕　楊春霖《讀〈商君書〉札記》，《西北大學學報》1977年第1期，第56頁。
〔註4〕　石光瑛《新序校釋》，中華書局2001年版，第1154頁。
〔註5〕　范祥雍《戰國策箋證》，上海古籍出版社2006年版，第1051頁。
〔註6〕　石光瑛《新序校釋》，中華書局2001年版，第1155頁。

《新序‧善謀》、《史記‧趙世家》、《商君傳》、《通典》卷 166 亦並作
「無名」。陳啓天曰：「『無成』、『無名』俱可通。」石光瑛曰：「名與
功對，成亦與功對……是作名作成均可，並與功爲韻。」〔註 7〕高亨
曰：「按名與功相對，作名較好。今改正。」此「名」非名譽之名，高
氏改字非是。《廣雅》：「名，成也。」《廣韻》：「名，《春秋說題》云：
『名，成也，功也。』」是「名」亦「成功」之誼〔註 8〕。此例可爲《廣
雅》確證。

（5）君亟定變法之慮，殆無顧天下之議之也

按：亟，《新序‧善謀》同。《戰國策‧趙策二》作「今王即定負遺俗之慮」，
《史記‧趙世家》作「王既定負遺俗之慮」。既、即，並讀爲亟。石光
瑛、朱師轍、高亨並訓亟爲急。下句《御覽》卷 496 引作「殆猶天下
之議」，誤。王叔岷曰：「即猶既也。定猶必也。」〔註 9〕皆失之。

（6）有獨知之慮者，必見驁於民

按：嚴萬里曰：「元本驁作敖，《史記》同。」驁，《意林》卷 4 引作「怨」，
《新序‧善謀》作「謷」，《史記‧商君傳》、《長短經‧適變篇》作「敖」，
《索隱》引《商君書》作「訾」，《後漢書‧馮衍傳》、《長短經‧懼誡》
引公孫鞅語並作「贅」，李賢注：「贅，猶惡也。《史記》贅作疑。」《後
漢紀》卷 1 引公孫鞅語作「疑」，敦煌寫卷 P.5034V《春秋後語》亦作
「疑」，《通典》卷 166 作「傲」。朱師轍曰：「贅當爲謷之誤字。」石
光瑛曰：「（『獨見』之）『見』亦知也……此贅字，明是謷字之譌。章
懷解作惡，則所見本尙不誤也。敖、謷音近通用……謷字與訾毀誼同。」
〔註 10〕朱氏、石氏說是，本字爲嗷（謷），「驁」、「傲」亦借字。《說
文》：「謷，衆口愁也。」但石氏又云：「草書敖字與疑字形近，或疑即
敖字之譌，亦未可知，不必妄改。」則未確。作「疑」作「怨」，意並
得通，蓋古人引書臆改，不必牽合之〔註 11〕。《史記‧趙世家》作「有

〔註 7〕 石光瑛《新序校釋》，中華書局 2001 年版，第 1155 頁。
〔註 8〕 參見王叔岷《史記斠證》，「中央」研究院歷史語言研究所專刊之七十八，1983
年版，第 2169 頁。
〔註 9〕 王叔岷《史記斠證》，「中央」研究院歷史語言研究所專刊之七十八，1983 年
版，第 1619 頁。
〔註 10〕 石光瑛《新序校釋》，中華書局 2001 年版，第 1157 頁。
〔註 11〕 參見蕭旭《敦煌寫卷 P.5034V〈春秋後語〉校補》，《敦煌吐魯番研究》第 13

獨智之慮者，任驚民之怨」，《正義》：「必任隱逸敖慢之民怨望也。」
解爲「敖慢」，非也。《戰國策・趙策二》作「有獨知之慮者，必被庶
人之恐」，鮑彪注：「所謂黎元懼焉。」吳師道《補正》「一本標：『恐，
劉作怨。』」鮑注非也。「恐」爲「怨」形誤，《記纂淵海》卷 57 引正
作「怨」字。《越絕書・外傳記范伯》：「《易》曰：『有至智之明者，必
破（被）庶眾之議。』」〔註12〕議，譏也，與「怨」義近。王時潤曰：
「驚當爲毀之譌。」簡書駁王說之誤，固是，但解爲「輕視」，亦非。

（7）郭偃之法曰：「論至德者不和於俗，成大功者不謀於眾。」

按：和，《戰國策・趙策二》、《史記・商君傳》、《趙世家》、《新序・善謀》
同，謂和同。《鹽鐵論・遵道》：「故商君昭然獨見存亡，不可與世俗同
者，爲其沮功而多近也。」此其確證。石光瑛曰：「和，諧也。一曰：
和，附和也。二解並通。」〔註13〕後說是。《越絕書・外傳記范伯》：「成
大功者不拘於俗，論大道者不合於眾。」「拘」爲「和」形誤。

（8）是以聖人苟可以強國，不法其故；苟可以利民，不循於禮

按：強，《史記・商君傳》同，《新序・善謀》作「治」。循，《史記・商君
傳》、《新序・善謀》、《通典》卷 166、《長短經・適變篇》同，《文選・
永明十一年策秀才文》李善注引《史記》作「脩」。「脩」爲「循」形
誤。《淮南子・氾論篇》：「苟利於民，不必法古；苟周於事，不必循舊。」
《文子・上義》：「苟利於民，不必法古；苟周於事，不必循俗。」皆
其確證。《爾雅》：「古，故也。」朱師轍謂《長短經》引作「循」，失
檢。

（9）聖人不易民而教，知者不變法而治。因民而教者，不勞而功成；
據法而治者，吏習而民安

按：《新序・善謀》同，《史記・商君傳》、《通典》卷 166、《通鑑》卷 2「據」
作「緣」。《戰國策・趙策二》作「聖人不易民而教，知者不變俗而動。

卷，2013 年 8 月出版，第 127 頁。
〔註12〕錢培名曰：「『破』疑當作『被』。」甚是，《趙策》正其確證。錢培名《越絕
書札記》，收入《叢書集成新編》第 110 冊，新文豐出版公司 1985 年版，第
211 頁。
〔註13〕石光瑛《新序校釋》，中華書局 2001 年版，第 1157～1158 頁。

因民而教者，不勞而成功；據俗而動者，慮徑而易見也」，《長短經·適變篇》作「聖人不易人而教，智者不變法而治。因人而教，不勞而功成；緣法而理，吏習而人安」。鮑彪注：「據，猶依。」王叔岷曰：「據、緣同義。」〔註14〕並是也。石光瑛曰：「據，依也。《史記》作『緣』，『緣』乃『據』字之誤，二字形近。」〔註15〕石說非也。「緣」、「因」對舉同義。《廣雅》：「緣，循也。」《玉篇》：「緣，因也。」與「據」義同。《商子·君臣》：「明主之治天下也，緣法而治，按功而賞。」亦作「緣」字。

（10）夫常人安於故習，學者溺於所聞

按：《鹽鐵論·遵道》：「庸人安其故，而愚者果所聞。」即本此文。

（11）臣聞之，利不百不變法，功不十不易器

按：法，《史記·商君傳》、《新序·善謀》、《通典》卷166、《長短經·適變篇》同，《戰國策·趙策二》作「俗」。《漢書·韓安國傳》：「安國曰：『臣聞利不十者不易業，功不百者不變常。』」即本此文。

（12）伏羲、神農教而不誅，黃帝、堯、舜誅而不怒

按：《意林》卷1引《太公六韜》：「太公云：『伏羲、神農教而不誅，黃帝、堯、舜誅而不怒。』」〔註16〕《書鈔》卷10引《周書》：「宓犧、神農教而不誅，黃帝、堯、舜誅而不怒。」《慎子內篇》：「慮戲、神農教而不誅，黃帝、堯、舜誅而不怒。」爲《商子》所本。怒，《戰國策·趙策二》、《新序·善謀》、《史記·趙世家》同。朱師轍曰：「誅，罰也。怒，作氣也，多也。」石光瑛曰：「誅，責也。雖誅責，不加怒。」〔註17〕二氏說是也。高亨解「誅」爲「殺」，又曰：「怒當讀爲孥，一人有罪，妻子連坐爲孥。」高說皆非也。蔣禮鴻曰：「怒疑讀爲孥。或曰：怒即過也。或說亦通。」或說得之。

〔註14〕王叔岷《史記斠證》，「中央」研究院歷史語言研究所專刊之七十八，1983年版，第2171頁。
〔註15〕石光瑛《新序校釋》，中華書局2001年版，第1158頁。
〔註16〕《路史》卷7羅苹注引同，《御覽》卷76引「教」下衍「民」字。
〔註17〕石光瑛《新序校釋》，中華書局2001年版，第1162頁。

（13）湯武之王也，不脩古而興；商夏之滅也，不易禮而亡

按：脩，各本及《史記・商君傳》作「循」，嚴萬里據《史記》《索隱》引改作「脩」。石光瑛、王時潤、高亨、蔣禮鴻、陳啓天、王叔岷並謂「循」字是〔註18〕，是也。《新序・善謀》、《長短經・適變篇》、《通典》卷166並作「循」字。《戰國策・趙策二》作「聖人之興也，不相襲而王。」「不循古」即「不相襲」之誼。張覺曰：「脩，通『修』，學習，遵循。」非也。

（14）然則反古者未可必非，循禮者未足多是也

按：諸家據《史記・商君傳》、《淮南子・氾論篇》、《新序・善謀》、《長短經・適變篇》刪「是」字，是也。《文子・上義》：「故變古未可非，而循俗未足多也。」亦其確證。朱師轍謂《長短經》引「循」作「脩」，失檢。

（15）吾聞窮巷多悋，曲學多辨

按：悋，嚴萬里據《御覽》卷195引校作「怪」，孫詒讓、石光瑛、朱師轍、王時潤、高亨並從之；石光瑛、高亨、蔣禮鴻讀辨爲辯，皆是也。《御覽》卷195引此文正作「辯」，《新序・善謀》同。《鹽鐵論・國疾》：「窮巷多曲辯，而寡見者難喻。」即本《商子》，尤爲確證。《新序》亦作「怪」字，《戰國策・趙策二》、《史記・趙世家》：「窮鄉多異，曲學多辨。」《長短經・是非》：「窮鄉多異俗，曲學多殊辯。」石光瑛曰：「《趙策》作異，則悋是怪字之誤無疑。異即怪也。」〔註19〕石說是也，《說文》：「怪，異也。」蔣禮鴻引《玉篇》「悋，鄙也，俗作悋」，謂「悋」訓鄙，本字爲「遴」，《御覽》引作「怪」未可從。「悋」是鄙吝、貪吝、愛惜義，非鄙陋義，不是同一概念，蔣說非也。祝鴻傑謂蔣說「鐵證如山」〔註20〕，亦失考《策》、《史》諸書，持論未平也。

（16）愚者笑之（之笑），智者哀焉；狂夫之樂，賢者喪焉

按：喪，《戰國策・趙策二》作「戚」，《史記・趙世家》作「察」，《新序・善謀》作「憂」。孫詒讓曰：「作『憂』誼較長。」石光瑛曰：「『戚』

〔註18〕石光瑛《新序校釋》，中華書局2001年版，第1163頁。王叔岷《史記斠證》，「中央」研究院歷史語言研究所專刊之七十八，1983年版，第2172頁。

〔註19〕石光瑛《新序校釋》，中華書局2001年版，第1165頁。

〔註20〕祝鴻傑《〈商君書錐指〉平議》，《杭州大學學報》1993年第1期，第120頁。

與『憂』誼同，則『憂』誼長明矣。」〔註21〕二氏未得「喪」字之誼，高亨曰：「喪是悲悼之意。」高說是，喪，傷也，亦哀也。蔣禮鴻曰：「喪疑當作哭。」《漢語大字典》解「喪」爲「沮喪」〔註22〕。皆非也。「察」字待考。

（17）拘世以議，寡人不之疑矣

按：拘世以議，《新序・善謀》作「拘世之議」，《戰國策・趙策二》作「雖敺世以笑我」，《史記・趙世家》「敺」作「驅」。《正義》：「驅音區。驅，盡也。驅世，謂盡一世以笑我也。」〔註23〕「拘」、「敺（驅）」古字通〔註24〕，並讀爲舉。敺世，即舉世。議，譏也，與「笑」同義。上文「殆無顧天下之議之也」，又「恐天下之議君」，二「議」字義同。言雖舉世以譏笑寡人，寡人亦不疑矣。于鬯曰：「『拘世』無義……拘當讀爲敺……敺世者，謂盡敺世上之人，極言之耳。驅、敺同字。」朱師轍曰：「孝公言不復拘束於世俗之議，疑惑而不變法。或曰：拘借爲佝。《說文》：『佝，瞀也。』謂迷惑世俗之議。『之』語助辭。」高亨解「拘」爲「拘守」。石光瑛曰：「《趙策》多同本文，其言云『雖敺世以笑我』，則『拘』當作『敺』。拘、敺音近而誤。今兩書作『拘』，幸有《趙策》文正之。」〔註25〕諸說並非也。

《墾令》第二

（1）民平則慎，慎則難變

按：《爾雅》：「慎，靜也。」劉如瑛曰：「慎，讀爲順。」解爲「順從」，亦通。

（2）則辟淫游惰之民無所於食

按：下文：「使軍市無得私輸糧者，則姦謀無所於伏。」《莊子・刻意》：「無

〔註21〕石光瑛《新序校釋》，中華書局 2001 年版，第 1165 頁。
〔註22〕《漢語大字典》(第二版)，崇文書局、四川辭書出版社 2010 年版，第 701 頁。
〔註23〕此據瀧川資言《史記會注考證》本，他本無之。上海古籍出版社 1986 年版，第 1074 頁。
〔註24〕從句從區之字古多通，參見張儒、劉毓慶《漢字通用聲素研究》，山西古籍出版社 2002 年版，第 290 頁。
〔註25〕石光瑛《新序校釋》，中華書局 2001 年版，第 1165 頁。

所於忓，虛之至也；不與物交，淡之至也；無所於逆，粹之至也。」《呂氏春秋・慎大》：「今趙氏之德行，無所於積。」《子华子・執中》：「無所於閡，無所於忓，虛之至也。」《亢倉子・政道》：「故使天下之人，生無所於德，死無所於怨。」諸文「無所於 V」結構相同，「於」用在動詞前，無義。高亨曰：「於猶乎也，助詞。」王叔岷曰：「於，猶與也。」〔註26〕張覺曰：「於，猶爲。」並失之。淫、辟皆邪也，同義連文。朱師轍曰：「辟，邪也。淫，蕩也。」張覺曰：「淫，遊也。」並未得「淫」字之誼。

（3）聲服無通於百縣，則民行作不顧，休居不聽

按：《管子・侈靡》：「然則人君聲服變矣。」聲謂樂聲，服謂服飾。朱師轍曰：「聲色服玩。」王時潤曰：「謂淫聲異服也。」得之。陳啟天曰：「服讀爲負……以服釋婦，故聲色亦可謂之聲服。」高亨曰：「聲服當作聲技。」並非也〔註27〕。

（4）無得取庸

按：取，雇請。簡書曰：「取，應讀若聚。」非也。

（5）農不能善（喜）醄赩

按：喜，樂也，悅也。赩當訓盛。朱師轍曰：「《彙函》注：『赩，大赤色，又盛也。』家大人（引者按：指朱孔彰）曰：『《說文》：「醄，酒樂也。」赩，盛也。』按借爲斡，酌也。謂醄飲。」俞樾曰：「赩，赤貌，字亦作赥。醄赩連文，蓋謂酒醉而面赤也。」章太炎曰：「赩，赤貌，字通赫。醄赩，謂酒醄而面赤也。」〔註28〕赩訓赤色，本字爲赫〔註29〕，《說文》：「赫，火（大）赤貌。」〔註30〕《彙函》本注，即歸有光注。歸有光、朱孔彰赩訓盛是，《字彙補》：「赩，飲酒盛樂也。」赩、醄皆指飲

〔註26〕 王叔岷《莊子校詮》，中華書局 2007 年版，第 559 頁。

〔註27〕 殷孟倫《有關古漢語詞義辨析的問題》已引《管子》駁斥過改作「聲技」，《中華文史論叢》第 60 輯，1999 年版，第 436 頁。

〔註28〕 章太炎《膏蘭室札記》，收入《章太炎全集（1）》，上海人民出版社 1982 年版，第 64 頁。

〔註29〕 參見朱駿聲《說文通訓定聲》，武漢市古籍書店 1983 年版，第 208 頁。

〔註30〕 段玉裁改「火」爲「大」，段玉裁《說文解字注》，上海古籍出版社 1981 年版，第 492 頁。

酒樂甚。高亨亦讀奭爲斟,說同朱師轍。朱起鳳曰:「奭字從百,似身字殘缺,因此致譌。」〔註31〕簡書曰:「喜應讀嬉遊無度之嬉,奭疑即『大臣』大字之重出而譌者。」蔣禮鴻曰:「疑奭爲奰字之誤,謂醉而至怒。喜當讀爲嬉。」諸說皆非是。

(6) 則誅愚亂農農(之)民無所於食而必農

按:俞樾曰:「誅通作朱。《莊子·庚桑楚篇》:『人謂我朱愚。』即此文誅愚矣。《太玄·童》次七:『修侏侏。』范望注曰:『侏侏,無所知也。』義與愚近。作誅作朱,並侏之叚字。《說文》:『鋤,鈍也。』亦聲近而義通。」孫詒讓、陳啓天、高亨並從其說。清人淨挺《漆園指通》卷3:「朱愚,猶侏愚也。」馬敘倫曰:「朱駿聲曰:『朱借爲鋤。』《說文》:『鋤,鈍也。』倫按:『朱愚』疊韻連綿詞,朱或借爲惷。《說文》:『惷,愚也。』」〔註32〕朱駿聲謂「朱」借爲鋤是也,字或作銖。《廣雅》:「鋤、銖,鈍也。」《淮南子·齊俗篇》:「其兵(戈)銖而無刃。」許注:「楚人謂刃頓爲銖。」《文子·道原》「銖」作「鈍」〔註33〕。王念孫引《莊子》、《淮南子》以證《廣雅》,復云:「朱與銖通。」〔註34〕章太炎、錢穆、王叔岷並從王說,章太炎亦指出本字爲「鋤」〔註35〕。《周禮·

〔註31〕 朱起鳳《辭通》,上海古籍出版社1982年版,第463頁。

〔註32〕 馬敘倫《莊子義證》卷23,收入《民國叢書》第5編,據商務印書館中華民國19年版影印,第7頁。朱駿聲說見《說文通訓定聲》,武漢市古籍書店1983年版,第354頁。

〔註33〕 朱駿聲謂銖借爲鋤,亦鈍也,劉盼遂、楊樹達、王利器說並同,皆是也。洪頤煊謂銖借爲殊,殊死也,胡懷琛從之。張文虎曰:「銖直是鈍之譌。」並非是。朱駿聲《說文通訓定聲》,武漢市古籍書店1983年版,第355頁。劉盼遂《淮南許注漢語疏》,《國學論叢》第1卷第1號,1927年;又收入《劉盼遂文集》,北京師範大學出版社2002年版,第546頁。楊樹達《淮南子證聞》,上海古籍出版社2006年版,第103頁。王利器《文子疏義》,中華書局2000年版,第58頁。胡懷琛《淮南鴻烈集解補正》,收入《叢書集成續編》第40冊,新文豐出版公司1991年印行,第478頁。張文虎《舒藝室隨筆》卷6,收入《續修四庫全書》第1164冊,上海古籍出版社2002年版,第401頁。

〔註34〕 王念孫《廣雅疏證》,收入徐復主編《廣雅詁林》,江蘇古籍出版社1992年版,第234頁。

〔註35〕 章太炎《莊子解故》,收入《章太炎全集(6)》,上海人民出版社1986年版,第154頁。朱季海《莊子故言》,中華書局1987年版,第105頁。錢穆《莊子纂箋》,臺灣東大圖書股份有限公司1985年第5版,第190頁。馬其昶《莊子故》,黃山書社1989年版,第160頁。王叔岷《莊子校詮》,中華書局2007

春官・甸祝》：「禂牲禂馬。」鄭玄注：「禂，讀如伏誅之誅，今侏大字也。」《太玄・去》：「物咸倜倡。」惠士奇曰：「倜與侏同，從周從朱等耳，周與朱古音同。」〔註 36〕皆朱、侏、誅讀爲錭之確證。成玄英疏：「朱愚，猶專愚，無知之貌。」林希逸曰：「朱，專也。朱愚猶顓蒙也。」于鬯曰：「朱愚猶言顓愚。顓、朱一聲之轉。」〔註 37〕劉如瑛說同于氏。「專」即「顓」之借。高亨又云：「以《說文》求之，當讀爲婁。《說文》：『婁，婁務，愚也。』」以「顓」、「婁」爲本字，亦各備一通。朱師轍曰：「『侏儒』與『朱愚』、『誅愚』皆同聲叚借字。《廣雅》：『侏儒，短也。』又『疾也。』」短人爲「朱儒」、「侏儒」；短杜亦爲「朱儒」、「侏儒」、「株檽」；短衣爲「朱襦」、「袾襦」；短獸爲「朱獳」、「犾獳」；短魚爲「朱鱬」、「鮢鱬」；短智爲「朱愚」、「誅愚」，其義一也〔註 38〕。碧虛註：「朱愚，丹心愚惷也。」朱起鳳謂「朱愚」、「誅愚」即《後漢書》、《鹽鐵論》之「拘儒」，云：「『拘儒』之合音爲愚，朱、誅與拘字同聲，愚、儒音近。」〔註 39〕王時潤曰：「案朱愚猶言譸張。」楊樹達曰：「『誅愚』二字疑衍。」〔註 40〕蔣禮鴻曰：「誅愚者，崒嶽、岝嶺、嵯峨、作鄂之轉，聲皆相同……並喬健之稱……誅愚，又即暫遇偶睉之轉。偶睉即暫遇誅愚之倒耳……暫遇轉自誅愚、崒嶽、嵯峨，初本疊韻也。」皆非是。「拘儒」猶言固執之儒、拘局之儒也，與「朱愚」斷非音轉〔註 41〕。蔣說聲轉，諸詞義亦不同，尤不足信。

年版，第 873 頁。

〔註 36〕惠士奇《禮說》卷 9，景印文淵閣《四庫全書》第 101 冊，臺灣商務印書館 1986 年初版，第 555 頁。

〔註 37〕于鬯《香草續校書・莊子》，中華書局 1963 年版，第 294 頁。

〔註 38〕參見蕭旭《〈國語〉「僬僥」語源考》。

〔註 39〕朱起鳳《辭通》，上海古籍出版社 1982 年版，第 307 頁。朱氏引「後漢書」誤作「漢書」。

〔註 40〕楊樹達《讀商君書記》，收入《積微居讀書記》，上海古籍出版社 2006 年版，第 188 頁。

〔註 41〕《後漢書・左周黃列傳論》：「處士鄙生，忘其拘儒。」李注：「拘儒，猶褊狹也。」《論衡・須頌》：「傳者不知也，故曰拘儒。」《鹽鐵論・毀學》：「而拘儒布褐不完，糟糠不飽。」《意林》卷 5 引楊泉《物理論》：「道家笑儒者之拘，儒者嗤道家之放。」「拘」字義尤顯豁。

（7）愚心躁欲之民壹意，則農民必靜

按：高亨曰：「躁當讀爲懆。《廣雅》：『懆，貪也。』」朱駿聲謂懆訓貪，
本字爲婪〔註42〕。《說文》：「婪，梦也。」「躁欲」與「壹意」、「靜」
對文，當讀爲譟。《說文》：「譟，擾也。」《說文新附》：「譟，鬧不靜
也。」

（8）博聞辯慧游居之事

按：《商子》「辯慧」一詞七見，同義連文。《廣雅》：「辯，慧也。」高亨解
爲「談論」、「辯論」，非也。

（9）百縣之治一形，則從。迂者〔不飾，代者〕不敢更其制

按：迂，方向東解爲「加誣、誇誕」〔註43〕，是也。字或作芌、訏、宇
〔註44〕。朱師轍曰：「迂，邪也。」簡書曰：「迂字似應作迁，干求之
義。」王時潤曰：「『從迂』二字無義，當爲『徙遷』之譌。」陳啓天
曰：「迂，曲也，邪曲也。」高亨從朱說，蔣禮鴻從王說。皆非也。

（10）官無邪則民不敖，民不敖則業不敗

按：敖，訾毀也，已詳上篇校補。朱師轍解「敖」爲慢而不恭；王時潤讀
敖爲遨，陳啓天、高亨、蔣禮鴻從其說。皆非也。

《農戰》第三

（1）凡人主之所以勸民者，官爵也

按：《韓子·詭使》：「官爵，所以勸民也。」可以互證。

（2）今民求官爵，皆不以農戰，而以巧言虛道，此謂勞民

按：巧，《類聚》卷52引同，又卷51引誤作「功」。勞，賞賜也。《管子·
山權數》：「勞若以百金。」尹注：「勞，賜也。」即「勞來」、「僗倈」
之「勞（僗）」。張覺曰：「『勞民』與『勸民』同義，是慰勞民眾的意
思。」近之。陶鴻慶曰：「勞蓋營字之誤。營讀爲熒，惑也。」朱師轍

〔註42〕 朱駿聲《說文通訓定聲》，武漢市古籍書店1983年版，第315頁，又99頁。
〔註43〕 方向東《孫詒讓訓詁研究》，中華書局2007年版，第123頁。
〔註44〕 參見蕭旭《淮南子校補》，花木蘭文化出版社2014年版，第78～80頁。

曰：「《廣雅》：『勞，嬾也。』」陳啓天從朱說。高亨曰：「勞疑借爲佻，奸巧也。」蔣禮鴻曰：「敝精力於無用，故曰勞民。」皆非也。

（3）作壹，則民不偷營

按：《小爾雅》：「營，治也。」《廣雅》：「營，耕也。」偷，惰也。不偷營，謂不懈怠於耕作也。王時潤謂「偷」字衍，營訓惑；簡書謂「營」爲「淫」字譌衍，陳啓天從其說。高亨曰：「營，惑也。」蔣禮鴻曰：「營，求也，謀也。」劉如瑛曰：「偷營，苟求之意。」皆非也。下文「上作壹，故民不儉營」，雖誤「偷」作「儉」，而足證「偷」或「營」非衍文也。

（4）下賣權，非忠臣也，而爲之者，以末貨也

按：朱師轍曰：「《廣雅》：『末，逐也。』」朱說是也，《方言》卷12：「追、末，隨也。」戴震曰：「案：末，各本訛作未。《廣雅》：『追、末、隨，逐也。』義本此。今據以訂正。」〔註45〕錢繹說同〔註46〕。戴震據《廣雅》以訂《方言》，是也，此文正其佳證。朱駿聲謂本字爲「遏」〔註47〕，「遏」當爲「匃（匄）」，求請也。吳予天曰：「『末』即『尾』之語轉，故訓爲隨。」〔註48〕華學誠從其說〔註49〕。丁惟汾曰：「追、末疊韻。」〔註50〕皆非也。陶鴻慶、簡書校此文，並云：「『末』乃『求』字之誤。」蔣禮鴻從其說。亦非也。陳啓天曰：「末貨謂財貨，朱釋誤。」陳氏以不狂爲狂，如依陳說，句中無動詞，復成句乎？

（5）則如引諸絕繩而求乘枉木也

按：嚴萬里曰：「乘，秦本作繩，疑誤。」張覺謂當從秦本作「繩」，訓直、彈正。張說是也。邵瑞彭曰：「繩者所以正木。《韓子・有度篇》：『繩直而枉木斲。』《史記・天官書》：『直度曰絕。』乘當爲桀之譌字。《字林》：『槷，杙也。』槷則桀字。此言桀枉木，蓋謂椓杙之。」邵氏引《韓子》

〔註45〕戴震《方言疏證》，收入《戴震全集（5）》，清華大學出版社1997年版，第2446頁。

〔註46〕錢繹《方言箋疏》，上海古籍出版社1984年版，第675頁。

〔註47〕朱駿聲《說文通訓定聲》，武漢市古籍書店1983年版，第684頁。

〔註48〕吳予天《方言注商》，上海商務印書館民國25年版，第78頁。

〔註49〕華學誠《揚雄〈方言〉校釋匯證》，中華書局2006年版，第793頁。

〔註50〕丁惟汾《方言音釋》，齊魯書社1985年版，第213頁。

是也，餘說皆非。《韓子》足證直繩正枉木也。朱師轍曰：「乘，升也。」
蔣禮鴻曰：「枉疑當作杠。」亦皆非也。

（6）今夫螟、螣、蚼蠋春生秋死，一出而民數年不食

按：朱師轍曰：「螟螣，一本作『蛆螣』，誤。」螟，四庫本、四部叢刊本
作「蛆」。《意林》卷4、《御覽》卷24引作「螟螣」，無「蚼蠋」二字。
不，《意林》卷4引作「乏」，《御覽》卷24引作「失」。朱說是也，《御
覽》卷822引下文作「螟蟘」，是其證。《劉子・貴農》：「夫螟螣秋生
而秋死，一時爲灾，而數年乏食。」即本《商子》，亦作「螟螣」。《集
韻》：「螣，一曰蝗也，或作蟘。」「蟘」同「螣」，並爲「蟘」之借字，
故訓蝗也。

（7）今一人耕而百人食之，此其為螟、螣、蚼蠋亦大矣

按：下句，《意林》卷4引作「有甚於螟螣矣」，《御覽》卷24引作「螟螣大
矣」，各有脫誤。《劉子・貴農》：「今一人耕而百人食之，其爲螟螣，亦
以甚矣。」即本《商子》。爲，猶比也〔註51〕。馬王堆帛書《明君》：「今
夫萬家之眾，百里之地，此其爲璧多矣。」〔註52〕亦其例。

（8）故諸侯撓其弱，乘其衰

按：撓，高亨訓屈，張覺訓侵擾。或當讀爲敲，《玉篇》：「敲，擊也。」《廣
韻》引《蒼頡篇》同。

（9）壹則可以賞罰進也

按：進，勉也，勸也。《禮記・樂記》：「禮減而進，以進爲文。」鄭注：「進，
謂自勉強也。」《呂氏春秋・至忠》高注：「勸，進也。」是進亦勸也。
朱師轍解爲「進退」，增字爲訓。《漢語大字典》解爲「促進、增強」
〔註53〕，亦非也。

〔註51〕 參見蕭旭《古書虛詞旁釋》，廣陵書社2007年版，第41頁。
〔註52〕 馬王堆帛書《明君》，收入《馬王堆漢墓帛書〔壹〕》，文物出版社1980年版，
第35頁。
〔註53〕 《漢語大字典》（第二版），崇文書局、四川辭書出版社2010年版，第4107
頁。

（10）舍農游食，而以言相高也

按：高，矜尚也，尊貴也。《史記・張釋之傳》：「吏爭以亟疾苛察相高。」
又《太史公自序》：「大臣宗室以侈靡相高。」類例甚多，厥誼皆同。一
本作「相王」，王時潤曰：「疑古本如此。王，勝也。」陳啓天曰：「王、
高二字義相近。」

（11）夫國庸民以言，則民不畜於農

按：陳啓天曰：「畜有歸聚之義。」蔣禮鴻曰：「畜猶止也。」二說皆是也。
朱師轍曰：「畜，好也。」高亨、張覺並從其說。畜訓好是媚愛、媚
悅義，字或作慉、嫭。「好」不讀去聲，朱說非也。

《去強》第四

（1）舉榮任功曰強

按：陶鴻慶、簡書並謂「榮」當作「勞」，是也。「勞」、「功」同義對舉，
《管子・君臣下》：「故其立相也，陳功而加之，以德論勞而昭之。」
《後漢書》卷 52《二十八將傳論》：「選德則功不必厚，舉勞則人或未
賢。」皆其例。朱師轍謂陶說不當，「榮」訓聲名，陳啓天已駁之。
王時潤曰：「榮當爲策字之誤。」亦非也。

（2）刑生力，力生強，強生威，威生惠，惠生於力

按：《商子・說民》「刑生力，力生強，強生威，威生德，德生於刑。」又
《靳令》：「力生強，強生威，威生德，德生力。」「惠」當作「悳」，
古「德」字，形近之誤也。末句當據《說民》作「德生於刑」。朱師轍
曰：「悳、惠一也。」非是。

（3）國無怨民曰強國

按：上文云「十里斷者國弱，九（五）里斷者國強」，此言刑罰嚴明，故國
無怨恨之民。章太炎讀《韓子》、《荀子》之「怨」爲蘊〔註54〕，固是；
蔣禮鴻據章說謂《商子》怨亦讀爲蘊，訓蓄積閒置，非是。

〔註54〕 章太炎《膏蘭室札記》，收入《章太炎全集（1）》，上海人民出版社 1982 年版，
第 76 頁。

《說民》第五

（1）任舉，姦之鼠也

按：舉，一本作「譽」。《管子‧立政九敗解》：「人君唯毋聽請謁，任譽，則群臣皆相為請……故曰：『請謁任譽之說勝，則繩墨不正。』」《韓子‧六反》：「活賊匿姦，當死之民也，而世尊之曰任譽之士。」蔣禮鴻、高亨讀舉為譽，皆是也。《管子‧任法》：「世無請謁任舉之人。」亦讀舉為譽。《商子‧賞刑》：「所謂一教者，博聞、辯慧、信廉、禮樂、修行、群黨、任譽、清濁（請謁）。」此文「辯慧」、「禮樂」、「任舉」云者，即《賞刑》所言三種人，彼篇字正作「任譽」。朱師轍曰：「任，用也。譽，名美也。」朱說亦是。任譽謂任用名譽。《商子‧修權》：「是故先王知自議譽私之不可任也。」「任」正任用之義。又《君臣》：「此其所以然者，釋法制而任名譽也。」此尤為確證。又《君臣》：「今世君不然，釋法而以智，背功而以譽。」「以譽」亦「任譽」也。朱師轍、高亨謂「鼠」即老鼠，亦是也。此以「鼠」為比喻之體也。王煥鑣曰：「鼠字疑竄字之誤。竄，容也。」蔣禮鴻曰：「鼠讀為處，居也。」高亨曰：「任譽是兩回事。任，保也，即任俠。」皆非也。

（2）合而復者善也，別而覷者姦也

按：陶鴻慶、朱師轍、王時潤並謂「覷」為「規」字之譌。蔣禮鴻曰：「覷者俗字，非訛字。」「規」古字從矢作「規」，從矢取義。《相馬經》作「𰋐」，敦煌寫卷Φ096《雙恩記》：「汝莫傷歎，此蓋常覤。」俗從夫譌作「規」，俗又從失譌作「覷」，《干祿字書》：「覷、規：上俗，下正。」敦煌寫卷P.3666《燕子賦》：「取高頭之覤，壘泥作窟。」俗又從天譌作「𰋐」，何琳儀曰：「秦系文字矢旁譌作天形。」〔註55〕敦煌寫卷 S.1824《受十戒文》：「因旨形勢，恐赫（嚇）𰋐求，借貸不還，知而拒諱。」此文又從先譌作「覷」，漢《景君碑》亦譌作「覷」。皆形之近也〔註56〕。

〔註55〕何琳儀《戰國古文字典》，中華書局1998年版，第739頁。
〔註56〕另參見秦公《碑別字新編》，文物出版社1985年版，第183頁。

《算地》第六

（1）民勝其地〔者〕務開，地勝其民者事徠

按：王時潤曰：「事，猶務也。」王說是也，古書多以事為務〔註57〕。

（2）故為國分田，數小畝五百

按：分，讀為糞，賦也。另詳《商子·徠民篇》校補。高亨解為「分配」，非也。

（3）今世主有地方數千里，食不足以待役實倉，而兵為隣敵

按：《周禮·天官·大府》鄭注：「待，給也。」今言供給。高亨解「待」為「對待」，非也。敵，敵擋、抵拒也。《慧琳音義》卷 68：「忼敵：敵，相拒也。」「為」字表被動。朱師轍曰：「為，猶與也。言兵與鄰國對敵，而不能戰。」高亨、張覺俱從其說。高氏又曰：「解做而兵成為鄰國的敵人，也通。」蔣禮鴻曰：「隣讀作遴，行難也。隣敵謂不敢赴敵。」皆非是。

（4）奚以論其然也

按：蔣禮鴻曰：「論當作諭，明。」蔣說是也，上文「奚以知其然也」，諭亦知也。《淮南子·說山篇》：「以小明大……以近論遠。」高注：「論，知也。」「論」亦「諭」之誤。《類聚》卷 9、《御覽》卷 68 引正作「諭」。《淮南子·氾論篇》：「以近諭遠，以小知大也。」又《說林篇》：「以小見大，以近喻遠。」「喻」同「諭」，皆其確證〔註58〕。

（5）其上世之士，衣不煖膚，食不滿腹，苦其志意，勞其四肢

按：上世，猶言遠古。《商子·開塞篇》「上世……中世……下世……」可證。蔣禮鴻曰：「猶言高世之士。」非也。嚴萬里曰：「腹，各本作腸，從《意林》改，《御覽》卷 375 引同。」嚴校是也，《御覽》卷 689、《事類賦注》卷 12 二引，亦並作「腹」字。《劉子·辯施》：「食不滿腹，豈得輟口而惠人？衣不蔽形，何得露體而施物？」亦其旁證。

〔註57〕參見蕭旭《淮南子校補》，花木蘭文化出版社 2014 年版，第 85～86 頁。
〔註58〕參見蕭旭《淮南子校補》，花木蘭文化出版社 2014 年版，第 532 頁。

－300－

（6）苦其志意，勞其四肢

按：《意林》卷 4 引作「苦其心意，勞其四支」，《御覽》卷 375 引作「苦其心意，勞其四胑」。「胑」同「肢」，見《說文》。「支」爲「肢」省借。

（7）故國有不服之民，生（主）有不令之臣

按：劉相山解「令」爲「服從」、「聽從」，是也。令，讀爲聆。《說文》：「聆，聽也。」《廣雅》：「聆、聽，從也。」王念孫曰：「聆，古通作令。《呂氏春秋・爲欲篇》：『則民無不令矣。』謂聽從也。」又舉此文爲證〔註59〕。朱師轍曰：「令，善也。」高亨從其說；張覺解「令」爲「使」；皆非也。

《開塞》第七

（1）故天地設而民生之

按：《鶡子・湯政》：「天地闢而萬物生。」與此相近。

（2）當此之時也，民知其母，而不知其父

按：朱師轍引《呂氏春秋・恃君》「昔太古……其民……知母不知父」以說之，按二文皆本於《莊子・盜跖》：「古者……民知其母，不知其父。」

（3）古者民藂生而群處，亂，故求有上也

按：藂，《意林》卷 4 引作「叢」，《類聚》卷 52 引作「聚」。蔣禮鴻曰：「藂，俗叢字。」故求有上也，《意林》引作「乃立君」，蓋臆改。聚，讀爲藂。《韓子・揚權》：「欲爲其國，必伐其聚；不伐其聚，彼將聚眾。」顧廣圻曰：「聚，讀爲藂，與下文『眾』爲韻。」〔註60〕

《壹言》第八

（1）其殺力也，以事敵勸民也

按：事，高亨讀爲剚，訓刺、殺。字或作倳、鎡，《廣韻》：「倳，倳刃，

〔註59〕王念孫《廣雅疏證》、《補正》，收入徐復主編《廣雅詁林》，江蘇古籍出版社
1992 年版，第 14 頁。
〔註60〕顧廣圻《韓非子識誤》，收入《諸子百家叢書》，上海古籍出版社影印浙江書
局本 1989 年版，第 169 頁。

又作劓、傳。」《集韻》：「劓、鏻：插刀也，或從金。」本字爲鏻，《說文》：「鏻，刺（刺）也。」〔註61〕朱師轍解爲「從事」，非也。

《錯法》第九

（1）同列而相臣妾者，貧富之謂也；同實而相幷兼者，強弱之謂也；有地而君，或強或弱者，亂治之謂也

按：《太白陰經·國有強富篇》：「同列而相臣妾者，富貴使然也；同貫而相兼併者，強弱使然也；同地而或強或弱者，理亂使然也。」即本《商子》。是唐人所見本「實」作「貫」，當從之。貫，讀爲宦。朱師轍曰：「實，富也。或曰：同實謂國土大小相等。」高亨從其或說，張覺從其前說，皆非也。

（2）苟有道里，地足容身，士民可致也；苟容市井，財貨可眾也。有土者不可以言貧，有民者不可以言弱。地誠任，不患無財；民誠用，不畏強暴

按：眾，當據崇文本、指海本、四庫本作「聚」，形之譌也。《太白陰經·國有強富篇》：「苟有市井，交易所通，貨財可積也。夫有容身之地，智者不言貧。地誠任，不患無財；人誠用，不畏強禦。」即本《商子》。「聚」、「積」義同。蔣禮鴻曰：「苟容市井，疑當作『苟有市井』。」蔣說是也，唐人所見本正作「有」字。二「苟」字，皆假設之辭。高亨解下「苟」字爲「姑且」，非也。

（3）民不死犯難，而利祿可致也，則祿行而國貧矣

按：陶鴻慶曰：「死上當有輕字。」蔣禮鴻曰：「死上疑當有出字或輕字。出當讀爲黜，亦輕也。」蔣氏補「出」字是，但所釋則非。《淮南子·繆稱篇》：「子之死父也，臣之死君也，世有行之者矣，非出死以要名也，恩心之藏於中而不能違其難也。」《文子·精誠》：「子之死父，臣之死君，非出死以求名也，恩心藏於中而不違其難也。」「出死犯難」即「出死而不違其難」之誼也。出，棄也。出死，謂棄身而死也。《呂

〔註61〕段玉裁《說文解字注》校「刺」爲「刺」，上海古籍出版社 1981 年版，第 125 頁。

氏春秋・誠廉》：「此二士者，皆出身棄生以立其意。」出、棄同義對舉。《荀子・富國》楊注：「出死，謂出身致死亡也。」又《禮論》楊注：「出死，出身死寇難也。」

（4）然而功可得者，法之謂也

按：「法」上脫「舉」字。《商子・弱民》：「今當世之用事者，皆欲爲上聖，舉法之謂也。」舉，朱師轍解爲「用」，是也；蔣禮鴻解爲「皆」，失之。

《戰法》第十

（1）見敵如潰，潰而不止，則免

按：朱師轍以「見敵如潰潰而不止」爲句，云：「《爾雅》：『潰潰，怒也。』《廣雅》：『免，隤也。』隤者下也。見敵如怒而不止，則能攻下之。評校本讀『見敵如潰』句，言見敵如潰散，潰散而不止，恐有伏，故縱之而不窮追。免猶縱也。」陳啓天從朱讀，解云：「潰潰而不止，猶言潰而又潰，續潰不止也。」王時潤曰：「如與而通。」簡書曰：「言兵之捨死趨敵，勢之勇猛，不可制止，如水之潰然……免字疑爲危字之譌。」簡說非也，至不得不改「免」字以就其說。蔣禮鴻從簡說，又曰：「免字義未詳。」高亨解爲「言敵兵逃跑如河水決口而亂流」，又曰：「免，放也。」「潰」即水旁決之誼，非「崩潰」、「潰敗」也。「免」即縱放之誼。《國語・晉語二》：「恐其如壅大川，潰而不可救禦也。」韋昭注：「禦，止也。」《說文》：「救，止也。」是「止」爲救禦之義。《孫子・虛實》：「退而不可追（止）者，速而不可及也。」〔註62〕句言見敵退如水潰而不可救禦，其退疾，不可追擊，故縱放之也。王顯讀止爲蚩，引《廣雅》「蚩，亂也」以說之，謂潰退而又不亂陣腳〔註63〕。既未見「止」、「蚩」相通之例，且「蚩」訓亂是惑亂、悖亂〔註64〕，非混亂，不是同一概念。

〔註62〕漢簡本「追」作「止」，「速」作「遠」。「遠」字誤。李零謂《御覽》卷 317 引作「遠」，「速」是「遠」之誤。尋景宋本《御覽》引仍作「速」，李氏所據蓋鮑刻誤本。且李以「遠」爲正，亦失其誼。李零《吳孫子發微》，中華書局 1997 年版，第 71 頁；又李零《孫子十三篇綜合研究》，中華書局 2006 年版，第 42 頁。

〔註63〕王顯《讀書獻疑（二）》，《古漢語研究》第 1 輯，中華書局 1996 年版，第 506～507 頁。

〔註64〕王念孫《廣雅疏證》，收入徐復主編《廣雅詁林》，江蘇古籍出版社 1992 年版，

王說非也。

（2）其過失，無敵深入

按：嚴萬里校作「兵之過失，在深入敵」。朱師轍曰：「《說文》：『無，豐也。』無敵謂敵眾多也。」高亨曰：「無敵，沒有遇到敵人。」蔣禮鴻曰：「『無』當讀作慢。《韓子·詭使篇》：『威利，所以行令，而無利輕威者世謂之重。』」陳啓天曰：「無敵，謂藐視敵人也。」章詩同曰：「無敵，無視敵人，即輕敵。」蔣、陳、章三氏得其誼。惟章氏增字解經，未得其字耳。《後漢書·吳漢傳》：「輕敵深入。」即其正解。竊謂「無」讀爲侮，亦輕也〔註65〕。蔣氏所引《韓子》亦同。《韓子·孤憤》：「無令而擅爲。」又《人主》：「無法而擅行。」亦其例。建本《賈子·禮容語下》：「迂則無人。」潭本無作侮，即其證。《周語下》作「迂則誣人」。《賈子·耳痺》：「誣神而逆人。」建本誣作無。誣亦借字〔註66〕。《荀子·強國》：「無僇乎族黨。」孫詒讓讀無爲侮〔註67〕，朱起鳳亦曰：「無，同『侮』。」〔註68〕字亦作憮、幠、舞，《爾雅》：「憮，傲也。」《禮記·投壺》鄭注：「幠，傲慢也。」《列子·仲尼》：「鄧析顧其徒而笑曰：『爲若舞彼來者，奚若？』」張湛注：「世或謂相嘲調爲舞弄也。」朱駿聲讀憮、幠、舞爲侮〔註69〕。本文各本並作「無敵」，王顯謂《四部叢刊》初編縮印本作「世敵」，王氏曰：「『世』是『也』的誤字……『也』當是『弛』的爛文。弛，易也。『也（弛）敵』就是『易敵，也就是輕敵的意思。』」〔註70〕尋《四部叢刊》初編本仍作「無敵」，縮印本誤刻。王氏據誤本爲說，極盡通借之能事，而不一檢原刻，其說非也。

（3）偕險絕塞

按：孫詒讓曰：「偕當爲偝，形近而譌。偝與背同。」朱師轍、王時潤、簡

第 207 頁。

〔註65〕蕭旭《商君書訂補》舊已指出，茲爲補證：《語言研究》1999 年增刊，第 52 頁。

〔註66〕參見蕭旭《國語校補》，收入《群書校補》，廣陵書社 2011 年版，第 80～81 頁。

〔註67〕孫詒讓《札迻》，中華書局 1989 年版，第 187 頁。

〔註68〕朱起鳳《辭通》，上海古籍出版社 1982 年版，第 2263 頁。

〔註69〕朱駿聲《說文通訓定聲》，武漢市古籍書店 1983 年版，第 399 頁。

〔註70〕王顯《讀書獻疑（二）》，《古漢語研究》第 1 輯，中華書局 1996 年版，第 507～508 頁。

書、陳啓天、蔣禮鴻、高亨並從其說。孫氏未釋「背」字之義，朱師轍曰：「背，負也。」蔣氏曰：「偕險則猝不易退。」高氏解爲「背後是險地」，胥未得其誼。「背」同「倍」，倍險，逾險也，與「絕塞」相類。絕訓直度、橫度。《戰國策・秦策二》：「今王倍數險，行千里而攻之。」此即「倍險」之例。《戰國策・齊策一》：「未嘗倍太山、絕清河、涉渤海也。」「倍」、「絕」、「涉」對舉，即逾越之義。此文「背」、「絕」對舉，正其比也。《孫子・九地》：「入人之地深，背城邑多者，爲重地。」漢簡本「背」作「倍」。《史記・周本紀》：「倍韓攻梁。」《西周策》倍作踐，尤爲倍訓踐履、逾跨之確證〔註71〕。王顯曰：「偕當讀爲階，升也。」〔註72〕亦非是。「階險」不辭。

《立本》第十一

（1）行三者有二勢：一曰輔法而法〔行〕，二曰舉必得而法立

按：《漢書・酷吏傳》：「輔法而行。」輔讀爲傅、附，《漢書・匡衡傳》：「傅經以對。」顏師古注：「傅讀曰附。附，依也。」朱師轍、高亨解爲「助」、「輔助」，非也。

（2）故恃其眾者謂之葺，恃其備飾者謂之巧，恃譽目者謂之詐

按：葺，讀爲繇。《說文》：「繇，合也。」字或作戢，《爾雅》：「戢，聚也。」字或作揖、輯，《集韻》：「揖，聚也，成也，通作輯。」字或作緝，《文選・陽給事誄》：「以緝華裔之眾。」李善注：「緝，會聚也。」《御覽》卷 300 引作「輯」。朱駿聲謂葺、戢、揖、輯、緝借爲繇〔註73〕，但未及《商子》此文。恃其眾者謂之繇，謂烏合之眾也。朱師轍謂葺訓茨，高亨、張覺從其說；蔣禮鴻謂葺爲茸之誤，讀爲冗，訓散；王顯謂葺爲茸之誤，茸又輯之脫文，表示華而不實〔註74〕；並非也。備飾，械具也。《荀子・正論》：「土地形制不同者，械用備飾不可不異也。」

〔註71〕參見蕭旭《敦煌賦校補》、《〈敦煌變文〉校補（一）》，收入《群書校補》，廣陵書社 2011 年版，第 824、1124～1125 頁。
〔註72〕王顯《讀書獻疑（二）》，《古漢語研究》第 1 輯，中華書局 1996 年版，第 508 頁。
〔註73〕朱駿聲《說文通訓定聲》，武漢市古籍書店 1983 年版，第 106～107 頁。
〔註74〕王顯《讀書獻疑（二）》，《古漢語研究》第 1 輯，中華書局 1996 年版，第 509 頁。下引同。

《鹽鐵論・非鞅》：「商君之遺謀，備飾素循（脩）也。」〔註75〕朱師轍曰：「備飾，謂守備美觀而無實力也。」高亨曰：「備，設備。飾，修整。」恐皆未得。目，評論。故朱師轍曰：「譽目，謂徒有虛聲也。」「譽目」上據文例脫「其」字。高亨校「譽目」爲「譽臣」或「䚞（謨）臣」，王顯校「備飾」爲「脩者」，「譽目」爲「其譽」，皆無據。

（3）此三者，恃一，因其兵可禽也

按：裴學海曰：「因，猶則也。」〔註76〕承接之辭也。朱師轍以「因」屬上讀；王時潤曰：「『因』字疑衍，或當爲『固』字之譌。固者，故之借字。」簡書曰：「『因』字譌，『擒』字亦不可通……『擒』字疑『強』或『用』字之譌。」陳啓天曰：「王說近是。『因』字或爲『則』字之誤。」高亨解爲「因而」，皆非也。

《兵守》第十二

（1）四戰之國好舉興兵以距四鄰者，國危

按：高亨謂「舉」、「興」衍其一，又引《廣雅》「距，困也」以釋之，並是也。字或作遽，《廣韻》：「遽，急也，窘也。」故訓窮困。《家語・在厄》：「遂使徒兵距孔子。」《御覽》卷 998 引作「拒」，《史記・孔子世家》作「圍」。距、拒，即「圍困」之義。王念孫、錢大昭並云：「距困，未詳。」據此可補。王士濂謂即「抗距」，王樹枏、陳邦福謂「困」是「閉」義〔註77〕，皆未得。

（2）守有城之邑，不如以死人之力與客生力戰

按：如，各本並作「知」，是也。高亨謂「死人之力」當作「人之死力」，與「生力」對文，非也。下文「生人力」與「死力」相對，是此固當作「死人之力」也。

〔註75〕「循」字據孫詒讓等說校爲「脩」。參見王利器《鹽鐵論校注》，中華書局 1992 年版，第 107 頁。

〔註76〕裴學海《古書虛字集釋》，中華書局 1954 年版，第 80 頁。

〔註77〕王念孫《廣雅疏證》、錢大昭《廣雅疏義》、王士濂《廣雅疏證拾遺》、王樹枏《廣雅補疏》、陳邦福《廣雅疏證補釋》，並收入徐復主編《廣雅詁林》，江蘇古籍出版社 1992 年版，第 364 頁。

（3）壯男過壯女之軍，則男貴女，而姦民有從謀，而國亡

按：《史記・天官書》：「皆群下從謀也。」《正義》：「皆是群下相從而謀上也。」「從謀」即相從而謀也。此言壯男貴愛壯女，則姦民有相從而謀劃逃跑之舉。高亨曰：「從當爲縱，亂也。」非是。

《靳令》第十三

（1）靳令則治不留，法平則吏無奸

按：上句，《韓子・飭令》作「飭令則法不遷」。秦本「靳」作「飭」，蓋據《韓子》改。《玉篇》：「靳，固也。」《說文繫傳》：「靳，固也，靳制其行也。」靳令，言強制其執行法令也。靳、飭義同。蔣禮鴻曰：「靳通作謹也。……靳即爲固，法令強固，不可侵壞，義亦通也。」下說訓固是，但不解爲法令強固。遷謂遷延，與「留」亦義近。孫詒讓曰：「作飭是也。」朱師轍曰：「靳，謹也。靳叚借爲飭，靳、謹一聲之轉。」高亨曰：「靳字講不通，當作敕，形近而誤。敕與飭古字通用。《說文》：『飭，致堅也。』」張覺曰：「靳當通謹，嚴也。」皆未得。

（2）法已定矣，不以善言害法

按：害，《韓子・飭令》作「售」。王先慎曰：「售當作害，形近而誤。」〔註78〕

（3）行治曲斷

按：曲，《韓子・飭令》同。治，《韓子》作「法」，是。曲，讀爲局，部分也。《爾雅》：「局，分也。」郭注：「謂分部。」「曲斷」即指下文「以五里斷」、「以十里斷」也。《商子・說民》：「國治，斷家王，斷官強，斷君弱。」「曲斷」亦即家斷、官斷也。于鬯曰：「曲者，鄉曲之曲也。」太田方曰：「曲，鄉曲也。」〔註79〕近之。鄉曲亦取部分爲義。蔣禮鴻解爲「曲盡其斷」，不改字雖得，所釋則非。俞樾曰：「曲

〔註78〕王先慎《韓非子集解》，中華書局 1998 年版，第 472 頁。
〔註79〕太田方《韓非子翼毳》，轉引自張覺《韓非子校疏》，上海古籍出版社 2010 年出版，第 1283 頁。

字無義，疑由字之誤。」說同顧廣圻〔註80〕。朱師轍、王時潤、陳啓天、王先愼、陳奇猷並從顧、俞之說〔註81〕。皆非是。

（4）百都之尊爵厚祿以自伐

按：《韓子・飭令》作「厚祿以周術」，一本「周」作「用」。陳奇猷謂「用」字是〔註82〕。

（5）國無姦民，則都無奸示（市）

按：《韓子・飭令》作「行都之過，則都無姦市」。陳奇猷曰：「行，巡視也。過，謂犯罪行爲。」〔註83〕

（6）四寸之管無當，必不滿也

按：《韓子・飭令》作「三寸之管毋當，不可滿也」。考《晏子春秋・內篇諫下》：「寸之管無當，天下不能足之以粟。」爲二文所本。《淮南子・說林篇》：「三寸之管而無當，天下弗能滿。」《文子・上德》：「三寸之管無當，天下不能滿。」亦可互證。「四」當作「三」，《晏子》脫「三」字。

（7）則君務於說言，官亂於治邪

按：陶鴻慶、朱師轍、蔣禮鴻並讀務爲督，惑亂也。諸說並是。蔣禮鴻又謂二句當作「則君務於說，官亂於治」。考《商子・農戰》：「是以其君惛於說，其官亂於言。」惛亦亂也，可爲諸說確證。二句當據《農戰》校作「則君務於說，官亂於言」，蔣說下句未得。「治邪」即涉下句「邪臣有得志」而衍，「言」字又倒亂於上句。簡書曰：「務，崇文本作鶩，義長。」高亨曰：「治邪，政治上的邪魔外道。」皆非也。

（8）朝廷之吏，少者不毀也，多者不損也

按：《韓子・飭令》作「朝廷之事，小者不毀」，脫「多者不損也」五字。

〔註80〕顧廣圻《韓非子識誤》，收入《諸子百家叢書》，上海古籍出版社影印浙江書局本1989年版，第196頁。

〔註81〕王先愼《韓非子集解》，中華書局1998年版，第472頁。陳奇猷《韓非子新校注》，上海古籍出版社2000年版，第1168頁。

〔註82〕陳奇猷《韓非子新校注》，上海古籍出版社2000年版，第1170頁。

〔註83〕陳奇猷《韓非子新校注》，上海古籍出版社2000年版，第1171頁。

《廣雅》：「毀，虧也。」《玉篇》：「毀，缺也。」「事」同「吏」，金文事、吏、史三字同。言朝廷之官吏有定額，其少者不爲虧缺，其多者亦不減損。朱師轍曰：「吏、事二字，形似而譌。事，職也。毀，缺也。損，減也。」朱氏解「毀」、「損」二字是，解「吏」字誤。劉師培曰：「事字當依《商子》作吏。」陳奇猷曰：「劉說是也。事、吏，形近易訛。『多』指爲人稱譽者，『少』指爲人誹謗者。」〔註84〕高亨曰：「毀當作軝，軝借爲埤，增也。」蔣禮鴻引或說同高氏。諸說皆非也。

（9）不得以相先也

按：先，《韓子・飭令》作「干」。劉師培、陳奇猷謂「先」字是〔註85〕，陳啓天謂「干」字是。二字並通。

（10）兵出必取，取必能有之：按兵而不攻，必富

按：富，《韓子・飭令》作「當」。顧廣圻曰：「『當』當作『富』，見《商子》。」〔註86〕顧說是也。《商子・去強》：「興兵而伐，必取，必能有之；按兵而不攻，必富。」又「兵起而勝敵，按兵而國富者王。」又《農戰》：「興兵而伐，必取；按兵不伐，必富。」並作「富」字。

（11）以力攻者，出一取十；以言攻者，出十亡百。國好力，此謂以難攻；國好言，此謂以易攻

按：亡，《韓子・飭令》作「喪」。《商子・農戰》：「國好力者以難攻，以難攻者必興；好辯者以易攻，以易攻者必危。」又《說民》：「國以難攻，起一取十；國以易攻，起十亡百。國好力曰以難攻，國好言曰以易攻。」並可互證。

（12）利出一空者，其國無敵；利出二空者，國半利；利出十空者，其國不守

按：《韓子・飭令》作「利出一空者，其國無敵；利出二空者，其兵半用；

〔註84〕陳奇猷《韓非子新校注》，上海古籍出版社 2000 年版，第 1173 頁。
〔註85〕陳奇猷《韓非子新校注》，上海古籍出版社 2000 年版，第 1173 頁。
〔註86〕顧廣圻《韓非子識誤》，收入《諸子百家叢書》，上海古籍出版社影印浙江書局本 1989 年版，第 196 頁。

利出十空者，民不守」。陳奇猷謂「民」當作「國」〔註 87〕，是也，而不知其致誤之由。「民」爲「囻」脫誤，「囻」爲「國」俗字。《龍龕手鑑》：「囻，俗，正作國字。」明道本《國語・周語下》：「夫合諸侯，民之大事也，於是乎觀存亡。」《漢書・五行志》同，「民」亦爲「囻」脫誤，公序本《國語》、《賈子・禮容語》正作「國」字〔註 88〕。《越絕書・越絕外傳記〔越〕地傳》：「射卒（率）陳音死，葬民西，故曰陳音山。」《吳越春秋・勾踐陰謀外傳》「民」作「國」，亦其例。朱師轍曰：「空，孔也。『利利』各本作『利用』。『國半利用』爲句。評校本以『國半』爲句，非是。嚴校改『用』爲『利』，以上『利』字屬上句讀，亦非。」朱氏「國半利用」爲句非也，「利用」二字當互乙，文當作「利出二空者，其國半用」。高亨校作「其國半利」，補「其」字是，而猶不知當作「半用」也。朱氏讀空爲孔是也，《商子・弱民》：「利出一孔，則國多物；出十孔，則國少物。」〔註 89〕正作「孔」字。《管子・國蓄》：「利出於一孔者，其國無敵；出二孔者，其兵不詘；出三孔者，不可以舉兵；出四孔者，其國必亡。」此《商子》所本。《通典》卷 17 引商鞅說秦孝公曰：「利出一孔者王，利出二孔者強，利出三孔者弱。」亦皆作「孔」字。

（13）力生強，強生威，威生德，德生力

按：末句當作「德生於刑」，已詳《去強篇》校補。

《修權》第十四

（1）權制獨斷於君則威

按：獨，朱師轍、高亨二本誤脫。

（2）故賞厚而利，刑重而威必

按：朱師轍曰：「利，《治要》作『信』。一本及《治要》俱無『威』字，是。《韓非子・定法篇》：『賞厚而信，刑重而必。』正用此文。」朱校是也，《管子・幼官》：「信賞審罰。」足證「信」字是。《韓子・難二》：

〔註 87〕陳奇猷《韓非子新校注》，上海古籍出版社 2000 年版，第 1175 頁。

〔註 88〕《國語》例由郭萬青博士檢示，謹此致謝。

〔註 89〕王叔岷謂「多、少二字當互易」。

「賞厚而信，人輕敵矣；刑重而必，人不北矣。」又《姦劫弒臣》：「於是犯之者，其誅重而必；告之者，其賞厚而信。」又《內儲說上》：「二曰必罰明威，三曰信賞盡能。」又「賞厚而信，罰嚴而必。」又《五蠹》：「是以賞莫如厚而信，使民利之；罰莫如重而必，使民畏之。」又《外儲說左下》：「信賞以盡能，必罰以禁邪。」又《外儲說右上》：「信賞必罰，其足以戰。」《荀子・彊國篇》：「審其刑罰，重而信；其誅殺，猛而必。」《潛夫論・三式》：「賞重而信，罰痛而必。」《漢書・宣帝紀》：「孝宣之治，信賞必罰。」又《藝文志》：「法家者流，蓋出於理官；信賞必罰，以輔禮制。」皆其確證。蔣禮鴻謂舊本有二，一作「賞厚而信，刑重而必」，一作「賞厚而利，刑重而威」，其說非也。

（3）不失疏遠，不違親近

按：違，《治要》卷 36 引作「私」。《戰國策・秦策一》：「（商君）罰不諱強大，賞不私親近。」高誘注：「諱，猶避也。私，猶曲也。」諱，讀爲違，避也。陳啓天曰：「『不違』義晦，今依《治要》。」非也。

（4）夫釋權衡而斷輕重，廢尺寸而意長短，雖察，商賈不用，為其不必也

按：《韓子・用人》：「釋法術而心治，堯不能正一國；去規矩而妄意度，奚仲不能成一輪；廢尺寸而差短長，王爾不能半中。」即本《商子》。

（5）故立法明分，中程者賞之，毀公者誅之

按：《鄧子・轉辭》：「明君立法之後，中程者賞，缺繩者誅。」爲《商子》所本。《韓子・難一》：「中程者賞，弗中程者誅。」《淮南子・主術篇》：「法定之後，中程者賞，缺繩者誅。」亦皆本《鄧子》。

（6）夫倍法度而任私議，皆不〔知〕類者也

按：高亨讀倍爲背，是也。《治要》卷 36 正引作「背」字。議，讀爲義。上文「世之爲治者，多釋法而任私議，此國之所以亂也。」下文「夫廢法度而好私議，則姦臣粥權以約祿。」亦皆同。高亨解爲「議論」，非也。《戰國策・趙策二》：「子用私道者家必亂，臣用私義者國必危。」《商子・畫策》：「國亂者，民多私義。」《韓子・飾邪》：「私義行則

亂。」「不行私義」正名法家之要旨，故商子、韓子並言之，皆祖於鄧子也。又考《韓子·詭使》：「不從法令爲私善者，世謂之忠。」又《姦劫弒臣》：「皆欲行貨財，事富貴，爲私善，立名譽，以取尊官厚俸。」《商子·君臣》：「法制設而私善行，則民不畏刑。」《說苑·政理》：「武王問於太公曰：『賢君治國何如？』對曰：『賢君之治國……不以私善害公法。』」三書「私善」亦「私義」之誤。

（7）賞誅之法，不失其議，故民不爭

按：議，陶鴻慶讀爲儀，準也。高亨、張覺並從其說，可備一通。竊讀議爲宜。

（8）公私之分明，則小人不疾賢，而不肖者不妬功

按：疾，陳啓天、高亨讀爲嫉，《治要》卷36正引作「嫉」。嫉亦妬也。

（9）諺曰：「蠹眾而木折，隙大而牆壞。」

按：《意林》卷4、《御覽》卷952引二「而」字並作「則」。朱師轍謂《類聚》引「而」作「則」，《類聚》實未引，朱氏失檢。此爲古成語。《韓子·亡徵》：「木之折也必通蠹，牆之壞也必通隙。」《鬼谷子·謀》：「故牆壞于其隙，木壞于其節。」〔註90〕《淮南子·說林篇》：「蠹眾則木折，隙大則牆壞。」又《人間篇》：「夫牆之壞也於隙，劍之折必有齧。」《易林·乾之大壯》：「郤大牆壞，蠹眾木折。」〔註91〕

（10）夫廢法度而好私議，則姦臣鬻權以約祿

按：朱師轍曰：「約，要求也。」高亨曰：「約，讀爲要。」二氏所解是也，字或作邀、徼。陳啓天曰：「約祿，薄祿也。」非是。

（11）秩官之吏，隱下而漁民

按：《國語·周語中》：「周之秩官有之。」韋注：「秩官，周常官。」《左傳·文公六年》：「委之常秩。」杜注：「常秩，官司之常職。」秩官，言職官。高亨引《爾雅》「秩，常也」，是也。蔣禮鴻讀秩爲艷，引《說文》

〔註90〕《意林》卷2、《書鈔》卷99引作「牆壞於有隙，木毀於有節」。
〔註91〕《剝之中孚》「郤」作「隙」。

訓「爵次弟」，又引洪誠說，亦解爲「次、列」，非是。張覺謂高、蔣、洪說並不當，而解爲「俸祿」，亦未得。

《徠民》第十五

（1）〔此〕先王制土分民之律也

按：《漢紀》卷 8：「此先王制土定業，班民設教，立武足兵之大法也。」《爾雅》：「班，賦也。」《玉篇》：「分，賦也。」《廣韻》同。分、班，並讀爲頒。《說文》：「頒，賦事也。讀若頒。」字或作頒，《文選·馬汧督誄》：「狄隸可頒，況曰家僕。」李善注：「頒，賦也。頒與班古字通。」字或作攽，《儀禮·聘禮》：「攽肉及廋車。」鄭注：「攽，猶賦也。」《釋文》：「攽，音班，賦也。」分民，取賦稅於民。高亨解爲「分配」，非也。

（2）意民之情，其所欲者田宅也，而晉之無有也信，秦之有餘也必

按：俞樾以「信」字「必」字絕句，蔣禮鴻、高亨並從之，是也。古書每以「信」、「必」對舉，參見《商子·修權篇》校補。朱師轍以二字屬下句，非也。

（3）足以造作夫百萬

按：造，讀爲聚〔註92〕。「作夫」爲詞，猶言役夫。王時潤曰：「造作。疑當作『食作』。」陳啓天據其說改，非也。簡書駁王說，而解「造」爲「給授」，亦未得。

（4）春圉其農，夏食其食，秋取其刈，冬陳其寶

按：俞樾曰：「圉當作違，寶當作葆，皆同聲假借字。陳當作凍，形近而誤也。《周書·大武篇》：『四時：一春違其農，二夏食其穀，三秋取其刈，四多凍其葆。』」陳啓天從其說。高亨曰：「陳、凍均講不通，疑當作掠，形近而誤。寶、葆均當讀爲保，小城曰保，今字作堡。」圉讀爲違，猶言失也。《孟子·梁惠王上》：「不違農時。」高氏改作

「掠」字無據。考《逸周書·武稱解》：「春奪其農，秋伐其穡，夏取其麥，冬寒其衣服。」語意正同，「凍其葆」猶言「寒其衣服」，則「凍」不誤，高說非也。寶、葆，並讀爲緥，字或作褓，亦作保。《說文》：「緥，小兒衣也。」本義指小兒抱被，亦可指成人之衣。《禮記·月令》：「天子親載耒耜，措之于參保、介之御間。」鄭注：「保，猶衣也。介，甲也。」孔疏：「保即襁保，保謂小被，所以衣覆小兒，故云保猶衣也。」《禮記》指戰士之衣，故與「介甲」連文也。孔晁注：「凍謂發露其葆聚。」孔氏解爲「葆聚」，非也。朱師轍曰：「陳，列也。冬則發其寶藏。」亦失之。張覺曰：「圍，包圍。包圍其農田而占爲己有。『陳』引申指發取。『凍』也當讀爲陳。『寶』與『搖其本』之『本』相應，也當指秋天收穫的糧食。『葆』也當讀爲寶。」諸語皆夢夢，一無所是。孔廣陶本《書鈔》卷114引《周書》，「凍其葆」作「陳其操」，亦形之誤也。

（5）此愛於無也，故不如以先與之有也

按：二句各本不同，朱師轍、蔣禮鴻、高亨說各不同。《廣博物志》卷37、《陝西通志》卷87引作「此無益於愛也，故不如與之有得也」，疑當從之，今本脫「益」、「得」二字，又倒作「愛於無」。句言此無益於愛，還不如以金先與徒而有所得也。

《賞刑》第十七

（1）明賞之猶至於無賞也，明刑之猶至於無刑也，明教之猶至於無教也

按：《書·大禹謨》：「帝曰：『皋陶……汝作士，明于五刑，以弼五教，期于予治。刑期于無刑，民協于中時，乃功懋哉。』」即《商子》「明刑之猶至於無刑」之所本。《管子·樞言》：「故先王重爲明賞不費，明刑不暴，賞罰明，則德之至者也。」明，蔣禮鴻訓爲盛，失之；高亨解爲「修明」，是也。三「猶」字，王時潤讀爲尤，陳啓天、蔣禮鴻從其說；高亨讀爲猷，訓道；張燕解爲「可」〔註93〕。王說爲長。

〔註93〕張燕《商君書新疏》，貴州教育出版社2009年版，第333頁。

（2）故曰：「明賞不費。」……故曰：「明刑不戮。」

按：《管子・樞言》：「故先王重爲明賞不費，明刑不暴，賞罰明，則德之至者也。」《大戴禮記・王言》：「孔子曰：『至禮不讓，而天下治；至賞不費，而天下之士說；至樂無聲，而天下之民和。』」皆《商子》所本。《淮南子・氾論篇》：「故至賞不費，至刑不濫。」又本於《管子》、《商子》。

（3）晉文公將欲明刑，於是合諸侯大夫於侍千宮

按：下句，《通典》卷169、《御覽》卷636引作「於是合諸卿大夫於冀宮」。「侯」爲「卿」之誤。

（4）君曰：「用事焉。」

按：用事，謂行法也。高亨讀事爲剚，訓殺，非也。

（5）晉國之士，稽焉皆懼曰：「顛頡之有寵也，斷以徇，況於我乎？」

按：《通典》卷169、《御覽》卷636、646引皆無「稽焉」二字，《韓子・外儲說右上》作「而後百姓皆懼」，亦無此二字。斷以徇，《通典》卷169引作「斷脊以狗」，《御覽》卷636引作「斷脊以徇」，又卷646引作「斬以徇」，《韓子・外儲說右上》作「斬顛頡之脊以狗」。當「晉國之士稽焉」爲句。稽，謂稽服，稽首而服也。劉相山以「稽焉」屬上句是也，而解「稽」爲「稽考」，則誤。俞樾曰：「稽，猶同也。」朱師轍曰：「稽，議也。」高亨讀稽爲憭，引《韻會》訓畏，又讀爲悸、忱。劉如瑛讀稽爲指。諸說皆非。《大戴禮記・千乘》：「近者閑焉，遠者稽焉。」言近者悅遠者服也。《大戴禮記・少閒》：「近者說，遠者至。」是其誼也。王聘珍曰：「閑，法也。稽，考也，議也。」孔廣森曰：「閑，正也。」戴禮曰：「稽，治也。閑，法也。」方向東曰：「閑訓防，洪說是。稽，留止也。」〔註94〕諸說亦皆非也。

（6）昔者周公殺管叔、流霍叔

按：《通典》卷169引作「昔周公誅管叔、放蔡叔、流霍叔」，疑今本脫「放蔡叔」三字。

〔註94〕諸說並見方向東《大戴禮記匯校集解》，中華書局2008年版，第887～888頁。

（7）天下皆曰：「親屬昆弟有過，不違，而況疏遠乎？」

按：《通典》卷 169 引「親」下有「屬」字，疑今本脫之。

（8）所謂一教者，博聞、辯慧、信廉、禮樂、修行、群黨、任譽、
　　清濁（請謁）

按：任譽謂任用名譽，已詳《說民篇》校補。高亨引《說文》「任，保也」
　　以釋之，非也。

（9）不可獨立私議以陳其上

按：蔣禮鴻讀陳爲陵，是也。《管子·法法》：「明君在上位，民毋敢立私議
　　自貴者。」此《商子》所本。立私議自貴，是陵其上矣。下文「堅者被
　　（破），銳者挫」，陶鴻慶曰：「被乃破字之誤。」朱師轍舉《管子·法
　　法》「故彊者折，銳者挫，堅者破」以證其說。

（10）雖曰聖知巧佞厚樸，則不能以非功罔上利

按：則，元·李冶《敬齋古今黈》卷 5 引作「皆」。

（11）聖人非能通知萬物之要也，故其治國舉要以致萬物，故寡教而
　　　多功

按：俞樾曰：「『非能』當作『惟能』。」陳啓天從其說。陶鴻慶曰：「『萬
　　物』句絕，『之要』上更當有『知萬物』三字。本云：『聖人非能通知
　　萬物，知萬物之要也。』《農戰篇》云：『故聖人明君者，非盡能其萬
　　物也（『其』亦當作『知』），知萬物之要也，故其治國也，察要而已
　　矣。』是其證。」高亨謂「陶說較好」。陶說是也，朱師轍亦駁俞說。
　　《商子·靳令》：「聖君知物之要。」亦其證。《管子·君臣上》：「道
　　也者，萬物之要也，爲人君者，執要而待之。」此《商子》所本。劉
　　如瑛曰：「非，猶夫。夫，彼。」以爲複指聖人，失之。

（12）聖人以功授官予爵，故賢者不憂

按：朱師轍曰：「賢者有法可守，故不憂。或曰：憂讀爲優。謂賞必以功，
　　無功，雖賢者不加優。」朱氏前說是，謂賢能者効功而取官爵，故不憂。
　　《商子·靳令》：「以功授官予爵，則治省言寡，此謂以法去法，以言去
　　言……効功而取官爵，雖有辯言，不得以相先也。」

《畫策》第十八

（1）昔者昊英之世，以伐木殺獸，人民少而木獸多。黃帝之世，不 麛不卵，官無供備之民，死不得用槨，事不同皆王者，時異也

按：《路史》卷 9「殺獸」上有「與」字，「供」作「共」，「黃」作「人」，
「之民」作「之勞」，「槨」作「享」，「皆」作「階」。蔣禮鴻曰：「享
當作槨，階當作偕。」「享」或爲「郭」之脫誤，《路史》卷 10：「官
亡共備之民，而死不用郭。」階，讀爲皆。王時潤以「皆」字絕句，
曰：「『之』字屬下，『之民』猶其民也。『皆』當作『者』。」蔣禮鴻
以「民」字屬下句。皆非也。

（2）故黃帝作爲君臣上下之義，父子兄弟之禮，夫婦妃匹之合；內 行刀鋸，外用甲兵，故時變也

按：《管子・版法解》：「是故正君臣上下之義，飾父子兄弟夫妻之義。」《韓
子・解老》：「義者，君臣上下之事，父子貴賤之差也，知交朋友之接也，
親疏內外之分也。」《商子・君臣》：「古者未有君臣上下之時，民亂而
不治。是以聖人列貴賤、制爵位、立名號，以別君臣上下之義。」諸「義」
字並讀爲誼，《前漢書・董仲舒傳》：「入有父子兄弟之親，出有君臣上
下之誼。」是其證也。故，猶以也〔註95〕，口語曰「因爲」。陳啓天曰：
「『故』本含有『因』字之意。」得之。朱師轍曰：「故，猶則也。」王
時潤曰：「『故』當作『固』。固，因之譌也。」簡書曰：「『故』字不誤，
宜在『變』字下。」高亨曰：「嚴說：『義，秦本作儀。』義讀爲儀。《說
文》：『儀，度也。』」蔣禮鴻曰：「義與儀通，與『等』義相近。『故』
疑當作『救』，或作『放』，字之誤耳。放，猶因也。」張覺曰：「故，
猶是。」皆未得。

（3）故善治者，塞民以法，而民地作矣

按：《方言》卷 6：「塞，安也。」字亦作寨，《廣雅》：「寨，安也。」王念
孫曰：「塞與寨通。」錢大昭曰：「寨、塞，字異音義同。」〔註96〕字亦
作寨，《廣韻》：「寨，蘇則切，安也。」言善治者以法安定其民也。朱

〔註95〕訓見裴學海《古書虛字集釋》，中華書局 1954 年版，第 314 頁。
〔註96〕王念孫《廣雅疏證》，錢大昭《廣雅疏義》，並收入徐復主編《廣雅詁林》，江
蘇古籍出版社 1992 年版，第 24～25 頁。

師轍曰：「塞，遏也。」高亨從其說。蔣禮鴻以「塞私門」之塞說之，則解爲杜塞。皆非也。

（4）不勝而王、不敗而亡者，自古及今；未嘗有也

按：王，《意林》卷4引誤作「生」。

（5）聖王見王之致於兵也，故舉國而責之於兵

按：責，讀爲冊，字亦借用策，書於簿冊也，指登記於兵冊。高亨曰：「『則』字即要求之意。」非也。

（6）民之見戰也，如餓狼之見肉，則民用矣

按：《意林》卷4引作「使見戰者，如餓狼之見肉，則可用矣」，《御覽》卷297引作「民之見戰，如飢狼之見虎，則民可用矣」，孔廣陶本《書鈔》卷118引作「玄氏之戰，如餓狼之見肉，則民可用也」，陳禹謨本《書鈔》引「玄氏」作「視民」，「肉」作「兔」，「可」下有「以」字。則今本「用」上脫「可」字。「玄氏」爲「視民」之誤。

（7）拙無所處，罷無所生

按：朱師轍曰：「拙無，一本作『窮天』，一本作『拙天』。罷無所生，各本作『以此無所生』。按『天』乃『无』之譌。《釋名》：『拙，屈也。』《廣雅》：『罷，勞也。』」陳啓天從其說。王時潤曰：「『以』疑『似』之古字。」高亨曰：「拙當借爲趉，《說文》：『趉，走也。』罷也是敗退。」蔣禮鴻曰：「罷讀與疲同。罷，駑也。」劉如瑛曰：「拙，可訓屈，此處義爲退卻。罷，指敗逃。」諸說皆未得。「拙無」當從一本作「拙天」。拙讀爲屈，窮也。故一本作「窮天」。《說文》：「罷，遣有辠也。」此正用本義。言連坐之法，到天之盡頭也無安居處，放遣無所生還也。

（8）故善治者，使跖可信，而況伯夷乎？不能治者，使伯夷可疑，而況跖乎

按：能亦善也。《書鈔》卷27引「能」正作「善」。

（9）勢不能爲姦，雖跖可信也；勢得爲姦，雖伯夷可疑也

按：《後漢紀》卷22馮緄上疏曰：「夫勢得容姦，伯夷可疑；不得容姦，盜

跖可信。」〔註97〕即本《商子》。

（10）凡人主德行非出人也，知非出人也，勇力非過人也。然民雖有聖
知，弗敢我謀；勇力，弗敢我殺；雖眾，不敢勝其主。

按：《御覽》卷 638 引「勇力」上有「有」字，無二「我」字，「勝其主」作
「勝其制」。「勇力」上當補「雖有」二字。劉如瑛則謂承前省「雖有」
二字。

（11）雖民至億萬之數，縣重賞而民不敢爭，行罰而民不敢怨者，法也

按：《御覽》卷 638 引作「民無億萬之數，雖行重賞而民弗敢爭，行重罰而
民弗敢怨者，法也」。「罰」上當據補「重」字。「民無」之「無」為「至」
之誤。

（12）聖人見本然之政，知必然之理，故其制民也，如以高下制水，
如以燥濕制火

按：《意林》卷 4、《御覽》卷 401 引二「如」字下皆無「以」字。

《境內》第十九

（1）能得爵（甲）首一者，賞爵一級，益田一頃，益宅九畝

按：益、賞對舉同義。《墨子・號令》：「守以令益邑中豪傑力鬥諸有功者。」
孫詒讓曰：「益，猶言加賞也。」並引此篇為證〔註98〕。孫氏得其義，
未得其字。《易・益》：「或益之十朋之龜。」聞一多曰：「益，讀為錫
……金文《敔叔段》：『益貝十朋。』益貝即錫貝也。《御覽》卷 88 引《隨
巢子》曰：『司祿益食而民不饑，司金益富而國家寶，司命益年而民不
夭。』即錫食、錫富、錫年也。」〔註99〕聞氏所引金文「益貝」，楊樹
達釋作「嗌貝」，云：「尋金文凡記賜物皆作易字，此獨假嗌為之，以易
與益古音同在錫部故也。」〔註100〕楊氏讀為「易」，聞氏讀為「錫」，

〔註97〕《後漢書・馮緄傳》作「勢得容姦，伯夷可疑；苟曰無猜，盜跖可信」。
〔註98〕孫詒讓《墨子閒詁》，中華書局 1986 年版，第 603 頁。
〔註99〕聞一多《周易義證類纂》，收入《聞一多全集》卷 10，湖北人民出版社 1994
年版，第 236 頁。《御覽》「卷 88」當是「卷 82」，聞氏失檢。
〔註100〕楊樹達《敔叔段蓋跋》，收入《積微居金文說》，中國科學院 1952 年出版，第
69 頁。

其正字當作「賜」，《說文》：「賜，予也。」銀雀山漢簡《奇正》：「故戰埶（勢），勝者益之，敗者代（伐－罰）之，勞者息之，饑者食之。」《淮南子・兵略篇》：「民之所望於主者三，饑者能食之，勞者能息之，有功者能德之。」〔註101〕《三國志・華覈傳》引「德」作「賞」。《初學記》卷16、《御覽》卷575並引《樂葉圖徵》：「功成者賞，功敗者罰。」「勝者益之」即「功成者賞」、「有功者能賞之」之誼。

（2）五人來薄為伍

按：薄，四庫本、四部叢刊本作「簿」。孫詒讓曰：「『來』疑當爲『束』。『薄』古『簿』字。言爲束伍之簿也。」朱師轍、陳啓天、高亨皆從其說。蔣禮鴻曰：「改『束』是也。『束簿』則不辭矣。薄義當與束平列。《楚辭・涉江》注曰：『草木交錯曰薄。』然則束薄謂約束牽制耳。」「來」字從孫說。蔣氏謂「束」、「薄」平列是也，但解爲草木交錯之薄，亦未得。草木交錯曰薄，指草木叢生雜聚，非其誼也。《潛夫論・交際》：「得此處子之羈薄。」汪繼培曰：「薄，讀爲縛。《釋名》：『縛，薄也，使相薄著也。』」〔註102〕《戰國策・趙策三》：「薄之柱上而擊之，則折爲三。」徐復曰：「薄，借爲縛。」〔註103〕此文「束薄」即「束縛」。

（3）其陷隊也，盡其幾者；幾者不足，乃以欲級益之

按：幾，讀爲機。《說文》：「機，精謹也。」《集韻》：「深練於事曰機。」言選陷隊之士，須盡爲精幹者；精幹者不足，乃以欲得爵級者益之。孫詒讓曰：「幾，餘也。言餘卒不足，乃以他卒之欲得爵級者益也。」陶鴻慶校「欲」爲「次」。朱師轍曰：「陷隊之士，死幾人，則以所死幾人應得之級，益其同對之奮鬪者。」王時潤曰：「盡當讀爲儘。『欲級』下當增『者』字。幾者，蓋猶清制所謂即補。欲級者，蓋猶清制所謂候補。」陳啓天曰：「幾者，蓋謂能敢死者。欲級，蓋謂願敢死者。」

〔註101〕張震澤《孫臏兵法校理》，中華書局1984年版，第201頁。

〔註102〕汪繼培、彭鐸《潛夫論箋校正》，中華書局1985年版，第336頁。

〔註103〕徐復《戰國策正詁》，收入徐復《語言文字學論稿》，江蘇教育出版社1995年版，第117頁。又徐復《戰國策雜志》，收入《後讀書雜志》，上海古籍出版社1996年版，第19頁。

高亨曰：「『幾』字難解，疑當讀爲祈，求也。祈者，自己申請的人。」
蔣禮鴻曰：「幾，及也。幾者，猶今言及格也。」張覺曰：「幾，通『冀』，
希望。幾者，心甘情願的人。」恐皆不當。

《弱民》第二十

（1）弱則有用，越志則彊

按：彊，倔強不從也。朱師轍解爲「彊頑難制」，是也。《史記・項羽本紀》：
「猛如虎，很如羊，貪如狼，彊不可使者。」「彊」即不可使之誼，
俗作「犟」字。簡書謂「彊」爲「亂」之誤，高亨謂「彊」爲「彉」
形誤，非也。

（2）民，善之則親，利之用則和，用則有任，和則匱，有任乃富

按：朱師轍曰：「『之用』二字顛倒。『匱』上當有『不』字。」王時潤曰：
「當作『民善之則和，親之則用，用則有任，和則不匱』。」二氏補
「不」字可從，餘說則非。《管子・形勢解》：「故民，愛之則親，畏
之則用。」又「民利之則來，害之則去。」又《版法解》：「凡眾者，
愛之則親，利之則至，是故明君設利以致之，明愛以親之。」《莊子・
徐無鬼》：「夫民不難聚也，愛之則親，利之則至，譽之則勸。」此皆
《商子》所本。《漢書・公孫弘傳》：「故民者……愛之則親上。」亦
本先秦成說也。「善之則親」即「愛之則親上」之誼，善亦愛也。可
見王氏改作「善之則和」之誤。此文有脫誤，當作「民，善之則親，
利之〔則至，畏之則〕用，〔口之〕則和，用則有任，和則不匱」。「用
則有任，和則不匱」即承「畏之則用，口之則和」而言。下文「以刑
治，民則樂用」即「畏之則用」之誼。「之則和」上一字俟考。今本
脫七字，遂成「利之用則和」，致不可通矣。蔣禮鴻、張覺舉《商子・
說民》「用善則民親其親」以說此文，非也。彼文「善」與「姦」對
舉，與此文不同。下文「上舍法，任民之所善，故姦多」，亦不同也。
張覺曰：「利之用，即『利之于用』。匱，指盡力。」張燕曰：「『用』
字衍文，此句當爲『利之則和』。」〔註104〕亦皆非是。

〔註104〕張燕《商君書新疏》，貴州教育出版社 2009 年版，第 338 頁。

（3）……有任乃富。於政，上舍法，任民之所善，故姦多

按：「於政」屬下爲句，諸家以「有任乃富於政」爲句，非也。「有任乃富」謂民爲用，則國富也。高亨曰：「富於政，政治效果多。又按『富』或是『當』字之誤。當於政，言政治得當。」張覺曰：「當作『有任而匱乃富於政』。」皆未得。

（4）明主之使其臣也，用必加於功，賞必盡其勞

按：《商子·錯法》：「是以明君之使其臣也，用必出於其勞，賞必加於其功。」又《君臣》：「按功而賞。」又《禁使》：「賞隨功，罰隨罪。」皆「賞」、「功」相應，此文「用」、「賞」二字當互易，諸家皆未達。《戰國策·秦策三》：「賞必加於有功，刑必斷於有罪。」《史記·范雎傳》同。《鶡子·上禹政》：「無有有功而不賞。」亦皆其證。盡，讀爲進〔註105〕。用必進其勞，猶言任用則必進舉其有勞者也。《商子·修權》：「授官予爵，不以其勞，則忠臣不進；行賞賦祿，不稱其功，則戰士不用。」正作「進」字。蔣禮鴻曰：「盡讀爲賮。以財貨與人曰盡。」非也。

（5）有以知其然也

按：裴學海曰：「有，猶何也。」〔註106〕本書《開塞》：「何以知其然也？」又《算地》：「奚以知其然也？」又「奚以論其然也？」奚亦何也，論亦知也。蔣禮鴻曰：「『有』當作『何』，或當作『奚』。」蔣氏改字未得。《董子·竹林》：「有以效其然也？」是其比，亦作「有」字。《孟子·梁惠王上》：「亦將有以利吾國乎？」下文「何以利吾國」，此「有」、「何」字異義同之例也。《史記·魏世家》、《孟子傳》、《論衡·刺孟》並作「何以利吾國」。

（6）楚國之民，齊疾而均，速若飄風，宛鉅鐵釶，利若蜂蠆，脅蛟犀兕，堅若金石

按：《荀子·議兵》：「楚人鮫革犀兕以爲甲，鞈如金石，宛鉅鐵釶，慘如蠆蠆，輕利僄遬，卒如飄風。」楊倞註：「鞈，堅貌。宛，地名，屬南陽。徐廣曰：『大剛曰鉅。』釶與鏇同，矛也。」《韓詩外傳》卷4：

〔註105〕例證參見宗福邦主編《故訓匯纂》，商務印書館2003年版，第1538頁。
〔註106〕裴學海《古書虛字集釋》，中華書局1954年版，第153頁。

「昔楚人蛟革犀兕以爲甲，堅如金石，宛如鉅虵，慘若蜂蠆，輕利剛疾，卒如飄風。」《史記・禮書》：「楚人鮫革犀兕，所以爲甲，堅如金石；宛之鉅鐵施，鑽如蠭蠆，輕利剽遫，卒如熛風。」屈守元曰：「王念孫云：『䩉訓堅貌，諸書未有明文。《史記》而外，《外傳》亦作「堅如金石」，《文選・三月三日曲水詩序》注引《荀子》正作「堅」，《御覽・兵部八十七》同。』據王氏此校，楊倞所據本作『䩉』，則是誤字也。」〔註107〕《爾雅翼》卷30引《荀子》作「䩉」，是宋代已誤，致誤之由待考。孫詒讓曰：「疑『宛鉅』亦兵器之名，楊倞註恐非。」〔註108〕于省吾曰：「鉅應讀作鋸。鋸，雄戟也。宛鉅鐵鉈，言宛地所出之雄戟與其鐵矛也。」〔註109〕陳直曰：「鉅應指兵器而言。鉅應即『距來』之省文，爲良弩之名。宛縣屬韓。」〔註110〕此取于說讀鉅爲鋸。宛，讀爲錈，字或作鋺。《玉篇》、《廣韻》並云：「錈，鉏頭曲鐵。」《集韻》：「錈、鋺，或從宛。」《外傳》作「虵」，同「蛇」，亦爲「鉈」借字。《說文繫傳》：「臣鍇曰：鉈，今又音蛇。《晉書》曰：『丈八鉈矛左右盤。』」《晉書》見《劉曜載記》《隴上歌》：「丈八虵矛左右盤。」《御覽》卷353引《趙書》、《樂府詩集》卷85作「蛇矛」。王念孫曰：「鏃、鉈、鉈、施，字並與鉈同。鉈，曹憲音蛇。後世言『蛇矛』，名出於此也。」錢大昭曰：「莚者，《說文》作鉈，短矛也。《方言》作鏃。莚、鉈、鏃、鉈，字異音義同。」〔註111〕王時潤曰：「鈰、鉈、施、鏃，皆當讀若鉈。」〔註112〕徐鍇、王念孫謂「蛇矛」名出於「鉈（鏃）」，非也。「鉈（鏃）」是短矛，「蛇矛」是長矛，非一物也〔註113〕。王叔岷曰：「施蓋鏃之省。鏃，俗鉈字。《說文》：『鉈，

〔註107〕屈守元《韓詩外傳箋疏》，巴蜀書社1996年版，第375頁。
〔註108〕孫詒讓《墨子閒詁》，中華書局2001年版，第480頁。
〔註109〕于省吾《荀子新證》，收入《雙劍誃諸子新證》，上海書店1999年版，第326～327頁。
〔註110〕陳直《讀子日札・荀子》，收入《摹廬叢著七種》，齊魯書社1981年版，第48頁。
〔註111〕王念孫《廣雅疏證》，錢大昭《廣雅疏義》，並收入徐復主編《廣雅詁林》，江蘇古籍出版社1992年版，第668～669頁。
〔註112〕王時潤《商君書斠詮補遺》，收入《民國時期哲學思想叢書》第1編，據《聞雞軒叢書》第1集宏文圖書社1915年刊行本影印，文聽閣圖書有限公司2010年版，第150頁。
〔註113〕參見蕭旭《「蛇矛」考》。

短矛也。』鈍、鈲並鉈之俗變。鑽疑憯之誤。憯、憯古通。憯，猶利也。與《商君書》作『利』，于義亦符。剽、僄並借爲慓，《說文》：『慓，疾也。』慓、飄並飆之借字，《說文》：『飆，扶搖風也。』」〔註114〕王說以「慓」爲正字可商，餘說皆是也。《說文》：「僄，輕也。」又「趮，輕行也。」又「嫖，輕也。」音義皆同，或借「驃」字爲之。

（7）江漢以爲池，汝潁以爲限，隱以鄧林，緣以方城

按：《荀子・議兵》：「汝潁以爲險，江漢以爲池，限之以鄧林，緣之以方城。」《韓詩外傳》卷4：「汝淮以爲險，江漢以爲池，緣之以方城，限之以鄧林。」《淮南子・兵略篇》：「潁汝以爲洫，江漢以爲池，垣之以鄧林，縣之以方城。」許注：「洫，溝也。」《史記・禮書》：「汝潁以爲險，江漢以爲池，阻之以鄧林，緣之以方城。」「限」、「阻」、「垣」同義。疑《商子》「限」、「隱」二字當互易，當以「汝潁以爲隱」、「限以鄧林」爲句。「限以鄧林」與諸書同。隱，讀爲匽，《周禮・宮人》：「爲其井匽。」鄭玄注：「玄謂匽豬，謂霤下之池受畜水而流之者。」「以爲匽」即《淮南子》「以爲洫」之誼。朱師轍曰：「隱，蔽也。」高亨從其說，未得〔註115〕。

（8）唐蔑死於垂涉

按：垂涉，《史記・禮書》同，當據《荀子・議兵》、《韓詩外傳》卷4、《淮南子・兵略篇》作「垂沙」，其爲地名無疑。《淮南子》許慎注：「垂沙，地名。」《史記集解》引許慎曰：「垂涉，地名也。」《戰國策・楚三》：「垂沙之事，死者以千數。」亦作「垂沙」。《荀子》楊倞注：「《漢地志》沛國有垂鄉，豈垂沙乎？」以「垂鄉」當之，而不敢必。金正煒曰：「《史記・禮書》：『兵殆於垂陟，唐昧死焉。』沙、陟形聲相近，故致歧誤。又《史記・楚世家》：『秦與齊、韓、魏共攻楚，殺唐昧，取重丘。』《水經注》云『茈邱』，古名重丘。則『垂沙』、『垂陟』皆爲『重丘』之譌。『重』與『垂』字形相類，『沙』、『丘』則名稱之歧

〔註114〕王叔岷《史記斠證》，「中央」研究院歷史語言研究所專刊之七十八，1983年版，第1011頁。又見王叔岷《荀子斠理》，收入《諸子斠補》，中華書局2007年版，第221頁。

〔註115〕參見蕭旭《淮南子校補》，花木蘭文化出版社2014年版，第459頁。

耳。」〔註116〕金氏所引《水經注》見卷 29《比水》，「陟」爲「涉」誤。金氏以爲「重丘」之譌，亦無確證。朱師轍曰：「垂涉，將涉也。涉、沙形近而譌。」其說非也〔註117〕。

《外內》第二十二

（1）是謂設鼠而餌以狸也，亦不幾乎

按：高亨曰：「『設鼠』講不通，疑當作『投鼠』。投，擊也。」蔣禮鴻曰：「設一物以有所招致，謂之設，猶誘也。」〔註118〕高說是也，設訓誘，則與「餌」義複。《淮南子·說林篇》：「設鼠者機動。」于鬯疑「設」爲「投」字之誤，于大成引《御覽》卷 911 引《淮南萬畢術》正作「投」以證之〔註119〕。亦其比也。朱師轍解爲「設計捕鼠」，陳啓天、劉如瑛謂「設」爲「誘」字之誤，亦皆未得。幾，高亨訓近，蔣禮鴻讀爲冀。蔣說是也。

（2）以此遇敵，是以百石之弩射飄葉也

按：《戰國策·齊策一》高注：「遇，敵也。」字或作耦，《淮南子·兵略篇》：「而欲以少耦眾。」《戰國策·秦策二》：「夫齊，罷國也，以天下擊之，譬猶以千鈞之弩〔射〕潰癰也。」〔註120〕

《君臣》第二十三

（1）法制設而私善行，則民不畏刑

按：《鄧子·轉辭篇》：「故有道之國，〔法立〕則私善不行，君立而愚（賢）

〔註116〕金正煒《戰國策補釋》卷 3，收入《續修四庫全書》第 422 冊，上海古籍出版社 2002 年版，第 499 頁。

〔註117〕參見蕭旭《淮南子校補》，花木蘭文化出版社 2014 年版，第 460 頁。

〔註118〕蔣禮鴻《商君書錐指》，中華書局 1986 年版，第 128 頁。又見蔣禮鴻《義府續貂》，收入《蔣禮鴻集》卷 2，浙江教育出版社 2001 年版，第 167～168 頁。

〔註119〕于鬯《香草續校書·淮南子》，中華書局 1963 年版，第 555 頁。于大成《淮南子校釋》，1970 年臺灣大學博士論文，收入《淮南鴻烈論文集》，里仁書局 2005 年版，第 1056 頁。

〔註120〕「射」字據錢、劉二本補。《新序·善謀》：「譬如以千石之弩射癰潰疽，必不留行矣。」是其確證。《史記·穰侯傳》：「以天下攻齊，如以千鈞之弩決潰癰也。」「決」字義亦合。

者不尊。」〔註121〕善，《書鈔》卷 43、《類聚》卷 54 引《慎子》同，《御覽》卷 638 引《慎子》作「義」。「善」爲「義」形誤，「義」與「法」對舉。劉如瑛曰：「私善，當爲『私義』之誤。私義，猶私道。」《戰國策・趙策二》：「子用私道者家必亂，臣用私義者國必危。」《商子・畫策》：「國亂者，民多私義。」《韓子・飾邪》：「私義行則亂。」「不行私義」正名法家之要旨，故商子、韓子並言之，皆祖于鄧子也。《商子・修權》：「世之爲治者，多釋法而任私議，此國之所以亂也。」又「夫倍法度而任私議，皆不〔知〕類者也。」又「夫廢法度而好私議，則姦臣粥權以約祿。」「私議」讀爲「私義」，亦其證也。又考《韓子・詭使》：「不從法令爲私善者，世謂之忠。」《說苑・政理》：「賢君之治國……不以私善害公法。」二書「私善」亦「私義」之誤。朱師轍解爲「假慈善而弛法要名」，恐未得。

（2）今世君不然，釋法而以智，背功而以譽

按：《韓子・飾邪》：「釋規而任巧，釋法而任智，惑亂之道也。」又《制分》：「釋法而任慧者，則受事者安得其務？」皆可與「釋法而以智」印證。

（3）故農戰之民日寡，而游食者愈眾

按：日亦愈也〔註122〕。

《禁使》第二十四

（1）賞隨功，罰隨罪

按：隨，《漢語大詞典》解爲「依據，按照」，是也。《韓子・安危》：「一曰賞罰隨是非，二曰禍福隨善惡，三曰死生隨法度。」義亦同。《商子・君臣》：「按功而賞。」「按」字是其誼也。

（2）今夫幽夜，山陵之大，而離婁不見，清朝日䵎，則上別飛鳥，下察秋毫

按：高亨曰：「朱師轍曰：『《說文》：「䵎，黃黑色也。」清朝日䵎，言清

〔註121〕《類聚》卷 54、《御覽》卷 638 引《慎子》有「法立」二字，「愚」作「賢」。
〔註122〕參見蕭旭《古書虛詞旁釋》，廣陵書社 2007 年版，第 263 頁。

晨日初出之時也。』依朱說，非《商子》之意也。余謂日�者日明也。
《說文》：『旦，明也。』又曰：『焞，明也。』《楚辭‧東君》：『暾將
出兮東方。』暾即焞之異字。黮與旦、暾乃一音之轉。又黮亦可讀爲
烜，明也。」高氏讀黮爲暾是也。「暾」是日初出暾暾然溫暖貌，今
吳語尚有「溫暾」之語。字或作旽，《玉篇》：「暾，日欲出。旽，同
上。」《六書故》：「暾，日初出昫物也。」《集韻》：「暾，日始出兒，
亦作旽。」又「曒、膹：月光也，或省。」日光暾暾然爲暾，月光曒
曒然爲曒，其義一也。蔣禮鴻讀黮爲煓，引《方言》卷 13 訓「赫也」。
清朝之日光，不可言赫盛，蔣說非也。

《愼法》第二十五

（1）故貴之不待其有功，誅之不待其有罪也

按：待，猶須也〔註123〕。高亨解爲「等待」，非也。

（2）夫以法相治，以數相舉者，不能相益，訾言者不能相損

按：舉，讀爲譽。下文「民見相譽無益」，即承此言，正作「譽」字。俞樾
謂「相舉」下脫「譽」字，簡書、陳啓天、高亨、蔣禮鴻並從其說；朱
師轍謂「舉當作譽」，張覺謂「相舉」下脫「相譽」二字，胥未得也。

（3）民見相譽無益，相管附惡；見訾言無損，習相憎不相害也

按：朱師轍曰：「管借爲逭，逃也。」陳啓天從其說。朱氏讀管爲逭，是
也；而所釋則非。《方言》卷 12：「逭，轉也。」又卷 13：「逭，周也。」
郭注：「謂周轉也。」言民見相譽無益，故掉過頭來附從惡事也。字
或作斡、筦、捾，《廣雅》：「斡，轉也。」《匡謬正俗》卷 7：「斡，盠
（蠡）柄也，義亦訓轉。《聲類》及《字林》並音管……皆轉也……
（筦）此亦義與斡同，字則爲筦，故知斡、筦二音不殊，而近代流俗
輒改爲捾。捾音烏活反，實爲腐陋。」劉曉東曰：「盠，當作蠡。《廣
韻》『斡』、『捾』異字同音，作『烏括切』，則知『烏活反』之音隋唐
已成正讀矣……師古之說，嫌執其本而限其變矣。」〔註124〕「附」
讀如本字。王時潤曰：「『相管附惡』義不可通，疑當作『習相愛不相

〔註123〕參見蕭旭《古書虛詞旁釋》，廣陵書社 2007 年版，第 212 頁。
〔註124〕劉曉東《匡謬正俗平議》，山東大學出版社 1999 年版，第 252～253 頁。

阿』。」蔣禮鴻從其說。高亨曰：「疑『附』當讀爲拊，擊也。又一解：『附』上脫『不』字。」劉如瑛曰：「相管附惡，謂相包庇則增益其惡。『見』的賓語是『相譽無益，相管附惡』。」張燕曰：「『附』當解爲『施刑』或『懲治』。」〔註125〕皆未得也。

（4）且先王能令其民蹈白刃，被矢石，其民之欲爲之，非如學之，所以避害

按：如，余舊說讀爲能〔註126〕，張覺說同。王時潤曰：「『如』疑當作『好』。」陳啓天、高亨、蔣禮鴻從其說。改字無據。劉如瑛曰：「如，乃也。」亦未得。

《定分》第二十六

（1）有擅發禁室印，及入禁室視禁法令，及禁刻一字以上，罪皆死不赦

按：孫詒讓曰：「『禁刻』當作『刻禁』，謂刊削禁令之字。」朱師轍、陳啓天、高亨並從其說。蔣禮鴻曰：「如孫說，必於『禁』下增『法令』二字始可。竊疑『禁刻』當作『栞刻』，字之誤也。『栞』通作『刊』。」方向東曰：「孫、蔣二說非是。『禁』當爲『菉』的誤字。《小爾雅》：『菉，錄也。』二字義亦通。禁乃抄錄，刻乃削改，實爲二事。」〔註127〕孫說可備一通，蔣氏駁之非也。蔣、方二氏改字，無所依據。且《小爾雅》禁訓錄，當爲收錄、拘束義，而非抄錄義，方說尤誤。張覺曰：「禁，指禁室，這裏作狀語，表示『在禁室中』。」張說亦非，上二句皆言「禁室」，此獨何以省言「禁」，且上已云「入禁室」，此又言「在禁室中」，于文不贅乎？「禁刻」之「禁」，疑涉上文而衍，《七國考》卷12引正無此「禁」字。

（2）法令者，民之命也，爲治之本也，所以備民也。

按：命，《書鈔》卷43、《治要》卷36引同，《長短經·適變》、《理亂》二

〔註125〕張燕《商君書新疏》，貴州教育出版社2009年版，第344頁。
〔註126〕蕭旭《商君書訂補》，《語言研究》1999年增刊，第52頁。又參見蕭旭《古書虛詞旁釋》，廣陵書社2007年版，第255頁。
〔註127〕方向東《孫詒讓訓詁研究》，中華書局2007年版，第124頁。

篇引亦同，《御覽》卷 638 引誤作「則」。備，讀爲伏。《漢書・王莽傳》：「盡備厥辜。」王念孫曰：「備，讀爲伏。《漢書》言『伏辜』者多矣，字或作服。服、伏、備三字，古皆讀如匍匐之匐，故字亦相通。」〔註 128〕朱師轍曰：「備猶防也。」高亨從其說。劉如瑛曰：「備，猶富也。」皆未允。

（3）一兔走，百人逐之，非以兔〔可分以爲百，由名分之未定〕也。賣〔兔〕者滿市，而盜不敢取，由名分已定也。故名分未定，堯、舜、禹、湯且皆如騖焉而逐之；名分已定，貧盜不取

按：十二字朱師轍據《長短經・適變》、《治要》卷 36、《御覽》卷 638 引補，高亨從之；王叔岷校「以兔」爲「一兔」。皆是也；《長短經・理亂》引亦有此 12 字。「由名分已定」之「已」，《治要》卷 36、《長短經・適變》、《理亂》二篇引並作「之」。貧盜不取，《治要》卷 36 引作「貪盜不取」，《長短經・適變》引作「則貧盜不敢取」。蔣禮鴻謂「貪」字是，考《說苑・建本》：「夫一兔走於街，萬人追之；一人得之，萬人不復走。分未定，則一兔走，使萬人擾；分已定，則雖貪夫知止。」蔣說得之。如騖，《長短經・適變》、《治要》卷 36 引作「加務」。蔣禮鴻曰：「『如』當爲『加』。騖、鶩同字，務乃以同音假借。」「加」當爲「如」之譌，蔣說偵矣。陳啓天曰：「如騖，言如馬之奔馳也。」《呂氏春秋・慎勢》引《慎子》：「今一兔走〔街〕，百人逐之。非一兔足爲百人分也，由未定〔分〕。由（分）未定，堯且屈力，而況眾人乎？積兔滿市，行者不顧，非不欲兔也，分已定矣。分已定，人雖鄙不爭。故治天下及國，在乎定分而已矣。」〔註 129〕《尹文子・

〔註 128〕王念孫《漢書雜志》，收入《讀書雜志》卷 7，中國書店 1985 年版，第 17 頁。

〔註 129〕《路史》卷 30 引作「一兔走街，百人逐之，非一兔足爲百人分也，緣未定分。分未定，堯且屈力，況眾人乎？積兔在市，過者不顧，非不欲兔也，分已定。分已定，雖鄙不爭。故治天下國家者，定其分而已矣」，《意林》卷 2 引作「一兔走，百人追。積兔於市，過而不顧，非不欲兔，分定不可爭也」，《隋書・文四子列傳》引作「一兔走街，百人逐之；積兔于市，過者不顧，豈其無欲哉？分定故也」，《御覽》卷 907 引作「一兔走街，百人追之；積兔於市，過而不視，非不欲得，分定不爭也」，《事類賦注》卷 23 引作「一兔走街，百人追之；積兔於市，過而不視，非不欲得，分定故也」。《說苑・建本》：「夫一兔走於街，萬人追之；一人得之，萬人不復走。分未定，則一兔走，使萬人擾；分已定，則雖貪夫知止。」《後漢紀》卷 29：「世稱一兔走衢，萬人逐之；

大道上》：「雉兔在野，眾人逐之，分未定也；雞豕滿市，莫有志者，分定故也。物奢則仁智相屈，分定則貪鄙不爭。」此皆《商子》所本。

（4）夫名分不定，堯、舜猶將皆折而姦之，而況眾人乎

按：《呂氏春秋·慎勢》引《慎子》：「由未定，堯且屈力，而況眾人乎？」《路史》卷 30 引「由」作「分」，是也。折，《治要》卷 36 引同，疑本當作「屈」，淺人不得其誼而妄改。簡書曰：「『皆折』二字譌。」「折」字譌，「皆」字與「堯、舜」二人相應，不譌。王時潤謂「『皆』字疑衍」，亦非也。屈，竭也。《廣雅》：「姦，盜也。」《淮南子·氾論篇》：「姦符節，盜管金。」高誘注：「姦，私，亦盜也。」屈而姦之，謂竭力而盜取之也。朱師轍曰：「折，曲也，下也。言名分不定，雖以堯、舜之賢，猶將降節而爲姦，而況庸眾乎？」高亨曰：「朱說：『折，曲也。』姦借爲奸，犯也。」蔣禮鴻曰：「折，猶言枉道也。」張覺曰：「折，下也。姦，通『干』，求取。」張燕曰：「『折』當解爲『折節』。」〔註 130〕皆失之。古書「奸」通「干」，「姦」不通「干」，張覺說尤誤。

三、餘　論

我十多年前，曾作《商君書訂補》一文，其時所見資料有限，學力尚淺，故所說時有錯誤。這些年來，雖盡力搜求，得《商子》研究著作二十餘種，然王時潤《商君書集解》、尹桐陽《商君書新釋》、阮廷卓《朱師轍〈商君書解詁定本〉補正》徧尋不得，未克獲睹，無從徵引，是爲至憾。日後如能得睹新材料，再作補訂。

一人獲之，貪者悉止，分定故也。」《金樓子·立言下》：「一兔走街，萬夫爭之，由未定也。積兔滿市，過者不顧，非不欲兔，分已定矣，雖鄙人不爭。故治國存乎定分而已。」亦皆本於《慎子》也。

〔註 130〕張燕《商君書新疏》，貴州教育出版社 2009 年版，第 346 頁。

《孔子家語》校補

　　《孔子家語》，《漢書・藝文志》著錄爲 27 卷，今傳本 10 卷 44 篇，魏王肅注。敦煌寫卷 P.3636《類書》云：「《孔子家語》，共十卷，總四四篇。」〔註1〕是唐人所見，蓋與今本同也。

　　清人多認爲《家語》係僞書〔註2〕。清人江有誥著《先秦韻讀》，《家語》列於其中，則江氏從古韻的角度，認爲《家語》是先秦古書〔註3〕。今人或據出土文獻，辨其不僞〔註4〕。

　　今以《四部叢刊》影印的明嘉靖三十三年（1554 年）黃周賢、黃魯曾覆宋本爲底本作校補，參校以下各本：

　　（1）四庫全書本（簡稱四庫本）〔註5〕；

　　（2）佚名《新編孔子家語句解》（簡稱《句解》本）〔註6〕；

　　（3）何孟春《孔子家語注》，正德 16 年刻本（簡稱何本）〔註7〕；

〔註1〕　敦煌寫卷 P.3636《類書》，收入《法藏敦煌西域文獻》第 26 冊，上海古籍出版社 2002 年版，第 176 頁。

〔註2〕　代表人物是孫志祖、范家相。

〔註3〕　江有誥《先秦韻讀・家語》，《江氏音學十書》，收入《續修四庫全書》第 248 冊，上海古籍出版社 2002 年影印，第 174～175 頁。

〔註4〕　參見胡平生《阜陽雙古堆漢簡與〈孔子家語〉》，《國學研究》第 7 卷，北京大學出版社 2000 年版，第 515～545 頁。

〔註5〕　《孔子家語》，收入景印文淵閣《四庫全書》第 695 冊，臺灣商務印書館 1986 年初版，第 1～114 頁。

〔註6〕　佚名《新編孔子家語句解》，收入《續修四庫全書》第 931 冊，第 1～52 頁。

〔註7〕　何孟春《孔子家語注》（正德 16 年刻本），收入《四庫全書存目叢書》子部第 1 冊，齊魯書社 1995 年影印，第 1～82 頁。

（4）姜兆錫《家語正義》，雍正 11 年寅清樓刻本（簡稱姜本）〔註8〕；

（5）陳際泰《新刻注釋孔子家語憲》，明劉舜臣刻本（簡稱陳本）〔註9〕；

（6）劉宗周《孔子家語考次》，正氣堂鈔本（簡稱劉本）〔註10〕；

（7）范家相《家語證偽》，光緒 15 年鑄學齋叢書本（簡稱范本）〔註11〕；

（8）孫志祖《家語疏證》〔註12〕；

（9）陳士珂《孔子家語疏證》，湖北叢書本〔註13〕；

（10）孫詒讓《孔子家語校記》〔註14〕；

（11）日本東京大學東洋文化研究所藏慶長四年古活字本《新刊標題句解孔子家語》（簡稱慶長本）；

（12）日本早稻田大學圖書館藏寬永十五年風月宗智刊本《孔子家語》（此本上方有批語，簡稱寬永本）；

（13）日本早稻田大學圖書館藏寬永十五年風月宗智刊本《孔子家語》（此本上方無批語，簡稱宗智本）；

早稻田大學所藏的二個寬永十五年刊本，版式一樣，文字偶有小異，其版本當是同一來源。

王國維《日本寬永本〈孔子家語〉跋》云：「此本不知出何本，然佳處時出諸本上。昔桐城蕭敬孚得此本，乃謂宋刊大字本不足存，以歸貴池劉氏。余以此本校黃周賢本一卷，乃知敬老之言不誣。」〔註15〕王氏之言未實，余通校全書，寬永本不在覆宋本之上。

〔註8〕 姜兆錫《家語正義》（雍正 11 年寅清樓刻本），收入《四庫全書存目叢書》子部第 1 冊，第 83～179 頁。

〔註9〕 陳際泰《新刻注釋孔子家語憲》（明劉舜臣刻本），收入《四庫未收書輯刊》子部第 3 輯第 21 冊，北京出版社 1997 年影印，第 1～66 頁。

〔註10〕 劉宗周《孔子家語考次》（正氣堂鈔本），收入《續修四庫全書》第 931 冊，第 53～86 頁。

〔註11〕 范家相《家語證偽》（光緒 15 年鑄學齋叢書本），收入《續修四庫全書》第 931 冊，第 87～192 頁。

〔註12〕 孫志祖《家語疏證》，收入《續修四庫全書》第 931 冊，第 193～260 頁。又收入《叢書集成新編》第 18 冊，新文豐出版公司 1985 年印行，第 245～272 頁。

〔註13〕 陳士珂《孔子家語疏證》（湖北叢書本），收入《叢書集成新編》第 18 冊，第 273～346 頁。

〔註14〕 孫詒讓《孔子家語校記》，收入《籀廎遺著輯存》，中華書局 2010 年版，第 471～496 頁。

〔註15〕 王國維《觀堂別集》卷 3，河北教育出版社 2001 年版，第 843 頁。

日本太宰純《增注校正孔子家語》、岡白駒《孔子家語補注》未見，無從
參考，謹此說明。

今人楊朝明、宋立林作《孔子家語通解》〔註16〕，其書於《家語》文字
多不能校正，於前人成果多不作參考，注釋錯誤甚多，茲間爲駁正，不暇一
一指摘也。

卷　一

《相魯》第一

（1）長幼異食

王肅注：如《禮》，年五十異食也。

按：《御覽》卷 625 引注作「如五十異糧」，脫「禮」字。《禮記・王制》、《內
則》并云：「五十異粻。」鄭玄注：「粻，糧也。」

（2）強弱異任

王肅注：任謂力作之事，各從所任，不用弱也。

按：《御覽》卷 637 引「異」誤作「共」，又卷 625 引注「不用弱」誤作「弱
困」。

（3）男女別塗，路無拾遺，器不雕僞

按：《類聚》卷 54、《御覽》卷 267、625、637 引「器不雕僞」下有「市不
二價」四字。《御覽》卷 625 引注：「如各（各如）其貨，不相欺狂（誑）。」
今本脫之。

（4）乃別五土之性，而物各得其所生之宜，咸得厥所

王肅注：所生之物，各得其宜。

按：正文「各得」二字，涉注而衍，何本不誤。《類聚》卷 47、《初學記》
卷 11、《御覽》卷 208、《職官分紀》卷 2、《古今事文類聚》新集卷 3
引皆無「各得」二字。「物」是動詞，與「別」對舉同義。《周禮・地官・
載師》：「掌任土之灋，以物地事，授地職而待其政令。」鄭玄注：「物，

〔註16〕楊朝明、宋立林《孔子家語通解》，齊魯書社 2009 年版。

物色之，以知其所宜之事，而授農牧衡虞使職之。」正可相證。《書鈔》卷 52、《玉海》卷 122、《資治通鑑外紀》卷 8、《先聖大訓》卷 3、《孔子編年》卷 2 引已衍「各得」二字。

（5）諸侯並出疆，必具官以從，請具左右司馬

按：「並」字衍，四庫本、范本無此字，《史記‧孔子世家》、《先聖大訓》卷 3 亦無此字。《董子‧王道》：「古者諸侯出疆，必其左右備二師，以備不虞。」正可相證。

（6）齊使萊人以兵鼓諓，劫定公

王肅注：雷鼓曰諓。

孫詒讓曰：諓，字書所無，《史記》作「噪」，《索隱》引此書同。《一切經音義》卷 22 引作「譟」，玄應曰：「鼓，動也。譟，諠鳴也。雷呼曰譟。」案鼓譟之鼓當作「鼓」，從攴。噪、譟皆不訓雷鼓，當作「雷鼓曰鼓，口口（鏡清按：二字蝕缺，疑作「喧鳴」）曰噪。」

按：諓，《類說》卷 38、《孔子編年》卷 2 引作「譟」。「雷」同「擂」。《穀梁傳‧定公十年》作「齊人鼓譟而起，欲以執魯君」，范甯注：「群呼曰譟。」玄應注語「雷呼」當是「群呼」之譌。「諓」即「譟」俗譌字。

（7）齊侯心怍，麾而避之

按：避，《史記‧孔子世家》作「去」。《左傳‧定公十年》作「齊侯聞之，遽辟之」，杜注：「辟去萊兵也。」

（8）匹夫熒侮諸侯者，罪應誅

按：陳本「熒侮」作「熒惑」，「應」作「當」。《後漢書‧陳禪傳》李賢注、《書鈔》卷 112、《御覽》卷 569、646 引「匹夫」下有「而」字。《公羊傳‧定公十年》：「匹夫而熒惑於諸侯者誅。」《鹽鐵論‧論鄒》：「此《春秋》所謂匹夫熒惑諸侯者也。」《史記‧孔子世家》作「匹夫而營惑諸侯者，罪當誅」。熒、營，並讀爲嫈，惑也。《索隱》：「謂經營而惑亂也。《家語》作『熒侮』。」解爲「經營」，非也。《後漢書》注、《書鈔》引無「熒」字。

（9）齊侯歸，責其群臣曰：「魯以君子道輔其君，而子獨以夷狄道教
　　　寡人。」

　按：二「道」字上，當據《史記・孔子世家》補「之」字。《類說》卷 38
　　　引此文有二「之」字，陳本同。

（10）叔孫不得意於季氏

　按：寬永本上方校云：「『叔孫』下疑脫『輒』字。」孫志祖曰：「案當作
　　　『叔孫輒不得意於叔孫氏』。」《御覽》卷 303 引正有「輒」字，而「叔
　　　孫氏」亦誤作「季氏」。

（11）乃使季氏宰仲由隳三都

　按：隳，何本、范本作「墮」，《左傳・定公十二年》、《公羊傳・定公十二
　　　年》、《史記・孔子世家》亦作「墮」，並爲「隓」之俗字。《史記・魯
　　　世家》：「使仲由毀三桓城。」「毀」字義同。

（12）叔孫不得意於季氏，因費宰公山弗擾率費人以襲魯

　按：公山弗擾，《論語・陽貨》同，《御覽》卷 303 引作「公不狃」，脫「山」
　　　字；《左傳・定公十二年》、《史記・孔子世家》作「公山不狃」。王觀國
　　　《學林》卷 9：「擾、狃二字，皆讀爲人九反，通用之也。」

（13）魯之鬻六畜者，飾之以儲價……鬻牛馬者不儲價

　按：《荀子・儒效》：「魯之粥牛馬者不豫賈。」《新序・雜事一》：「魯市之鬻
　　　牛馬者善豫賈。」又《雜事五》：「魯之鬻牛馬不豫賈。」《淮南子・泰
　　　族篇》：「孔子爲魯司寇，道不拾遺，市買不豫賈。」儲，讀爲豫，欺誑
　　　〔註17〕。朱駿聲曰：「豫，叚借爲諕。按：妄言也。」〔註18〕可參。郝
　　　懿行曰：「豫，與『序』同，古字通用。早正市價以待之，故鬻者不復
　　　論序也。」〔註19〕俞樾則謂豫訓變〔註20〕。二說皆未洽。

〔註17〕參見王引之《經義述聞》卷 8，江蘇古籍出版社 1985 年版，第 204 頁。
〔註18〕朱駿聲《說文通訓定聲》，武漢市古籍書店 1983 年版，第 425 頁。
〔註19〕郝懿行《荀子補注》，《郝氏遺書》本，收入《四庫未收書輯刊》第 6 輯第 12
　　　　冊，北京出版社 2000 年版，第 10 頁。
〔註20〕俞樾《讀鶡冠子》「終始從而豫」條，收入《春在堂全書》，《曲園雜纂》卷 20；
　　　　又《諸子平議補錄》，中華書局 1956 年版，第 39 頁。

《始誅》第二

（1）子貢進曰：「夫少正卯，魯之聞人也，今夫子為政而始誅之，或
　　者為失乎？」

按：始誅，《荀子・宥坐》同。楊倞註：「始誅，先誅之也。」《尹文子・大
　　道下》、《說苑・指武》作「先誅」。

（2）一曰心逆而險，二曰行僻而堅，三曰言偽而辯，四曰記醜而博，
　　五曰順非而澤，此五者，有一於人，則不免君子之誅

　　王肅注：醜謂非義。

按：《禮記・王制》：「行偽而堅，言偽而辯，學非而博，順非而澤，以疑眾，
　　殺。」本書《刑政》：「行偽而堅，言詐而辯，學非而博，順非而澤，
　　以惑眾者，殺。」王肅注：「行偽而堅，行詐偽而守之堅也。順非而澤，
　　順其非而滑澤〔之〕。」〔註21〕皆與此文相印證。險，《治要》卷 10
　　引作「嶮」，《劉子・心隱》作「憸」。逆，《治要》卷 10、《御覽》卷
　　645 引同，《劉子》亦同，《尹文子・大道下》、《荀子・宥坐》作「達」，
　　《說苑・指武》作「辨」。寬永本、宗智本「逆」作「遄」，寬永本上
　　方校云：「遄，一本作『逆』。」楊倞註：「心達而險，謂心通達於事而
　　凶險也。」當作「逆」為是，謂其心很戾而陰險也。記醜，《治要》、《御
　　覽》引同，《荀子》、《中論・覈辯》亦同，陳本誤作「配惡」，劉本脫
　　「醜」字；《說苑》作「志愚」，《尹文子》作「彊記」，《劉子》作「詞
　　鄙」，《論衡・定賢》作「言非」。《爾雅》：「醜，眾也。」記醜而博，
　　猶言博聞強記。《韓詩外傳》卷 4：「順非而澤，聞見雜博。」此其確
　　證。《說苑》、《論衡》、《劉子》並未得厥誼，而妄改之。王肅注：「醜
　　謂非義。」楊倞註：「醜，謂怪異之事。」鍾泰曰：「醜，惡也。」王
　　天海曰：「醜者陋也，淺陋也。」〔註22〕亦皆失之。順非而澤，劉本、
　　陳本作「順非而飾」。《論衡・定賢》釋之曰：「內非而外以才能飾之，
　　眾不能見，則以為賢。」楊倞註：「澤，有潤澤也。」皆與本書《刑政》
　　王肅注相合，指文過飾非。澤訓潤澤，引申為文飾。姜兆錫曰：「順之
　　言遂，謂遂非也。澤謂文過也。」甚確。《賈子・過秦下》：「（秦王）

〔註21〕「之」字據《治要》卷 10 引補。
〔註22〕二說並引自王天海《荀子校釋》，上海古籍出版社 2005 年版，第 1109 頁。

遂過而不變。」《呂氏春秋・審應》:「公子食我之辯,適足以飾非遂過。」
《韓子・難二》:「李子之奸弗蚤禁,使至於計,是遂過也。」《孟子・
公孫丑下》:「順過飾非,就爲之辭。」又「且古之君子,過則改之;
今之君子,過則順之。」《論衡・寒溫》:「縱過飾非。」《逸周書・芮
良夫》:「遂非不悛。」《漢書・董賢傳》:「將軍遂非不改。」義皆同。
楊樹達曰:「焦循《孟子正義》卷 9 云:『澤,讀爲釋。謂順其非而爲
之解釋,訓潤澤者失之。』焦說是也。」〔註23〕舊解不誤,楊說僨矣。
楊朝明注:「順非而澤,教人不走正道而又廣施恩惠。順,通『訓』,
教導。澤,恩惠。」皆失之。

（3）其談說足以飾襃榮眾

按:寬永本上方校云:「襃,一本作『邪』,是也。榮,一本作『熒』,是
也。」四庫本作「飾襃熒眾」,《治要》卷 10 引同;范本作「飾襃榮
眾」;《尹文子・大道下》作「飾邪熒眾」;《御覽》卷 645 引作「襃飾
榮眾」,《荀子・宥坐》作「飾邪營眾」。孫志祖曰:「案『飾襃榮眾』
當從《荀子》作『飾襃營眾』。」「襃」爲「襃」形誤,同「邪」。楊
倞註:「營,讀爲熒。熒眾,惑眾也。」榮、營、熒,並讀爲瞥,惑
也。《荀子・非十二子》:「飾邪說,文姦言,以梟亂天下,欺惑愚眾。」
《韓詩外傳》卷 4:「飾邪說,文姦言,以亂天下,欺惑眾愚。」即「飾
襃瞥眾」之誼。陳際泰曰:「言論襃揚,榮耀眾人。」《句解》說略同。
姜兆錫曰:「飾襃,飾爲襃美也。榮,猶炫耀也。」皆據誤文而說之
也,非也。

（4）其彊禦足以反是獨立

按:彊禦,《治要》卷 10、《御覽》卷 645 引同,《荀子・宥坐》脫「禦」
字,《尹文子・大道下》誤作「彊記」。

（5）夫殷湯誅尹諧,文王誅潘正

按:《御覽》卷 645 引同,《尹文子・大道下》亦同,《荀子・宥坐》作「湯
誅尹諧,文王誅潘止」,《說苑・指武》作「昔者湯誅蠋沐,太公誅潘

阯」，其事皆不詳。「正」當爲「止」脫誤，「止」即「阯」。范本作「潘
止」。《金樓子・雜記篇上》：「成湯誅獨木。」與《說苑》合。

（6）太公誅華士

按：《御覽》卷 645 引同，《尹文子・大道下》亦同，《荀子・宥坐》作「華
仕」，皆合。《金樓子・雜記篇上》：「呂望誅任矞。」不知何據。

（7）管仲誅付乙，子產誅史何

按：《尹文子・大道下》、《荀子・宥坐》作「管仲誅付里乙，子產誅鄧析、
史付」，《說苑・指武》作「管仲誅史附里，子產誅鄧析」，除「鄧析」
外，其餘皆不詳。《金樓子・雜記篇上》：「管仲誅史符。」亦與《說苑》
合。

（8）有父子訟者，夫子同犴執之

王肅注：犴，獄牢也。

按：同犴，《玉篇》「桎」字條引作「周桎」，引注作「桎，獄牢也」；《玄應
音義》卷 13 引作「周陛」，引注作「陛，獄牢也」；《慧琳音義》卷 87
引注作「狴，牢獄也」。「周」乃「同」形譌。執，《初學記》卷 20 引
作「繫」。狴、犴皆俗字，桎乃借字，正字爲「陛」，《說文》：「陛，牢
也，所以拘非也。」

（9）囊告余曰：「國家必先以孝。」

按：何本「國家」上有「爲」字，《治要》卷 10、《御覽》卷 652 引同，今
本脫之。《荀子・宥坐》作「爲國家必以孝」，脫「先」字；《韓詩外傳》
卷 3、《說苑・指武》作「治民以孝」，「爲」亦治也。

（10）夫慢令謹誅，賊也

按：令，陳本誤作「能」。《荀子・宥坐》作「嫚令謹誅，賊也」，楊倞註：
「嫚與慢同。謹，嚴也。賊，賊害人也。」姜兆錫引《論語・堯曰》
「慢令致期，謂之賊」，得之矣。《韓詩外傳》卷 3 引孔子曰：「慢令
致期，暴也。」皆即此文所本。《韓子・揚權》：「簡令謹誅，必盡其
罰。」簡亦慢也。盡其罰者，即謹嚴也。可證楊註至確。于省吾曰：

「謹，應讀爲勤。」王天海曰：「嫚，讀爲嬾，過差也。」〔註24〕皆妄說通借，不可信從。四庫本《長短經・政體》引「謹」誤作「致」〔註25〕。

（11）徵斂無時，暴也

按：《荀子・宥坐》作「今有時斂也，無時暴也」，楊倞註：「言生物有時，而賦斂無時，是緩暴也。」盧文弨據楊注於「有時」上補「生也」二字。王天海曰：「有，又也。時斂，定時徵斂。也，猶『而』。」〔註26〕盧氏讀爲「今生也有時，斂也無時，暴也」至確，王說支離破碎，不可信從。

（12）不試責成，虐也

按：寬永本上方校云：「試，一本作『誠』，『試』蓋『誠』之誤。《論語》曰：『不戒視成謂之暴。』又《韓詩外傳》作『不戒責成』。『戒』、『誠』通，故以字相似誤耳。」《論語》見《論語・堯曰》，馬融注：「不宿戒而責目前成爲視成也。」《韓詩外傳》見卷3。《治要》卷10引正作「誠」，《長短經・政體》亦作「誠」，是唐時猶未誤也。《說苑・說叢》：「不戒責成，謂之暴也。」戒，讀爲誠，敕教也。《荀子・宥坐》：「不教而責成功，虐也。」作「教」義同。陳際泰解爲「不試用于民」，《句解》本說同。楊朝明解爲「不經試行」，於古籍不加校理、考訂，而遽率爾著述，庸有當乎？

（13）是以威厲而不試，刑錯而不用

按：《荀子・宥坐》同，《荀子・議兵篇》引《傳》亦同。試，《治要》卷10引作「誠」，《說苑・政理》作「至」。錯，范本作「措」，《治要》引亦作「措」，《史記・禮書》引《傳》、《漢書・王吉傳》同。「誠」、「至」二字爲形、聲之誤。試，讀爲弒，實爲殺，《淮南子・主術篇》正作「殺」。

〔註24〕二說並引自王天海《荀子校釋》，上海古籍出版社2005年版，第1112頁。

〔註25〕《四庫全書》第849冊，臺灣商務印書館1986年初版，第25頁。南宋初年杭州淨戒院刊本《長短經》不誤，《常熟翁氏世藏古籍善本之四》，文物出版社1996年版，無頁碼。《叢書集成初編》據讀畫齋叢書本排印本亦不誤，中華書局1985年影印，第596冊，第32頁。周斌《長短經校證與研究》據誤本，而失校易得之《叢書集成》本及《家語》原文，亦疏甚，巴蜀書社2003年版，第82頁。

〔註26〕二說並引自王天海《荀子校釋》，上海古籍出版社2005年版，第1113頁。

錯，讀爲措〔註27〕。《說文》：「措，置也。」謂設置，而非廢置。《鹽鐵論·後刑》：「故威厲而不殺，刑設而不犯。」尤其確證。《淮南子·泰族篇》：「古者法設而不犯，刑錯而不用。」錯亦設也。本書《五刑解》引孔子曰：「聖人之設防，貴其不犯也，制五刑而不用，所以爲至治也。」制亦設也。《管子·君臣上》：「是以令出而不稽，刑設而不用。」又《禁藏》：「故法立而不用，刑設而不行也。」《鶡冠子·王鈇》：「故其刑設而不用，不爭而權重。」皆言刑設，其義自明。寬永本上方注云：「試，用也。」姜兆錫曰：「錯，廢也。」楊朝明注：「錯，通『措』，放置或廢置。」其說皆非也。

（14）今世則不然，亂其教，繁其刑，使民迷惑而陷焉

按：繁，《治要》卷10引「繁」作「煩」，「陷」下有「罪」字。陷，《荀子·宥坐》作「墮」。

（15）夫三尺之限，空車不能登者，何哉？峻故也

按：限，門限也。《玉篇殘卷》「限」字條、《御覽》卷635、772引同今本，顧野王曰：「限，猶閾（閾）也。」又引《東觀漢記》「鋸粗斷城門消」，文字有衍誤，《御覽》卷284、494引作「使鋸斷城門限」，《後漢書·臧宮傳》同。《荀子·宥坐》作「三尺之岸，而虛車不能登也」，楊倞註：「岸，崖也。」

（16）百仞之山，重載陟焉，何哉？陵遲故也

王肅注：陵遲，猶陂池也。

按：陵遲，本作「夌徲」，音轉又作「陵夷」〔註28〕。陂池，《文選·東征賦》李善注引作「陂陀」，《荀子·宥坐》楊倞註引作「陂陁」，《詩緝》卷7引作「陂陁」，宋·李樗、黃櫄《毛詩集解》卷9引作「坡陁」。「池」音徒何反，與「陀」同音〔註29〕。陟，登也。《韓詩外傳》卷3：「百仞之山，童子登遊焉，凌遲故也。」《說苑·政理》「登」作「升」，借字。《荀子·宥坐》：「百仞之山，任負車登焉，何則？陵遲故也……

〔註27〕參見蕭旭《說苑校補》、《敦煌寫卷S.1891〈孔子家語〉校補》，並收入《群書校補》，廣陵書社2011年版，第494、1262頁。
〔註28〕參見蕭旭《淮南子校補》，花木蘭文化出版社2014年版，第702～703頁。
〔註29〕參見蕭旭《王雲路〈中古漢語詞彙史〉補正》。

百仞之山，而豎子馮而遊焉，陵遲故也。」《御覽》卷 624 引「馮」作「升」。《廣雅》：「馮，登也。」

《王言解》第三

此篇與《大戴禮記·主言》略同，下引簡稱作《大戴》。

（1）曾子曰：「侍夫子之閒也難對，是以敢問。」

按：上句，《大戴》作「得夫子之間也難」。「侍」當作「待」，形之譌也。待，讀為得〔註30〕。寬永本上方校云：「『對』字衍。」姜本「對」改作「參」，屬下句。

（2）曾子肅然而懼，摳衣而退，負席而立

按：寬永本左旁校云：「《大戴禮》席作序，是也。」姜本「席」作「序」。負，背靠也。序，堂之東西牆。《儀禮·聘禮》：「公當楣，再拜。賓三退，負序。」是其證。慶長本注：「倚所坐之位，而起身聳立。」楊朝明注：「負席，背向席子。」皆非也。背向席子豈非仰臥著，有是理乎，不思之甚也。

（3）雖有國之良馬，不以其道服乘之，不可以道里

按：《治要》卷 10 引下二句作「不教服乘，不可以取道里」。今本脫「取」字，四庫本、范本、寬永本、宗智本不脫。《大戴》作「雖有國馬，不教不服，不可以取千里」。「不服」誤。寬永本、宗智本「里」作「理」，借字。

（4）故曰內修七教而上不勞，外行三至而財不費

按：《治要》卷 10 引同，《類聚》卷 69 引「上」誤作「士」，「費」誤作「匱」。

（5）上樂施則下益寬，上親賢則下擇友

按：寬，《治要》卷 10、《類說》卷 38 引同，《大戴》作「諒」，《長短經·適變》作「亮」。「寬」為「亮」形譌。亮、諒，並讀為良，善也。何孟春曰：「寬，寬裕。」非也。

〔註30〕參見蕭旭《古書虛詞旁釋》，廣陵書社 2007 年版，第 211 頁。

（6）上廉讓則下恥節

按：寬永本上方校引《增注》云：「『恥』當爲『知』，聲之誤也。」恥，《治要》卷 10 引作「知」，《長短經・適變》同。是唐人所見本作「知」也，作「恥」者涉上文而誤。《類說》卷 38 引作「有」，臆改。

（7）布諸天下四方而不怨，納諸尋常之室而不塞

按：寬永本上方校云：「怨，一本作『窕』。」怨，《大戴》作「窕」，是也。《淮南子・原道篇》：「處小而不逼，處大而不窕。」又《兵略篇》：「是故入小而不偪，處大而不窕。」又《俶真篇》：「處小隘而不塞，横局天地之間而不窕。」又《氾論篇》：「是以舒之天下而不窕，內之尋常而不塞。」又《人間篇》：「內之尋常而不塞，布之天下而不窕。」又《要略篇》：「故置之尋常而不塞，布之天下而不窕。」許慎注：「窕，緩也。布之天下，雖大不窕也。」《荀子・賦》：「曰：『此夫大而不塞者與？充盈大宇而不窕，入郤穴而不偪者與？』」《墨子・尚同下》：「是故大用之治天下而不窕，小用之治一國一家而不横者，若道之謂也。」横，充塞。又《尚賢中》：「大用之天下則不窕，小用之則不困。」諸書可相互參證。窕，寬緩、舒緩，許注是也。《廣雅》：「窕，寬也。」即本於許說。楊倞註：「窕讀爲窱，深貌也。」《先聖大訓》卷 3 注：「窕，遠也。」方向東曰：「窕當訓小義。」〔註31〕皆非是。孫志祖曰：「盧文弨曰：『怨當作恕，《大戴》「窕」非。』志祖案：《荀子・哀公篇》：『富有天下而無怨財。』楊倞註云：『怨，讀爲蘊。』《禮記》曰：『事大積焉而不苑。』古蘊、苑通，此因誤爲怨字耳。」二氏亦失之。

（8）等之以禮

按：《大戴》同。《左傳・昭公十三年》：「講禮於等。」孔疏：「講習上下之禮，在於等差。」王聘珍曰：「等，猶差也。」與孔說合。任銘善曰：「等謂齊等。」〔註32〕任說非是。

（9）行之以順

按：《大戴》同。順，讀爲愼。王聘珍曰：「順，循也，循其理也。」非是。

〔註31〕方向東《大戴禮記匯校集解》，中華書局 2008 年版，第 20 頁。
〔註32〕二說轉引自方向東《大戴禮記匯校集解》，中華書局 2008 年版，第 21 頁。下引王說同此。

（10）昔者明王之治民也〔有〕法，必裂地以封之，分屬以理之

按：《治要》卷 10 引「法」上有「有」字，今本脫之。「有法」屬上為句。
楊朝明誤以「法」屬下句。《大戴》作「昔者明主之治民有法，必別地
以州之，分屬而治之」。「別」當作「列」，字之誤也。「列」同「裂」。
《文子‧上禮》：「列地而州之，分國（職）而治之。」〔註33〕《淮南
子‧泰族篇》：「乃裂地而州之，分職而治之。」《廣雅》：「州，居也。」

（11）千步為井，三井而埒，埒三而矩

按：《大戴》作「千步而井，三井而句烈，三句烈而距」。寬永本、宗智本
「矩」誤作「雉」。

（12）乃為福積資求焉，恤行者有亡

按：福積資求，寬永本、宗智本作「福積資裘」，寬永本上方校云：「吳本、
錢本並作『稸積資聚』為是。」《大戴》作「乃為畜積衣裘焉，使處者
恤行者有興（與）亡」，「福」當作「稸」，《四部備要》本、姜本亦作
「稸」，同「畜」。資求，四庫本、范本作「資裘」，《備要》本、姜本
作「資聚」，並當校作「衣裘」。四庫本、范本、寬永本「有亡」上有
「之」字。有亡即有無，偏指無。言使居者蓄積衣物，以救恤行者之
缺乏。

（13）故曰：「無市而民不乏，無刑而民不亂。」

按：亂，《大戴》作「違」。

（14）田獵罩弋，非以盈宮室也；徵斂百姓，非以盈府庫也

　　　王肅注：罩，掩網。弋，繳射。

按：下「盈」字，《治要》卷 10 引作「充」。《大戴》作「畢弋田獵之得，
不以盈宮室也；徵斂於百姓，非以充府庫也」。「罩」當作「畢」，字
之誤也。罩弋，日本汲古書院影印鐮倉時代手寫本《治要》引作「畢
戈」，二字旁注「罩弋」，當作「畢弋」為是，「畢」同「罼」；刻本《治
要》引誤同今本。《呂氏春秋‧季春紀》：「田獵罼弋。」《禮記‧月令》
作「畢翳」。高誘註：「罼，掩網也。弋，繳射飛鳥也。」《御覽》卷

832 引蔡邕《月令章句》：「奄（掩）飛禽曰罼。」《淮南子・時則篇》：「田獵畢弋。」高誘註：「畢，掩網也。弋，繳射也。」《國語・齊語》：「田狩畢弋。」韋昭注：「畢，掩雉兔之網也。弋，繳射也。」《慧琳音義》卷 98 引《毛詩傳》：「罼，謂掩而羅之也。」又指出：「罼或作畢。」今《詩・大東》毛傳作「畢，所以掩兔也」。《說文繫傳》：「畢，有柄網，所以掩鳥。」諸說皆與王肅相同。「罩弋」僅此一見，「罼（畢）弋」則古書習見，則「罩」爲「罼」字之誤，斷無可疑。《漢語大字典》引本書此例，解「罩」爲捕魚竹籠〔註 34〕，楊朝明注照鈔。《大字典》引的另一例曹植《孟冬篇》：「絕網縱鱗鱉，弛罩出鳳雛。」出《宋書・樂志四》、《樂府詩集》卷 53，「罩」亦當爲「罼」形誤，趙幼文失校〔註 35〕。

（15）慘怛以補不足，禮節以損有餘

按：慘怛，四庫本作「懆怛」，寬永本、宗智本作「慘怛」，《治要》卷 10 引亦作「慘怛」，《大戴》作「慢怛」，《先聖大訓》卷 3 作「懮怛」。「慘」、「慢」並爲「懮」之誤，「怛」爲「怛」之誤。四庫本校云：「懮，各本皆訛作慢。考《楚辭・九章》曰：『傷余心之懮懮。』則懮字之義可見，今從楊本。」〔註 36〕

（16）其禮可守，其言可覆，其迹可履

按：禮，《肇論疏》卷 2 引作「化」。言，《治要》卷 10 引同，《大戴》誤作「信」。覆，《治要》引同，四庫本、范本、寬永本、宗智本作「復」，《肇論疏》卷 2 引作「復」，《大戴》同。覆、復，言踐約、守信。《論語・學而》：「有子曰：『信近於義，言可復也。』」何晏《集解》：「復，猶覆也。」朱熹《集註》：「復，踐言也。」《大戴禮記・曾子立事》：「言之，必思復之。」《左傳・僖公九年》：「荀叔曰：『吾與先君言矣，不可以貳，能欲復言而愛身乎？』」《國語・晉語二》作「吾言既往矣，

〔註 34〕《漢語大字典》（第二版），崇文書局、四川辭書出版社 2010 年版，第 3116 頁。

〔註 35〕趙幼文《曹植集校注》，人民文學出版社 1984 年版，第 337 頁。

〔註 36〕景印文淵閣《四庫全書》本《大戴禮記》，第 128 冊，臺灣商務印書館 1986 年初版，第 405 頁。

豈能欲行吾言而又愛吾身乎？」此「復」訓「行」之確證。

（17）如飢而食，如渴而飲

按：二句上《治要》卷 10 引有「其於信也如四時，其博有萬民也」13 字，
今本脫之。其上《大戴》有「其於信也如四時春秋冬夏，其博有萬民也」
17 字。

（18）如此則天下之民名譽興焉

按：四庫本、寬永本、宗智本「民」作「明」，慶長本無「民」字。寬永本
上方校云：「諸家本並無『明』字。」《治要》卷 10 引作「如此則天下
之明譽興」，《大戴》作「則天下之明譽興」。當作「如此則天下之名譽
興焉」，此本「民」字衍文。作「明譽興」者，借字。

（19）故曰：「所謂天下之至仁者，能合天下之至親也；所謂天下之至明者，能舉天下之至賢者也。」

按：寬永本上方校云：「吳本、錢本並『至賢』下無『者』字。」孫志祖于
「至親也」句下云：「按《大戴禮》此句下尚有『所謂天下之至知者，
能用天下之至和者也』二句，下文云『此三者咸通』，蓋今本《家語》
本脫。」其說是也，姜本亦據《大戴》補，《治要》卷 10 引正有「所謂
天下之至智者，能用天下之至和」二句，《長短經·適變》同。

（20）賢政者莫大乎官能

按：寬永本上方校云：「『賢』字衍。」姜本無「賢」字，《治要》卷 10 引
亦無「賢」字，《長短經·適變》同，今本涉上句而衍。《大戴》作「政
者莫大於官賢」。《長短經》「官能」誤倒作「能官」。

（21）有土之君

按：土，《治要》卷 10 引同，《大戴》亦同，《長短經·適變》誤作「德」。

（22）夫明王之所征，必道之所廢者也，是故誅其君而改其政，弔其民而不奪其財

按：改其政，《治要》卷 10 引同，《長短經·適變》亦同，寬永本、宗智本
作「攻其政」，寬永本上方校云：「攻，一本作『改』，是也。」今本《大

戴》誤作「致其征」，當據此文訂正，《書鈔》卷 113、《類聚》卷 59、《御覽》卷 303 引《大戴》正作「改其政」。弔，《類聚》引《大戴》作「率」。「弔」字是，《孟子·滕文公下》：「誅其君，弔其民，如時雨降，民大悅。」又《梁惠王下》同，皆其證也。《慎子內篇》：「明主之征也，誅其君〔而〕改其政，率（弔）其民而不奪其財也。」《御覽》卷 79 引《鬻子》：「黃帝年十歲，知神農之非而改其政。」《左傳·定公六年》：「於是乎遷郢於都，而改紀其政，以定楚國。」《書·咸有一德》：「以有九有之師，爰革夏正。」孔傳：「爰，於也。於得九有之眾，遂伐夏，勝之，改其正。」「正」讀爲政，革夏政，亦即改其政也。是「改其政」固爲先秦古語也。俞樾校《大戴》，以文氣不順，因移「致其征」於「誅其君」上，以《家語》爲王肅僞造，不可據〔註37〕。俞氏失考，又妄改古書也。

（23）故明王之政，猶時雨之降，降至則民悅矣

按：寬永本上方校云：「下『降』字衍。」孫志祖曰：「『政』當從《大戴》作『征』。」其說是也。《治要》卷 10 引「政」作「征」，「至」前無「降」字，《長短經·適變》同。政，讀爲征，《御覽》卷 303、《記纂淵海》卷 80 引亦作「征」。「降」字衍文。《慎子內篇》：「明主之征也，猶時雨也，至則民悅矣。」

（24）是故行施彌博，得親彌眾

按：施，《御覽》卷 303 引誤作「地」。

《大婚解》第四

此篇與《禮記·哀公問》、《大戴禮記·哀公問於孔子》略同，下引分別簡稱作《禮記》、《大戴》。

（1）君及此言也，百姓之惠也

按：惠，《禮記》、《大戴》作「德」。本書《入官》：「故德者，政之始也。」《大戴·子張問入官》作「惠」。《玉篇》：「德，惠也。」

〔註37〕俞樾《群經平議·大戴禮記一》，收入王先謙《清經解續編》卷 1378，上海書店 1988 年版，第 5 冊，第 1123 頁。

（2）夫婦別，男女親，君臣信

按：寬永本上方校云：「《禮記》、《大戴禮》『男女』作『父子』，『信』作
『嚴』。『男女』嘗（當）作『父子』。」男女，何本作「父子」，《治
要》卷 10 引同，是也。慶長本注：「男女能相親。」據誤本而說也。
《廣雅》：「信，敬也。」《廣韻》：「信，重也。」《玉篇》：「嚴，敬也。」
下文「愛與敬，其政之本與」，正可發明此文。戴震、孔廣森、汪照
校《大戴》，並據《永樂大典》本改「嚴」作「義」〔註38〕，亦有據。
郭店楚簡《六德》：「男女卞（別）生言（焉），父子親生言（焉），君
臣宜（義）生言（焉）。」〔註39〕

（3）三者正，則庶物從之

按：庶物，《禮記》同，《大戴》作「庶民」。「物」指人而言。鄭玄注：「庶
物，猶眾事也。」非也。

（4）古之政，愛人為大，所以治愛人

按：「政」上，何本、寬永本、宗智本、慶長本有「為」字，《禮記》、《大戴》
同，今本脫之。

（5）寡人雖無能也

按：能，《禮記》、《大戴》作「似」。鄭玄注：「無似，猶言不肖。」何本音
誤作「無事」。

（6）冕而親迎，親迎者，敬之也

按：「冕而親迎」上，何本、陳本、寬永本、宗智本、慶長本有「大婚既至」
四字，《禮記》、《大戴》有「大昏（婚）既至」四字，承上句「大婚至
矣」而言，今本脫之。楊朝明《通解》不知訂補，導致其上文一大段的
標點全誤。或譽其書為「里程碑」云云，无乃諛甚乎？下二句，陳本作
「親迎者，敬之至也」，今本脫「至」字。何本作「親迎也者，親之也。
親之也者，敬之至也」，亦有「至」字。《禮記》、《大戴》作「親之也，
親之也者，親之也」，皆誤。

〔註38〕諸說並轉引自方向東《大戴禮記匯校集解》，中華書局 2008 年版，第 77～78
　　　頁。
〔註39〕劉釗《郭店楚簡校釋》，福建人民出版社 2005 年版，第 109 頁。

（7）內以治宗廟之禮，足以配天地之神；出以治直言之禮，以立上
下之敬

按：「以立」上脫「足」字，當據范本、姜本、四庫本、寬永本、宗智本、《治
要》卷10引補，《禮記》、《大戴》亦有「足」字。

（8）妃以及妃

按：《禮記》同，《大戴》作「配以及配」。妃、配，古通用。

（9）君以修此三者，則大化憢乎天下矣

王肅注：氣（憢），滿也。

按：寬永本、宗智本「君以修」作「君能修」，注「氣」作「憢」。《治要》
卷10引作「君修」，《禮記》作「君行」，《大戴》作「君子行」。「子」
字衍文，或「之」之誤。修，亦行也。鄭玄注：「憢，猶至也。」何
孟春注：「憢，猶暨也。」與王肅注並通。憢訓滿者，字亦作餼，《方
言》卷12：「餼，飽也。」段玉裁、戴禮並申鄭注，謂「憢」借爲迄、
訖，皆是也，字亦作暨，或省作既。方向東從謝貴安說，讀憢爲餼，
訓爲主〔註40〕，非也。謝氏引《儀禮・聘禮》「餼二牢」鄭注「餼，
主也」作證，檢鄭注實作「餼，生也」，推謝氏之誤，乃轉引《經籍
籑詁》〔註41〕，而不一檢原書。「餼」指生的牲畜，即活的牲畜，無
「主」訓。謝氏之說無根。《先聖大訓》卷1注：「憢，太息也，天下
歎服之矣。」《黃氏日抄》卷24：「憢乎天下，言天下嗟嘆之。」《禮
記集說》卷118引山陰陸氏說同黃震。《欽定禮記義疏》卷63：「憢字
從心從氣，有志氣充足無閒意。」方苞《禮記析疑》卷28：「憢言其
氣之感通震動也。」皆失之。

（10）君子過言則民作辭，過行則民作則

按：「行」當作「動」，下文「言不過辭，動不過則」，即承此而言，范本、《治
要》卷10並作「過動」，《禮記》、《大戴》同。

〔註40〕諸説並轉引自方向東《大戴禮記匯校集解》，中華書局2008年版，第86～87
頁。
〔註41〕阮元《經籍籑詁》，成都古籍出版社1982年影印，第678頁。

（11）愛政而不能愛人，則不能成其身

按：寬永本上方校云：「成，一本作『有』。或曰：『身』恐『親』譌。」愛政，當據姜本、寬永本、宗智本校作「爲政」，《治要》卷 10、《先聖大訓》卷 1 同。《大戴》作「古人爲政，愛人爲大，不能愛人，不有其身」，《禮記》「古人」作「古之」，餘同。

（12）不能安其土，則不能樂天

按：二句下，四庫本、寬永本、宗智本有「不能樂天，則不能成其身」10 字，《治要》卷 10 引有「不能樂天，則不能成身」9 字，《大戴》有「不能樂天，不能成身」8 字，《禮記》有「不能樂天，不能成其身」9 字。今本脫之。

（13）孔子對曰：「夫其行己不過乎物，謂之成身。不過乎，合天道也。」

按：「不過乎」下當據同文書局影宋鈔本、寬永本、宗智本補「物」字，《治要》卷 10 引亦有。

（14）公曰：「寡人且愚冥，幸煩子之於心

王肅注：愚冥，言惷愚冥暗也。幸煩子之於心，欲煩孔子議識其心所能行也。

按：《禮記》作「寡人惷愚冥煩，子志之心也」，鄭玄注：「志，讀爲識。識，知也。冥煩者，言不能明理，此事子之心所知也，欲其要言，使易行。」《釋文》：「惷，始容反，徐昌容反，又湯邦反，一音丁絳反，《字林》丑凶反，又日絳反，愚也。」據《釋文》所列六音，「春」當作「惷」，字之譌也。《大戴》作「寡人惷愚冥煩，子識之心也」，「惷」字不誤。此文「且」疑爲「粗」脫誤，「煩」誤置於下，又脫「志」或「識」字，王肅注云云，是所見本「志（識）」尚未脫，而「煩」字已誤倒矣。冥煩，音轉又作「民煩」、「泯棼」，《國語·楚語上》：「若民煩，可教訓。」韋昭注：「煩，亂也。」王念孫曰：「民讀爲泯，泯、煩皆亂也。『泯棼』與『民煩』聲近而義同……『冥煩』與『民煩』聲義亦相近。」〔註 42〕王說是也，而猶未盡。本字爲怋，字或作惽、

〔註 42〕王引之《經義述聞》卷 21，江蘇古籍出版社 1985 年版，第 514 頁。

渭、眠〔註43〕。王樹枏謂「煩」當據本書屬下句，刪「愚」字〔註44〕，
斯爲傎矣，以未達「冥煩」之誼也。

《儒行解》第五

此篇與《禮記·儒行》略同，下引簡稱作《禮記》。

（1）儒有居處齊難

王肅注：齊莊可畏難也。

按：《禮記》同，王肅用鄭玄注。《御覽》卷 26 引《禮記》「齊難」作「齊莊」，
涉注而誤。

（2）其起坐恭敬，言必誠信，行必忠正

按：忠，讀爲中，劉本作「中」，《禮記》作「言必先信，行必中正」。《御
覽》卷 26 引《禮記》作「言必誠信，行必篤敬」，蓋臆改，非其舊也。
《易·坤》《集解》引干寶曰：「言必忠信，行必篤敬。」

（3）儒有不寶金玉，而忠信以為寶；不祈土地，而仁義以為土地

按：仁，何本作「立」，《禮記》同，當據此訂正。《書鈔》卷 96、《白帖》
卷 26、《御覽》卷 471 引《禮記》已誤作「立」。

（4）儒有委之以財貨而不貪，淹之以樂好而不淫

按：《禮記》：「儒有委之以貨財，淹之以樂好。」鄭玄注：「淹，謂浸漬之。」
淹爲㥯（憸），謂快其心而愛欲之也。《方言》卷 1：「㥯，愛也，晉、
衛曰㥯。」《玉篇》：「㥯，甘心也。憸，同上。」《廣韻》：「憸，快也，
亦作㥯。」又「㥯，甘心。」

（5）劫之以眾而不懼，阻之以兵而不懾

王肅注：阻，難也，以兵爲之難。

<hr>

〔註43〕 參見蕭旭《國語校補》，收入《群書校補》，廣陵書社 2011 年版，第 183 頁。
又參見蕭旭《〈大戴禮記〉拾詁》，《澳門文獻信息學刊》第 5 期，2011 年 10
月出版，第 113 頁。

〔註44〕 王樹枏《校正孔氏〈大戴禮記補注〉》卷 1，收入《叢書集成新編》第 34 冊，
新文豐出版公司 1985 年印行，第 554 頁。

按：阻，四庫本、范本作「沮」，《禮記》同。鄭玄注：「沮，謂恐怖之也。」
孔疏：「俗本沮或爲阻字，謂阻難之事。」鄭說義長。懾，范本作「攝」，
借字。

（6）往者不悔，來者不豫

按：《禮記》同。《大戴禮記‧曾子立事》：「來者不豫，往者不慎也。」慎，
憂思也，一本作「嗔」，非是〔註45〕。

（7）其居處不過，其飲食不溽

按：過，何本作「淫」，《禮記》同。鄭玄注：「淫，謂傾邪也。恣滋味爲
溽，溽之言欲也。」孔疏：「溽之言欲也，即濃厚也。」淫亦過份之
義也，鄭注訓傾邪，引申之義也。鄭注溽之言欲者，以聲爲訓也。孔
氏訓爲濃厚者，讀爲蓐。《方言》卷12：「蓐，厚也。」

（8）若不逢世，上所不受，下所不推

按：《禮記》作「適弗逢世，上弗援，下弗推」。適，猶若也，如也。「受」
爲「援」脫而誤，姜本、劉本正作「援」（劉本上「所」字誤作「於」）。
鄭玄注：「援，引也。」與「推」對舉成義。

（9）詭諂之民有比黨而危之，身可危也，其志不可奪也

按：寬永本上方校云：「詭，一本作『讒』。」《禮記》作「讒」，「詭」爲形
近而誤。

（10）默而翹之

按：默，《禮記》作「䡅」。鄭玄注：「䡅，猶疏也，微也。」

（11）同己不與，異己不非

按：與，《禮記》同，當讀爲譽，與「非」對舉成義。

（12）儒有不隕穫於貧賤，不充詘於富貴

王肅注：隕穫，憂悶不安之貌。充詘，踊躍參擾之貌。

〔註45〕參見王聘珍、王樹枏說。王聘珍《大戴禮記解詁》，中華書局 1983 年版，第
72 頁。王樹枏《校正孔氏〈大戴禮記補注〉》卷 4，收入《叢書集成新編》第
34 冊，新文豐出版公司 1985 年印行，第 576 頁。

按：《禮記》同，鄭玄注：「隕穫，困迫失志之貌也。充詘，歡喜失節之貌。充，或爲統。」（a）注文「參擾」不辭，「參」當爲「桑」之譌，「桑」爲「躁」或「懆」之省文。「躁擾」爲習語。（b）「充詘」或作「充倔」，《楚辭·九辯》：「蹇充倔而無端兮，泊莽莽而無垠。」洪興祖《補注》、朱熹《集注》皆以爲「充倔」即《禮記》「充詘」，《說郛》卷11龔公《芥隱筆記》引作「充詘」。字亦作「充屈」，《文選·長笛賦》：「充屈鬱律，瞋菌碨柍。」李善注：「皆衆聲鬱積競出之貌。」魏·嵇康《答難養生論》：「故得志者，非軒冕也；有至樂者，非充屈也。」《類聚》卷4晉·孫綽《三日蘭亭詩序》：「故振轡於朝市，則充屈之心生；閒步於林野，則遼落之志興。」《記纂淵海》卷54、《會稽志》卷20引作「充詘」。字亦作「充謳」、「充掘」，《法苑珠林》卷84引《六度篇》：「不充謳於富貴，不隕穫於貧賤。」宋、元本作「充掘」，《諸經要集》卷10引作「充屈」。字亦作「祝裾」，《方言》卷4：「襜褕，自關而西謂之襜褕，其短者謂之裋褕。以布而無緣，敝而紩之，謂之襤褸，自關而西謂之祝裾。」又「自關而西，秦晉之閒，無緣之衣謂之祝裾。」《玉篇》：「裾，祝裾也。祝，襌衣也。」《廣韻》：「祝，祝〔裾〕，襌衣也。」〔註46〕又「裾，衣短。」「充詘」同義連文，可單言「充」，《禮記·檀弓上》：「始死，充充如有窮。」孔疏：「言親始死，孝子匍匐而哭之，心形充屈如急行，道極無所，復去，窮急之容也。」亦可單言「詘」，《禮記·祭義》：「孝子之祭可知也，其立之也敬以詘，其進之也敬以愉。」鄭玄注：「詘，充詘，形容喜貌也。」其語源是「隆屈」，圓而短也。故《楚辭》以「無端」形容「充倔」。形體之短爲充詘、充倔、充屈，衣之短爲祝裾，其義一也。「充詘」又爲鬱積競出之貌，又爲踴躍躁擾之貌、歡喜失節之貌，皆一義之引申。（c）《玉篇殘卷》「瀖」字條引《禮記》作「隕瀖」，《禮記釋文》本作「隕獲」。《集韻》：「獲，隕獲，困迫失志皃，通作穫。」隕，讀爲貦、惀。《說文》：「貦，物數紛貦亂也。」又「惀，憂貌。」《玉篇》：「惀，憂也。」《廣韻》：「貦，亂也。」《說文繫傳》：「貦，即今紛紜字。《禮記》曰『不隕穫於貧賤』，當作此貦，假借隕字。」心亂之專字從心作「惀」也。

〔註46〕「裾」字據趙少咸《廣韻疏證》說補，巴蜀書社2010年版，第74頁。

胡吉宣曰：「隕與憒通，憒爲憂者，憂心紛紜動亂也。」〔註47〕俗字亦作忳、愩，或借惲爲之，《廣韻》引《埤蒼》：「忳，心悶也。」《玄應音義》卷 20 引《通俗文》：「心亂曰忳。」〔註48〕《慧琳音義》卷 43 引《通俗文》作「惲」。《集韻》：「忳、愩：心悶也，或從亹。」字亦作傆，《玉篇》：「傆，優也。」「優」爲「懮」形譌，同「憂」。《龍龕手鑑》：「傆，憂也，與憒同。」目眩暈爲眃，水轉流爲沄，云轉起爲霣，耳中聲爲眃，語不定爲訙，肯同源也。《文選·洞簫賦》：「哀悁悁之可懷分，良醰醰而有味。」《初學記》卷 16 引同，《書鈔》卷 111 引作「憒憒」。李善注：「《毛詩》曰：『中心悁悁。』《說文》曰：『憂煩悁悒，憂貌。』《字林》曰：『悁，含怒也。』」考《說文》：「忿，悁也。」又「悁，忿也。一曰：悁邑，憂也。」李善取別義。疑許氏誤以「憒」義爲「悁」之別義，此文當從《書鈔》作「憒」。「憒」訓憂亂，「悁」訓忿恚，二字音義迥別。《文選·思玄賦》：「悲離居之勞心分，情悁悁而思歸。魂眷眷而屢顧分，馬倚輈而徘徊。」「悁悁」亦「憒憒」之誤。獲、穫，並讀爲矆、曤。《說文》：「矆，大視也。」《繫傳》云：「驚視也。」《玉篇》：「曤，大視。」字或作懗、懼，《玄應音義》卷 11 引《蒼頡篇》：「懗，驚也。」《廣雅》、《玉篇》同。蔣斧印本《唐韻殘卷》：「懗，心動兒。」《廣韻》：「懗，心動。」《集韻》：「懗，驚也，憂也。」又「懼，驚也，一曰遽視，或作懗。」字或省作懅，《集韻》：「懅，恐懼兒。」字亦作嬳，《廣韻》：「嬳，恐嬳。」《法苑珠林》卷 84 引《六度篇》：「不充詘於富貴，不隕穫於貧賤。」明本作「隕懅」，《音釋》：「隕，墜也。懅，心動也。」所釋「隕」非是。唐·蘇拯《經鶴臺》：「一旦敵兵來，萬民同隕獲。」宋·陳言《三因極一病証方論》卷 10：「治因驚心氣不行，鬱而生涎，涎結爲飲，遂爲大疾，忪悸憒懅，不自勝持。」又卷 13：「眩暈嘈雜，忪悸憒懅。」「隕穫（獲、獲）」同「憒懅」，猶言憂恐、憂懼。《禮記集說》卷 148 引晏氏曰：「隕如籜之隕而飄零，穫如禾之穫而枯槁。」葉采曰：「隕穫，猶顛隮也。」江永曰：「隕穫，謂爲窮厄所壓而顛墜消落。」〔註49〕朱起鳳曰：「隕

〔註47〕胡吉宣《玉篇校釋》，上海古籍出版社 1989 年版，第 1684 頁。
〔註48〕磧砂大藏經本「忳」誤作「忙」。
〔註49〕葉采《近思錄集解》卷 7，江永《近思錄集註》卷 7，並收入景印文淵閣《四

穢即失墜之意。」〔註50〕皆望文生義也。

（13）不溷君王，不累長上，不閔有司

王肅注：溷，辱。閔，疾。

按：溷，范本作「愍」，《禮記》同。鄭玄注：「愍，猶辱也。累，猶繫也。閔，病也。閔，或爲文。」《金樓子・立言篇上》「溷」作「畏」，「閔」作「聞」。「聞」爲音誤字。

《問禮》第六

此篇與《禮記・哀公問》、《禮記・禮運》、《大戴禮記・哀公問於孔子》略同，以下引文《禮記》但稱其篇名，後者簡稱作《大戴》。

（1）子之言禮，何其尊也

按：「子」上當據何本補「君」字，《大戴》、《哀公問》亦有「君」字。《治要》卷10引已脫。

（2）非禮則無以別男女、父子、兄弟、婚姻、親族、疏數之交焉

按：「兄弟」下當據《大戴》、《哀公問》補「之親」二字。《治要》卷10引已脫。

（3）然後以其所能教順百姓

按：順，《大戴》、《哀公問》無此字，《治要》卷10引作「示」。順，讀爲訓。「示」蓋「順」脫誤。

（4）以別尊卑上下之等

按：等，猶差也。《哀公問》作「以爲尊卑之差」，是其證。

（5）今之君子，好利無厭，淫行不倦

按：利，《治要》卷10引同，《哀公問》作「實」，《大戴》作「色」，《孔子編年》卷5作「樂」。鄭玄注：「實，猶富也。」行，二戴並作「德」。

庫全書》第699冊，臺灣商務印書館1986年初版，第76、442頁。

〔註50〕朱起鳳《辭通》，上海古籍出版社1982年版，第2531頁。

（6）求得當欲，不以其所；虐殺刑誅，不以其治

按：治，《治要》卷 10 引作「理」。

（7）燔黍擘豚

王肅注：古未有釜甑，釋米，擘肉，加於燒石之上而食之。

按：擘，《禮運》作「捭」。《釋文》：「捭，注作擘，又作擘，皆同。」王念
孫曰：「捭者焷之借字，焷與燔一聲之轉，皆謂加於火上也。」〔註51〕
《鹽鐵論·散不足》：「古者，燔黍食稗，而焷豚以相饗。」《書鈔》卷
142、《御覽》卷 849 引作「捭豚」。焷亦讀為焷〔註52〕。楊朝明注：「擘，
剖，分開。」未能參考清人成果也。

（8）汙尊杯飲

王肅注：鑿地為尊，以手飲之也。

按：杯，當據各本作「抔」，《禮運》同。寬永本、宗智本誤作「坏」。鄭玄
注：「抔飲，手掬之也。」《釋文》：「汙，烏華反，一音作烏。」污，讀
為窊，字或作污、窊、圩、洼、窪、窪、窔、瀀，俗字作凹〔註53〕。《東
觀餘論》卷上作「窊尊抔飲」。《路史》卷 12：「窊尊曰飲。」

（9）蕢桴土鼓

按：《禮運》同，寬永本、宗智本「桴」作「抒」。鄭玄注：「蕢，讀為凷，
聲之誤也。凷，塊也，謂搏土為桴也。」孔疏：「蕢讀為凷者，以經中
蕢字乃是草名，不可為桴。桴與土鼓相連，凷是土之流類，故讀為凷。
凷，塊也。」《禮記·明堂位》：「土鼓蕢桴。」鄭玄注：「蕢，當為凷，
聲之誤也。」朱駿聲曰：「蕢，叚借為塊。」〔註54〕《通典》卷 44 引《明
堂位》作「凷桴」。《鹽鐵論·散不足》：「古者土鼓凷枹，擊木拊石，以
盡其歡。」《類聚》卷 74 後漢·邊孝先《塞賦》：「土鼓塊枹，空桑之瑟。」
《路史》卷 12：「塊桴土鼓。」是東漢以來，皆以「蕢」為「塊（凷）」

〔註51〕 王念孫《廣雅疏證》，收入徐復主編《廣雅詁林》，江蘇古籍出版社 1992 年版，
第 621 頁。說又見王引之《經義述聞》卷 15，江蘇古籍出版社 1985 年版，第
349 頁。
〔註52〕 參見蕭旭《鹽鐵論校補》。
〔註53〕 參見蕭旭《淮南子校補》，花木蘭文化出版社 2014 年版，第 539～541 頁。
〔註54〕 朱駿聲《說文通訓定聲》，武漢市古籍書店 1983 年版，第 596 頁。

之借字，並無異說。此自是漢人舊說。宋・陳祥道《禮書》卷 121：「蕢
桴，蕢或作蒯，蓋結草以爲桴也。鄭氏改蕢爲凷，其說非也。」宋・黃
震《黃氏日抄》卷 18《讀禮記》：「蕢，草也。蕢桴，謂以草爲桴。」
自宋人創爲此說，而清人從之。江永曰：「廬陵胡氏曰：『蕢，草也，以
草爲桴。鄭以蕢爲凷，非也。若云聲誤，不應《明堂位》又誤。按胡氏
說是，疑蕢與蒯通，蒯莖似菅，可爲桴。」〔註55〕《欽定禮記義疏》卷
30 引彭廉夫曰：「蕢，與蒯同。桴，鼓槌也。以蒯杖爲槌而擊土鼓。」
江永、彭廉夫又進而指出是「蒯草」，其說非也。鄭玄非不知「蕢」、「蒯」
相通，孔氏非不知「蕢」本是草名也。《周禮・春官・宗伯》鄭玄注引
《明堂位》作「土鼓蒯桴」，正作「蒯」字。鄭注的「蒯」，亦「塊（凷）」
之借字，合《禮記》鄭注同觀，自可知之。《集韻》：「塊，土也，或作
墤、凷，通作蕢。」又「凷，《說文》：『墣也。』或作塊、蕢、蒯。」
皆是其證。楊朝明注：「蕢桴，束枲草莖做鼓槌。蕢，植物名。《爾雅》：
『蕢，赤莧。』」赤莧即今紅莧菜，其莖細長，安可擊鼓？是其說又倒
退過清人矣。

（10）然後飲腥苴孰

按：飲，當據范本、四庫本作「飯」，《禮運》同。寬永本上方校云：「飲，
一作『飯』。」苴，姜本作「俎」，下文亦作「俎」。鄭玄注：「飯以稻
米，上古未有火化。苴孰，取遣奠有火利也。苴，或爲俎。」飯腥，
言未有火化食腥物也。

（11）是謂承天之祐

按：祐，當從一本作「祜」，《禮運》同。鄭玄注：「祜，福也。」

《五儀解》第七

（1）章甫絇履

王肅注：絇履，履頭有鉤飾也。

按：絇履，何本、范本作「絇屨」，寬永本、宗智本作「絇衢履」，寬永本
上方校云：「『衢』字衍。」《大戴禮記・哀公問五儀》作「句屨」，《荀

〔註55〕江永《禮記訓義擇言》卷 4，收入《叢書集成初編》第 1021 冊，中華書局 1985
年影印，第 63 頁。

子‧哀公》作「絢屨」。楊倞註用王肅說，當即此處注文；又引鄭康成曰：「絢之言拘也，以爲行戒，狀如刀衣鼻，在屨頭。」鄭說見《儀禮‧士冠禮》「黑屨青絢」注。《周禮‧天官‧屨人》：「青句素屨。」鄭玄注：「句當爲絢，聲之誤也。……絢謂之拘，著爲屨之頭，以爲行戒。」其說亦同。《漢書‧王莽傳》：「受……句履。」孟康曰：「今齊祀履爲頭飾也，出履二寸。」顏師古曰：「其形岐頭，句音巨俱反。」韋昭曰：「句，履頭飾，形如刀鼻，音劬，《禮記》作絢，亦是。」鄭說「絢之言拘」，非也。考《莊子‧田子方》：「儒者冠圓冠者知天時，履句屨者知地形。」林希逸本作「方屨」，褚伯秀本作「方履」，《御覽》卷 697 引亦作「方屨」。《弘明集》卷 12 齊‧釋道盛《啓齊武皇帝論檢試僧事》：「學天文者則戴圓冠，學地理者則履方履。」《辯正論》卷 6：「戴圓冠無玄象之鑒，履方屨闕地理之明。」是其所據本《莊子》亦作「方屨（履）」也。《莊子釋文》：「圓，音圓。句，音矩，徐其俱反，李云：『方也。』」成玄英疏：「句，方也。夫天員地方，服以象德。故戴圓冠以象天者，則知三象之吉凶；履方屨以法地者，則知九州之水陸。」《淮南子‧本經篇》：「戴圓履方。」《御覽》卷 697 引《賈子》：「天子黑方履，諸侯素方履，大夫素圓履。」李頤、成玄英句訓方，最得其誼。句、絢，並讀爲矩，方也。方履、絢（句）履，言履頭有矩形之飾也。古人認爲天圓地方，故爲圓冠、方履以象法之。《後漢書‧輿服志》引《記》：「知天者冠述（鷸），知地者履絇。」亦其證。屨頭矩形之飾的專字即作「絇」，亦作「厒」，《玉篇》：「厒，履頭飾也，或爲絇。」又作「帾」，見《集韻》。俗字又作「屩」，《龍龕手鑑》：「屩，音劬，履頭上節也。」《晏子春秋‧內篇諫下》：「景公爲履，黃金之綦，飾以銀，連以珠，良玉之絇，其長尺。」《類聚》卷 84 引作「句」，《書鈔》卷 136 引作「鉤」，亦並讀爲矩，言履頭有玉製的矩形飾物也；《御覽》卷 697 引誤作「約」。孫星衍引《說文》「絇，纑繩約也，讀若鳩」以說之，吳則虞解爲染絲編織而成〔註56〕，皆非是。《論衡‧謝短》：「服革（鞶）於腰，佩刀於右，舞（帶）劍於左，何人備？著鉤於履，冠在於首，何象？」「鉤」亦讀爲矩。冠、履本象法天地，「著鉤於履，冠在於首」正與上引《莊子》及《記》相合，而王充故爲問之。孫詒

〔註56〕二說並見吳則虞《晏子春秋集釋》，中華書局 1962 年版，第 125～126 頁。

讓曰：「鉤當爲絇。」得其義矣。黃暉曰：「著絇於履，義無所象，是此句失其次也。原文當作：『服鞶於腰，著絇于履，何備？佩刀于右，帶劍于左，冠在於首，何象？』服鞶，著絇，故以『何備』詰之。備，戒也。《春秋繁露・服制像篇》曰：『劍之在左，蒼龍之象也；刀之在右，白虎之象也；戟之在前，朱雀之象也；冠之在首，玄武之象也，四者人之盛飾也。』故於佩刀、帶劍、著冠以『何象』詰之。今本『何人備，著鉤於履』七字誤奪入此，遂使文不可通矣。」〔註57〕黃氏未達其誼，而倒乙其文，殊失古書之舊，所引《董子》，亦未切。信陽楚簡 2-02 簡《遣策》：「一兩詯縷（履）。」劉雨、劉信芳讀詯爲短〔註58〕；湯余惠讀詯爲繪，解爲「一種精美的細布」〔註59〕；郭若愚讀詯縷爲耗柳，解爲「一對魚網狀的柳衣」〔註60〕。望山二號墓 57 簡《遣策》：「一紅緅之侸縷。」劉信芳讀侸爲短。疑「詯（侸）縷」亦當讀爲「絇履」、「句履」。

（2）雖不能盡道術之本，必有率也

王肅注：率，猶行也。

按：注「行」，《治要》卷 10、《長短經・品目》引作「述」。《荀子・哀公》楊倞註：「率，循也。」述亦循也，今本誤作「行」。

（3）所謂庸人者，心不存慎終之規，口不吐訓格之言，不擇賢以託其身，不力行以自定。見小闇大，而不知所務；從物如流，不知其所執

王肅注：格，法。

按：格，《治要》卷 10、《長短經・品目》引同。考《治要》卷 48 引杜恕《體論》：「小人則不然，心不在乎道義之經，口不吐乎訓誥之言，不擇賢以託身，不力行以自定，隨轉如流，不知所執。」當出此文。杜

〔註57〕黃暉《論衡校釋》，中華書局 1990 年版，第 575～576 頁。

〔註58〕劉雨《信陽楚簡釋文與考釋》，收入《信陽楚墓》，中國田野考古報告集考古學專刊，丁種第三十號，文物出版社 1986 年版，第 128 頁。劉信芳《楚簡帛通假彙釋》，高等教育出版社 2011 年版，第 150 頁，下引同此。

〔註59〕湯余惠《戰國銘文選》，吉林大學出版社 1993 年版，第 139 頁。

〔註60〕郭若愚《信陽長臺關楚墓遣策文字考釋》，收入《戰國楚簡文字編》，上海書畫出版社 1994 年版，第 66 頁。

恕晉人，其所見本作「訓誥」，唐代已誤作「訓格」矣。

（4）是故知不務多，必審其所知；言不務多，必審其所謂；行不務多，必審其所由

按：三「必」字，何本作「務」，《治要》卷10、《長短經・品目》引同，《荀子・哀公》亦同。《治要》卷48引杜恕《體論》：「智不務多，務行其所知；行不務多，務審其所由。」當出此文。

（5）智既知之，言既道之

王肅注：得其要也。

按：寬永本上方校云：「『智』當作『知』。」道，《治要》卷10、《長短經・品目》引作「得」，蓋涉注文而誤；《荀子・哀公》作「謂」。

（6）所謂君子者，言必忠信而心不怨

王肅注：怨，咎。

按：怨，《治要》卷10引同，引注作「忍，怨害也」；《長短經・品目》引作「忌」，引注作「忌，怨害也」；《荀子・哀公》作「德」。

（7）富則天下無宛財，施則天下不病貧

王肅注：宛，積也。古字亦或作此，故或誤，不着草矣。

按：寬永本上方校語引《增注》：「『宛』當作『菀』，音鬱。」慶長本上方校云：「宛，音菀。」何孟春注：「宛，音菀，蘊蓄也。」《四庫全書考證》卷48：「古菀字亦或作此，刊本脫菀字，今增。」〔註61〕姜兆錫注：「宛，『菀』同，積也。」宛，《治要》卷10引同，注存「宛，積也」三字。《長短經・品目》引作「菀」，引注作「菀，積」。《荀子・哀公》作「怨」。宛、菀、怨，並讀爲蘊。楊倞註：「怨，讀爲蘊。言雖富有天下，而無蘊畜私財也。《家語》作『無宛』。《禮記》曰：『事大積焉而不宛。』古蘊通，而此因誤爲怨字耳。」今《禮記・禮運》作「苑」，亦借字。

〔註61〕《四庫全書考證》卷48，景印文淵閣《四庫全書》第1499冊，臺灣商務印書館1986年初版，第2頁。

（8）覩者不識其鄰

　　　王肅注：鄰，以喻界畔也。

　按：鄰，《治要》卷 10 引作「隣」，引注作「隣，以喻畔界也」。楊倞註：「鄰，近也。」姜兆錫注：「鄰，匹也。」依王說，鄰、隣，正、俗字，並讀爲甐，字亦作甐，《玉篇》：「甐，隴也。」《廣韻》：「甐，田壠。」又「甐，菜畦。」《集韻》：「甐，蔬畦曰甐，或作甐。」

（9）仰視榱桷，俯察机筵

　按：机筵，《治要》卷 10 引作「机筵」。《荀子・哀公》作「仰視榱棟，俛見几筵」，《新序・雜事四》作「仰見榱棟，俯見几筵」，《御覽》卷 459 引《荀子》作「仰見榱棟，俯察机筵」。「筵」爲「筵」形誤。

（10）日出聽政，至于中冥

　　　王肅注：中，日中。冥，晹中。

　按：寬永本注作「冥，晹也」。冥，《治要》卷 10 引作「昃」，注作「昃，日晹也」。「冥」爲「昃」形誤，「晹」爲「晹」形誤。《荀子・哀公》、《新序・雜事四》並作「昃」。

（11）無取捷捷……捷捷，貪也

　　　王肅注：「捷捷而不已食，所以爲貪也。」

　按：《荀子・哀公》：「無取健……健，貪也。」《韓詩外傳》卷 4：「無取健……健，驕也。」《說苑・尊賢》：「無取健者……健者必欲兼人，不可以爲法也。」楊倞註：「健，健羨之人。健羨之人多貪欲。」此文「捷捷」不當重，「捷」、「健」義同。楊倞註引《說苑》二「健」字並作「捷」。《廣雅》：「捷，健也。」《慧琳音義》卷 1 引《集訓》：「健，勁健也。」又引《韻英》云：「捷，健也。」又卷 54 引《方言》：「捷亦健也。」

（12）無取鉗鉗……鉗鉗，亂也

　　　王肅注：鉗鉗，妄對，不謹誠。

　按：《荀子・哀公》：「無取鉗……鉗，亂也。」《韓詩外傳》卷 4：「無取佞……佞，諂也。」《說苑・尊賢》：「毋取拑者……拑者大給利，不可盡用。」楊倞註：「鉗，未詳。《家語》作『無取鉗』，王肅云：『謂

妄對，不謹誠者。』或曰捷給鉗人之口者。鉗忌之人多悖亂。」劉師培曰：「楊註云云。郝懿行曰：『《說苑》作拑，是也。拑訓脅持，《家語》作鉗，亦假借字。《韓詩外傳》作佞。』案《解蔽篇》云：『彊鉗而利口。』王念孫據《方言》、《廣雅》訓鉗爲惡，其說甚確。此鉗字亦與彼同，無取拑者即無取殘惡之人也，故下文以拑爲亂。」〔註62〕關嘉曰：「拑，謂拑口不言者。」〔註63〕余謂此文「鉗鉗」亦不當重。拑、甜、鉗，並讀爲譖、諂，《玉篇》：「諂，佞也。」

（13）無取啍啍……啍啍，誕也。

王肅注：啍啍，多言。誕，欺詐也。

按：《荀子·哀公》：「無取口啍……口啍，誕也。」《韓詩外傳》卷4：「無取口讒……讒，誕也。」《說苑·尊賢》：「毋取口銳者……口銳者多誕而寡信。」楊倞註：「啍與諄同。《方言》云：『齊、魯凡相疾惡謂之諄憎。』王肅云：『啍閔，多言。』或曰：《詩》云：『誨爾諄諄。』口諄，謂口教誨心無誠實者諄諄論也。讒嫉之人多妄誕。」此文「啍啍」亦不當重。楊倞註引《說苑》「銳」作「叡」，爲音誤字。「啍」同「諄」。讒，讀爲鑱，亦銳也〔註64〕。睡虎地秦簡《日書》甲種：「盜者兌口，希（稀）須（鬚）。」「兌口」即「銳口」。

（14）故弓調而後求勁焉，馬服而後求良焉，士必愨而後求智能者焉

按：《荀子·哀公》、《韓詩外傳》卷4略同，「愨」上有「信」字，此脫。《說苑·尊賢》：「夫弓矢和調而後求其中焉，馬愨愿順然後求其良材焉，人必忠信重厚然後求其知能焉。」《淮南子·說林篇》：「弓先調而後求勁，馬先馴而後求良，人先信而後能。」《文子·上德》「馴」作「順」，借字。

（15）寡人欲吾國小而能守，大則攻

按：「攻」上姜本有「能」字，《類聚》卷52、《御覽》卷270引同，當據補。

〔註62〕劉師培《荀子補釋》，收入《劉申叔遺書》，江蘇古籍出版社1997年版，第984頁。

〔註63〕關說轉引自左松超《說苑集證》，（臺灣）國立編譯館2001年版，第488頁。

〔註64〕參見蕭旭《說苑校補》，收入《群書校補》，廣陵書社2011年版，第500～501頁。

四庫本、范本、孫志祖本「攻」上有「無」字，《先聖大訓》卷 1 同，非也。《說苑・指武》作「小則守，大則攻」，亦可。

（16）使君朝廷有禮，上下相親

按：相，四庫本、寬永本、宗智本作「和」，《類聚》卷 52、《御覽》卷 270 引同，《說苑・指武》作「有」。

（17）苟為此道

按：為，當據各本作「違」，《類聚》卷 52、《御覽》卷 270 引亦作「違」。

（18）將與誰守

按：依文法，當據姜本、《類聚》卷 52 引乙作「將誰與守」，《說苑・指武》作「君將誰與守」。

（19）弛關市之稅

按：弛，《御覽》卷 270 引作「弢」，字同。

（20）存亡禍福皆己而已，天災地妖不能加也

按：加，《說苑・敬慎》作「殺」。

（21）於是帝辛介雀之德

王肅注：介，助也。以雀之德為助也。

按：寬永本上方校云：「德，猶得也，福也。」向宗魯曰：「介，恃也。」〔註65〕《戰國策・宋策》吳師道補注引作「侍」，即「恃」之誤。《說苑・敬慎》作「喜」。

（22）此即以己逆天時，詭福反為禍者也……此即以己逆天時，得禍為福者也

按：詭，《治要》卷 10 引作「得」，蓋臆改。詭，反也，變也，動詞。《說苑・敬慎》作「此逆天之時，詭福反為禍……此迎天時，得禍反為福」。《漢書・武五子傳》：「願詭禍為福。」顏師古注：「詭，猶反。」下「逆」當作「迎」。「為福」上，《治要》引有「轉」字，此脫。轉亦

〔註65〕向宗魯《說苑校證》，中華書局 1987 年版，第 248 頁。下引同此。

反也,副詞。向宗魯曰:「關曰:『師古曰:詭,違也。一說,詭當爲得。』承周按:詭當訓求。」關、向二氏並失之。

（23）道缺法圮

按:圮,《御覽》卷955、《事類賦注》卷25引同,《治要》卷10引作「邪」,《說苑‧敬慎》作「弛」。

（24）以致夭蘗

按:蘗,寬永本、宗智本作「孽」,《治要》卷10、《御覽》卷955、《事類賦注》卷25引作「孽」。

（25）桑穀于朝,七日大拱

按:寬永本上方校云:「一本『桑穀』下有『生』字。」四庫本、范本亦有「生」字,當據補。《治要》卷10、《御覽》卷955、《事類賦注》卷25引作「桑穀生朝」,《說苑‧敬慎》、《論衡‧異虛》作「桑穀俱生於朝」,《史記‧封禪書》作「桑穀生於廷」,並有「生」字。

（26）明養民之道

按:「民」當作「老」,《玉海》卷152引已誤。《說苑‧敬慎》作「明養老之道」,又《君道》作「明養老」,《論衡‧異虛》、《順鼓》作「明養老之義」,《御覽》卷83引《尚書大傳》作「明養老之禮」。楊朝明注:「養,教化。」非也。

（27）行己自取也

按:寬永本、宗智本無「行」字,當據刪。下文「人自取之」,即「己自取也」之誼。《韓詩外傳》卷1作「自取之也」。

（28）居下位而上干其君,嗜慾無厭而求不止者,刑共殺之

按:干,范本作「忏」,寬永本、宗智本作「于」,《韓詩外傳》卷1、《御覽》卷548引《說苑》作「干」,今本《說苑‧雜言》作「忏」。「忏」字雖通,然疑是「扞」字之誤,同「干」。「于」則「干」形譌。《孟子‧盡心上》宋孫奭疏、宋‧陳祥道《論語全解》卷3引孔子語作「誣」,蓋臆改。劉師培謂「干」爲「午」之脫,屈守元謂「干」訓犯,不煩

改字〔註66〕。屈說是也，而尚不悟「忏」爲「忓」之誤。信陽長臺關竹簡 1-01：「戔（賤）人格上則刑戮至。」與此文文意相近〔註67〕。

（29）以少犯眾，以弱侮強，忿怒不類，動不量力者，兵共殺之

按：類，善也。《韓詩外傳》卷 1 作「忿不量力」，《說苑・雜言》作「忿怒不量力」，皆有脫文。《說苑》尚存「怒」字。

（30）若夫智士仁人，將身有節，動靜以義，喜怒以時，無害其性

王肅注：將，行。

按：將身，《類說》卷 38 引作「將順」，《孔子編年》卷 5 作「持身」。姜兆錫注：「將，養也。」

卷 二

《致思》第八

（1）孔子北遊於農山

按：寬永本上方校語引《增注》：「農當爲巎，巎與狇同，齊山名，音皆乃高反。」「北遊」下，何本有「登」字，《書鈔》卷 40、118、《類聚》卷 26、28、《御覽》卷 306、327、352、390、433 引同。《御覽》卷 463 引省作「孔子登農山」。今本脫「登」字，《御覽》卷 445 引作「孔子北遊農山」，則已脫矣。農山，《書鈔》卷 118 引作「東山」，東山即指農山，《說苑・指武》作「東上農山」，上亦登也。《韓詩外傳》卷 9：「孔子與子貢、子路、顏淵遊于戎山之上。」許瀚、朱季海謂「戎」、「農」一音之轉，字亦作猵、巎〔註68〕。「戎」蓋齊方言，《戰國策・秦策一》：「昔者神農伐補、遂。」銀雀山漢簡《孫臏兵法・見威王》作「神戎戰斧、遂」。《六韜・文韜・六守》：「農一其鄉則穀足。」銀

〔註66〕屈守元《韓詩外傳箋疏》，巴蜀書社 1996 年版，第 21～22 頁。

〔註67〕參見王志平《〈孔子家語〉札記》，《學術集林》卷 9，上海遠東出版社 1996 年版，第 124 頁。

〔註68〕參見許瀚《韓詩外傳校議》，收入《攀古小廬全集（上）》，齊魯書社 1985 年版，第 138～139 頁。朱季海《韓詩外傳校箋》（卷 7～卷 10），收入《學術集林》第 6 卷，上海遠東出版社 1995 年版，第 56 頁。

雀山漢簡本《六韜》「農」作「戎」，整理者注：「戎、農二字古音相近，銀雀山竹簡多借『戎』爲『農』。」〔註69〕《類聚》卷26、《御覽》卷352引「農山」下有「之上」二字。

（2）鍾鼓之音上震於天，旂旗繽紛下蟠于地

王肅注：蟠，委。

按：寬永本上方校云：「旂與旗同。」蟠，《句解》本誤作「垂」。震，《類聚》卷26、《御覽》卷390引作「振」，借字；《韓詩外傳》卷9、《說苑·指武》作「聞」。旂旗，《類聚》卷26、《御覽》卷390、433引作「旌旗」，《說苑》同。《御覽》卷306引作「旌旂」，蓋旁注字誤入正文，又脫「旗」字。蟠，《韓詩外傳》作「槃」。

（3）賜願使齊、楚合戰於漭瀁之野

王肅注：漭瀁，廣大之類。

按：注「類」當作「貌（貌）」，字之誤也。漭瀁，《御覽》卷463引同，《書鈔》卷40、118引作「漭洋」〔註70〕，《御覽》卷308引作「漭蕩」，《說苑·指武》亦作「漭洋」，並一音之轉，又轉作「莽洋」、「莽瀁」、「淬瀁」、「岡良」、「莽罠」等〔註71〕。

（4）兩壘相望

按：何本作「兩壘相當，旌旗相望」，《書鈔》卷40、118、《類聚》卷26、《御覽》卷390、463引作「兩壘相當，旗鼓相望」。今本脫「相當旗鼓」四字。《御覽》卷327引作「旗鼓相望」，雖省四字，然可證今本必脫「旗鼓」句也。《韓子·內儲說下》：「二軍相當，兩旗相望。」《論衡·詰術》：「兩軍相當，旗幟相望。」

（5）塵埃相接

按：《書鈔》卷40引作「塵埃連接」，《書鈔》卷118、《類聚》卷26、《御覽》卷308、390引作「埃塵連接」，《御覽》卷463引作「埃塵相接」。

〔註69〕《銀雀山漢墓竹簡〔壹〕》，文物出版社1985年版，第111頁。
〔註70〕《書鈔》據孔本，陳本作「漭瀁」。
〔註71〕參見蕭旭《「狼抗」轉語記》。

（6）挺刃交兵

　按：各書引同，《類聚》卷 26 引「挺」作「促」，蓋臆改。

（7）推論利害

　按：各書引同，《書鈔》卷 118 引「利」作「兵」，蓋臆改。

（8）釋國之患

　按：「國」上，各本皆有「二」字，今本脫之。《書鈔》卷 118、《類聚》卷
　　　26、《御覽》卷 463 引作「二國釋患」，《白帖》卷 30、《御覽》卷 390
　　　引作「使二國釋患」，《御覽》卷 327 引作「二國釋怨」。

（9）導之以禮樂

　按：導，《御覽》卷 445 引作「道」，借字；《事類賦注》卷 13 引作「教」，
　　　義同；《類聚》卷 26 引誤作「遵」。

（10）城郭不修，溝池不越

　　　王肅注：言無踰越溝池。

　按：溝池，《類聚》卷 26 引作「溝洫」，《御覽》卷 445 引作「溝渠」。《說
　　　苑・指武》同此文，《韓詩外傳》卷 9 作「溝池不鑿」。王注「踰越」，
　　　非也。《廣雅》：「越，治也。」王念孫《疏證》正引《說苑》說之，
　　　越讀爲掘，與「鑿」義合〔註72〕。字亦作汩、堀、㓖、欨、㕤、撅、
　　　闕。《論衡・順鼓》引《尚書大傳》：「城郭不繕，溝池不脩。」「脩（修）」
　　　字義亦合。何孟春注：「不越，不深鑿。」〔註73〕楊朝明注但引王肅
　　　注語，而於其誤則懵然不知，又不知清人成果，今人著述，一何易哉！

（11）室家無離曠之思

　按：《類聚》卷 26、《御覽》卷 445 引「離」作「怨」，蓋臆改。

（12）夫子凜然曰

　按：凜，《類聚》卷 26、《御覽》卷 352 引作「懍」。

〔註72〕參見蕭旭《韓詩外傳補箋》，收入《群書校補》，廣陵書社 2011 年版，第 464 頁。
〔註73〕另參見蕭旭《淮南子校補》，花木蘭文化出版社 2014 年版，第 449、477～478
　　　　頁。

（13）瓦鬲煮食，食之，自謂其美

　　　王肅注：瓦鬲，瓦釜。

　按：其，《御覽》卷 757 引作「甚」，是也。瓦鬲，《御覽》卷 757 引同，
　　　《說苑・反質》亦同，《御覽》卷 849 引《說苑》作「煮甌中之食」，
　　　有注：「甌，必眠切，小盆。」《書鈔》卷 143 引《說苑》作「煮甌肉
　　　之食」。「肉」當作「內」，形之誤也。以必眠切定之，「甌」爲「甌」
　　　形誤。與下文「瓦甌，陋器也」亦相應。注文「小益」當作「小盆」，
　　　亦形之誤也。《玉篇》：「甌，小盆，大口而卑下。」《廣韻》：「甌，小
　　　盆。」《集韻》「甌」音卑眠切。

（14）盛之土型之器

　　　王肅注：瓦甌。

　按：型，《御覽》卷 757 引作「鉶」，《記纂淵海》卷 57 引作「硎」，《說苑・
　　　反質》亦作「鉶」；《孔子集語》卷上作「瓴」，有注：「音缶。」

（15）瓦甌，陋器也

　按：《御覽》卷 757 引有注：「甌，音邊。」

（16）以其食厚而我思焉

　按：寬永本上方校云：「食厚，冢注本作『食美』。」我思，《御覽》卷 757
　　　引作「念其我思」，《說苑・反質》作「思我親」，《御覽》卷 849 引《說
　　　苑》作「念吾親」。劉本改作「思我親」，是也，與上文「好諫者思其君，
　　　食美者念其親」相應。

（17）故敢以進焉

　按：敢，《御覽》卷 833 引誤作「取」。

（18）門人曰：「彼將棄之，而夫子以祭之，何也？」

　按：《說苑・貴德》作「今吾子將祭之」。今，猶而也，轉折之詞。以，猶將
　　　也〔註 74〕。

〔註74〕參見蕭旭《古書虛詞旁釋》，廣陵書社 2007 年版，第 149 頁。

（19）惜其腐餒而欲以務施者，仁人之偶也

按：餒，各本同，《文選·風賦》李善注、《御覽》卷 833 引作「餘」，《說苑·貴德》、《孔子集語》卷下同。「餒」爲「餘」形誤。《孔子編年》卷 3 又誤作「餕」。姜兆錫注：「餒，猶腐也。」無據。寬永本上方校云：「『餒』、『飪』同。」楊朝明本改作「飪」，解爲「熟食」，大誤。上文云「獻魚」，豈熟食哉？不思之甚也。

（20）彼有黦

按：黦，姜本、《御覽》卷 231 引同，各本作「缺」，《治要》卷 10、《通典》卷 25、《御覽》卷 648 引同。《說苑·至公》亦作「缺」，《先聖大訓》卷 5 作「闕」，《政經》作「隙」。

（21）刖者守門焉

按：刖，《韓子·外儲說左下》作「跀」。《玉篇》：「跀，斷足也，亦作刖。」

（22）君子不隧

王肅注：隧，從竇出。

按：隧，《御覽》卷 648 引作「隊」，借字。

（23）斷足，固我之罪

按：固，《治要》卷 10 引作「故」；下文「其道固然」，《治要》卷 10、《御覽》卷 231 引亦作「故」，借字。

（24）今吾在難，此正子之報怨之時

按：正，《說苑·至公》作「乃」。

（25）曩者君治臣以法令，先人後臣，欲臣之免也，臣知

按：「臣知」下，當據何本、寬永本補「之」字，《治要》卷 10、《通典》卷 25、《御覽》卷 231 引亦有「之」字，下文「臣又知之」，即承此言。《說苑·至公》、《金樓子·戒子》亦作「臣知之」。宗智本、楊朝明本皆誤以「令」屬下句。《韓子·外儲說左下》、《說苑·至公》作「傾側法令」，明「令」字當屬上句。姜本、寬永本正於「令」字下點斷。

（26）君愀然不樂，見君顏色

按：愀然，《說苑・至公》同，《韓子・外儲說左下》作「愧然」，古通用。

（27）此臣之所以悅君也

按：悅，服也。《治要》卷 10 引同今本，劉本、范本作「脫」，《通典》卷
25、《御覽》卷 231、648 引同，《說苑・至公》亦作「脫」，《錦繡萬花
谷》後集卷 11、《職官分紀》卷 19、《孔子編年》卷 5 引作「說」，并借
字。《韓子・外儲說左下》作「此臣之所以悅而德公也」，《金樓子・戒
子》作「此臣之所以待君子」。何孟春注：「悅，《說苑》作脫，使脫艱
也。」非是。余舊校讀悅爲脫〔註75〕，亦未允。

（28）思仁恕則樹德，加嚴暴則樹怨

按：加，《治要》卷 10、《御覽》卷 231 引同，《通典》卷 25 引誤作「如」。

（29）孔子曰：「季孫之賜我粟千鍾也，而交益親；自南宮敬叔之乘我
車也，而道加行。」

按：《御覽》卷 633、836 引「季孫」上有「自」字，《說苑・雜言》同，今
本脫。敬，《說苑》一本誤作「項」。加亦益也，副詞。

（30）故道雖貴，必有時而後重，有勢而後行

按：《御覽》卷 633 引作「道雖貴，必有時而後動；德雖高，必有勢而後行」，
《說苑・雜言》作「故道有時而後重，有勢而後行」。唐・張懷瓘《書
斷》卷下：「道雖貴，必得時而後動，有勢而後行。」「重」蓋「動」脫
誤，與「行」同義對舉。《易・繫辭下》：「君子藏器於身，待時而動。」
《御覽》「德雖高」三字蓋臆加。

（31）春秋致其時而萬物皆及，王者致其道而萬民皆治

按：寬永本上方校云：「民，一作『物』，一作『也』。」何本及《說苑・君
道》作「春致其時萬物皆及生，君致其道萬人皆及治」。此文「秋」字
衍文，「及」下脫「生」字，「治」上脫「及」字。《文選・西都賦》、《西
征賦》、《閒居賦》李善注並引《春秋文耀鉤》：「春致其時，華實乃榮。」

〔註75〕蕭旭《說苑校補》，收入《群書校補》，廣陵書社 2011 年版，第 532 頁。

即謂春致其時萬物皆及生也。

（32）周公載己行化，而天下順之

王肅注：載亦行矣。言行己以行化，其身正，不令而行也。

按：載，劉本作「戴」，《說苑·君道》同，借字。

（33）澤施於百姓，則富可也

按：富，《說苑·說叢》、《曾子外篇·晉楚》作「安」。《金樓子·立言篇上》作「澤乎百里，則富可安也」。

（34）以民之勞煩苦也，人與之一簞食、一壺漿

按：勞煩苦，《治要》卷 10 引作「煩苦」，《御覽》卷 266、《職官分紀》卷 42 引作「煩勞」，《古今合璧事類備要》前集卷 20 引作「勞苦」。此文今本衍「勞」字，《說苑·臣術》亦作「煩苦」。

（35）汝以民為餓也

按：《御覽》卷 266 引誤作「爾以為人誠」。「誠」即「餓」形誤，《治要》卷 10 引不誤。

（36）何不白於君，發倉廩以賑之

按：賑，《治要》卷 10、《御覽》卷 266 引作「給」，《職官分紀》卷 42 引作「賑給」，《說苑·臣術》作「給食」。

（37）而私以爾食饋之

按：饋，《治要》卷 10 引同，《御覽》卷 266、《職官分紀》卷 42 引作「遺」，古通用。

（38）桎梏而居檻車，無慼心，是無醜也

王肅注：言無恥惡之心。

按：《說苑·善說》「心」作「色」，「醜」作「愧」。「愧」同「媿」，《說文》：「媿，慙也。」恥辱也。「醜」亦當作「媿」。

（39）管仲才度義，管仲不死，束縛而立功名，未可非也

按：《先聖大訓》卷 5 注：「才，裁也。」寬永本上方校云：「『才』、『裁』

通。」范本「才」誤作「不」。度，裁度也。楊朝明注：「度，超過。」
非也。

（40）擁鐮帶索

按：擁，寬永本、宗智本作「雍」。擁鐮帶索，《說苑‧敬慎》同，《韓詩外
傳》卷 9 作「被褐擁鐮」。《御覽》卷 458 引《家語》作「擁鑣帶索」，
又卷 764「鐮」條引《說苑》作「擁鐮帶索」。《文選‧長笛賦》李善注
引《外傳》作「披褐擁劍」。《盂蘭盆經疏會古通今記》卷 1 引《家語》
作「擁鐮帶索」。鐮、鑣，正、俗字。作「劍」、「鑣」皆誤。

（41）丘吾子曰

按：丘吾子，《說苑‧敬慎》同，《韓詩外傳》卷 9 作「皋魚」。「皋魚」、「丘
吾」一音之轉也〔註76〕。《文選‧解尚書表》李善注引《家語》作「吾
丘」，《御覽》卷 458 引《家語》、卷 764 引《說苑》皆作「吾丘子」，卷
764 有注：「吾，一曰虞。」姜兆錫注：「丘吾，複姓也。」皆誤。

（42）吾少時好學，周遍天下

按：遍，《說苑‧敬慎》同，寬永本、宗智本誤作「編」，《御覽》卷 458 引
誤作「通」。

（43）君驕奢失士，臣節不遂

按：臣節不遂，《御覽》卷 764 引《說苑》同，今本《說苑‧敬慎》、《御覽》
卷 458 引《家語》作「諫不遂」。節不遂之遂，成也。諫不遂之遂，從
也。

（44）夫樹欲靜而風不停，子欲養而親不待

按：停，《御覽》卷 458 引作「止」，《韓詩外傳》卷 9 同。《說苑‧敬慎》二
「而」作「乎」，「停」作「定」。乎，猶而也。《文選‧解尚書表》李善
注引《家語》作「樹欲靜而風搖之」。《韓詩外傳》卷 7：「是故孝子欲
養而親不待也，木欲直而時不待也。」《說苑‧建本》：「草木欲長，霜

〔註76〕詳見蕭旭《「嬰兒」語源考》。

露不使；賢者欲養，二親不待。」〔註77〕文義亦近之。

（45）不飭無類，無類失親

王肅注：「類」宜爲「貌」。

按：《大戴禮記·勸學》、《孔子集語》卷下引《尚書大傳》作「不飭無貌，無貌不敬」，正作「貌」字。《說苑·建本》作「不飭則無根，無根則失理」。向宗魯曰：「根、類皆頪（貌）之形誤。」〔註78〕

（46）譬之汙池，水潦注焉，雚葦生焉

按：《大戴禮記·勸學》：「譬之如洿邪，水潦灟焉，莞蒲生焉。」《說苑·建本》：「譬之如污池，水潦注焉，菅蒲生之。」《孔子集語》卷下引《尚書大傳》：「譬之汙邪，水潦集焉，菅蒲生焉。」汙（污）、洿，並讀爲窊，低下。王念孫曰：「灟，當作屬，屬讀曰注。」王聘珍曰：「灟，讀曰屬。」〔註79〕向宗魯曰：「汙池，當從《大戴》及《大傳》作『污邪』。」〔註80〕諸說皆是也。楊朝明注：「污池，污水池。」楊氏望文生義。

（47）孰知其源乎

王肅注：誰知其非源泉乎？

按：據王肅注，今本「源」上脫「非」字，「源」下「泉」字，《御覽》卷607引作「孰知其不源乎」，「不」字與「非」義合。《大戴禮記·勸學》作「誰知其非源泉也」，《說苑·建本》作「〔孰〕知其非源〔泉〕也」，《孔子集語》卷下引《尚書大傳》作「誰知其非源水也」，皆有「非」字，《說苑》脫「孰（或『誰』）」、「泉」二字〔註81〕，《大傳》「水」爲「泉」脫誤。

（48）負重涉遠，不擇地而休；家貧親老，不擇祿而仕

按：《御覽》凡三引，卷998引同今本，卷412引「休」作「遊」，又卷414

〔註77〕《御覽》卷838引「使」作「停」。
〔註78〕向宗魯《說苑校證》，中華書局1987年版，第68頁。
〔註79〕二說轉引自方向東《大戴禮記匯校集解》，中華書局2008年版，第792頁。
〔註80〕向宗魯《說苑校證》，中華書局1987年版，第68頁。
〔註81〕《孔子集語》卷下引《說苑》有「誰」字，「泉」字亦脫。

引「涉」作「致」，「休」作「行」，皆臆改。《韓詩外傳》卷 1：「任重道遠者，不擇地而息；家貧親老者，不擇官而仕。」《說苑・建本》：「負重道遠者，不擇地而休；家貧親老者，不擇祿而仕。」《韓詩外傳》卷7、《列女傳》卷2 并有「家貧親老，不擇官而仕」之語。

（49）累茵而坐

按：茵，各本作「絪」。《御覽》卷412引有注：「茵，辱。」「辱」爲「蓐（或『褥』）」脫誤。

（50）孔子之郯，遭程子於塗

王肅注：郯，國名也。

按：《韓詩外傳》卷2作「孔子遭齊程本子於剡之間」，《初學記》卷17引作「孔子遇齊程本子於談郯之間」，《御覽》卷818引作「孔子之齊，遇程丕（本）子於譚郯之間」。「剡」即「郯」借字，「譚（談）」涉「郯」同音而衍〔註82〕。

（51）子路屑然對曰

按：屑然，《說苑・尊賢》、《子華子・孔子贈》同，《孔子集語》卷上引《外傳》作「屑然」，注：「屑與屑同。」今本《韓詩外傳》卷2作「率爾」。「率爾」非其誼。《集韻》、《類篇》并云：「屑，不獲已也。」屑然，勉強貌。姜兆錫注：「屑然，王氏謂恭貌也。」屈守元引王肅注「屑然，恭貌」〔註83〕，未見所出，不知姜氏、屈氏何所據。楊朝明注引《玉篇》「屑，敬也」，於義不洽。

（52）《詩》不云乎：「有美一人，清揚宛兮。」

按：宛，《說苑・尊賢》、《子華子・孔子贈》作「婉」，今《詩・野有蔓草》同。

（53）魚鱉不能導，黿鼉不能居

王肅注：道（導），行。

〔註82〕參見屈守元《韓詩外傳箋疏》，巴蜀書社1996年版，第167頁。
〔註83〕屈守元《韓詩外傳箋疏》，巴蜀書社1996年版，第169頁。

按：導，寬永本作「道」，注同。《列子・說符》、《黃帝》作「游」，《說苑・雜言》作「過」。導，讀爲蹈，言蹈水。

（54）有一丈夫方將厲之

王肅注：厲，渡。

按：寬永本、宗智本注「渡」作「度」。厲，《列子・說符》同，殷敬順《釋文》：「厲，涉水也。」《說苑・雜言》作「涉」。厲，讀爲砅、濿。《說文》：「砅，履石渡水也。《詩》曰：『深則砅。』濿，砅或從厲。」

（55）孔子使人並涯止之

按：《列子・說符》同，《莊子・達生》作「並流而拯之」，《說苑・雜言》作「並崖而止之」，《列子・黃帝》作「並流而承之」。殷敬順《釋文》：「並，蒲浪切。涯，音崖。」又「並音傍，《史記》、《漢書》『傍海、傍河』皆作並。承，音拯。《方言》：『出溺爲承。』諸家直作拯，又作撜。」今本《方言》卷13作「出休爲拚」，「拚」亦同「撜」。並，讀爲傍。《學林》卷10：「並音步浪反者，其義與旁字、遵字同。」《玉篇殘卷》「休」字條引《家語》「子路休溺」，「休」爲「溺」正字，所引有誤，疑當作「子路拚休」。今本未見所出，疑即此文誤記。

（56）水且猶可以忠信成身親之，而況於人乎

按：成身親之，劉本作「履」。成，讀爲誠。《列子・說符》正作「誠」。本書《哀公問政》：「誠身有道。」句言以忠信誠於身而親水也。《治要》卷34引《列子》無「誠身」，楊伯峻謂二字衍文〔註84〕，非也。《說苑・雜言》作「水而尙可以忠信義久而身親之」，不通。楊朝明解爲「成就」，亦非也。《類說》卷38、《孔子編年》卷4引「成」作「之」，臆改之也。

（57）商之爲人也，甚愞於財

王肅注：愞，嗇甚也。

按：甚愞，《御覽》卷702、《記纂淵海》卷148、《類說》卷38引作「甚

〔註84〕楊伯峻《列子集釋》，中華書局1979年版，第249頁。

短」〔註85〕,《說苑·雜言》、《孔子集語》卷下、《古史》卷 32 同。《文選·與山巨源絕交書》李善註引作「商之爲人也,嗇,短於財」,又引王肅曰:「短,丢嗇甚也。」《白帖》卷 19、21 二引作「短於財」,未標所出,或據《說苑》。此文舊本當作「短」字,《先聖大訓》卷 5、《孔子編年》卷 4、《古今事文類聚》續集卷 27、《古今合璧事類備要》外集卷 60 亦作「悋」,蓋宋人所改也。

（58）吾聞與人交,推其長者,違其短者,故能久也

按:違,《說苑·雜言》同,《古今事文類聚》續集卷 27、《古今合璧事類備要》外集卷 60 引作「遺」。違,避也。余舊據四庫本《記纂淵海》卷 68 引作諱,讀違爲諱〔註86〕,今檢北圖本《記纂淵海》在卷 148,引仍作「違」,舊校未允。

（59）可剖而食之

按:剖,《事類賦注》卷 6、《錦繡萬花谷》後集卷 5、《古今事文類聚》前集卷 16 引誤作「割」。

（60）使者反,王遂食之,大美

按:《初學記》卷 6、《御覽》卷 60、《事類賦注》卷 6、《錦繡萬花谷》後集卷 5、《古今事文類聚》前集卷 16、《古今合璧事類備要》前集卷 7 引「遂」作「遽」,「大」作「甚」。「遽」爲「遂」形誤,《文選·吳都賦》李善注、《類聚》卷 82、《御覽》卷 1000、《記纂淵海》卷 94、《樂府詩集》卷 88 引作「遂」不誤。

（61）剖而食之甜如蜜

按:《慧琳音義》卷 17、51 引同今本（卷 51 二引之）。《玉篇殘卷》「甜」字條引作「□□□之甜如甾（蜜）」。剖,《書鈔》卷 147、《御覽》卷 1000 引誤作「割」。甜,《書鈔》引作「甘」,《說苑·辨物》作「美」。

（62）賜不欲知死者有知與無知,非今之急,後自知之

按:《說苑·辨物》作「賜欲知死人有知將無知也,死徐自知之,猶未晚

〔註85〕《記纂淵海》據北圖藏本,《四庫》本在卷 68。
〔註86〕蕭旭《說苑校補》,收入《群書校補》,廣陵書社 2011 年版,第 548 頁。

也」。劉本無「不」字，「後」作「徐」。此文「不」字衍文，姜本亦無。孫經世曰：「將，猶與也。」〔註87〕孫說是，此文正作「與」字。徐，疑為「後」字之誤，不訓慢。

（63）懍懍焉若持腐索之扞馬

王肅注：懍懍，戒懼之貌。扞馬，突馬。

按：孫志祖曰：「盧云：『依注，則扞馬上當有御字。』按《說苑》作『懍懍焉如以腐索御奔馬』。偽《古文尚書・五子之歌》：『懍乎若朽索之馭六馬。』語蓋出此。《淮南子・說林訓》：『君子居民上，若以腐索御奔馬。』」盧說是也，劉本作「御奔馬」。《書》孔傳：「朽，腐也。」《治要》卷 10 引作「懍懍焉如以腐索御扞馬」，《貞觀政要》卷 10 引作「懍乎若朽索之馭六馬」，《御覽》卷 746 引作「懍焉如與腐索御汗馬」，《御覽》有注：「懍，懼也。〔汗馬〕，汗突之馬也。」又卷 766 引作「懍焉如腐索之御忏馬」。《新序・雜事四》：「懍乎如以腐索御犇馬。」《鹽鐵論・刑德》：「猶釋階而欲登高，無銜橛而禦捍馬也。」《治要》卷 48 引杜恕《體論》：「以腐索御奔駟。」《類聚》卷 54 引晉・傅玄《釋法篇》：「譬執腐索以御奔馬。」《意林》卷 5 引《物理論》：「御悍馬以腐索。」今本「扞馬」上當據補「御」字。「馭」同「御」。扞、汗、捍，並讀為悍、忏。故王氏解為「突馬」，亦即「奔馬（駟）」。《物理論》正作「悍」字。《先聖大訓》卷 5 引已脫「御」字。字亦作馯、騅，《說文》：「騅，馬突也。」段玉裁曰：「騅之言悍也。《淮南書》作馯。高曰：『馯馬，突馬也。』」〔註88〕《韓子・五蠹》：「猶無轡策而御騅馬。」《淮南子・氾論篇》：「是猶無鏑銜纍策錣而御馯馬也。」高誘注：「馯馬，突馬也。」《漢書・刑法志》：「是猶以轙而御騅突。」如淳曰：「騅，音捍，突，惡馬也。」今本《漢書》有脫誤，「騅突」當作「騅馬」。敦煌寫卷 P.3557 作「是猶以轙羈而御騅馬」，引如淳注：「騅突之馬。」〔註89〕《御覽》卷 359 引作「是猶以轙羈而御騅馬」，引如淳曰作：「騅突之馬也。騅音汗。」

〔註87〕孫經世《經傳釋詞補》，中華書局 1956 年版《經傳釋詞》附錄，第 297 頁。
〔註88〕段玉裁《說文解字注》，上海古籍出版社 1981 年版，第 467 頁。
〔註89〕敦煌寫卷 P.3557《漢書・刑法志》，收入《法藏敦煌西域文獻》第 25 冊，上海古籍出版社 2002 年版，第 263 頁。此承趙家棟博士檢示，謹致謝忱。

《說文繫傳》「駻」字條引作「以羈靮御駻馬」。本篇「御扞馬」，即「御馯（駻）馬」也。「馯（駻）」爲馬悍之後出專字。姜兆錫注：「扞，馭也。」楊朝明注：「扞，御。」皆非也。鄔可晶曰：「《家語》此句作『扞』肯定是有問題的，王肅所見本當已誤。」〔註90〕其說亦非，鄔君不知今本脫「御」字，因疑「扞」字有誤。

（64）夫通達御皆人也

按：寬永本作「夫通達之屬皆人也」，《治要》卷 10 引同；《說苑・政理》作「夫通達之國皆人也」。今本「御」字誤，范本、姜本作「之御」亦誤。《先聖大訓》卷 5 作「御之」，有注：「達其達之訛歟？抑謂通達之衢歟？」據誤本爲說，非也。

（65）以道導之，則吾畜也；不以道導之，則吾讎也

按：《說苑・政理》同，《貞觀政要》卷 10 引下「導」誤作「遵」。

（66）恭而敬，可以攝勇

按：攝，《說苑・政理》同，《史記・仲尼弟子傳》作「執」，《集解》：「言恭謹謙敬，勇猛不能害，故曰執也。」攝，讀爲懾，《先聖大訓》卷 5、《職官分紀》卷 42 正作「懾」，《孔子集語》卷上引《說苑》亦作「懾」。《釋名》：「執，攝也，使畏攝己也。」執當讀爲熱，與懾同義。

（67）如此而加之，則正不難矣

按：孫志祖曰：「《御覽》卷 266『加之』下有『以忠潔』三字，『正』作『政』。」今本脫「以忠潔」三字。正，讀爲政。《職官分紀》卷 42 引作「如此而加之以潔，則爲政不難矣」。「以潔」二字尙未脫。《說苑・政理》：「恭以潔，可以親上。」文雖不同，亦有「恭潔」二字。何孟春注：「加，猶治也。」姜兆錫注：「加，臨也。」楊朝明注：「加，推行。」皆未知有脫文也。

《三恕》第九

（1）正道宜行，不容於世；隱道宜行，然亦不忍

按：《晏子春秋·內篇問下》二「宜」字分別作「直」、「危」，是也。王念孫曰：「危讀曰詭。『詭行』與『直行』正相反。」隱，隱塞也。姜兆錫注：「隱道，猶言曲道。」劉師培曰：「隱，讀若違。」〔註91〕皆未洽。

（2）其政曉察，則民不保

王肅注：保，安也。政大曉了分察，則民不安矣。

按：寬永本注「大」作「太」。保，依附也。

（3）徑易者則數傷

王肅注：徑，輕也。志輕，則數傷於義矣。

按：《晏子春秋·內篇問下》作「直易無諱，則速傷也」。徑，直也，王注非是。數，讀爲速。楊朝明解「數」爲「屢屢」，非也。

（4）浩倨者則不親

王肅注：浩倨，簡略不恭。如是則不親矣。

按：浩倨，亦作「浩居」、「浩裾」，《晏子春秋·內篇問下》：「執二（一）法裾，則不取也。」「法」爲「浩」形誤〔註92〕。《墨子·非儒下》：「夫儒，浩居而自順者也。」《孔叢子·詰墨》作「法居」（一本作「倨法」），「法」亦爲「浩」形誤。《史記》作「倨傲」，《晏子春秋·外篇下》作「浩裾」。浩，讀爲傲。北大漢簡第2148簡《蒼頡篇》：「勢悍驕裾。」雙古堆漢簡《蒼頡篇》「勢」作「憝」。睡虎地秦簡《爲吏之道》：「見民倨傲。」

（5）就利者則無不弊

王肅注：言好利者不可久也。

按：《晏子春秋·內篇問下》作「新始好利，則無敝也」。劉師培曰：「『新始』蓋變古易常之義，『無』下當補『不』字。」陶鴻慶曰：「『無敝』疑本

〔註91〕二說並轉引自吳則虞《晏子春秋集釋》，中華書局1962年版，第292頁。
〔註92〕參見吳則虞《晏子春秋集釋》，中華書局1962年版，第292頁。

作『先敝』。《家語》作『無不敝』，與上文句法參差不齊，蓋後人以意
增之。『新始』之義未詳。」〔註93〕此文「不」字衍文。陶校作「先敝」
是也。

（6）勇力振世，守之以怯

按：振，讀爲震。《荀子·宥坐》作「撫」，楊倞註：「撫，掩也，猶言蓋世
也。」

（7）富有四海，守之以謙

按：《荀子·宥坐》同，《韓詩外傳》卷3、8作「土地廣大者，守之以儉」，
《說苑·敬愼》作「富而能儉」。謙，讀爲儉。元·趙采《周易程朱
傳義折衷》卷9引此文，釋之曰：「謙，猶歉也。」不洽。《淮南子·
道應篇》：「富貴廣大，守之以陋。」《文子·九守》「陋」作「狹」，
義同。

（8）其流也，則卑下倨邑，必修其理

按：卑，《荀子·宥坐》作「埤」，《大戴記·勸學篇》作「痺」，皆「庳」
借字。倨邑，寬永本、宗智本作「倨拘」，有注：「拘音鉤。」寬永本
上方校云：「倨，方也。拘讀爲鉤，曲也。」《荀子》作「裾拘」，《大
戴記》作「倨句」。《初學記》卷6引《荀子》作「卑下倨句」。「邑」
爲「句」誤。修，四庫本、寬永本作「循」，《荀子》、《大戴記》同，
是也。楊倞註：「埤，讀爲卑。裾，與倨同，方也。拘，讀爲鉤，曲
也。《說苑》作『其流也卑下，句倨之也，情義分然者也』。」今本《說
苑·雜言》作「其流卑下句倨，皆循其理」。《墨子·號令》：「視敵之
居曲眾少而應之。」銀雀山漢簡《守法守令等十三篇》作「……眾少
裾袧而應之」，是「裾袧」即「居曲」也。字亦作「倨佝」，《賈子·
容經》：「身之倨佝，手之高下。」裾、倨，並讀爲巨、矩、榘，所以
爲方之器，因有方義也。拘、袧，並讀爲句，《說文》：「句，曲也。」
皆，《大戴記》同，猶必也，《荀子》亦作「必」〔註94〕。

〔註93〕二說並轉引自吳則虞《晏子春秋集釋》，中華書局1962年版，第292～293頁。
〔註94〕參見蕭旭《古書虛詞旁釋》，廣陵書社2007年版，第157～158頁。

（9）浩浩乎無屈盡之期

按：《荀子・宥坐》作「其洸洸乎不淈盡」，楊倞註：「洸，讀爲滉。滉，水至之貌。淈，讀爲屈，竭也。」《荀子》文，《初學記》卷6引作「浩浩乎不居」，《御覽》卷58、《事類賦注》卷7引作「其浩浩乎不屈」。「居」爲「屈」形誤。王念孫曰：「『洸洸』當從《家語》作『浩浩』，字之誤也。『淈』同『屈』，竭也。」裴學海曰：「洸（音晃）與浩一聲之轉，洸非浩之誤也。」〔註95〕

（10）流行赴百仞之嵠而不懼

按：懼，《荀子・宥坐》同，《大戴記・勸學篇》、《說苑・雜言》作「疑」。《韓詩外傳》卷3作「蹈深不疑」。《玉篇》：「疑，恐也。」《廣雅》：「魖、畏，恐也。」亦同。王聘珍曰：「疑，止也。」〔註96〕失之。

（11）至量必平之，此似法

按：寬永本上方校云：「至，嘗（當）作『主』。」《大戴記・勸學篇》作「必出量必平，似正」，《說苑・雜言》作「至量必平，似正」，《荀子・宥坐》作「主量必平，似法」。楊倞註：「主，讀爲注。量，謂坑受水之處也。言所經阬坎，注必平之，然後過，似有法度者均平也。」據《說文》，「法」古字作「佱」，故脫誤爲「正」。本書《曲禮子貢問》：「孔子曰：『凡謀人之軍，師敗則死之；謀人之國，邑危則亡之，古之正也。』」四庫本「正」作「道」，「正」疑亦當作「法」。《詩・小旻》毛傳：「謀人之國，國危則死之，古之道也。」道亦法也。《賈子・服疑》：「卑尊已著，上下已分，則人倫法矣。」「法」疑「正」之誤，《漢書・師丹傳》：「故尊卑之禮明，則人倫之序正。」亦其相訛之例。《大戴》上「必」字衍文。「至」、「出」爲「主」形誤。王聘珍曰：「出，行也。」失之。

（12）盛而不求概，此似正

按：《大戴記・勸學篇》作「盈不求概，似屬」，《荀子・宥坐》作「盈不求槩，似正」，《說苑・雜言》作「盈不求槩，似度」。「屬」字謨〔註97〕。

〔註95〕裴學海《評高郵王氏四種》，《河北大學學報》1962年第2期，第115頁。
〔註96〕王聘珍《大戴禮記解詁》，中華書局1983年版，第135頁。下引同此。
〔註97〕參見戴震、孔廣森說，轉引自方向東《大戴禮記匯校集解》，中華書局 2008

度，法也。《記纂淵海》卷 1 引《荀子》「概」誤作「溉」。

（13）綽約微達，此似察

按：綽約微達，《大戴記・勸學篇》作「弱約危通」，《荀子・宥坐》作「淖約微達」，《說苑・雜言》作「綿弱而微達」。「危」當作「微」，音之誤也。楊倞註：「淖，當爲綽。約，弱也。綽約，柔弱也。雖至柔弱，而浸淫微通達於物，似察者之見細微也。《說苑》作『綽弱微達』。」《初學記》卷 6 引《荀子》作「綽約」。「淖約」同「綽約」、「綽弱」、「弱約」，亦作「淖弱」、「淖溺」、「婥約」、「嫋約」、「汋約」等形。今本《說苑》誤作「綿弱」，《孔子集語》卷上引已誤。王聘珍曰：「弱，謂橈曲也。約，纏束也。危，險。」皆失之。

（14）還瞻北蓋，皆斷焉

王肅注：斷，絕也。

按：斷，《荀子・宥坐》作「繼」，「繼」乃「斷」之誤。楊倞註：「皆繼，謂其材木斷絕相接繼也。」非是。

（15）蓋貴久矣

按：寬永本上方校云：「久，嘗（當）作『文』。」范本、《荀子・宥坐》作「文」，《先聖大訓》卷 5 已誤作「久」。楊倞註：「蓋所以貴文飾也。」楊註引此文亦作「文」字。楊朝明不作校正，解爲「追求保持長久」，疏甚。

（16）吾有所齒，有所鄙，有所殆

按：齒，當據別本作「恥」。殆，讀爲怠，輕慢，怠慢不敬也。下文「與小人處而不能親賢，吾殆之」，王肅注：「殆，危也。」非是。

（17）子曰：「由，是倨倨者何也？」

按：倨倨，《荀子・子道》作「裾裾」，《說苑・雜言》作「襜襜」，《韓詩外傳》卷 3 作「疏疏」。楊倞註：「裾裾，衣服盛貌。」許維遹曰：「疏疏，

讀爲『楚楚』。《詩・蜉蝣》『衣裳楚楚。』毛傳：『楚楚，鮮明貌。』《說文》：『黼，會五彩鮮貌。』引《詩》『衣裳黼黼』。然則『黼』正字，『楚』借字也……疏、裾音義亦相近。『襜襜』音異而義同。」〔註98〕朱起鳳曰：「裾裾，是形容盛服之貌，故字當從衣作裾，倨、裾形近，疏、裾音近。襜乃草書之誤。」〔註99〕三氏解「裾裾（倨倨）」、「疏疏」皆是，唯許氏未說「襜襜」何以音異義同，朱說「襜乃草書之誤」未確。《說苑》之「襜襜」，《孔子集語》卷下引同今本；《類聚》卷8、《御覽》卷60引《荀子》亦作「襜襜」，未可指「襜襜」爲誤字也。考《釋名》：「衽，襜也，在旁襜襜然也。」又「裾，倨也，倨倨然直，亦言在後。」是「裾裾（倨倨）」、「疏疏」與「襜襜」皆形容衣服之貌，而所指有別也。《楚辭・九歎》：「裳襜襜而含風兮。」王逸注：「襜襜，搖貌。」洪興祖《補注》：「襜，衣動貌。」《文選・長門賦》：「飄風迴而赴閨兮，舉帷幨之襜襜。」李善注亦引王逸說。《急就篇》顏師古註：「襜褕，直裾禪衣也。謂之襜褕者，取其襜襜而寬裕也。」字或作「佔佔」，《史記・匈奴傳》：「令喋喋而佔佔。」《集解》：「佔佔，衣裳貌。」《漢書》顏師古註同。字亦作「袡」、「襂」，《集韻》：「襂，衣動貌，或作袡、佔，通作襜。」屈守元引《玉篇》「襜襜，搖動貌」〔註100〕，是也。

（18）不舫舟

按：舫，《荀子・子道》作「放」，《韓詩外傳》卷3、《說苑・雜言》作「方」。「方」爲正字，楊倞註：「放，讀爲方。」《初學記》卷6、《御覽》卷40、《太平寰宇記》卷146引作「方」，《元和郡縣志》卷32、《類聚》卷8、《御覽》卷60、《事類賦注》卷6引《荀子》亦作「方」。

（19）今爾衣服既盛，顏色充盈，天下且孰肯以非告汝乎

按：既，《荀子・子道》同，《說苑・雜言》作「甚」，《韓詩外傳》卷3作「其」。裴學海曰：「『既』訓『太』，與『甚』同義。」〔註101〕「其」

〔註98〕許維遹《韓詩外傳集釋》，中華書局1980年版，第118頁。
〔註99〕朱起鳳《辭通》，上海古籍出版社1982年版，第247頁。
〔註100〕屈守元《韓詩外傳箋疏》，巴蜀書社1996年版，第326頁。其說又見向宗魯《說苑校證》，中華書局1987年版，第428頁。
〔註101〕裴學海《古書虛字集釋》，中華書局1954年版，第336頁。

讀爲綦，極也，甚也。《四庫全書考證》卷 7：「『其』疑當作『甚』。」〔註102〕周廷寀、趙懷玉、許維遹、屈守元亦改作「甚」〔註103〕。其說皆非是。以非告汝，《荀子》作「諫汝」，《外傳》作「加汝」，《說苑》作「加若」。加，益也，余舊讀加爲娿〔註104〕，非也。

（20）奮於言者華，奮於行者伐

王肅注：自矜奮於言者，華而無實。

按：《荀子・子道》同，《說苑・雜言》上「奮」作「賁」，餘同；《韓詩外傳》卷 3 作「夫愼於言者不譁，愼於行者不伐」。華、譁，並讀爲誇，字或作荂、嘩、芋、訏、迂、謣、宇〔註105〕。王注非也。俞樾於「華」、「伐」上補「不」字，云：「『華』即『譁』之省文，兩『奮』字皆『畜』字之誤，乃古文『愼』字也。」〔註106〕俞說非也，不悟《外傳》有「不」字，與諸書乃正、反爲文。

《好生》第十

（1）舜之爲君也，其政好生而惡殺，其任授賢而替不肖

按：授，《治要》卷 10、《御覽》卷 684 引同，《類說》卷 38 引作「受」，《路史》卷 21 亦作「授」；《孔子編年》卷 5 作「援」，形之誤也。替，陳本作「退」。

（2）德若天地而靜虛，化若四時而變物

按：二「而」，《治要》卷 10 引作「之」。

（3）匪申叔之信，不能達其義；匪莊王之賢，不能受其訓

按：上句，《史記・陳杞世家》《正義》、《御覽》卷 402 引作「非申叔时之

〔註102〕《四庫全書考證》卷 7，景印文淵閣《四庫全書》第 1497 冊，臺灣商務印書館 1986 年初版，第 184 頁。
〔註103〕許維遹《韓詩外傳集釋》，中華書局 1980 年版，第 119 頁。屈守元《韓詩外傳箋疏》，巴蜀書社 1996 年版，第 327 頁。
〔註104〕蕭旭《說苑校補》，收入《群書校補》，廣陵書社 2011 年版，第 547 頁。
〔註105〕參見蕭旭《大戴禮記拾詁》，《澳門文獻信息學刊》第 5 期，2011 年 10 月出版，第 117 頁。
〔註106〕俞樾《荀子平議》，收入《諸子平議》卷 15，上海書店 1988 年版，第 300 頁。

忠，弗能建其義」，《御覽》卷616引作「非申叔之忠，弗能進其義」。「信」當作「忠」，涉上文「重一言之信」而誤。「達」、「進」皆「建」之誤。

（4）孔子常自筮其卦

按：《初學記》卷20、《御覽》卷728、《錦繡萬花谷》後集卷34、《古今合璧事類備要》前集卷55引「常」作「嘗」，「其」作「而」。常，讀爲嘗。筮，《初學記》、《萬花谷》、《事類備要》引作「著」，義同。

（5）孔子對曰：「以其離耶。」

按：孫志祖曰：「《御覽》卷728『離』作『雜』，是。」孫說是也，下文「非正色之卦也」，即言其雜。楊朝明注：「離，模糊不清。」臆說也。

（6）黑白宜正焉

按：四庫本、范本作「白宜正白，黑宜正黑」，《御覽》卷728引同，《說苑·反質》作「白當正白，黑當正黑」。

（7）今得《賁》，非吾兆也

按：吾，當據《御覽》卷728引作「吉」。上文子張曰：「卜者得《賁》卦，吉也」，孔子不同意，故云「非吉兆也」。

（8）孔子曰：「吾于甘棠，見宗廟之敬甚矣。思其人，必愛其樹；尊其人，必敬其位，道也。」

按：《御覽》卷531引脫「位」字。《說苑·貴德》「道也」作「順安萬物，古聖之道幾哉」，疑此有脫文。上博簡《孔子詩論》：「甚貴其人，必敬其位；悅其人，必好其所爲。」

（9）子路戎服見於孔子，拔劍而舞之

按：拔，《類聚》卷43、《白氏六帖事類集》卷4、《御覽》卷574、《禮書》卷22引同，《書鈔》卷107、122引作「杖」，《說苑·貴德》作「持」。

（10）有不善則以忠化之，侵暴則以仁固之

按：孫志祖曰：「《御覽》卷341『固』作『圍』，與《說苑》同。盧云：『圍

當作圉，與禦同。』」下句《御覽》卷 342 引作「寇暴則以仁圉之」，
《事類賦注》卷 13 引作「寇暴則以仁禦之」，《說苑·貴德》作「寇
暴以仁圉」，孫氏失檢。向宗魯曰：『『圉』乃『圉』之誤，『固』乃『圉』
之誤，『圉』、『圉』並與『禦』通。」〔註107〕皆是也。何孟春曰：「固，
結也。」慶長本解作「以仁道固結之」，楊朝明解「固」爲「穩住」，
斯皆不能校正之過也。

（11）楚王出遊，亡弓

　按：四庫本、《句解》本、何本、寬永本、宗智本、慶長本作「楚恭王出
遊，亡烏嘷之弓」，并有注：「烏嘷，良弓之名。」范本作「楚共王出
遊，亡烏號之弓」。《御覽》卷 347 引作「楚共王出遊，亡其烏嘷之弓」，
有注：「烏嘷，良弓名也。」《書鈔》卷 125 引作「楚恭王出遊，亡其
烏號之弓」，《類聚》卷 60、《事類賦注》卷 13、宋王十朋《東坡詩集
註》卷 26 引同《書鈔》，惟「恭」作「共」，《類聚》有注：「烏號，
良弓名也」。本書章末王肅注：「王，恭王。弓，烏嘷之良弓。」「烏」
當作「烏」，「嘷」當作「嘷（嘷）」，皆形近之譌。「烏嘷」即「烏號」
〔註108〕。《公孫龍子·跡府》、《孔叢子·公孫龍》作「繁弱之弓」。

（12）王曰：「止，楚王失弓，楚人得之，又何求之？」

　按：楚王，當據《書鈔》卷 125、《類聚》卷 60、《御覽》卷 347、《事類賦
注》卷 13、宋王十朋《東坡詩集註》卷 26 引作「楚人」，《說苑·至
公》、《孔叢子·公孫龍》同，《呂氏春秋·貴公》作「荊人遺之，荊
人得之」，《孔叢子·公孫龍》作「楚人遺弓，楚人得之」。《白帖》卷
58：「楚人亡弓，楚人得之。」未言所出，然亦作「楚人」。《公孫龍
子·跡府》亦誤作「楚王」。

（13）孔子聞之，「惜乎，其不大也，不曰『人遺弓，人得之』而已，
　　　何必楚也？」

　按：不曰，何本、姜本作「亦曰」。《御覽》卷 347、《事類賦注》卷 13、宋王

〔註107〕向宗魯《說苑校證》，中華書局 1987 年版，第 113 頁。
〔註108〕《史記·司馬相如傳》：「左烏嘷之雕弓，右夏服之勁箭。」《文選·子虛賦》
　　　　作「烏號」。

十朋《東坡詩集註》卷26引「聞之」下有「曰」字，「不曰」作「宜曰」。《公孫龍子・跡府》、《孔叢子・公孫龍》、《說苑・至公》「聞之」下有「曰」字，「不曰」作「亦曰」。「不」即「亦」形誤。「亦」猶宜也、當也。

（14）孔子為魯司寇，斷獄訟，皆進眾議者而問之

按：皆，猶必也。《說苑・至公》作「聽獄必師斷」。

（15）孔子問漆雕憑曰

按：憑，《御覽》卷931引作「馮」，《說苑・權謀》作「馬人」。盧文弨曰：「『馬人』二字疑『馮』之譌，《家語》作『憑』，《左氏襄二十三年》《正義》引《家語》作『平』。」〔註109〕孫志祖說略同。《論語・公冶長》邢昺疏引亦作「平」。

（16）子事臧文仲、武仲及孺子容

按：事，侍奉也。楊朝明注：「事，當作『視』。」非也。

（17）孔子聞之曰：「公索氏不及二年將亡。」後一年而亡

按：而，猶果也。《新序・雜事四》：「晉文公將伐鄴，趙衰言所以勝鄴，文公用之，而勝鄴。」《呂氏春秋・不苟》作「文公用之果勝」。《漢紀》卷19：「後歲餘，而誅矣。」《漢書・酷吏傳》作「後歲餘，果敗」。皆其確證。

（18）門人問曰：「昔公索氏亡其祭牲，而夫子曰不及二年必亡，今過期而亡，夫子何以知其然？」

按：夫子曰不及二年必亡，今則一年而亡，不得言「過期」。《史通》卷35引作「今果如期而亡」，《說苑・權謀》作「今期年而亡」。「過」乃「果」音誤，「期」即「期年」之謂，《史通》作「如期」亦誤。《路史》卷35作「公索氏將祭而忘其姓」，音之誤也。

（19）西伯仁也，盍往質之

王肅注：盍，何不。質，正也。

〔註109〕盧文弨《說苑校正》，收入《群書拾補》，《續修四庫全書》第1149冊，上海古籍出版社2002年版，第422頁。

按：寬永本上方校云：「一本『仁』下有『人』字。」四庫本、陳本、姜本
「仁」下有「人」字，《類聚》卷 21、65、《御覽》卷 423、821、《記纂
淵海》卷 60 引同，《詩‧縣》毛傳亦作「仁人」。《御覽》卷 423 引「盍」
作「蓋」，借字。

（20）吾儕小人也，不可以入君子之朝

按：入君子之朝，《類聚》卷 21、65、《御覽》卷 423、821、《記纂淵海》卷
60、《類說》卷 38 引同，四庫本、范本作「履君子之庭」，乃據《詩‧
縣》毛傳而改也。

（21）是故君子之狎足以交歡，其莊足以成禮

按：歡，《類聚》卷 23 引誤作「勸」。

（22）孔子作色而對曰：「君胡然焉？」

按：《荀子‧哀公》作：「孔子蹴然曰：『君號然也？』」楊倞註：「《莊子音
義》崔譔云：『蹴然，變色之貌。』號，讀為胡，聲相近，字遂誤耳。
《家語》作『君胡然也』。」

（23）衰麻苴杖者，志不存乎樂，非耳弗聞，服使然也

按：衰麻苴杖，《荀子‧哀公》作「資衰苴杖」。楊倞註：「資，與齊同。
苴，竹杖也。苴謂蒼白色自死之竹也。」又《禮論》：「齊衰苴杖。」
楊倞註：「《禮記》：『斬衰苴杖。』謂以苴惡死竹為之杖。」《禮記‧
喪服小記》：「苴杖，竹也。削杖，桐也。」孔疏：「苴者，黯也。」
《淮南子‧本經篇》：「衰絰苴杖。」高誘注：「苴麻之有實者。衰讀
曰崔杼之崔也。」《學林》卷 9 取「苴麻」之說。「苴杖」謂枯竹之
杖，楊註說「苴謂自死之竹」是也，餘說皆非。《詩‧召旻》：「如彼
棲苴。」孔疏：「苴是草木之枯槁者。」《楚辭‧悲回風》：「草苴比
而不芳。」王逸注：「生曰草，枯曰苴。」字亦作柤，《玄應音義》
卷 25 引《詩》作「棲柤」。字亦作菹，《管子‧輕重甲》：「請君伐菹
薪。」尹注：「草枯曰菹，采居反。」苴之言殂，死也，故竹木之自
枯死者從草作苴。

（24）且臣聞之，好肆不守折，而長者不為市，竊夫其有益與無益，君
　　子所以知

　　　王肅注：言市弗能為廉，好肆不守折也。言長者之行，則不為市買之事。
　　　竊，宜為「察」。

　按：《荀子・哀公》楊倞以「竊」屬上句，解云：「言喜於市肆之人，不使所
　　　守貨財折耗；而長者亦不能為此市井盜竊之事。」范家相、孫志祖皆從
　　　楊說。金其源曰：「竊與察本可通用，不必為察。」〔註110〕金說為長。

（25）見長者而不盡其辭，雖有風雨，吾不能入其門矣

　按：孫志祖曰：「《御覽》卷182作『見長者不能出其色，見幼者不能盡其
　　　辭』，盧云：『出字疑。』」孫氏失檢，《御覽》卷183引作「見長者不
　　　能黜其色，見幼者不能盡其辭，雖有疾風雨，吾不入其門矣」，《記纂
　　　淵海》卷 50 引作「見長者不能黜其色，見幼者不能盡其辭，雖有疾
　　　風暴雨，吾不入門矣」。考《意林》卷 1 引《子思子》：「見長不能屈
　　　其色，見貴不能盡其辭，雖有風雨，吾不入其門也。」皆足證今本必
　　　有脫文也。黜，貶下也，「屈」為借字。疑作「貴」是，作「幼」者，
　　　誤以為「長」之對文而改也。

（26）君子以心導耳目，立義以為勇；小人以耳目導心，不愻以為勇

　按：愻，寬永本、宗智本作「孫」，借字。《慎子內篇》：「小人以耳目導心，
　　　聖人以心導耳目。」《意林》卷 1 引《子思子》：「君子以心導耳目，小
　　　人以耳目導心。」《說苑・說叢》：「聖人以心導耳目，小人以耳目導心。」

（27）有其德而無其言，君子恥之

　按：孫志祖曰：「盧云：『《記》作「居其位無其言」，是也。』」上句《禮記・
　　　雜記下》、《說苑・說叢》作「居其位無其言」。今本此二句前，當據《禮
　　　記》、《說苑》補「君子有五恥」五字，下文云云，即「五恥」也。《金
　　　樓子・立言篇上》作「君子有四恥，有其位無其言，君子恥之……」，
　　　省去了本書的「眾寡均而人功倍己焉，君子恥之」，故言「四恥」。則本
　　　書的「德」當從諸書作「位」，斷無疑也。有其位無其言者，言其尸位

素餐也。楊朝明解爲「具有良好品德而無法用語言表達」，眞是沒有得孔聖人之意也。不先作文字校訂，能免郢燕之說乎？

（28）地有餘民不足，君子恥之

按：上句四庫本作「地有而民不足」，各脫一字，當據《禮記・雜記下》、《說苑・說叢》、《金樓子・立言篇上》作「地有餘而民不足」，寬永本、宗智本不脫。楊朝明校云：「餘，四庫本、同文本作『而』。」「餘」、「而」何由得爲異文？不思之甚也。

（29）鄰之釐婦亦獨處一室

　　王肅注：釐，寡婦也。

按：釐，《詩・巷伯》毛傳同，陳本、范本作「嫠」，《御覽》卷 174、《類說》卷 38、《記纂淵海》卷 52、《古今合璧事類備要》前集卷 28、《禪宗決疑集》卷 1 引作「嫠」。嫠（嫠）、釐，正、借字。

（30）吾聞男女不六十不同居

按：同，四庫本、寬永本、宗智本作「間」，《雲仙雜記》卷 9 引作「閑」，《詩・巷伯》毛傳亦作「間」。「間」字是，雜也，廁也。《說郛》卷 119 引《雲仙雜記》作「閒」，同「間」。《四庫全書考證》卷 71：「刊本『同』訛『閑』，據《家語》改。」〔註111〕楊朝明校云：「恐『同』先訛爲『間』，後又訛爲『閒（閑）』。」皆未得。

（31）今子幼，吾亦幼，是以不敢納爾也

按：敢，寬永本、宗智本、慶長本無，《詩・巷伯》毛傳作「可以」。寬永本上方校云：「一本『納爾』上有『敢』字。」敢，猶得也，可也〔註112〕。

（32）孔子曰：「小辯害義，小言破道。」

按：《大戴禮記・小辨》：「夫小辨破言，小言破義，小義破道。」《淮南子・泰族篇》：「小辯破言，小利（言）破義，小義破道。」《淮南》「利」作「言」，「小言」、「小義」皆承前句言之。《逸周書・武稱解》：「淫言破

〔註111〕《四庫全書考證》卷 71，景印文淵閣《四庫全書》第 1499 冊，臺灣商務印書館 1986 年初版，第 622 頁。
〔註112〕參見蕭旭《古書虛詞旁釋》，廣陵書社 2007 年版，第 132～133 頁。

義。」是其確證。《文子・上仁》：「故小辯害義，小義破道。」《後漢書・陳元傳》：「小辯破言，小言破道。」此文及《文子》、《後漢》皆爲省文。

（33）君子而強氣，則不得其死；小人而強氣，則刑戮荐臻

按：荐臻，四庫本、范本、姜本作「薦臻」，寬永本、宗智本作「荐臻」，《先聖大訓》卷5、《示兒編》卷1、《類說》卷38引作「洊臻」，《記纂淵海》卷45引作「荐臻」。洊、薦、荐，並同，字亦作瀳。信陽長臺關戰國楚簡：「周公勃然作色曰：『易（狄）！夫㦰（賤）人格上則刑戮至，剛……』」《御覽》卷802引《墨子》：「周公見申徒狄曰：『賤人強氣則罰至。』」王志平指出與此文相近，謂「強氣」即《老子》第55章「心使氣曰強」〔註113〕。

卷　三

《觀周》第十一

（1）吾聞老聃博古知今，通禮樂之原，明道德之歸，則吾師也

按：《類說》卷38引「知」、「通」互易，「明」作「測」，皆誤。本書《論禮》：「達於禮樂之源。」〔註114〕上博竹簡（二）《民之父母》：「達於禮樂之原。」達亦通也。

（2）孔子觀乎明堂，覩四門墉，有堯舜之容、桀紂之象，而各有善惡之狀、興廢之誡焉

按：四門，《治要》卷10引誤作「四方」。之容，四庫本、范本作「與」；《玉海》卷196、《孔子編年》卷1、《先聖大訓》卷5引有此二字，《文選・魯靈光殿賦》李善注、《治要》卷10、《類聚》卷38、《初學記》卷24、《白帖》卷32、《御覽》卷187、533、《玉海》卷56、96、《禮書》卷40引無「之容」二字。二字蓋宋人所增，以求與下句對文。誡，《白帖》卷32引誤作「禮」。

〔註113〕王志平《〈孔子家語〉札記》，《學術集林》第9卷，上海遠東出版社1996年版，第121頁。
〔註114〕《禮記・孔子閒居》「源」作「原」。

（3）又有周公相成王，抱之負斧扆，南面以朝諸侯之圖焉

按：圖，《類聚》卷 38 引誤作「國」。

（4）夫明鏡所以察形，往古者所以知今

按：「明鏡」下當據《治要》卷 10 引補「者」字，《大戴禮記・保傅》、《韓詩外傳》卷 5、7 亦有「者」字。寬永本上方校云：「一本無『者』字（引者按：指「往古者」之「者」）。」《句解》本、陳本、何本、范本、姜本、慶長本下句無「者」字，《賈子・胎教》、《說苑・尊賢》同，亦可。

（5）今人主不務襲迹於其所以安存，而忽忽所以危亡

按：忽忽，四庫本作「急急」，寬永本、宗智本、慶長本作「急忽」，《先聖大訓》卷 5 作「急遽」。寬永本上方校云：「『急』當作『忽』。」迹，《韓詩外傳》卷 5、7 作「蹈」。

（6）安樂必戒，無所行悔

王肅注：言當詳而後行，所悔之事不可復行。

按：寬永本上方校云：「『所行』當作『行所』。」無所行悔，《御覽》卷 430、590 引同，當據何本、姜本乙作「無行所悔」，《治要》卷 10、《文選・幽憤詩》李善注、《御覽》卷 458 引亦作「無行所悔」，《說苑・敬慎》、《類聚》卷 19 引《金人銘》同。王注云云，似正作「所悔」。睡虎地秦簡《爲吏之道》、上博簡《武王踐阼》、嶽麓書院藏秦簡《爲吏治官及黔首》並作「毋行可悔」，《大戴禮記・武王踐阼》作「無行可悔」。可，猶所也，《御覽》卷 709 引《大戴》正作「所」。戒，秦簡、上博簡、《說苑》、《類聚》引《金人銘》同，《治要》卷 10、《御覽》卷 590 引作「誡」，《大戴》作「敬」。敬，讀爲儆，字亦作警。《說文》：「儆，戒也。」又「戒，警也。」

（7）焰焰不滅，炎炎若何

按：焰焰，《御覽》卷 458 引作「熒熒」，《六韜・文韜・守土》、《說苑・敬慎》亦作「熒熒」，《類聚》卷 19 引《金人銘》作「燄燄」，《賈子・審微》引《語》作「爤爤」。《說文》：「燄，火行微燄燄也。」《廣韻》：「燄，燄燄，火初著也。」「焰」同「燄」。盧文弨曰：「焰焰，舊本皆訛作『爤爤』，

字書未有所考。今從《金人銘》作『焰焰』。」〔註 115〕「爞爞」即「焰焰」，不煩改字。《楚辭・九歎》：「撥諂諛而匡邪兮。」宋・洪興祖《補注》：「諂，一作讒。」「焰」之作「爞」，猶「諂」之作「讒」也。音轉又作「庸庸」，《書・洛誥》：「無若火始燄燄。」孔傳：「火始然，燄燄尚微。」《漢書・梅福傳》引作「庸庸」，顏師古注：「庸庸，微小貌也。」惠棟曰：「庸庸，猶熒熒。」〔註 116〕滅，《六韜》作「救」，止也。

（8）涓涓不壅，終為江河

按：終，《六韜・文韜・守土》、《說苑・敬慎》作「將」。終，猶將也。

（9）綿綿不絕，或成網羅

按：或，《類聚》卷 19 引《金人銘》同，《御覽》卷 458 引作「將」，《說苑・敬慎》同。或，猶將也。《逸周書・和寤解》：「緜緜不絕，蔓蔓若何？」《戰國策・魏策一》引《周書》：「綿綿不絕，縵縵若何？」

（10）毫末不札，將尋斧柯

王肅注：如毫之末，言至微也。札，拔也。尋，用者也。

按：注「拔」，寬永本、宗智本作「板」，寬永本上方校作「拔」。注文「者」字衍。《廣韻》：「扎，扎拔也，出《家語》。」《治要》卷 10 引亦作「扎」。字亦作揠，《方言》卷 3：「揠，拔也，東齊海岱之間曰揠。」郭璞注：「今呼拔草心爲揠，烏拔反。」《小爾雅》：「拔心曰揠。」《集韻》：「揠，《說文》：『拔也。』或作扎。」本書作「扎（札）」，即古齊語也。《孟子・公孫丑上》：「宋人有閔其苗之不長而揠之者。」趙岐注：「揠，挺拔之，欲亟長也。」孟子亦用古齊語〔註 117〕，趙注「挺拔」者，挺亦拔也。「揠」從「匽」得聲，與「勘」相通轉，「扎（札）」、「揠」之言用力拔也〔註 118〕，與下文「芒芒然歸，謂其人曰『今日病矣』」

〔註 115〕盧文弨《賈誼新書》校本，收入《諸子百家叢書》，上海古籍出版社影印浙江書局本 1989 年版，第 18 頁。

〔註 116〕惠棟《九經古義》卷 4《尚書古義下》，收入《叢書集成新編》第 10 冊，新文豐出版公司 1985 年版，第 174 頁。

〔註 117〕徐仁甫《〈孟子〉方言考》即據《方言》卷 3 指「揠」爲方言，《志學月刊》第 5 期，成都 1942 年版，第 15 頁。

〔註 118〕參見蕭旭《象聲詞「札札」考》。

相應（趙注：「病，罷也。芒芒然，罷倦之貌。」）。《六書故》：「揠，拔之微起也。」不切。《六韜‧文韜‧守土》：「兩葉不去，將用斧柯。」《御覽》卷763引作「繁葉不去，將爲斧柯」。《逸周書‧和寤解》：「豪末不掇，將成斧柯。」《戰國策‧魏策一》引《周書》：「毫毛不拔，將成斧柯。」《史記‧蘇秦傳》引《周書》：「毫釐不伐，將用斧柯。」《說苑‧敬慎》：「青青不伐，將尋斧柯。」《賈子‧審微》引《語》：「萌芽不伐，且折斧柯。」「伐」疑「拔」形譌。折，讀爲製〔註119〕。言將製作成斧柯也。慶長本注：「……將用斧柯而斫。」非也。

（11）誠能慎之，福之根也；口是何傷，禍之門也

按：根，《御覽》卷458、590引誤作「垠」。口，《治要》卷10、《御覽》卷458、590、《類說》卷38、《古今事文類聚》後集卷19、《詩林廣記》卷9引同，《說文繫傳》「害」字條引《金人銘》亦同，下文「口過」與此相應。何本誤作「曰」。宋本《說苑‧敬慎》：「誠不能慎之，禍之根也；口是何傷，禍之門也。」《孔子集語》卷上引同，一本「口」亦誤作「曰」。作「口」與「門」相應。《孔子編年》卷1、《先聖大訓》卷5作「口」。《宋書‧傅亮傳》《演慎論》引《語》亦誤作「曰」〔註120〕。敦煌寫卷P.3697《捉季布傳文》：「唯有季布鍾離末，始知口是禍之門。」亦作「口」字之旁證。鄔可晶從裘錫圭說，謂「口是何傷」不通，當作「曰是何傷」，與「誠能慎之」相對，意即「說『這有什麼妨害的呢』」〔註121〕。其說非是。嶽麓書院藏秦簡《爲吏治官及黔首》：「禍與福（福）鄰：刃之刃之，福（福）之基也；可（何）傷可（何）傷，過（禍）之貴也。」鄔可晶從陳劍說，讀「刃」爲「訒」，解爲「言之難」、「言之鈍」；又從蔡偉說，讀「貴」爲「階」〔註122〕。余謂讀「刃」爲「訒」不確，「訒」訓言鈍，是口吃義，今吳語尚謂口吃爲「訒」，又作「吶」，謂口吃的人爲「訒子」。「刃」當讀爲忍。「忍之忍之」是指不要輕易說話，與本書

〔註119〕參見鄔可晶《〈孔子家語〉成書時代和性質問題的再研究》，復旦大學2011年博士學位論文，第96頁。
〔註120〕《宋書》點校本失校，中華書局1974年版，第1339頁。
〔註121〕鄔可晶《〈孔子家語〉成書時代和性質問題的再研究》，復旦大學2011年博士學位論文，第87頁。
〔註122〕鄔可晶《〈孔子家語〉成書時代和性質問題的再研究》，復旦大學2011年博士學位論文，第97頁。

言「慎之」同意。貴，讀爲闠〔註123〕。《說文》：「闠，市外門也。」《文選·西京賦》：「爾乃廓開九市，通闤帶闠。」薛綜注引崔豹《古今注》：「市門曰闤。」簡文泛指門。又疑「貴」爲「責」誤，乃「積」之省借。

（12）人皆趨彼，我獨守此；人皆或之，我獨不徙

王肅注：或之，東西轉移之貌。

按：或之，何本、范本、寬永本、宗智本作「惑之」，注同。寬永本上方校云：「『惑』本作『或』。」《御覽》卷590、《孔子編年》卷1、《先聖大訓》卷5、《習學記言》卷17引亦作「惑之」，《治要》卷10引作「惑惑」，注同。「或」爲「惑」古字，「之」當爲重文符號之誤，自宋人始誤之也。《說苑·敬慎》：「眾人惑惑，我獨不從。」「從」爲「徙」形誤，「徙」、「此」爲韻〔註124〕。《史記·賈生傳》《鵩鳥賦》：「眾人或或兮，好惡積意。」《集解》引李奇曰：「或或，東西也。」《漢書》、《文選》李善本皆作「惑惑」。賈賦「或或」正與此文相同，李奇說亦與王肅相同。此皆其確證也。《呂氏春秋·離謂》：「故惑惑之中有曉焉，冥冥之中有昭焉。」《御覽》卷526引《吳越春秋》：「濛濛惑惑，如霧蔽日。」義並同。字或作「撽撽」，《荀子·不苟》：「其誰能以己之僬僬，受人之撽撽者哉？」楊倞註：「撽，當爲惑。惑，惛也。」《史記·屈原傳》：「人又誰能以身之察察，受物之汶汶者乎？」《索隱》：「汶汶者，音閔，汶汶猶昏暗也。」「汶汶」讀爲「昏昏」，可證「撽撽」之義。字或作「域域」，《鶡冠子·世兵》：「眾人域域，迫於嗜欲。」陸佃注：「域域，淺狹之貌。」《文選·鵩鳥賦》李善注引作「惑惑」。《易林·臨之歸妹》：「域域牧牧，憂禍相伴。」陸注非也。黃懷信謂「陸見本誤」〔註125〕，此則未達通借之指。楊朝明注：「或之，到某處去。之，往、去。」其說陋甚，於文字不作校訂，妄說至有如此者。

（13）誰能於此

按：誰，當據《治要》卷10、《御覽》卷590引作「唯」。於此，猶言如此。

〔註123〕此趙家棟博士說。

〔註124〕參見江有誥《先秦韻讀·家語》，《江氏音學十書》，收入《續修四庫全書》第248冊，上海古籍出版社2002年版，第174頁。

〔註125〕黃懷信《鶡冠子彙校集注》，中華書局2004年版，第298頁。

（14）天道無親，而能下人

按：而能下人，何本注：「一作『常與善人』。」《治要》卷 10 引作「常與善
人」，《御覽》卷 590 引作「嘗（常）與善人」，《說苑・敬慎》亦作「常
與善人」。「天道無親，常與善人」本古語，《後漢書・袁紹傳》李賢注
引《太公金匱》、《老子》第 79 章、《史記・伯夷傳》亦述之，今本蓋誤。
《國語・晉語六》：「天道無親，唯德是授。」《左傳・僖公五年》引《周
書》：「皇天無親，惟德是輔。」《新序・雜事四》：「天道無親，惟德是
輔。」《淮南子・詮言篇》：「天道無親，唯德是與。」皆與「常與善人」
相合。王叔岷曰：「『常』猶『惟』也。『與』猶『親』也。輔亦親也。『授』
借爲『受』，《廣雅》：『受，親也。』」〔註 126〕

（15）行身如此，豈以口過患哉

按：《御覽》卷 590 引無「以」字。下句言豈患口之過也。《孝經・卿大夫
章》：「言滿天下，無口過。」《鹽鐵論・毀學》：「終日言，無口過。」
「口過」之義並同。《說苑・敬慎》「過」誤作「遇」。向宗魯、左松
超並失校〔註 127〕。

（16）夫說者流於辯，聽者亂於辭

王肅注：流，猶過也，失也。

按：《書鈔》卷 30：「說者流於辨，得者亂於辭。」未言出處。「得者」即「聽
者」也。辨，讀爲辯，謂巧言也。《說苑・反質》：「夫說者流於聽，言者
亂於辭。」「聽」、「言」二字當互乙〔註 128〕。盧文弨校《說苑》曰：「『辯』
脫，《家語》有。言，《家語》無。」〔註 129〕盧氏補「辯」字，非也。

（17）如此二者，則道不可以忘也

按：如，四庫本、寬永本、宗智本誤作「知」。忘，《說苑・反質》作「委」。

〔註 126〕王叔岷《史記斠證》，中華書局 2007 年版，第 2000 頁。
〔註 127〕向宗魯《說苑校證》，中華書局 1987 年版，第 259 頁。左松超《說苑集證》，
　　　　（臺灣）「國立」編譯館 2001 年版，第 661 頁。
〔註 128〕鄔可晶《〈孔子家語〉成書時代和性質問題的再研究》已指出，復旦大學 2011
　　　　年博士學位論文，第 213 頁。
〔註 129〕盧文弨《說苑校正並補遺》，收入《群書拾補》，《續修四庫全書》第 1149 冊，
　　　　上海古籍出版社 2002 年版，第 429 頁。

委，棄也。忘亦棄也。姜兆錫注：「委，俗誤作忘，今從《說苑》改正。委道，猶言委贄也。贄本爲道而委，若如二者，則不可以贄委之矣。」姜氏牽於上文「吾比執道，而今委質以求當世之君」以說之，非也。委質，猶言委身，姜氏解爲「委贄」，亦誤。

《弟子行》第十二

此篇與《大戴禮記·衛將軍文子》略同，下引簡稱作《大戴》。

（1）子貢對以不知

按：《大戴》「以」上有「辭」字，此脫。「子貢對」三字爲句。

（2）故不得徧知以告也

按：徧，《大戴》作「辯」，借字。

（3）不遷怒，不深怨

按：深，《御覽》卷445引同，《大戴》作「探」。「深」字是。方向東曰：「探訓取，作『深』誤。」〔註130〕方說未允。

（4）不畏強禦，不侮矜寡

按：何孟春注：「矜與鰥同。」姜本及《御覽》卷445引作「鰥」，寬永本、宗智本誤作「矜」。

（5）好學博藝，省物而勤也

王肅注：省錄諸事而能勸（勤）也。

按：勤，《御覽》卷445引誤作「動」。《大戴》作「好學省物而不懃」，盧辯注：「物，猶事也。事省則不懃也。」王樹柟謂《大戴》及盧注皆衍「不」字〔註131〕，是也。

（6）滿而不盈，實而如虛，過之如不及

按：如虛，《御覽》卷445引誤作「不虛」。《大戴》作「滿而不滿，實〔而〕

〔註130〕方向東《大戴禮記匯校集解》，中華書局2008年版，第654頁。
〔註131〕轉引自方向東《大戴禮記匯校集解》，中華書局2008年版，第658頁。

如虛，通之如不及」。「通」爲「過」形誤。

（7）博無不學，其貌恭，其德敦

按：敦，《御覽》卷 445 引誤作「敢」。《大戴》脫誤作「不學其貌竟其德
敦」，當據此文訂正〔註 132〕。

（8）其驕於人也，常以浩浩

王肅注：浩然志大，驕太（大）貌也。大人，富貴者也。

按：於，四庫本、《句解》本、陳本、范本、姜本、宗智本、慶長本作「大」，
是也。何本脫「大」字。《大戴》作「其橋大人也，常以皓皓」，盧辯
注：「橋，高也，高大之人也。皓皓，虛曠。」

（9）美功不伐，貴位不善

按：美，《大戴》作「業」。王念孫、惠棟謂「業」當作「美」，「善」當作
「喜」〔註 133〕。寬永本正作「喜」。下文「貴之不喜，賤之不怒」，
尤爲確證。裴學海謂「業」字不當改，《爾雅》：「業，大也。」〔註 134〕
裴說是也。

（10）不傲無告

按：傲，《大戴》作「敖」，古字通用。

（11）學之深

按：《大戴》作「學以深」，其下有「屬以斷」三字，今本脫之。

（12）上交下接若截焉

按：《大戴》作「上友下交，銀乎如斷」，盧辯注：「銀，廉鍔也。如斷，言
便能。」銀，讀爲垠、圻，垠堮、邊棱。廉，棱也。鍔，讀爲堮。

（13）貴之不喜，賤之不怒

按：《文子·九守》：「賤之不可憎也，貴之不可喜也。」

〔註132〕參見方向東《大戴禮記匯校集解》引諸家說，中華書局 2008 年版，第 663～
664 頁。
〔註133〕並轉引自方向東《大戴禮記匯校集解》，中華書局 2008 年版，第 664 頁。
〔註134〕裴學海《評高郵王氏四種》，《河北大學學報》1962 年第 2 期，第 47～48 頁。

（14）其事上也以佑其下

　　　　王肅注：言所以事上，乃欲佑助其下也。

　按：佑，《大戴》作「佐」，盧辯注：「佐，助也。」

（15）孔子曰：「欲能則學，欲知則問，欲給則豫，欲善則詳。」

　　　　王肅注：欲給則豫，事欲給而不礙，則莫若於豫。欲善則詳，欲善其事，
　　　　當詳慎也。

　按：(a)《韓詩外傳》卷6：「不能則學，不知則問。」《荀子・非十二子》、《呂
　　　氏春秋・謹聽》、《董子・執贄》、《說苑・敬慎》並云：「不知則問，不
　　　能則學。」皆可與「欲能則學，欲知則問」參證。(b)《國語・晉語一》：
　　　「誠莫如豫，豫而後給。」韋注：「豫，備也。給，及也。言先有備而
　　　後及事也。」韋注給訓及，非是。《玉篇》：「給，備也。」具備之義，
　　　與「豫備」義相承。(c) 欲善則詳，《大戴》作「欲善則訊」。戴震曰：
　　　「行，各本訛作善，今從《永樂大典》本。」王念孫、王樹枏皆謂當據
　　　本書作「欲善則詳」〔註135〕。考《大戴禮記・曾子制言上》曾子曰：「不
　　　能則學，疑則問，欲行則比賢。」以《戴》證《戴》，當作「欲行則訊」。
　　　訊，問也。比賢者，親近賢者而問之也。《治要》卷36引《尸子・處道》
　　　引孔子語「詳」作「肄」，其餘與本書同。「肄」字未詳。

（16）孔子信其能仁，以為異士

　　　　王肅注：異士，殊異之士也。《大戴》引之曰：「以為異姓婚姻也，以兄之
　　　　女妻之者也。」

　按：異士，當從《大戴》作「異姓」，王注非也。盧辯注：「謂以兄之子妻之
　　　也。《周禮・司儀職》曰：『天揖異姓，士揖庶姓。』《家語》曰：『以為
　　　異事。』言殊異之士，似妄也。」今《周禮》作「士揖庶姓，時揖異姓，
　　　天揖同姓」，鄭注：「異姓，昏姻也。」盧辯注引有脫誤。取妻不可取同
　　　姓，故以為異姓，即為婚姻之稱也。

（17）自見孔子，出入於戶，未嘗越禮

　按：禮，四庫本、范本作「履」，《大戴》作「屨」，《御覽》卷372引《家語》、

〔註135〕並轉引自方向東《大戴禮記匯校集解》，中華書局2008年版，第669頁。

又卷 432 引《大戴》並作「履」。盧辯注：「凡在於室，卑者之屨，皆陳於戶外，故雖後至，而不越焉。」禮，讀爲履，與「屨」同義。

（18）往來過之，足不履影

按：之，《御覽》卷 432 引《大戴》同，今《大戴》作「人」。

（19）若吾子之論，既富茂矣，壹諸侯之相也

王肅注：壹，皆。

按：《大戴》作「若吾子之語，審茂，則一諸侯之相也」。「富」爲「審」形誤，《大戴》「則」字當乙於「審」字之上。審，信也。

（20）衛將軍文子問二三子之於賜

按：「之」下當據范本、《大戴》補「行」字。姜本脫「之行」二字。

（21）汝次焉人矣

王肅注：言爲知人之次。

按：焉，當據各本作「爲」，形之譌也。《大戴》作「汝偉爲知人」，盧辯注：「偉爲知人，言大爲知人也。」本書「次」字譌，又脫「知」字。宋·葉適《習學記言》卷 17 引作「汝次爲人」，是宋代已脫誤矣。于鬯讀偉爲諱〔註136〕，未洽。偉，語詞，猶今言「喂」〔註137〕。

（22）孔子曰：「然，吾亦語汝耳之所未聞，目之所未見者，豈思之所不至，智之所未及哉？」

按：孫志祖曰：「《大戴》無『者』、『豈』二字，疑衍。」孫說是，四句平列。

（23）思天而敬人

按：思，寬永本、宗智本誤同，當據范本、姜本、《御覽》卷 445 引作「畏」，《大戴》亦作「畏」。本書《五帝德》：「畏天而愛民。」（《大戴》同）亦其旁證。《史記·仲尼弟子傳》《索隱》引已誤作「思」。

〔註136〕于鬯《香草校書》卷 35，中華書局 1984 年版，第 702 頁。
〔註137〕參見章太炎《新方言》，收入《章太炎全集（7）》，上海人民出版社 1999 年版，第 6 頁；又參見蕭旭《「兒郎偉」名義考》。

（24）從善而不教

按：當據《大戴》作「好從善而斅往」。「斅」同「效」。「教」爲「斅」形
誤。斅往者，言鑒於往事也。

（25）內植足以沒其世

按：內植，《大戴》作「不內辭」。《禮記・檀弓下》：「文子曰：『行幷植於晉
國，不沒其身，其知不足稱也，其舅犯乎？』」鄭玄注：「幷，猶專也，
謂剛而專己，爲狐射姑所殺。沒，終也。植，或爲特。」《國語・晉語
八》「幷植」作「廉直」，《水經注・汾水》引《國語》作「幷植」。植，
讀爲直。「幷植」不詞，「幷」爲「廉」形誤，廉亦直也。此文「內」上
脫「不」字。《大戴》「辭」字誤。王聘珍曰：「辭，訟也。」孫詒讓曰：
「不內辭，疑當爲『不入亂』。」〔註138〕黃懷信曰：「內，讀爲納，謂
其善言辭也。」〔註139〕皆未得。

（26）外寬而內正，自極於隱括之中

王肅注：隱括所以自極。

按：正，《御覽》卷445引作「亡」，《大戴》、《韓詩外傳》卷2作「直」。
「亡」爲「正」形誤。「外寬而內正（直）」即下文「直己而不直人」
之誼。極，《大戴》、《外傳》作「設」，《史記・仲尼弟子傳》《索隱》
引《大戴》作「娛」，《集解》本仍作「設」。《治要》卷36引《尸子・
勸學》作「娛」。王引之謂「設」當作「誤」，「誤」借爲娛、虞，訓安；
俞樾駁王引之說，謂「設」讀爲翕，訓合，高本漢又駁俞說；王樹楠
謂「娛」字是；王聘珍謂「設」訓置，方向東、黃懷信從之〔註140〕。
許維遹曰：「設有合義，順義。合即順適。娛與虞同，虞訓安，安即
安適。極，中也。中亦適合也。」〔註141〕許說「極」誤，其餘皆是。
極訓中，是準則義，而非適合義，此當訓中正、取則，言以隱括正之

〔註138〕並轉引自方向東《大戴禮記匯校集解》，中華書局2008年版，第682頁。
〔註139〕黃懷信《大戴禮記彙校集注》，三秦出版社2005年版，第714頁。
〔註140〕王聘珍、王引之、俞樾、王樹楠說，並轉引自方向東《大戴禮記匯校集解》，
中華書局2008年版，第682～683頁。高本漢《先秦文獻假借字例》（下冊，
陳舜政譯），中華叢書編審委員會1974年版，第104頁。黃懷信《大戴禮記
彙校集注》，三秦出版社2005年版，第715頁。
〔註141〕許維遹《韓詩外傳集釋》，中華書局1980年版，第50頁。

也。余舊說謂「設」疑「役」形誤；極，疲困也；作「役」作「極」，
與「娛」義相反而實相成〔註 142〕，亦非。

（27）汲汲於仁，以善自終

按：《大戴》作「以善存，亡汲汲」，《韓詩外傳》卷 2 作「〔以〕善廢而不悒
悒」，《治要》卷 36 引《尸子·勸學》作「以善廢而不邑邑」。屈守元校
《外傳》曰：「此『善廢』上，疑脫一『以』字。廢，猶罷止也。存，
猶止息也。是廢與存同義。汲汲，猶悒悒也。《家語》大謬。」〔註 143〕
屈說「廢與存同義」誤，其餘皆是。「廢」當訓儲積，言以善儲積於身
也，與「以善存」同義。《史記·仲尼弟子傳》《索隱》引《大戴》作「汲
汲於仁，以善存亡」，誤以「亡」字屬上，又據本書，倒「汲汲于仁」
於上，非也。《先聖大訓》卷 5 同《大戴》，注：「存亡者，死生不變也。」
亦誤以「亡」字屬上。王樹楠校《大戴》以「以善」屬上句作「直己而
不直人以善」，謂《尸子》亦然，改「存亡汲汲」為「存仁汲汲」〔註 144〕，
尤為大誤，王氏未讀《外傳》也。

（28）孝恭慈仁，允德圖義

王肅注：允，信也。圖，謀也。

按：《御覽》卷 445 引同，《史記·仲尼弟子傳》《索隱》引《大戴》亦同，
今本《大戴》作「孝子慈幼，允德稟義」。「圖」疑「稟」之誤。

（29）約貨去怨

王肅注：夫利，怨之所聚，故約省其貨，以遠去其怨。

按：《大戴》同，《史記·仲尼弟子傳》《索隱》引《大戴》「去」誤作「亡」。
《御覽》卷 445 引「約貨」誤作「終貧」。

（30）輕財不匱

按：匱，《御覽》卷 445 引誤作「道」。

〔註 142〕蕭旭《尸子校補》，收入《群書校補》，廣陵書社 2007 年版，第 69 頁。
〔註 143〕屈守元《韓詩外傳箋疏》，巴蜀書社 1996 年版，第 165 頁。
〔註 144〕轉引自方向東《大戴禮記匯校集解》，中華書局 2008 年版，第 684～685 頁。

（31）其言曰：「君雖不量於其身，臣不可以不忠於其君。是故君既擇
臣而任之，臣亦擇君而事之。有道順命，無道衡命，蓋晏平仲之
行也。」

王肅注：君有道，則順從其命。衡，橫也，謂不受其命之隱居者也。

按：順，《御覽》卷445引作「從」。《大戴》「忠」作「量」，「任」作「使」，
「順命」作「順君」，「衡」作「橫」。王引之曰：「『順君』當爲『順
命』。《史記・晏嬰傳》：『國有道，即順命；國無道，即衡命。』《仲
尼弟子傳》《索隱》引《大戴記》曰：『有道順命，無道衡命。』《家
語》同。皆其證矣。」〔註145〕王說是也。《晏子春秋・內篇問上》：「晏
子對曰：『臣雖不知，必務報君以德。士逢有道之君，則順其令；逢
無道之君，則爭其不義。故君者擇臣而使之，臣雖賤，亦得擇君而事
之。』」文意與此相同，「命」即「令」也。劉師培曰：「戴校云：『「令」
與「不義」對文，令，猶善也。上文《景公問欲和臣親下章》云「必
順其令，赦其過」，「令」與「過」對文，均非「號令」之「令」。』
其說非也。《大戴禮・衛將軍文子》、《家語》云云……則『令』即『命』
矣。下云『衡命』，亦與此文『爭不義』合。王以『隱居』爲釋，似
誤。」〔註146〕劉說亦是也。衡命，謂逆其令，犯言直諫，亦即爭（諍）
其不義也。《晏子》「臣雖不知」之「臣」當作「君」，諸家失校。

（32）蹈忠而行信

按：蹈忠，《大戴》作「德恭」。《史記・仲尼弟子傳》《索隱》引《大戴》
同，水澤利忠《校補》：「耿、慶、彭、游、凌、殿『德恭』二字作『蹈
忠』。」〔註147〕

（33）以不能則學，不為己終身之憂

王肅注：凡憂憂所知，不能則學，何憂之有？

按：《大戴》作「以不能學爲己終身之憂」，此文下「不」字衍文。

〔註145〕轉引自方向東《大戴禮記匯校集解》，中華書局2008年版，第686頁。
〔註146〕劉師培《晏子春秋校補定本》，收入《劉申叔遺書》，江蘇古籍出版社1997
年版，第822頁。
〔註147〕水澤利忠《史記會注考證校補》，廣文書局1972年版，第2388頁。

（34）今子掩之

　按：掩，《大戴》作「闇」，借字。

（35）其少也恭而順

　按：順，范本、《大戴》作「遜」。《書・舜典》：「五品不遜。」孔傳：「遜，
　　　順也。」《潛夫論・五德志》：「順五品。」是遜猶順也。《小爾雅》：「順，
　　　退也。」《玉篇》：「遜，退讓也。」是「遜」、「順」同義。

《賢君》第十三

（1）孔子曰：「臣語其朝廷行事，不論其私家之際也。」

　按：語，《治要》卷 10 引同，《御覽》卷 402 引作「論」。《說文》：「語，論
　　　也。」

（2）又有士林國者

　按：《治要》卷 10 引作「又有士曰王林國者」，《御覽》卷 402 引作「又有
　　　士曰王林者」。此脫「曰」、「王」二字。《御覽》脫「國」字。《說苑・
　　　尊賢》作「又有士曰王林國」，脫「者」字。孫志祖曰：「《說苑》云
　　　云，蓋其人姓王名林，國字屬下句，此脫去王字，而以林國為姓名，
　　　誤也。」向宗魯說同〔註 148〕，皆非也。柳宗元《答貢士元公瑾論仕
　　　進書》以「王林國」為人名。

（3）是以靈公無遊放之士

　按：士，《治要》卷 10 引同，《御覽》卷 402 引誤作「才」。

（4）靈公賢而尊之

　按：賢，《治要》卷 10、《御覽》卷 402 引作「知」。

（5）而靈公郊舍三日

　按：郊舍三日，《治要》卷 10、《御覽》卷 402 引同，《類聚》卷 20 引誤作
　　　「却舍」；《說苑・尊賢》作「邸舍三月」。

〔註 148〕向宗魯《說苑校證》，中華書局 1987 年版，第 192 頁。

（6）吾聞鮑叔達管仲，子皮達子產，未聞二子之達賢己之才者也

按：三「達」字，陳本作「進」，《說苑・臣術》亦皆作「進」；何本前一字
作「進」，後二字作「達」；《劉子・薦賢》前二字作「薦」，後一字作「舉」。
達，進也。

（7）廢其世祀

按：廢，各本同，《治要》卷10引作「絕」。《說苑・敬慎》作「裂絕世祀」。
考《逸周書・祭公弟》：「世祀無絕。」作「廢」蓋後人妄改。

（8）荒于淫樂，軏湎于酒

按：《治要》卷10引作「荒乎淫樂，沈湎于酒」，《說苑・敬慎》作「荒淫于
樂，沈酗于酒」。《漢書・五行志上》：「宋、衛、陳、鄭之君皆荒淫于樂，
不恤國政。」《潛夫論・慎微》：「荒淫於酒，沈湎無度。」當「荒淫」
連文，唐本已誤倒，范本不誤。《史記・宋微子世家》：「紂沈湎於酒。」
「沈湎」猶言「淫湎」，「沈酗」猶言「淫酗」，「沈」、「淫」古同聲通用
〔註149〕。「軏」亦借字。

（9）忠士折口，逃罪不言

王肅注：折口，杜口。

按：《先聖大訓》卷5注：「折，絕也。」朱駿聲謂「折」借爲窒〔註150〕。
二說皆非。折，讀爲制。《說文》：「制，一曰止也。」《廣雅》：「制，禁
也。」《治要》卷10引作「鉗口」，注同，蓋臆改。

（10）從上依世則道廢，違上離俗則身危

按：此漢代以前成語。《說苑・敬慎》：「從上依世則廢道，違上離俗則危身。」
《漢書》卷86贊曰：「故曰依世則廢道，違俗則危殆。」顏師古注：「言
隨時曲直則廢於正道，違忤流俗則其身不安也。」

（11）時不興善，己獨由之，則曰非妖即妄也

按：興，各本同。《說苑・敬慎》「興」作「與」，「妄」作「蘗」。「興」當
作「與」，字之誤也。《長短經・是非》引語曰亦作「與」。

〔註149〕參見王引之《經義述聞》卷3，江蘇古籍出版社1985年版，第83頁。
〔註150〕朱駿聲《說文通訓定聲》，武漢市古籍書店1983年版，第674頁。

（12）子路問於孔子曰：「賢君治國，所先者何？」

按：敦煌寫卷Дx.10464《孔子家語》殘卷、《治要》卷 10 引「何」下有「在」
字〔註151〕，今本脫。

（13）賢者知其不用而怨之，不肖者知其必己賤而讎之

按：「用」上當據《治要》卷 10 引補「己」字。「不己用」即不用己，否
定句賓語前置。「己賤」當作「賤己」。何本、《說苑‧尊賢》不誤。
Дx.10464《孔子家語》殘卷存「知其必賤而讎之」七字，無下「己」
字。二句皆無「己」字亦通。

（14）怨讎並存於國，鄰敵搆兵於郊，中行氏雖欲無亡，豈可得乎

按：存，Дx.10464《孔子家語》殘卷、《治要》卷 10 引同，《說苑‧尊賢》
作「前」，《資治通鑑外紀》卷 9 作「作」，《孔子集語》卷下引《說苑》
作「興」。搆，《治要》引同，Дx.10464《孔子家語》殘卷作「稱」。屈
直敏謂「構」字是，鄔可晶謂「稱」字是，「稱兵」指單方舉兵〔註152〕。
屈說是也，「鄰敵搆兵」謂與相鄰之敵搆兵也。

（15）吾聞以眾攻寡，無不尅也

按：尅，《句解》本、陳本、何本、慶長本作「克」，《御覽》卷 475 引同，
《說苑‧尊賢》作「消」。

（16）法無私而令不愉

王肅注：愉宜為偷。愉，苟且也。

按：愉，《說苑‧尊賢》作「偷」，《孔子集語》卷上引《說苑》作「媮」。孫
志祖曰：「愉、偷古字通。」媮亦讀為偷。《國語‧周語上》：「令不偷而
動不攜。」是其切證。《先聖大訓》卷 5 注：「愉，渝也。」非是。

（17）省力役，薄賦斂，則民富矣；敦禮教，遠罪疾，則民壽矣

按：疾，四庫本、《句解》本、寬永本、宗智本同，《治要》卷 10、《孔子編

〔註151〕Дx.10464《孔子家語》殘卷，收錄於《俄藏敦煌文獻》第 14 冊，上海古籍
出版社 2000 年版，第 295 頁。
〔註152〕屈直敏《敦煌寫本〈孔子家語〉校考》，《敦煌學》第 27 輯，2008 年出版，
第 72～73 頁。鄔可晶《〈孔子家語〉成書時代和性質問題的再研究》，復旦大
學 2011 年博士學位論文，第 146 頁。

－405－

年》卷 4、《先聖大訓》卷 5 亦作「疾」，Дx.10464《孔子家語》殘卷作「疾」，旁改作「戾」（墨蹟甚淡），《類聚》卷 52、《御覽》卷 625、《類說》卷 38、《記纂淵海》卷 157 引作「戾」〔註153〕，陳本、何本、范本、姜本、慶長本作「戾」。屈直敏謂「罪戾」是〔註154〕，王文暉謂作「罪疾」亦通〔註155〕。屈說是，「罪戾」猶言罪愆、罪過，戾亦罪也；「罪疾」猶言災禍。「遠罪戾」與「敦禮教」相應。《左傳・成公十八年》：「救災患，禁淫慝，薄賦斂，宥罪戾。」《管子・五輔》：「薄徵斂，輕征賦，弛刑罰，赦罪戾，宥小過，此謂寬其政。」皆其確證。《說苑・政理》作「無事則遠罪，遠罪則民壽」，雖無「戾」字，顯然是指無罪愆。敦，勸勉。

（18）衛靈公問於孔子曰：「有語寡人：『有國家者，計之於廟堂之上，則政治矣。』何如？」

按：有國家，《治要》卷 10、《類聚》卷 52、《注心賦》卷 4、《宗鏡錄》卷 62 引作「爲國家」，《說苑・政理》同。計，《治要》引同，《類聚》、《注心賦》、《宗鏡錄》引作「謹」，《說苑》同。謹，讀爲勤。

（19）君惠臣忠，則列都得之

按：「君惠臣忠」是古書成語〔註156〕。

（20）千乘之君問丘者多矣，而未有若主君之問問之悉也

按：悉，《說苑・政理》誤作「術」〔註157〕。

《辯政》第十四

（1）政在節財……政在諭臣……政在悅近而遠來

按：諭，各本皆同，《御覽》卷 625 引亦同，《說苑・政理》、《資治通鑑外

〔註153〕此據宋刻本，四庫本《記纂淵海》在卷 64。
〔註154〕屈直敏《敦煌寫本〈孔子家語〉校考》，《敦煌學》第 27 輯，2008 年出版，第 73 頁。鄔可晶《〈孔子家語〉成書時代和性質問題的再研究》申其說，復旦大學 2011 年博士學位論文，第 146 頁。
〔註155〕王文暉《俄藏敦煌寫本〈孔子家語〉殘卷再探》，《敦煌研究》2012 年第 4 期，第 94 頁。
〔註156〕參見蕭旭《賈子校補》。
〔註157〕參見俞樾《讀書餘錄二・說苑》，中華書局 1995 年版，第 308 頁。

紀》卷 9 亦同，《孔子集語》卷下引《尚書大傳》作「論」。俞樾曰：
「論字無義，乃論字之誤。此云『政在論臣』，亦討論選擇之謂。《史
記・孔子世家》作『政在選臣』，是其證。」向宗魯曰：「俞說是也，
《尚書大傳》、《漢書》皆作『論』，尤其明證。論訓爲選，即掄之借
字。《說文》：『掄，擇也。』擇亦選也。《史記》作『選臣』，《韓子》
作『選賢』，皆以選代論字。《家語》誤與此同。」〔註 158〕二氏說皆
是也，《韓子》見《難三》，《漢書》見《武帝紀》。《國語・齊語》：「論
比協材。」韋昭注：「論，擇也。」《戰國策・趙策二》：「選子莫若父，
論臣莫若君。」《國語・齊語七》：「擇臣莫若君，擇子莫若父。」《左
傳・昭公十一年》：「擇子莫如父，擇臣莫如君。」是論亦選也，擇也。
陳際泰曰：「告論其臣下，使正職也。」何孟春曰：「論，教勅也。」
姜兆錫曰：「論，訓率也。」皆非是。悅，《說苑》、《尚書大傳》作「附」。
《史記・孔子世家》：「來遠附邇。」亦作「附」。上博簡（二）《容成
氏》作「攸」，借字。遠來，當據《御覽》卷 625 引乙作「來遠」，《韓
子》、《史記》、《說苑》、《尚書大傳》同。《論語・子路》：「子曰：『近
者說，遠者來。』」《文子・微明》：「古者親近不以言，來遠不以言，
使近者悅，遠者來。」

（2）然政在異端乎

按：在，《御覽》卷 625 引作「有」。《說苑・政理》、《孔子集語》卷下引《尚
書大傳》作「然則政有異乎」。

（3）內比周以愚其君，外距諸侯之賓以蔽其明

按：愚，《說苑・政理》、《孔子集語》卷下引《尚書大傳》作「惑」。距，《御
覽》卷 625 引作「雒」，《韓子・難三》、《說苑》、《尚書大傳》作「障距」。
此文脫「障」字。《先聖大訓》卷 5 注：「距，拒也。」

（4）一曰譎諫，二曰戇諫，三曰降諫，四曰直諫，五曰風諫

按：《說苑・正諫》：「一曰正諫，二曰降諫，三曰忠諫，四曰戇諫，五曰諷
諫。」《白虎通・諫諍》：「故有五諫，謂諷諫、順諫、窺諫、指諫、伯

〔註 158〕向宗魯《說苑校證》，中華書局 1987 年版，第 154 頁。

（陷）諫。」〔註159〕《公羊傳・莊公二十四年》何休注：「一曰諷諫，二曰順諫，三曰直諫，四曰爭諫，五曰贛諫。」《唐六典》卷8：「一曰諷諫，二曰順諫，三曰規諫，四曰致諫，五曰直諫。」說各不同。

（5）令尹子西賀於殿下

按：賀，《說苑・正諫》、《渚宮舊事》卷2皆作「駕」。孫志祖曰：「『駕』字是。」楊朝明注：「賀，贊許，附和。」楊氏於誤文不作考訂，又不參考前人意見，望文生訓。

（6）今荊臺之觀，不可失也

按：《渚宮舊事》卷2同，敦煌寫卷Дx.10464《孔子家語》殘卷「不可」上有「時」字，蓋誤衍。《說苑・正諫》作「不可不觀也」。

（7）臣願言有道，王肯聽之乎

按：臣願言有道，《渚宮舊事》卷2作「臣有所謂」，《說苑・正諫》作「願得有道」。疑此文當據《先聖大訓》卷5作「臣願有言」，今本「有」字誤倒於下，因據《說苑》補「道」字。

（8）王曰：「子其言之！」

按：《說苑・正諫》作「第言之」。其，猶第也，且也，命令副詞〔註160〕。

（9）夫子祺者，忠臣也；而臣者，諛臣也

按：Дx.10464《孔子家語》殘卷、《渚宮舊事》卷2「祺」作「期」，「而」作「若」。

（10）王曰：「我今聽司馬之諫，是獨能禁我耳，若後世遊之，何也？」

按：《渚宮舊事》卷2「我今」作「令我」，「諫」作「諍」。禁，《渚宮舊事》同，Дx.10464《孔子家語》殘卷作「約」。「何」上Дx.10464殘卷有「者若」二字，今本脫之，《說苑・正諫》、《渚宮舊事》作「奈何」，與「若何」同義。四庫本、范本「何」作「可」，亦非。「若後世遊之

〔註159〕《初學記》卷18引「伯」作「陷」，《後漢書》卷87李賢注引《大戴禮》亦作「陷」。

〔註160〕參見蕭旭《古書虛詞旁釋》，廣陵書社2007年版，第177頁。

者」後點開，「若」是假設之辭。

（11）孔子聞之曰：「至哉！子西之諫也，入之於千里之上，抑之於百世之後者也。」

按：《說苑‧正諫》：「美哉！令尹子西諫之於十里之前，而權之於百世之後者也。」此文「千」當據姜本、寬永本、宗智本作「十」，《類說》卷38、《春秋臣傳》卷26、《先聖大訓》卷5引作「十」字。「十里之上」指荊臺而言，Ⅱx.10464殘卷、《書鈔》卷100引已誤作「千」。《說苑》「諫之」當乙作「之諫」，又脫「入」字。權，《御覽》卷455引作「催」。催讀爲摧。摧、抑義合。「權」爲「催」形誤〔註161〕。

（12）晏子於君爲忠臣，而行爲恭敏

按：而，四庫本、范本作「於」，《御覽》卷406引亦作「於」。

（13）敢問二大夫之所爲目

按：「所爲目」當據范本、姜本、寬永本、宗智本作「所自爲」，《先聖大訓》卷5、《繹史》卷95引亦作「所自爲」。楊朝明注：「目，要目，要點。」非也。

（14）齊有一足之鳥，飛集宮朝，下止於殿前，舒翅而跳

按：宮，當據四庫本、陳本、何本、范本、寬永本、慶長本作「公」，《初學記》卷2、《類聚》卷2、《文選‧雜詩》李善注、《樂府詩集》卷88、《先聖大訓》卷5、《古今事文類聚》前集卷5引亦作「公」。集，寬永本誤作「習」。

（15）昔童兒有屈其一腳，振訊兩眉而跳

按：振訊，《類聚》卷2、《事類賦注》卷3、《孔子編年》卷1、《先聖大訓》卷5引作「振迅」。《爾雅》：「振，訊也。」郭璞注：「振者奮迅。」《廣雅》：「振訊，動也。」猶言揮動、搖動。眉，《樂府詩集》卷88引同，《文選‧雜詩》李善注、《類聚》卷2、《御覽》卷10、《事類賦注》卷3、《古今事文類聚》前集卷5、《古今合璧事類備要》前集卷2引

作「臂」，《孔子編年》卷 1、《先聖大訓》卷 5、《韻府群玉》卷 14 作「肩」。「臂」字是。姜本、寬永本、宗智本作「振訊兩肩」，何本、慶長本作「振肩而跳」，亦有脫誤。

（16）不齊之治也，父恤其子其子，郵諸孤而哀喪紀

按：父恤其子其子，何本、范本、姜本作「父其父，子其子」，《說苑·政理》同。今本脫下「父」字，又涉下文衍「恤」字。宗智本作「父恤其子子」，尤不成句。

（17）皆教不齊之道

按：何本、范本作「皆教不齊所以治人之道」，今本脫「所以治人」四字。《御覽》卷 625 引「之道」上有「所以治之」四字。《說苑·政理》：「皆教不齊所以治之術。」《史記·仲尼弟子傳》：「教不齊所以治者。」皆其證。《御覽》卷 402 引作「皆教不齊以治道」，蓋臆改之。

（18）孔子曰：「勤之慎之，奉天子之時，無奪無伐，無暴無盜。」

按：《治要》卷 10、《御覽》卷 499、《先聖大訓》卷 5 引無「子」字，今本衍。何本正作「奉天之時」。《說苑·政理》作「力之順之，因子之時」。順讀爲慎，「子」字誤〔註162〕。

（19）此怨之所由也

按：「由」下，當據何本、《治要》卷 10 補「生」字，《說苑·政理》亦有「生」字。《荀子·正論》：「是治之所由生也。」文例相同。

（20）廉平之守，不可改也

按：改，《說苑·政理》作「攻」，《意林》卷 3 引《說苑》作「攻」，《孔子集語》卷上引《說苑》作「攻」。「改」字是。《句解》云：「不可改易。」

（21）田疇盡易，草萊甚辟，溝洫深治

按：《類聚》卷 52 引作「田疇治，草萊闢，溝洫深」。何孟春曰：「易，治也。」《孟子·盡心上》：「易其田疇。」《鹽鐵論·力耕》：「草萊不辟，田疇不治。」《句解》本「易」誤作「也」。闢、辟，正、假字。

〔註162〕參見向宗魯《說苑校證》，中華書局 1987 年版，第 163 頁。

卷　四

《六本》第十五

（1）治政有理矣，而農為本

按：農，《治要》卷 10 引同，《說苑・建本》誤作「能」。《詩・楚茨》鄭玄箋：「言古者先王之政，以農爲本。」

（2）置本不固，無務農桑

按：農桑，當據何本、姜本及《治要》卷 10 引校作「豐末」，《墨子・脩身》、《說苑・建本》亦作「豐末」。孫志祖曰：「《家語》作『農桑』，蓋以字形相近致誤。」固，《墨子》作「安」。置，讀爲植，立也。

（3）記聞而言，無務多說

按：而言，《先聖大訓》卷 5 同，何本作「不善」，《孔子集語》卷下作「不言」。嶽麓書院藏秦簡《爲吏治官及黔首》：「舉事而不意，不欲多聞。」《說苑・建本》：「聞記不言，無務多談。」《墨子・脩身》：「舉物而闇，無務傳聞。」向宗魯謂「而闇」是〔註163〕。《墨子》「傳」當據四庫本作「博」，形之誤也。秦簡上「不」字衍。《說苑》「不」爲「而」形誤。「言」、「意」皆爲「闇」脫誤。「而闇」者，不明也。言記聞（或舉事）如果昏暗，則不必求多。復旦大學出土文獻與古文字研究中心研究生讀書會讀「意」爲「憶」，解爲「記住」〔註164〕。鄔可晶謂「言」、「音」與「意」形近致譌〔註165〕。皆未得。

（4）比近不安，無務求遠

按：何本作「比近不說，無務修遠」。《墨子・脩身》：「近者不親，無務來遠。」《大戴禮記・曾子疾病》：「近者不親，不敢求遠。」《說苑・建本》：「比近不說，無務修遠。」《管子・侈靡》：「不謹於附近而欲求遠者，兵不信。」《鹽鐵論・地廣》：「近者親附，然後來遠。」「悅近

〔註163〕向宗魯《說苑校證》，中華書局 1987 年版，第 58 頁。
〔註164〕復旦大學出土文獻與古文字研究中心研究生讀書會《讀〈嶽麓書院藏秦簡（壹）〉》，http://www.gwz.fudan.edu.cn/SrcShow.asp?Src_ID=1416。
〔註165〕鄔可晶《〈孔子家語〉成書時代和性質問題的再研究》，復旦大學 2011 年博士學位論文，第 122 頁。

來遠」、「親近來遠」是古之成語，「求」當作「來」，形之誤也，「修」
又「求」之音誤〔註166〕。《治要》卷35引《大戴》正作「來遠」。我
舊說「修」字是〔註167〕，誤也。

（5）是故反本修邇，君子之道也

按：邇，四庫本、寬永本、宗智本作「迹」，《治要》卷10引亦作「迹」，《說
苑・建本》作「邇」。《四庫全書考證》卷48：「刊本『邇』訛『迹』。」
〔註168〕《墨子・脩身》：「是故先王之治天下也，必察邇來遠。」

（6）己失之，友得之

按：此對應上文「士無爭友」，「己」當據《治要》卷10引校作「士」，《說
苑・正諫》亦作「士」字。

（7）孔子見齊景公，公悅焉，請置廩丘之邑以為養

按：置，讀爲致，《呂氏春秋・高義》、《說苑・立節》正作「致」。

（8）侃侃而樂

按：侃侃，《御覽》卷445引作「偘偘」，《說苑・修文》、《詩・素冠》毛傳
作「衎衎」。《說文》：「衎，行喜貌。」《廣雅》：「衎衎，和也。」指和
樂貌也。「偘」同「侃」，並借字。

（9）孔子曰：「閔子哀未忘，能斷之以禮；子夏哀已盡，能引之及禮。
雖均之君子，不亦可乎？」

按：「均」下范本有「謂」字，《類聚》卷22引作「雖鈞謂之君子」，今本脫
之，《御覽》卷445引亦脫。楊朝明注：「之，猶爲。」非也。

（10）不言而信，不動而威，不施而仁，志

按：「志」下據文例當補「也」字，《說苑・修文》有「也」字。寬永本上
方有校語云：「『志』字衍。」非也。

〔註166〕向宗魯則謂「來」字是，形譌爲「求」，此涉下文訛爲「修」字。向宗魯《說
　　　　苑校證》，中華書局1987年版，第58頁。
〔註167〕蕭旭《說苑校補》，收入《群書校補》，廣陵書社2011年版，第476頁。
〔註168〕《四庫全書考證》卷48，景印文淵閣《四庫全書》第1499冊，臺灣商務印
　　　　書館1986年初版，第2頁。

（11）夫鐘之音，怒而擊之則武，憂而擊之則悲，其志變者，聲亦隨
之

按：《書鈔》卷 108 引《尹文子》：「鍾鼓之聲，怒而擊之則武，憂而擊之
則悲，喜而擊之則樂，其意變，其聲亦變。」〔註169〕《說苑·修文》：
「鍾鼓之聲，怒而擊之則武，憂而擊之則悲，喜而擊之則樂，其志變，
其聲亦變。」今本「鍾」下脫「鼓」字，又脫「喜而擊之則樂」一句。
《文選·七發》李善注引此文：「夫鍾鼓之音，憂而擊之則悲，喜而
擊之則樂。」雖未引「怒而擊之則武」句，然恰可校補今本也。范本
「鼓」字不脫，云：「據舊本正。原文少『喜而擊之則樂』一句。」

（12）故志誠感之，通於金石，而況人乎

按：《書鈔》卷 108 引《尹文子》：「意誠感之，達於金石，而況于人乎？」
〔註170〕《說苑·修文》：「其志誠通乎金石，而況人乎？」

（13）夫子問之曰：「大雀獨不得，何也？」

按：《御覽》卷 922、《事類賦注》卷 19 引「大雀」上有「黃口盡得」四字，
《說苑·敬慎》亦有，今本脫之。

（14）羅者曰：「大雀善驚而難得，黃口貪食而易得，黃口從大雀則不
得，大雀從黃口亦不得。」

按：亦不得，范本作「則易得」，姜本作「亦可得」，寬永本上方校語云：
「別本『不』作『可』。」孔本《書鈔》卷 30 引作「則人得」，陳本
《書鈔》作「亦可得」。《說苑·敬慎》：「黃口從大爵者不得，大爵從
黃口者可得。」孫志祖曰：「『不得』當從《說苑》作『可得』。」《御
覽》卷 922、《事類賦注》卷 19 引作「黃口從大雀者不得，大雀從黃
口者得」，亦以「得」與「不得」相對舉。

（15）夫自損者必有益之，自益者必有決之

按：決，《說苑·敬慎》作「缺」，正字。

〔註169〕《御覽》卷 575 引出處作「《尸子》」，孔廣陶謂誤。《書鈔》（孔廣陶校注本），
收入《續修四庫全書》第 1212 冊，上海古籍出版社 2002 年版，第 499 頁。
〔註170〕《御覽》卷 575 引出處作「《尸子》」。

－413－

（16）昔堯治天下之位，猶允恭以持之，克讓以接下

按：治天下之位，慶長本作「居天下之位」，范本、《說苑‧敬慎》作「履天
子之位」。寬永本上方校語云：「吳本『治』作『居』。」今本「子」誤
作「下」，後人因改「履」作「治」字耳。克讓以接下，《說苑》作「虛
靜以待下」。《書‧堯典》：「允恭克讓，光被四表。」此本書所本。

（17）蒼梧嬈娶妻而美，讓與其兄，讓則讓矣，然非禮之讓矣

按：孫志祖曰：「蒼梧嬈，《淮南子‧氾論訓》作『倉吾繞』。」《淮南子‧
氾論篇》作「蒼吾繞」，《長短經‧是非》卷 3 引作「倉吾嬈」，《古今
事文類聚》後集卷 13 引作「蒼梧遶」，《古今合璧事類備要》前集卷
60 引作「蒼吾繞」。嬈，煩亂擾弄，其人行事似之，故以爲名。「蒼梧」
者地名。非禮之讓，《長短經》引作「非禮讓之讓」，衍一「讓」字。

（18）不慎其初，而悔其後，何嗟及矣

王肅注：言事至而後悔，吁嗟又何及矣。

按：何嗟及矣，當據《類說》卷 38 引乙作「嗟何及矣」。王注云云，尚未誤
倒。《韓詩外傳》卷 2 引孔子曰：「不慎其前，而悔其後，嗟乎，雖悔無
及矣。」「何及」即「無及」也。《記纂淵海》卷 52、《先聖大訓》卷 6
引已倒。慎，《說苑‧建本》作「順」，借字。姜本脫「嗟」字。

（19）曾子耘瓜，誤斬其根

按：孫詒讓曰：「《後漢書‧崔烈傳》注引『斬』作『傷』。」斬，《說苑‧
建本》同，《舊唐書‧禮儀志》、《御覽》卷 978、《事類賦注》卷 27
引作「斷」，《錦繡萬花谷》前集卷 16 引作「傷」，《記纂淵海》卷 92
引作「斫」，《御覽》卷 413、《孔子集語》卷下引《說苑》亦作「斷」。
《廣雅》：「斬，斷也。」耘，《類聚》卷 87、《御覽》卷 978、《事類
賦注》卷 27 引作「芸」，《說苑》亦作「芸」，《御覽》卷 571、《事類
賦注》卷 11 引《說苑》作「耘」，並爲「賴（耘）」俗字，《說文》：「賴，
除苗間穢也。耘，或從芸。」

（20）曾晳怒，建大杖以擊其背

按：孫詒讓曰：「《後漢書‧崔烈傳》注引『建』作『舉』，『背』作『首』。」

定縣漢簡《儒家者言》作「曾折援木擊曾子口」。建，《類聚》卷 87、《古今事文類聚》後集卷 26 引脫，《御覽》卷 978、《事類賦注》卷 27、《記纂淵海》卷 92 引作「以」，《舊唐書・禮儀志》引作「援」，《說苑・建本》亦作「援」，《韓詩外傳》卷 8 作「引」，《孔子集語》卷下引《說苑》作「投」。建，讀爲摸，《說文》：「摸，相援也。」俗字作捷，《集韻》：「捷，舉也。」寬永本上方校語云：「『建』當作『捷』。」字亦作勸，《集韻》：「勸，負物也。」今吳語尚謂「舉」爲「摸」，後起俗字又作「捐」〔註171〕。

（21）欣然而起

按：欣然，《說苑・建本》作「壓然」。欣，讀爲唏。《方言》卷 1：「唏，痛也。哀而不泣曰唏。」《說文》：「唏，一曰哀痛不泣曰唏。」壓，跳也。

（22）回之信賢於丘

按：信，《說苑・雜言》同，《列子・仲尼》、《淮南子・人間篇》、《論衡・定賢》作「仁」。

（23）賜之敏賢於丘……賜能敏而不能詘

王肅注：言人雖辨敏，亦宜有屈折時也。

按：敏，《說苑・雜言》同，《列子・仲尼》、《淮南子・人間篇》、《論衡・定賢》作「辯」。詘，《論衡》同，《說苑》作「屈」，《御覽》卷 499 引作「訥」，《列子》、《淮南子》亦作「訥」。《賈子・道術》：「論物明辯謂之辯，反辯爲訥。」《御覽》卷 463 引《家語》：「子夏問子貢何人，子曰：『辯人，丘弗及也。』」與《淮南子》同，蓋誤記出處。詘、屈，并讀爲拙，笨拙，與「訥」同義〔註172〕，王注失之。注「屈折」，《御覽》卷 402 引作「折屈」。

〔註171〕我早年作《說苑校證校補（二）》，《江海學刊》2000 年 4 期，第 170 頁。《韓詩外傳補箋》，《文史》2001 年第 4 期，第 66 頁。二文讀建爲捷，其時尚未見到日本寬永本《家語》，謹此說明。讀「捷」尚未探本，後作《國語校補》、《〈廣韻〉校正一則》，指出本字當爲「摸」，二文並收入《群書校補》，廣陵書社 2011 年版，第 111、1421 頁。

〔註172〕參見蕭旭《淮南子校補》，花木蘭文化出版社 2014 年版，第 619～620 頁。

（24）兼四子者之有以易吾，弗與也

按：「吾」字當重，《御覽》卷 402 引正有二「吾」字，《列子‧仲尼》同。《說苑‧雜言》作「丘不為也」，丘即吾，亦其證。與，《御覽》卷 499 引作「如」。《說苑》、《論衡‧定賢》作「為」，《列子》作「許」。如、與一聲之轉，與亦許也。

（25）此其所以事吾而弗貳也

按：弗貳，《列子‧仲尼》作「不貳」。《釋文》：「貳，疑也。」《御覽》卷 402 引誤作「不及」。

（26）處常得終，當何憂哉

王肅注：得，宜為「待」。

按：敦煌寫卷 P.3636《類書》引同，注作：「得，宜為『大』。」鄔可晶指出「大」即「待」音誤〔註173〕。孫志祖曰：「得，《說苑》作『待』。」得，《列子‧天瑞》同，《慎子外篇》、《說苑‧雜言》、《高士傳》卷上、晉‧陸雲《榮啓期贊》，《文選‧琴賦》李善注、《類聚》卷 44、《御覽》卷 468 引《列子》，《文選‧登石門最高頂》李善注引《新序》，皆作「待」字。得，讀為待〔註174〕。當，讀為尚，《淮南子‧主術篇》高誘注正作「尚」，《御覽》卷 579、《事類賦注》卷 11 引作「又」。

（27）強於行義，弱於受諫，怵於待祿，慎於治身

王肅注：怵，怵惕也。待，宜為「得」也。

按：定縣漢簡《儒家者言》作「彊于行，弱于辭」。寬永本注「得」作「持」，上方校語云：「持，一本作『得』。」宗智本誤作「特」。《說苑‧雜言》「義」作「己」，「治」作「持」。《類說》卷 38 引作「休於得祿」。「已」當作「己」，「持」當作「治」，「休」當作「怵」，形聲之誤。

（28）聞善必躬行之，然後導之

按：導，讀為道，言也，與「行」對文。《說苑‧雜言》正作「道」。

〔註173〕鄔可晶《〈孔子家語〉成書時代和性質問題的再研究》，復旦大學 2011 年博士學位論文，第 115 頁。

〔註174〕參見蕭旭《古書虛詞旁釋》，廣陵書社 2007 年版，第 195 頁。

（29）商也好與賢己者處，賜也好說不若己者

按：說，《治要》卷 10、《御覽》卷 406 引作「悅」。

（30）今夫蘭本，三年湛之以鹿酳，既成，噉之，則易之匹馬

按：鹿酳，范本作「鹿醢」，姜本、寬永本、宗智本作「漉酳」，寬永本上方
校語云：「一本作『鹿醢』。」本，藁本。「三年」二字屬下句，言浸漬
之三年也。《晏子春秋・內篇襍上》：「今夫蘭本，三年而成（或）湛之
苦酒，則君子不近，庶人不佩；湛之麋（麇）醢，而賈匹馬矣。」《御
覽》卷 983 引《晏子》：「夫蘭本三年而成，湛之若（苦）潃，則君子不
近，庶人不佩；湛之麇醢，而駕征（匹）馬矣。」《荀子・勸學》：「蘭
槐之根是為芷，其漸之潃，君子不近，庶人不服。」又《大略》：「蘭茝
稾本，漸於蜜醴，一佩易之。正君漸於香酒，可讒而得也。君子之所漸，
不可不慎也。」《說苑・雜言》：「今夫蘭本，三年湛之以鹿醢，既成，
則易以匹馬。」「湛」同「漸」，「賈」、「駕」並讀為價。「成」為「或」
誤，「麋」為「麇」誤〔註175〕，「若」為「苦」誤，「征」為「匹」誤。
劉師培曰：「『賈』疑『貿』誤。《文選》注引作『貨以匹馬』（《御覽》
卷 983 引作『而駕征馬矣』，誤。），《家語》作『則易之匹馬』，『貿』
與『易』同。」〔註176〕其說非也。

（31）夫君子居必擇處，遊必擇方，仕必擇君

按：《晏子春秋・內篇襍上》：「君子居必擇居，遊必就士。」〔註177〕《荀子・
勸學》：「故君子居必擇鄉，遊必就士。」《說苑・雜言》：「吾聞君子居
必擇處，遊必擇士。」

（32）擇君所以求仕，擇方所以修道

按：《晏子春秋・內篇襍上》：「擇居所己求士，求士所以辟患也。」《說苑・
雜言》：「居必擇處，所以求士也；游必擇士，所以修道也。」此文「君」
為「居」形誤。

〔註175〕參見吳則虞《晏子春秋集釋》，中華書局 1962 年版，第 350～351 頁。

〔註176〕劉師培《晏子春秋校補》卷下，收入《劉申叔遺書》，江蘇古籍出版社 1997
年版，第 847 頁。

〔註177〕下「居」字，《類聚》卷 23、《古今事文類聚》續集卷 7 引作「鄰」，《御覽》
卷 459 引作「隣」，與下文不對應。

（33）遷風移俗者，嗜慾移性，可不慎乎

按：《晏子春秋・內篇諫上》：「嬰聞汩常移質，習俗移性，不可不慎也。」《說苑・雜言》：「吾聞反常移性者欲也，故不可不慎也。」孫星衍曰：「《說文》：『汩，濁也。』《玉篇》：『淈亦汩字。』」〔註178〕《說苑》疑有脫誤。

（34）馬蚿斬足而復行，何也，以其輔之者眾

按：《說苑・雜言》：「馬蚿折而復行者何？以輔足眾也。」斬、折，並訓斷。蚿，讀為蚿。郭店楚簡《語叢四》：「善使其下，若蚈蚤之足，眾而不割，割而不仆。」《呂氏春秋・季夏紀》：「腐草化為螢蚈。」高誘注：「蚈，馬蚿。」《淮南子・兵略篇》：「若蚈之足。」許慎注：「蚈，馬蠸也。」「馬蠸」即「馬蚿」，又名百足，見《本草綱目》卷42。盧文弨曰：「『蚈』、『蚿』同。」〔註179〕非也。「輔足」當作「輔之」，形之訛也。《文選・六代論》：「語曰：百足之蟲，至死不僵，扶之者眾也。」李善注引《魯連子》：「百足之蟲，至斷不蹷者，持之者眾也。」〔註180〕「輔之」即「扶之」、「持之」之誼。

（35）與富貴而下人，何人不尊

按：與，寬永本、宗智本同，餘本作「以」，《治要》卷10、《類聚》卷23引亦作「以」。尊，寬永本、姜本同，四庫本作缺字，《治要》、《類聚》引作「與」，《說苑・雜言》亦作「與」。「尊」蓋後人妄補，非其舊文。不與，猶言不從。

（36）發言不逆，可謂知言矣

按：發，《治要》卷10、《類聚》卷23引同，《說苑・雜言》作「眾」。發言，猶言出言。

（37）無禁則淫，無度則逸

按：逸，《說苑・雜言》作「失」。失，讀為逸，字亦作佚。

〔註178〕孫星衍《晏子春秋音義》卷下，收入《諸子百家叢書》，上海古籍出版社影印浙江書局本1989年版，第94頁。

〔註179〕盧文弨《說苑校正》，收入《群書拾補》，《續修四庫全書》第1149冊，上海古籍出版社2002年版，第425頁。

〔註180〕《意林》卷1、《御覽》卷944引無「至」字，《御覽》卷948引「至」作「三」。

（38）從欲則敗

按：從，《說苑・雜言》作「縱」。

（39）故君子不急斷，不急制，使飲食有量，衣服有節……所以防亂之
原也

按：《說苑・雜言》作「故君子不急斷，不意使，以爲亂源」。此文「使」字
當屬上，「制」字衍，下「急」爲「意」形誤。

（40）巧而好度必攻，勇而好問必勝，智而好謀必成

王肅注：攻，堅。

按：《荀子・仲尼》：「巧而好度必節，勇而好同必勝，知而好謙必賢。」《說
苑・雜言》：「巧而好度必工，勇而好同必勝，知而好謀必成。」《淮
南子・主術篇》：「文王智而好問，故聖；武王勇而好問，故勝。」《文
子・自然》：「知而好問者聖，勇而好問者勝。」諸文可以互證。《荀
子》、《說苑》之「同」，當據《淮南子》及《文子》、《家語》訂作「問」。
《治要》卷 35 引《文子》、《御覽》卷 499 引《家語》並作「同」，亦
並誤〔註 181〕。《荀子》之「謙」，當據此文及《說苑》訂作「謀」。度，
法度也。攻，當依《說苑》讀爲工，善也，巧也，謂所作之器物精緻
堅固，楊朝明解爲「堅定」，是未讀懂王肅注也。楊倞注：「巧者多作
淫靡，故好法度者必得其節。勇者多陵物，故好與人同者必勝之也。」
下說非是。

（41）專事妒賢

按：妒，《御覽》卷 499 引誤作「如」。

（42）庭不曠山，不直地

王肅注：庭，高庭名也。曠，隔也，不以山爲隔，踰山而來。直，宜爲
「植」，不根於地而遠來也。

按：金其源曰：「直，正也。正，猶止也。不直地猶不止地，謂不嫌地遠
而止也。」〔註 182〕金說迂曲。《說苑・雜言》同。直，讀爲值。《說

〔註 181〕參見蕭旭《淮南子校補》，花木蘭文化出版社 2014 年版，第 203 頁。
〔註 182〕 金其源《讀書管見》，（上海）商務印書館 1957 年初版，第 340 頁。

文》：「直，措也。措，置也。」《集韻》：「值，《說文》：『措也。』或作直。」《廣韻》：「值，捨也。」「值」、「置」同。二句言不以山高爲隔，不以地遠而放棄之。《先聖大訓》卷 6 注：「直，猶遠也。不以山爲曠遠，地爲直遠，而來見夫子。」姜兆錫曰：「曠，平也，夷也。直，坦也。」向宗魯曰：「『直』疑『脩』之誤，不以地爲長遠也。」〔註183〕二說皆非。「直」無遠義。《孔子編年》卷 1 作「庭不廣交，不擇地」，乃臆改。

（43）衣穰而提贄

王肅注：穰，蒿草衣。提，持。贄，所以執爲禮也。

按：姜本「衣」誤作「依」。《說苑・雜言》作「衣蓑提執」。執，讀爲贄。《孔子編年》卷 1「衣穰」作「攘袂」，乃臆改。

（44）貞以幹之，敬以輔之，施仁無倦

王肅注：眞（貞）正以爲幹植。

按：《易・乾》：「貞者，事之幹也。」言以貞爲事之主幹。施仁，《說苑・雜言》誤作「待人」。

（45）效其行，修其禮，千里之外，親如兄弟；行不效，禮不修，則對門不汝通矣

按：二「效」，《說苑・雜言》作「敏」。《淮南子・說山篇》：「行合趨同，千里相從；趣不合，行不同，對門不通。」《金樓子・立言下》：「行合趣同，千里相從；趣不合，行不同，對門不逢也。」文意亦相近。效，讀爲这，《說文》：「这，會也。」字亦作交，《法言・吾子》李軌注：「交，猶和也。」《廣韻》：「交，共也，合也。」「敏」則爲形誤字。楊朝明注：「效，貢獻，獻出。」非也。

（46）唯智者能之

按：能，本書《子路初見》、《說苑・雜言》作「有」。有，猶能也〔註184〕。

〔註183〕向宗魯《說苑校證》，中華書局 1987 年版，第 440 頁。
〔註184〕參見蕭旭《古書虛詞旁釋》，廣陵書社 2007 年版，第 60 頁。

（47）故自修者，必恐懼以除患，恭儉以避難者也

按：下句《說苑・雜言》作「恭敬所以越難也」。《小爾雅》：「越，遠也。」
《方言》卷 6：「伆、邈，離也，楚謂之越，或謂之遠。」儉，卑謙也。
楊朝明解爲「節儉」，非也。

《辯物》第十六

（1）季桓子穿井，獲如玉缶

按：玉缶，宗智本同，餘本作「土缶」，《類聚》卷 94、《御覽》卷 885 引亦
作「土缶」，《國語・魯語下》、《史記・孔子世家》、《說苑・辨物》同。
「玉」爲「土」形誤。

（2）土之怪，羵羊也

按：羵羊，《說苑・辨物》同，《國語・魯語下》、《史記・孔子世家》、《淮南
子・氾論篇》、《風俗通義・怪神》、《博物志》卷 2 作「墳羊」，《搜神記》
卷 12、《法苑珠林》卷 11 作「賁羊」，《御覽》卷 189 引《說苑》作「棼
羊」。段玉裁謂「羵」借爲「粉」〔註 185〕。

（3）汪芒氏之君守封嵎山者，為漆姓

按：漆，《國語・魯語下》同，劉本作「釐」，云：「從《說苑》改正。」《史
記・孔子世家》、《說苑・辨物》皆作「釐」。《索隱》：「釐音僖，《家語》
云姓漆，蓋誤，《系本》無漆姓。」考《國語・晉語四》：「凡黃帝之子，
二十五宗，其得姓者十四人，爲十二姓：姬、酉、祁、己、滕、箴、任、
荀、僖、姞、儇、依是也。」其姓本爲「僖」，音變爲「釐」。《路史》
卷 15：「其別爲防風氏，守封嵎之間，釐姓，至商爲汪泍（汸－芒）氏，
漆姓。」王引之謂「漆」當作「來」，黃丕烈謂「漆」當作「淶」，與「釐」
聲相近〔註 186〕。

（4）若為主，其先亡乎

按：若，當據各本作「君」，《左傳・定公十五年》、《漢書・五行志》並作

〔註 185〕段玉裁《說文解字注》，上海古籍出版社 1981 年版，第 146 頁。
〔註 186〕王引之《經義述聞》卷 20，江蘇古籍出版社 1985 年版，第 494 頁。黃丕烈
《校刊明道本韋氏解〈國語〉札記》，收入《叢書集成初編》第 3682 冊，中
華書局 1985 年影印，第 249 頁。

「君」，指魯君。楊朝明注：「若，猶我。」非也。

（5）未若專其道而行其化之善也

按：「專」當作「尃」，字之誤也。《說文》：「尃，布也。」字亦作敷。《先聖
大訓》卷 6 改作「傳」，亦誤。

《哀公問政》第十七

（1）天道敏生，人道敏政，地道敏樹

按：《禮記・中庸》下二句同，鄭玄注：「敏，猶勉也。樹，謂殖草木也。敏，
或爲謀。」朱熹注：「敏，速也。」

（2）取人以身，修道以仁

按：陳本、何本「取人以身」下有「修身以道」四字，《治要》卷 10 引同，
《禮記・中庸》亦有，今本脫之。

（3）君臣也，父子也，夫婦也，昆弟也，朋友之交也

按：何本「朋友」下有「之交」二字，《治要》卷 10 引同，《禮記・中庸》
亦有，今本脫之。范家相曰：「少『之交』字。」

（4）齊潔盛服，非禮不動，所以修身也

按：潔，寬永本、宗智本作「明」，《治要》卷 10 引作「莊」，《禮記・中庸》
作「明」。

（5）教以慈睦，而民貴有親；教以敬，而民貴用命

按：何本、姜本「敬」下有「長」字，《治要》卷 10 引同，《禮記・祭義》
亦有，今本脫之。

（6）信于友有道，不順於親，不信于友矣；順於親有道，反諸身不
　　　誠，不順於親矣

按：《禮記・中庸》同。順，悅也、快也〔註 187〕。《荀子・子道》：「意者身

〔註 187〕參見蕭旭《漢書校補》、《韓詩外傳補箋》，並收入《群書校補》，廣陵書社 2011
　　　年版，第 310、463～464 頁。

不敬與？辭不遜與？色不順與？」本書《困誓》：「意者身不敬與？辭不順與？色不悅與？」《韓詩外傳》卷9：「意者身未敬邪！色不順邪！辭不遜邪？」「辭不順」之順是謙遜義，「色不順」之順是愉悅義。

卷　五

《顏回》第十八

（1）子亦聞東野畢之善御乎

按：野，《治要》卷10引作「冶」，同音借字。

（2）其馬將必佚

按：佚，《治要》卷10引作「逸」，《韓詩外傳》卷2、《御覽》卷746引《荀子》同，《荀子・哀公》、《新序・雜事五》作「失」。佚、失、逸，並讀爲軼，馬相出也，越駕而走也，取突出爲義，言失其行序也〔註188〕。楊倞注：「失讀爲逸，奔也。」吳玉搢曰：「馬失、馬佚，馬逸也。」〔註189〕

（3）君子固有誣人也

按：固，《御覽》卷896引作「故」，借字。誣，《御覽》卷746引《荀子》同，何本作「讒」，《韓詩外傳》卷2作「譖」，《荀子・哀公》、《新序・雜事五》作「讒」。《玉篇》：「譖，讒也。」《公羊傳・莊公元年》何休注：「加誣曰譖。」

（4）兩驂曳兩服入于廄

按：八字作一句讀。曳，何本作「裂」，《御覽》卷746引《荀子》作「引」，今本《荀子・哀公》作「列」。「列」爲「引」形誤〔註190〕，因又誤作「裂」。楊倞注：「列與裂同，謂外馬擘裂，中馬牽引而入廄。」楊朝明以「兩驂

〔註188〕參見蕭旭《〈說文〉「脩，昳也」音義考》，《澳門文獻信息學刊》第9期，2013年10月出版，第99～105頁。

〔註189〕吳玉搢《別雅》卷5，收入景印文淵閣《四庫全書》第222冊，臺灣商務印書館1986年初版，第751頁。

〔註190〕參見劉師培《荀子斠補》，收入《劉申叔遺書》，江蘇古籍出版社1997年版，第938頁。

曳」三字爲句，注：「曳，逾越，超過，這裏指逃跑。」皆非是。

（5）公聞之，越席而起

按：越，《荀子・哀公》同，《新序・雜事五》作「躐」，《韓詩外傳》卷 2 作「揭」。躐亦越也。

（6）銜體正矣

按：銜，陳本作「御」，《韓詩外傳》卷 2 作「銜」，《荀子・哀公》作「銜」，《新序・雜事五》作「御」，《通鑑》卷 73 胡三省註、《古今合璧事類備要》別集卷 81 引《荀子》作「御」。「銜」爲「銜」俗字，又爲「御」俗字（見《龍龕手鑑》）。《大戴禮記・盛德》：「善御馬者，正銜勒，齊轡筴，均馬力，和馬心。」本書《執轡》同。此文當以「銜」爲正字。銜體正，即銜勒正也。

（7）鳥窮則啄，獸窮則攫

按：啄，《治要》卷 10 引作「噣」，《淮南子・齊俗篇》亦作「噣」，同。攫，《慎子外篇》、《荀子・哀公》同，《記纂淵海》卷 59 引作「搏」，《韓詩外傳》卷 2 作「齧」，《新序・雜事五》、《文子・下德》作「觸」，《淮南子》作「皁」。「皁」爲「觸」古字。敦煌寫卷 S.2506《文子》作「齧」。《慧琳音義》卷 43、56、62 引《淮南子》「噣」作「啄」，又卷 2、9、20、43、56 引《淮南子》「皁」作「攫」。

（8）非但爲死者而已，又有生離別者也

按：有亦爲也，讀去聲。《文選・豫章行》李善注、《類聚》卷 90、《御覽》卷 914、《記纂淵海》卷 53 引作「爲」。

（9）回聞桓山之鳥，生四子焉

按：桓山，《初學記》卷 18、《御覽》卷 388、489、《古文苑》卷 3《兔園賦》章樵註引作「恒山」，《說苑・辨物》作「完山」，《御覽》卷 487 引《說苑》作「九山」，《文選・豫章行》李善注引作「峘山」。「完」、「桓（峘）」同音通借，《左傳・僖公四年》：「屈完及諸侯盟。」《漢書・古今人表》作「屈桓」，亦其例。王先謙曰：「官本桓作完，是。見《春秋經》、《傳》。」

〔註191〕其說非也，官本據《傳》改。「九」當作「丸」，亦「桓」借字。
「恒」則形誤。

（10）謂其往而不返也

按：謂其，《說苑·辨物》作「爲是」。謂，讀爲「爲」，讀去聲。是，猶其
也〔註192〕。

（11）好言兵討，而挫銳於邾，是智不足名也

按：孫志祖曰：「《御覽》卷 445『討』作『計』，『智』作『勇』，是。」作
「智」，則與上文「是智不足稱也」犯複。兵計，猶言兵謀。《孫子·九
地》：「運兵計謀。」是其誼也。《國語·魯語下》：「夜而計過無憾。」
《列女傳》卷 1「計」作「討」，亦其比。姜本「討」誤，「勇」不誤。

（12）武仲在齊，齊將有禍，不受其田，以避其難，是智之難也

按：不受其田，《御覽》卷 445 引誤作「不受更其國」。

（13）《夏書》曰：「念茲在茲，順事恕施。」

按：《左傳·襄公二十三年》引同，《後漢書·劉梁傳》《辯和同論》引「順
事」作「庶事」。宗智本「恕」誤作「怒」。

（14）一言而有益於智，莫如預；一言而有益於仁，莫如恕

按：預，《御覽》卷 390 引誤作「蒙」。

（15）孔子曰：「毀人之善以為辯，狡訐懷詐以為智。」

按：狡訐，《先聖大訓》卷 6 誤作「狡計」。《治要》卷 48 引魏·杜恕《體論》：
「君子寬賢容眾以爲道，小人徼訐懷詐以爲智。」即本此文，是其所據
本作「訐」字。考《論語·陽貨》：「惡徼以爲知者，惡不孫以爲勇者，
惡訐以爲直者。」《釋文》：「徼，鄭本作絞。」是其所出。《文選·陳太
丘碑文》：「不徼訐以干時。」《後漢書·李雲傳》：「曷其絞訐摩上，以
衒沽成名哉？」《禮記·內則》《釋文》引《禮記隱義》：「齊人以相絞訐
爲掉磬。」皆用《論語》。「狡訐」即「徼訐」、「絞訐」。亦作「驕訐」，

〔註191〕王先謙《漢書補注》，中華書局 1983 年版，第 362 頁。
〔註192〕參見裴學海《古書虛字集釋》，中華書局 1954 年版，第 818 頁。

－425－

《後漢書・袁安傳》：「言辭驕訐。」絞，急切也，故引申爲很戾之義。鄭本作「絞」用本字，「徼」、「狡」、「驕」則借字，字亦作交、姣、効、佼、挍、傲〔註 193〕。《中論・覈辯》引孔子曰：「小人毀譽以爲辯，絞急以爲智，不遜以爲勇。」此「狡」讀爲「絞」之確證也。

（16）人莫不知此道之美，而莫之御也，莫之為也

王肅注：御，猶待也。

按：御，讀爲悟。

《子路初見》第十九

（1）孔子曰：「吾非此之問也，徒謂以子之所能，而加之以學問，豈可及乎？」

按：徒謂，《說苑・建本》作「請」。盧文弨謂「請」爲「謂」形誤〔註 194〕。何本無「徒」字。

（2）夫人君而無諫臣則失正，士而無教友則失聽

按：聽，范本作「德」。《說苑・建本》「正」作「政」，「聽」作「德」。向宗魯引太宰德夫曰：「『德』作『聽』爲是。」〔註 195〕劉文典說同〔註 196〕。

（3）御狂馬不釋策，操弓不反檠

王肅注：御狂馬者不得釋箠策也。弓不反於檠，然後可持也。

按：《說苑・建本》脫「御」字，「反」作「返」。桂馥曰：「馥謂操當爲燥。」〔註 197〕向宗魯曰：「操，疑當讀爲燥。」〔註 198〕戴君仁說同。岡本保孝引桃氏曰：「操當作揉，返當作返，古退字。」左松超曰：「疑操作燥，

〔註 193〕參見蕭旭《淮南子校補》，花木蘭文化出版社 2014 年版，第 278～280 頁。

〔註 194〕盧文弨《說苑校正》，收入《群書拾補》，《續修四庫全書》第 1149 冊，上海古籍出版社 2002 年版，第 412 頁。

〔註 195〕向宗魯《說苑校證》，中華書局 1987 年版，第 71 頁。

〔註 196〕劉文典《說苑斠補》，收入《劉文典全集（3）》，安徽大學出版社、雲南大學出版社 1999 年版，第 54 頁。

〔註 197〕桂馥《說文解字義證》，齊魯書社 1987 年版，第 507 頁。

〔註 198〕向宗魯《說苑校證》，中華書局 1987 年版，第 71 頁。

返本作退。」〔註 199〕並失之。《御覽》卷 607 引作「操」，《說苑》同，不誤。「弓」上當脫一字，待校。

（4）受學重問，孰不順哉

按：哉，何本、范本作「成」，《御覽》卷 607、《先聖大訓》卷 6 引同，《說苑·建本》亦作「成」。向宗魯曰：「成，《家語》作『哉』，誤。『成』與『刑』爲韻。」〔註 200〕

（5）毀仁惡仕，必近於刑

按：《說苑·建本》「仕」作「士」，「必」作「且」。

（6）南山有竹，不柔自直，斬而用之，達於犀革

按：柔，《句解》本、陳本、何本、范本、姜本、慶長本、寬永本、宗智本作「揉」，《御覽》卷 389、607、962、《記纂淵海》卷 62、96、《先聖大訓》卷 6、《禮書》卷 111 引作「揉」，《類聚》卷 89 引作「搏」，《書鈔》卷 125、《御覽》卷 349、《事類賦注》卷 13 引作「扶」。《書鈔》、《類聚》、《御覽》卷 349、389、962、《事類賦注》引「達」上有「射」字。《說苑·建本》「柔」作「揉」，下句作「斬而射之，通於犀革」。柔，讀爲揉。《易·說卦》：「爲矯輮。」《釋文》：「輮，宋衷、王廙作揉，宋云：『使曲者直，直者曲爲揉。』京作柔。」《詩·民勞》：「柔遠能邇。」《釋文》：「柔音揉，本亦作揉。」

（7）何學之有

按：《書鈔》卷 125、《事類賦注》卷 13 引作「何用學爲」，《御覽》卷 349 引作「何學〔之〕爲」，又卷 389 引作「何用學焉（爲）」，又卷 607、962 引作「何學之爲」，《說苑·建本》作「又何學〔之〕爲乎」。有，猶爲也，讀平聲。「焉」爲「爲」形誤。《說苑》脫「之」字。

（8）括而羽之，鏃而礪之，其入之不亦深乎

按：亦，何本、范本作「益」，《書鈔》卷 125、《御覽》卷 349、607、962、《事類賦注》卷 13、《記纂淵海》卷 96、《先聖大訓》卷 6 引作「益」，

〔註 199〕諸說並見左松超《說苑集證》，（臺灣）國立編譯館 2001 年版，第 181～182 頁。
〔註 200〕向宗魯《說苑校證》，中華書局 1987 年版，第 71 頁。

《說苑・建本》同。亦，猶益也 〔註201〕。

（9）贈汝以車乎，贈汝以言乎

按：贈，定縣漢簡《儒家者言》、阜陽雙古堆木牘省作「曾」。車，《儒家者言》、《說苑・雜言》同，《初學記》卷 18、《古今事文類聚》別集卷 25、《古今合璧事類備要》續集卷 46 引作「帛」。

（10）不強不達，不勞無功

王肅注：人不以強力，則不能自達。

按：強，《御覽》卷 478 引誤作「疆」。達，定縣漢簡《儒家者言》殘，《初學記》卷 18、《御覽》引同，《說苑・雜言》作「遠」。何本作「遠」，注：「遠，或作達，亦通。」向宗魯曰：「遠，當從《家語》作『達』。」胡平生從向說 〔註202〕。

（11）慎此五者而矣

按：《初學記》卷 18、《御覽》卷 478、《古今事文類聚》別集卷 25、《古今合璧事類備要》續集卷 46 引「而」下有「已」字，今本脫之。四庫本、范本、姜本、慶長本、寬永本、宗智本「而矣」作「而已」，《先聖大訓》卷 6、《皇王大紀》卷 69 引同，脫「矣」字。

（12）魯人聞之曰：「聖人將治，何不先自遠刑罰？」

按：遠，《說苑・政理》作「爲」。向宗魯曰：「爲讀爲遠，《左傳》『蔿氏』即『蘐氏』，即二字音通之例。」〔註203〕我舊說讀「爲」爲「違」〔註204〕，非也。

（13）違山十里，蟋蛄之聲，猶在於耳，故政事莫如應之

王肅注：違，去也。蟋蛄，蛣蟟也。蛣蟟之聲，去山十里，猶在於耳，以

〔註201〕參見裴學海《古書虛字集釋》，中華書局 1954 年版，第 183 頁。
〔註202〕向宗魯《說苑校證》，中華書局 1987 年版，第 431 頁。胡平生《阜陽雙古堆漢簡與〈孔子家語〉》，《國學研究》第 7 卷，北京大學出版社 2000 年版，第 534 頁。
〔註203〕向宗魯《說苑校證》，中華書局 1987 年版，第 171 頁。
〔註204〕蕭旭《說苑校補》，收入《群書校補》，廣陵書社 2011 年版，第 498 頁。

其鳴而不已。言政事須愼聽之，然後行之者也。

按：應，《說苑・政理》作「膺」，古通。《白氏六帖事類集》卷 2 引注作「謂政事須聽而後到。」〔註205〕考《埤雅》卷 11 引此語而釋之曰：「言政事惡譁而善肅，以靜應之而已。」《古微書》卷 23 引《詩含神霧》引此語而釋之曰：「政尚靜而惡譁也。」皆與王說不同。

（14）王事若龍，學焉得習

王肅注：龍宜爲聾，前後相因也。

按：龍，《御覽》卷 512、607、625 三引作「聾」，注文卷 512 引作「聾宜爲襲，前後相積襲也」，卷 607 引作「聾宜爲聾（襲），相因聾（襲）之也」，卷 625 引作「聾宜爲襲，言後相因襲」。《說苑・政理》作「襲」。「襲」字是，《小爾雅》：「襲，因也。」《廣雅》：「襲，重也。」「聾」無因襲之義。金其源曰：「龍，和也。和，猶合也。則龍之轉訓義亦是重，不必爲襲。」〔註206〕金說迂曲。

（15）始誦之，今得而行之，是學益明也

按：得，《御覽》卷 512、607、625 引同，《說苑・政理》作「履」。「履」脫誤爲「復」，又形誤作「得」。《孔叢子・連叢子》載《與子琳書》：「《訓》曰：徒學知之未可多，履而行之乃足佳。」「始誦之」即謂學而知之也。姜本「今得而行之」脫誤作「今得之」。

（16）雖有公事，而兼以弔死問疾，是朋友篤也

按：《御覽》卷 512、607、625 引「篤」上有「信」字，今本脫之。《說苑・政理》作「朋友益親」。

（17）陳靈公宣婬於朝

按：《左傳・宣公八年》孔疏、《類聚》卷 22、《御覽》卷 445 引「宣」上有「君臣」二字，《長短經・臣行》亦有，今本脫之。

（18）比干於紂，親則諸父，官則少師，忠報之心，在於宗廟而已，固必以死爭之

〔註205〕四庫本《白孔六帖》在卷 5。
〔註206〕 金其源《讀書管見》，（上海）商務印書館 1957 年初版，第 340 頁。

按：報，《先聖大訓》卷 6 同，《左傳・宣公八年》孔疏、《類聚》卷 22 引作「款」，《御覽》卷 445 引作「疑」。孔疏引「在于」下有「存」字、《長短經・臣行》「報」作「款」，亦有「存」字。「報」、「疑」皆「款」之形誤。今本脫「存」字。

（19）其本志情在於仁者也

按：其本志情，《御覽》卷 445 引同，《左傳・宣公八年》孔疏引作「本志」，《類聚》卷 22 引作「本其情志」，《長短經・臣行》作「其本情」。

（20）以區區之一身，欲正一國之婬昏

按：正，《御覽》卷 445 引同，《長短經・臣行》亦同，《左傳・宣公八年》孔疏、《類聚》卷 22 引誤作「止」。

（21）可謂狷矣

按：狷，《先聖大訓》卷 6 同，四庫本、范本作「狷」，《左傳・宣公八年》孔疏引作「狷」，《類聚》卷 22、《御覽》卷 445 引作「懷」，《長短經・臣行》亦作「懷」。「懷」字是，與上文「懷寵不去」相應。考《論語・子路》：「狂者進取，狷者有所不為也。」何晏《集解》引苞氏曰：「狂者進取於善道，狷者守節無為。」然則「狷」非其誼也。

（22）怠於政事

按：怠，《御覽》卷 896 引作「殆」，借字。

（23）桓子既受女樂

按：既，猶終也。《史記・孔子世家》作「卒」，卒亦終也。

（24）彼婦人之口，可以出走；彼婦人之請，可以死敗

　　王肅注：言婦人口請謁，足以使人死敗，故可出走。

按：請，《御覽》卷 571 引同，四庫本、姜本、寬永本、宗智本作「謁」，《史記・樂書》《索隱》、《類聚》卷 19、《御覽》卷 465、《樂府詩集》卷 83 引亦作「謁」，《史記・孔子世家》作「謁」，《說苑・說叢》作「喙」。《說文》：「請，謁也。」《史記・孔子世家》《集解》引王肅注，「足以」下有一「憂」，今本脫之。

（25）優哉游哉，聊以卒歲

按：《左傳·襄公二十一年》引《詩》同。聊，《史記·孔子世家》作「維」。
此蓋佚《詩》。

（26）澹臺子羽有君子之容，而行不勝其貌；宰我有文雅之辭，而智不
充其辯

按：勝，讀爲稱，讀去聲，謂當其宜也，《韓子·顯學》正作「稱」。《國
語·晉語四》：「中不勝貌，恥也。」韋昭注：「勝，當爲稱，中不稱
貌，情貌相違也。」《說文》：「勝，任也。」「充」當據陳本、何本作
「克」，形之譌也，《史記·仲尼弟子傳》《索隱》、《御覽》卷 445 引
已誤。《韓子》亦誤作「充」。克亦勝也，任也。《管子·明法解》：「功
充其言則賞，不充其言則誅。」二「充」字亦當作「克」，上文云「誅
賞之所加，各得其宜」，是其誼也。諸家皆失校。《韓子·主道》：「功
當其事，事當其言，則賞；功不當其事，事不當其言，則誅。」又《二
柄》：「功當其事，事當其言，則賞；功不當其事，事不當其言，則罰。」
又《難二》：「功當其言則賞，不當則誅。」「當」讀去聲，亦相稱、
合宜之義。此尤其確證。

（27）樂之方至，樂而勿驕；患之將至，思而勿憂

按：將，《句解》本、陳本、慶長本作「所」，何本作「方」。

（28）攻其所不能，補其所不備

按：《書鈔》卷 30 同，《句解》本、陳本、何本、慶長本下句作「備其所不
足」，《經濟類編》卷 89 引同，是明人所見有作此語者。寬永本、宗智
本作「補其所不足」。

（29）終日言，無遺己之憂；終日行，不遺己患，唯智者有之

按：「患」上當據《句解》本、陳本、何本、姜本、慶長本補「之」字，本
書《六本》、《說苑·雜言》並有。有之，《六本》作「能之」。

《在厄》第二十

（1）遂使徒兵距孔子

按：何本作「遂發徒兵役圍孔子于野」。距，《御覽》卷 998 引作「拒」，《史

記‧孔子世家》作「圍」，《御覽》卷 402 引《史記》作「拒」。《商子‧
兵守》：「四戰之國好舉興兵以距四鄰者，國危。」高亨謂「舉」、「興」
衍其一，又引《廣雅》「距，困也」以釋之〔註207〕，是也。距、拒，即
「圍困」之義。《韓詩外傳》卷 7、《說苑‧雜言》并云「孔子困於陳蔡
之間」，「困」是其誼。王念孫、錢大昭並云：「距困，未詳。」據此可
補。王士濂謂即「抗距」，王樹枏、陳邦福謂「困」是「閉」義〔註208〕，
皆未得。

（2）奚居之窮也

按：窮，《荀子‧宥坐》、《韓詩外傳》卷 7、《說苑‧雜言》作「隱」。楊倞
　　注：「隱謂窮約。」

（3）故居下而無憂者，則思不遠；處身而常逸者，則志不廣

按：常逸，陳本作「當逸」。《荀子‧宥坐》：「故居不隱者思不遠，身不佚者
　　志不廣。」《說苑‧雜言》：「故居不幽，則思不遠；身不約，則智（志）
　　不廣。」此文「常逸」當作「不佚」。佚，讀爲屑〔註209〕，《方言》卷
　　12：「屑，勞也。」約，窮約、愁憂。《論衡‧書解》：「居不幽，思不至。」
　　《吳越春秋‧勾踐入臣外傳》：「聞古人曰：『居不幽，志不廣；形不愁，
　　思不遠。』」「志不廣」與「思不遠」當互易。楊倞注：「佚，《家語》作
　　『常逸者』，與逸同，謂奔竄也。」非也。

（4）庸知其終始乎

　　王肅注：庸，用也。汝何用知其終始，或者晉文公、越王之時也。

按：庸，何也。王注非是。

（5）君子修道立德，不謂窮困而改節

按：謂，各本皆作「爲」，《類聚》卷 81、《初學記》卷 27、《御覽》卷 57、
　　983、《類說》卷 38、《古今事文類聚》後集卷 29、《先聖大訓》卷 6 引

〔註207〕高亨《商君書注譯》，中華書局 1974 年版，第 99 頁。

〔註208〕王念孫《廣雅疏證》、錢大昭《廣雅疏義》、王士濂《廣雅疏證拾遺》、王樹枏
　　　　《廣雅補疏》、陳邦福《廣雅疏證補釋》，並收入徐復主編《廣雅詁林》，江蘇
　　　　古籍出版社 1992 年版，第 364 頁。

〔註209〕參見裴學海《古書虛字集釋》，中華書局 1954 年版，第 760 頁。

作「爲」，《書鈔》卷 30、《記纂淵海》卷 49 作「以」。窮困，除《書鈔》、《類說》引同，餘書皆引作「困窮」。改，各書引同，四庫本、范本誤作「敗」。下文「仁人廉士，窮改節乎」，尤爲作「改」字之確證。楊朝明據四庫本改作「敗」，陋矣。姜本脫「窮」字。

（6）顏回曰：「夫子之道至大，天下莫能容，雖然，夫子推而行之，世不我用，有國者之醜也，夫子何病焉？」

按：「天下」前當據上文補「故」字，《史記‧孔子世家》亦有。用，讀爲容，《史記》作「不容何病」。莫能容，《句解》本、寬永本、宗智本作「莫不能容」，寬永本上方校語云：「『不』衍文。」

（7）其未得之，則樂其意；既得之，又樂其治

按：治，《荀子‧子道》同，《說苑‧雜言》作「知」，疑誤。

（8）曾子弊衣而耕於魯

按：弊，姜本作「敝」。《說苑‧立節》「弊衣」上有「衣」字，此脫。

（9）顏回仲由炊之於壞屋之下，有埃墨墮飯中

按：《白氏六帖事類集》卷 4 引「壞」作「敗」，「墮」作「墜」。埃墨，《御覽》卷 181 引作「埃塵墨」，又卷 850 引作「埃塵」；《白氏六帖事類集》卷 4 引作「塵」，又引下文「埃墨」作「炱煤」，又卷 28 亦作「炱煤」〔註210〕。《書敘指南》卷 16：「屋中煤苔曰埃墨。」指梁上之煙塵。（a）《說文》：「埃，塵也。」又「炱，灰，炱煤也。」《繫傳》：「臣鍇曰：火煙所生也。」煙塵義之專字作「炱」，實「埃」之音轉，二字韻則同在之部，上古聲母同爲喻四，後來分化，一變爲影母，一變爲定母，而音遂隔矣。《玉篇》：「炱，炱煤，煙塵也。」《集韻》：「炱，煤塵。」《六書故》：「炱，縣（懸）煤也。」筍皮爲篛（箬），水衣爲苔（荅、箬），灰塵所集爲埃，煙塵集屋爲炱，其義一也。（b）墨，讀爲麈，《說文》：「麈，塵也。」字亦作煤，《說文》字頭未收「煤」字，僅注語中有之，「煤」當即「麈」，二字《廣韻》同音莫杯切。《玉篇》：「煤，炱煤。」《廣韻》：「煤，炱煤，灰集屋也。」俗字亦作坲，《集韻》：「坲，塵也，

或作塺。」音轉又作霾〔註211〕，《釋名》：「風而雨土曰霾。霾，晦也，言如物塵晦之色也。」(c) 此文之「埃墨」，《呂氏春秋‧任數》作「煤室（臺）」，高誘注：「煤室（臺），煙塵之煤也。」《文選‧君子行》李善注引作「炱煤」，引高注作「炱煤，煙塵也。炱讀作臺」；《御覽》卷838引作「煐煤」，《類聚》卷79引作「埃煤」，引高注作「埃煤，煙塵煤也。」「室」爲「臺」形誤，「臺」爲「炱」同音借字。畢沅曰：「室與炱形近致訛。」王引之曰：「今本《家語》『炱』誤作『埃』，蓋『炱』字似『矣』而誤爲『矣』，後人又加『土』旁耳。墨、煤古同聲。案『煤室』當作『臺煤』，臺與室相似而誤，蓋正文借臺爲炱。今本『臺煤』二字誤倒。畢校非也。」陳奇猷曰：「『室』當係『實』之假字。『實』有顆粒結合成球之義。畢、王失之。」〔註212〕王利器謂王引之說是〔註213〕。王引之謂「『室』當作『臺』，借臺爲炱」是，餘皆失之。「炱煤」二字平列，故可倒作「煤臺」也。朱起鳳曰：「炱字作埃，乃同義通叚。煤、墨一聲之轉。」〔註214〕朱氏謂「炱、埃同義通叚」，亦稍隔於古音。「煐」即「埃」俗字，涉「煤」字類化而改從火旁。《玄應音義》卷15：「炱煤，煙塵也。《通俗文》：『積烟以爲炱煤。』律文作爐烸，非體也。」此爲《十誦律》卷26《音義》，檢高麗本作「炱煤」，聖本作「炱烸」。「埃墨」即「埃煤」，亦即「炱煤」、「爐烸」之音轉。「烸」亦「烸」俗字。俗又作「壜烸」，《可洪音義》卷15：「壜烸：上徒來反，下莫迴反。」倒言又作「煤炱」、「煤埃」，唐‧盧全《月蝕》：「摧環破璧眼看盡，當天一搭如煤炱。」宋‧王安石《久雨》：「煤炱著天無寸空，白沫上岸吹魚龍。」宋‧李質《艮嶽賦》：「燦八龍之神藻，覺虎臥之煤埃。」《日知錄》卷32：「北人凡入聲字皆轉爲平，故呼墨爲煤，而俗竟作煤字，非也。《呂氏春秋》云云。《素問》：『黑如炱者死。』註：『炱謂炱煤也。』」〔註215〕 (d) 墨之言塺，塵也，故引申有汙義，不潔義，「貪墨」是也

〔註211〕日本學者藤堂明保謂「霾」與「墨、默、黴」三字是同源字。藤堂明保《學研漢和大字典》，昭和56年版，第275頁。

〔註212〕三說並見陳奇猷《呂氏春秋新校釋》，上海古籍出版社2002年版，第1087頁。

〔註213〕王利器《呂氏春秋注疏》，巴蜀書社2002年版，第2000頁。

〔註214〕朱起鳳《辭通》，上海古籍出版社1982年版，第416頁。

〔註215〕顧炎武《日知錄》（陳垣校注），安徽大學出版社2007年版，第1869～1870頁。

〔註216〕；又引申有黑義。《廣雅》：「默、墨、黴、穮，黑也。」王念孫曰：「默亦墨字也，《韓詩外傳》云：『默然而黑。』……《說文》：『黴，物中久雨青黑也。』穮之言墨也，字亦作黴，《列子·黃帝篇》：『肌色 黓黴。』《釋文》：『黴，《埤倉》作穮，謂禾傷雨而生黑斑也。』今人猶謂傷濕生斑爲穮，聲如梅。《莊子·知北遊篇》：『媒媒晦晦。』《釋文》：『李云：媒媒，晦貌。』義與穮亦相近。」〔註217〕王氏所引《外傳》「默然而黑」，未檢得，《史記·孔子世家》作「黯然而黑」，蓋王氏誤記。餘說皆精確。「墨、默、黴、穮、黴、媒、煤」皆同源，今俗字作「霉」〔註218〕，語源實是「塵」。訓黑之「默」，與《說文》「默，犬暫逐人也」及靜默之「默（嘿）」，並不是同一字。《說文》：「墨，書墨也，從土，從黑，黑亦聲。」王力認爲「墨」有黑義是「黑」的滋生詞，是同源關係〔註219〕。古音學者眾說紛紜，主張有複輔音的學者構擬「xm」或「mx」這樣的複輔音，余友龐光華博士不主張古有複輔音，他據《說文》「黑，火所熏之色也」，認爲「黑」字與「熏」字有語源上的關係，謂「黑」得音於「熏色」相切〔註220〕。我認爲「墨」有書墨義，是炱煤的「煤」字的假借。古之書墨，即由炱煤製作而成，故稱之爲「墨」。我認爲「墨」是會意字，而不是形聲字。許慎說「墨」字從黑得聲，是不可信的。「墨」不是「黑」的滋生詞，不是同源關係，王力的說法也非是。(e)《書鈔》卷 144 引「中」作「內」，孔廣陶校曰：「作『內』者，因隋諱『忠』兼避也。」〔註221〕

(10) 孔子顧謂二三子曰：「吾之信回也，非待今日也。」

　按：待，讀爲特，但也。《記纂淵海》卷 65 引正作「特」。《類說》卷 2 引

〔註216〕朱駿聲謂「貪墨」義之「墨」借爲「冒」，訓犯而取也，王力從之，非也。王力《同源字典》，商務印書館，1982 年版，第 248 頁。

〔註217〕王念孫《廣雅疏證》，收入徐復主編《廣雅詁林》，江蘇古籍出版社 1992 年版，第 688～689 頁。

〔註218〕參看王力《同源字典》，商務印書館，1982 年版，第 409～410 頁。王氏未及「默」、「媒」二字。

〔註219〕王力《同源字典》，商務印書館，1982 年版，前言第 49 頁，又第 253 頁。

〔註220〕龐光華《論漢語上古音無複輔音聲母》，中國文史出版社 2005 年版，第 422 頁。

〔註221〕《書鈔》（孔廣陶校注本），收入《續修四庫全書》第 1213 冊，上海古籍出版社 2002 年版，第 43 頁。

《高士傳》作「獨」，義同。

《入官》第二十一

此篇與《大戴禮記・子張問入官》略同，下引簡稱作《大戴》。

（1）教不能勿怠

王肅注：怠，懈。

按：怠，《大戴》作「㩎」，盧辯注：「勿㩎，未若《家語》爲『勿怠』也。進或聲誤爲㩎。勿進，嫌其倦也。」㩎訓進是也，《先聖大訓》卷3注：「㩎，進也。㩎亦進之使入也，故通用。《家語》㩎作怠者，《家語》多以疑而輒改。勿㩎，勿強進也。」王聘珍引《禮記・學記》「今之教者，言及于數，進而不顧其安」以說之〔註222〕，其義尤明。

（2）失言勿掎

王肅注：有人失言，勿掎角之。

按：掎，陳本作「倚」，《類說》卷38引亦作「倚」，《大戴》作「踦」。盧辯注：「踦，邪也。出言既失，勿爲邪途以成之。」朱駿聲謂踦借爲奇〔註223〕，申盧注。王肅、盧辯說皆未得。俞樾曰：「踦當爲倚，依也，因也。」黃懷信從俞說。王聘珍引《玉篇》「踦，曲也」，解爲曲諱。戴禮引《莊子・養生主》《音義》「踦，剌也」、《集韻》「觸也」，解爲面折人短。王樹枏謂「掎」字是，解爲發揚。方向東謂「掎」字是，解爲偏引〔註224〕。踦訓曲指曲脛，踦訓剌、觸，指足之所接觸，掎亦無發揚義，王聘珍、戴禮、王樹枏三氏說必誤無疑。掎、踦，疑並讀爲議，評論、非議。《說文》：「羛，墨翟書義從弗，魏郡有羛陽鄉，讀若錡。」「羛」即「義」重文〔註225〕。《呂氏春秋・先職》：「求

〔註222〕王聘珍《大戴禮記解詁》，中華書局1983年版，第137頁。
〔註223〕朱駿聲《說文通訓定聲》，武漢市古籍書店1983年版，第489頁。
〔註224〕諸說皆轉引自方向東《大戴禮記匯校集解》，中華書局2008年版，第804頁。黃懷信主編《大戴禮記彙校集注》，三秦出版社2005年版，第848頁。方向東、黃懷信引「剌」誤作「刺」，逕正。
〔註225〕字從「弗」者，徐灝引王引之說，謂「弗」是「我」字形譌，嚴可均、姚文田、蔣石渠說同；段玉裁則謂「從弗者，蓋取矯弗合宜之意」；宋保謂「義、

國之長者，得義蒔、田邑而禮之。」《說苑・權謀》「義蒔」作「錡疇」。皆其音轉之證。句言人有失言，己勿評論之也。楊朝明引《說文繫傳》「掎，躋也」，謂「掎」應爲「躋」之誤，解爲曲爲之說、回護。檢《繫傳》作「掎，踦也」，鈔書也不認眞，鈔錯了。且「躋（踦）」哪有回護之義，直是信口開合。

（3）且夫忿數者，官獄所由生也

按：忿數，《大戴》同。《先聖大訓》卷 3 解爲「忿厲繁數」，何孟春曰：「數，屢也。」姜兆錫曰：「數，煩迫貌。」汪照讀忿爲煩，王聘珍數訓疾，俞樾數訓責，惠棟、戴震、盧文弨皆疑「數」爲「斁」字之誤〔註 226〕。楊朝明注：「數，疾，憎恨。」數訓疾是疾速義，不是憎恨。改「數」爲「斁」，無據。數，讀爲速，指性急。《孫子・九變》：「故將有五危……忿速，可侮也。」杜牧注：「忿者，剛怒也。速者，褊急也，性不厚重也。」《管子・宙合》：「此言止忿速、濟沒法也。」《類聚》卷 74 魏・丁廙《彈棊賦》：「剛優勁勇，忿速輕急。」

（4）故君子南面臨官，大域之中而公治之，精智而略行之

王肅注：大域，猶辜較也。以精知之略行，舉其要而行之。

按：《句解》本、陳本、何本、慶長本無「大域之中」四字。《大戴》「大域」作「大城」，「精智」作「精知」。盧辯注：「大城，列國。公，無私也。精知者，當先是二路。略行者，謂度時而施。」王肅說是，「城」爲形誤。王聘珍、于鬯改「城」作「誠」，任銘善謂大城猶言專城〔註 227〕，並非是。公，公開。精智（知），猶言仔細考慮。《禮記・緇衣》：「精知，略而行之。」郭店楚簡本同。鄭玄注：「精知孰（熟）慮於眾也。精，或爲清。」孔疏：「謂精細而知，孰慮於眾，要略而行之。此皆謂聞見雖多，執守簡要也。」孫志祖曰：「精智，《大戴》作『精知』，據王注，

我、羞、錡古音同在歌部，弗在脂部，兩部本相關通」，葉德輝說同。當以形譌說爲得。段玉裁《說文解字注》，徐灝《說文解字注箋》，嚴可均、姚文田《說文校議》，宋保《諧聲補逸》，葉德輝《說文讀若考》，並收入丁福保《說文解字詁林》，中華書局 1988 年版，第 12382～12387 頁。蔣石渠《「仁義」釋》，《國專月刊》第 2 卷第 1 號，1935 年版，第 27 頁。
〔註 226〕諸說皆轉引自方向東《大戴禮記匯校集解》，中華書局 2008 年版，第 805 頁。
〔註 227〕諸說皆轉引自方向東《大戴禮記匯校集解》，中華書局 2008 年版，第 806 頁。

應作『情知』。」非也。此文「而略」二字當據乙作「略而」，「精智」
二字爲句。寬永本上方校云：「一本無『行』字。」指王肅注一本無「行」
字，是也，點作「以精知之，略舉其要而行之」。

（5）夫臨之無抗民之惡，勝之無犯民之言

王肅注：治民無抗揚之志也。

按：抗，寬永本、宗智本誤作「抗」。惡，范本、姜本作「志」。王注云云，
似亦作「志」字。孫志祖曰：「惡，《大戴》作『志』，是。」抗亦犯也，
王注「抗揚」，非是。

（6）量之無佼民之辭，養之無擾於其時

王肅注：佼，猶周也。度量而施政，辭不周民也。

按：佼，《大戴》作「狡」。盧辯注：「狡，害也。」佼無周訓，「周」是「害」
的形誤字〔註228〕。然此訓非也。佼、狡，並當讀爲絞，違戾也。《管子·
七臣七主》：「好佼反而行私請。」尹注：「佼，謂佷（很）詐也。背理
爲反。」亦其例。王聘珍曰：「狡謂狡詐。」俞樾曰：「狡當讀爲校，校
之言校量也。」黃懷信曰：「狡，猜也。」〔註229〕並非是。

（7）君子以臨官，所見則邇，故明不可蔽也

按：蔽，《大戴》作「弊」，借字。

（8）所以治者約，故不用眾而譽立

按：立，《大戴》作「至」。上、下文「身安譽至」數見，皆作「至」。此蓋
形誤。

（9）是以天下積而本不寡，短長得其量

按：本，《大戴》作「木」，以「而木不寡」屬下句。任銘善謂「而木」當作
「眾」，「不」字衍〔註230〕。余謂「不」當作「眾」，「而」讀爲如。如

〔註228〕「害」俗字作「𠂤」，見《可洪音義》卷5、8，形近致誤。
〔註229〕諸說並轉引自黃懷信主編《大戴禮記彙校集注》，三秦出版社2005年版，第
854頁。
〔註230〕任銘善說轉引自方向東《大戴禮記匯校集解》，中華書局2008年版，第810
頁。

木之眾寡、短長，各得其量，言各有所用也。

（10）善政行易而民不怨，言調說和則民不變

王肅注：調，適也。言適於事，說和於民則不變。

按：下句，《大戴》作「言調悅則民不辨法」，盧辯注：「謂不爭也。《周禮》
曰：『凡辨法者考焉。』」《大戴》上文「故躬行者，政之始也；調悅者，
情之道也」，「調悅」爲詞，「調說」同。二文「言」上脫「善」字，「善
言」、「善政」對舉〔註231〕。下文「貪以不得，善政必簡矣；苟以亂之，
善言必不聽矣」〔註232〕，是其例也。此文「和」字衍文。王肅注據誤
文爲說。《說文》：「調，和也。」蓋注文誤入。《大戴》「法」屬下句，
盧注非也。辨，讀爲變。

（11）詳以納之，則規諫日至

按：納，《大戴》作「失」。「失」當作「入」，與「納」同義。《玉篇》：「入，
納也。」《說文》「入」、「內」互訓，「內」即古「納」字。《先聖大訓》
卷3引《大戴》作「納」。戴震、汪照並曰：「詳、佯古通用。」王聘
珍曰：「詳，審察也。」王說是。

（12）故夫女子必自擇絲麻

按：女子，當據《御覽》卷814、《習學記言》卷17引校作「女工」。《大戴》
作「工女」。

（13）良工必自擇貌材

按：貌，四庫本作「完」，《御覽》卷814、《習學記言》卷17引同，《大戴》
作「齊」，盧辯注引此文作「完」。「完」形誤爲「兒」，又改作「貌」。《先
聖大訓》卷3注：「齊謂資也。」工，《御覽》卷814引作「匠」。

（14）萬民之叛道，必於君上之失政

按：失，《大戴》作「佚」，借字。

〔註231〕此任銘善說，轉引自方向東《大戴禮記匯校集解》，中華書局2008年版，第
812頁。
〔註232〕今本《大戴》「聽」上脫「不」字，當據本書補，《先聖大訓》卷3所引不脫。

（15）上者尊嚴而危，民者卑賤而神

按：危，《大戴》作「絕」。「絕」爲「危」形誤〔註233〕。

（16）久居而不滯

按：《大戴》作「居久而譚」。譚，讀爲倓、憺，《說文》「憺」、「倓」並訓安也。盧辯注：「譚，誕也，謂安縱也。」《先聖大訓》卷 3 注：「譚者覃字之訛歟？脩業居久則誠純浸深廣而及遠矣。」王聘珍、孔廣森並曰：「譚，大也。」任銘善曰：「譚猶覃，覃，深也。」〔註 234〕皆未得。

（17）察一物而貫乎多

按：貫，《大戴》作「關」，借字。《治要》卷 48 引魏・杜恕《體論》：「觀一物而貫乎萬。」即本此文。

（18）以身本者也

按：「本」上當據《大戴》補「爲」字，《治要》卷 48 引魏・杜恕《體論》亦有「爲」字。

（19）既知其性，又習其情，然後民乃從命矣

按：《大戴》作「既知其以生，有習〔其情〕，然後民特從命也」，盧辯注：「生，謂性也。習，調節也。」《大戴》脫「其情」二字，「以」字衍。王聘珍、孔廣森云云，並非是。裴學海以「既知其以生有習」爲句，云：「特，猶乃也。『以生』之以訓何。生亦性也。有，與也。言既知其何性與何習也。」〔註235〕裴氏謂「特猶乃，生亦性也」，是也，餘說皆誤。《先聖大訓》卷 3 注：「特有甚義。」亦非。

（20）故德者，政之始也

按：德，《大戴》作「惠」。上文云云，謂寬其政，皆其惠也。《玉篇》：「德，

〔註233〕此王念孫、汪照説，轉引自方向東《大戴禮記匯校集解》，中華書局 2008 年版，第 818 頁。

〔註234〕諸説皆轉引自方向東《大戴禮記匯校集解》，中華書局 2008 年版，第 818～819 頁。

〔註235〕裴學海《古書虛字集釋》，中華書局 1954 年版，第 468 頁。

惠也。」本書《賢君》:「君惠臣忠,則列都得之。」亦言「君惠」,另詳。

(21) 故世舉則民親之,政均則民無怨

按:世舉,《大戴》同,盧辯注:「世舉,言治。」寬永本上方校云:「吳注:世,嘗(當)作『德』。」

(22) 君子欲言之見信也,莫善乎先虛其內

按:莫善乎,《大戴》作「莫若」。「莫善」雖通,然「善」疑爲「若」形誤,下同。《漢書‧賈誼傳》:「爲人主計者,莫如先審取捨。」《後漢紀》卷30:「故將欲止之,莫若先以德禮。」「莫若」即「莫如」。

《困誓》第二十二

(1) 自望其廣,則睪如也

王肅注:廣,反(宜)爲壙。睪,高貌。壏(壙)而高冢是也。

按:廣,《荀子‧大略》、《列子‧天瑞》並作「壙」。楊倞註:「壙,丘壟。」殷敬順《釋文》:「壙音曠,墓穴也。」睪,《列子》同,寬永本、宗智本作「皋」,《荀子》亦作「皋」。楊註:「皋,當爲宰。宰,冢也,宰如高貌。」「睪」爲「皋」形誤,皋之言高也。楊說「皋當爲宰」不確,《列子》下文又有「宰如也」三字。「皋如、宰如、墳如、鬲如」皆狀壙之形狀。

(2) 視其高,則墳如也

王肅注:墳,塞實貌也。冢雖高而塞實也。

按:墳,何本及《荀子‧大略》作「嵮」,《列子‧天瑞》作「墳」。楊倞註:「嵮與墳同,謂土墳塞也。」是楊說與王注同。殷敬順《釋文》:「如墳墓也。」盧文弨曰:「嵮讀爲顚,山頂也。《列子》作『墳如』,如大防也。」〔註236〕郝懿行曰:「嵮即顚字,顚俗作巔,因又作嵮耳。《列子》作『墳如』。墳,大防也。」〔註237〕「墳」、「墳」形近,必有一

〔註236〕盧文弨、謝墉《荀子》校本,收入《諸子百家叢書》,上海古籍出版社影印浙江書局本1989年版,第161頁。下條引同。
〔註237〕郝懿行《荀子補注》卷下,收入《四庫未收書輯刊》第6輯第12冊,北京出

誤，郝懿行、盧文弨各依字而作二解，非是。竊謂「壖」、「嶙」當為「壇」形誤。楊朝明曰：「王注不確。壖，應為『嶙』之誤，通『巔』，山巔。」楊朝明當即襲自盧、郝二氏之說，而不注明出處。

（3）察其從，則鬲如也

王肅注：言其隔而不得復相從也。

按：隔，《荀子・大略》、《列子・天瑞》並作「鬲」。楊倞註：「鬲謂隔絕於上。」張湛注：「見其墳壤鬲異。」皆非也。殷敬順《釋文》：「鬲音歷，形如鼎，又音隔。」盧文弨曰：「鬲如，形如實五穀之器也，山有似甀者矣。」郝懿行曰：「鬲如，蓋若覆釜之形，上小下大，今所見亦多有之。」

（4）子貢曰：「大哉乎死也，君子息焉，小人休焉。」

按：休，《荀子・大略》引子貢語同，《列子・天瑞》引子貢語作「伏」。張湛注：「去離憂苦，昧然而死，小人之所以伏也。」郝懿行曰：「休、息一耳。」吳闓生曰：「息、伏為韻，作『休』非是。」〔註238〕吳說是。《晏子春秋・內篇諫上》：「昔者上帝以人之歿為善，仁者息焉，不仁者伏焉。」又《外篇》：「夫古之有死也，令後世賢者得之以息，不肖者得之以伏。」《列子・天瑞》引晏子曰：「古之有死也，仁者息焉，不仁者伏焉。」皆作「伏」字之確證。《弘明集》卷5晉（漢）・桓譚《新論・形神》引晏子語作「不仁者如焉」〔註239〕，「如」字誤。

（5）君子諱傷其類者也

王肅注：諱，去也。諱，或為諱也。

按：諱，何本作「諱」，《事類賦注》卷6、《先聖大訓》卷6引亦作「諱」，《三國志・劉廙傳》裴松之注引《新序》作「諱」，《史記・孔子世家》作「諱」，定縣漢簡《儒家者言》、《說苑・權謀》作「重」，《琴操》、《御覽》卷578引《大周正樂》作「惡」。《孟子・離婁下》「無罪而

版社2000年版，第32頁。下條引同。

〔註238〕吳闓生《文史甄微》（稿本），轉引自楊伯峻《列子集釋》，中華書局1979年版，第26頁。

〔註239〕「晉」應作「漢」，辨見鍾肇鵬《新論形神的作者應斷歸桓譚》，《人文雜誌》1959年第2期，第34～36頁。

殺士」章漢・趙岐注：「惡傷其類，視其下等懼及次也。」《宋書・吳喜傳》：「物惡傷類，內懷憂恐。」敦煌寫卷 P.2653《燕子賦（一）》：「狐死兔悲，惡傷其類。」重，愼也，難也。惡、重義相會。違，讀爲諱。

（6）意者身不敬與？辭不順與？色不悅與

按：何本注：「順，一作遜。悅，一作順。」順，《御覽》卷 413 引作「愼」。《荀子・子道》：「意者身不敬與？辭不遜與？色不順與？」《韓詩外傳》卷 9：「意者身未敬邪！色不順邪！辭不遜邪？」「辭不順」之順是謙遜義，「色不順」之順是愉悅義，已詳上文。

（7）人與己與，不汝欺

王肅注：言人與己事實相通，不相欺也。

按：《荀子・子道》作「衣與繆與，不女聊」，《韓詩外傳》卷 9 作「衣歟食歟，曾不爾即」。楊倞註：「繆，紕繆也。與，讀爲歟。聊，賴也。言雖與之衣，而紕繆不精，則不聊賴於汝也。或曰：繆，綢也。言雖衣服我，綢繆我，而不敬不順，則不賴汝也。《韓詩外傳》作『衣予教予』。《家語》云：『人與己，不順（相）欺也。』皆與此不同也。」楊倞讀與爲歟，是也，「與」是語辭。（a）《外傳》之「即」，盧文弨曰：「『即』疑『聊』之訛，『教予』疑是『飲予』之訛。」〔註240〕趙懷玉曰：「『即』字自當作『聊』爲是。」〔註241〕二氏謂「即」當作「聊」，是也，然未釋其義。「教予」盧說疑未確（詳下文）。（b）聊，當讀爲膠。《方言》卷 3：「膠、譎，詐也。涼州西南之閒曰膠，自關而東西或曰譎，或曰膠。詐，通語也。」《文選・魏都賦》：「牽膠言而踰侈。」劉淵林注引李克曰：「言語辯聰之說，而不度於義者謂之膠言。」李善注引《廣雅》：「膠，欺也。」字亦作謬，《廣雅》：「謬、膠，欺也。」字亦作繆，《方言》卷 10：「央亡、嚜杘、姡，獪也。江湘之閒或謂之無賴，或謂之繆。」《廣雅》：「繆，獪也。」《荀子》作「聊」，本書作「欺」，其義相同。《漢書・藝文志》：「待詔金馬《聊蒼》三篇。」顏師古注：「《嚴助傳》作『膠

〔註240〕盧文弨、謝墉《荀子》校本，收入《諸子百家叢書》，上海古籍出版社影印浙江書局本 1989 年版，第 168 頁。
〔註241〕趙懷玉校本《韓詩外傳》卷 9，收入《龍溪精舍叢書》，第 2 頁。

蒼』，而此《志》作『聊』，《志》、《傳》不同，未知孰是？」王觀國《學林》卷 3：「當是班固假借用字。然聊、膠二字音與義皆不同，于假借為難合。」王氏說未得也，古從卯從翏之字相通甚多〔註 242〕。聊、膠二字韻則同在幽部，聲則見、來二母相轉〔註 243〕。從翏得聲之字可讀為見、來二母，如「廖、寥、蓼」即讀來母。（c）繆，讀為冒，俗作帽。衣與繆與，猶言衣呀帽呀，與「衣歟食歟」、「人歟己歟」皆呼起之辭。楊倞註引《外傳》作「衣予教予」，「教」疑「務」字形誤。「務」亦讀為冒。《荀子·哀公》：「古之王者有務而拘領者矣。」楊倞註：「務，讀為冒。《尚書大傳》曰：『古之人衣上有冒而句領者。』」郝懿行曰：「《尚書大傳》作『冒而句領』，古讀冒、務音同。」〔註 244〕今本作「食」者，疑後人不知其誼而改作。

（8）何謂無孝之名乎

按：寬永本上方校云：「謂，當作『為』。」宗智本作「為」，《御覽》卷 413 引亦作「為」，《荀子·子道》、《韓詩外傳》卷 9 同。下文「何謂無孝名乎」，亦然。

（9）行修而名不彰，友之罪也

按：修，《類聚》卷 21 引誤作「循」。

（10）故君子入則篤行，出則交賢

按：交，《御覽》卷 413、《先聖大訓》卷 6 引同，何本作「友」，《類聚》卷 21、《初學記》卷 18、《御覽》卷 406 引作「友」，《荀子·子道》、《韓詩外傳》卷 9 亦作「友」。《北齊書·儒林傳》：「安能入便篤行，出則友賢者也？」

（11）孔子曰：「君子好樂，為無驕也。小人好樂，為無懾也。其誰之子？不我知而從我者乎？」

〔註 242〕 參見張儒、劉毓慶《漢字通用聲素研究》，山西古籍出版社 2002 年版，第 128～129 頁。

〔註 243〕 見、來二母相轉，余友龐光華博士《論漢語上古音無複輔音聲母》有詳細論述，中國文史出版社 2005 年版，第 399～409 頁。

〔註 244〕 郝懿行《荀子補注》卷下，收入《四庫未收書輯刊》第 6 輯第 12 冊，北京出版社 2000 年版，第 35 頁。

王肅注：其誰之子，猶言以誰氏子。

按：注「以」當作「此」。其誰之子，《說苑・雜言》作「其誰知之」，誤。

（12）子路悅，援戚而舞，三終而出

按：前二句，《說苑・雜言》作「子路不悅，授干而舞」。「不」字衍，「授」
當作「援」。盧文弨校《說苑》作「援」，云：「『授』誤。」〔註245〕
《莊子・讓王》：「子路扢然，執干而舞。」《呂氏春秋・慎人》：「子
路抗然，執干而舞。」與本書記載爲同一事。《釋文》：「扢，李云：『奮
舞貌。』司馬云：『喜貌。』」「抗然」當作「扢然」，即「仡（仡）然」，
勇壯之貌。司馬訓喜貌者，與本書合，則讀爲忔（㤭），《廣雅》：「忔，
喜也。」又「㤭㤭，喜也。」〔註246〕《淮南子・齊俗篇》：「執干戚
而舞。」《類聚》卷41引《五經通義》：「持朱干玉戚而舞。」援亦執
也，持也。

（13）孔子曰：「善，惡何也？」

王肅注：惡何，猶言是何也。

按：慶長本無「惡何也」三字。當據《說苑・雜言》作「惡！是何也」。
「惡」是嘆詞，或作「啞」，古音牙，今俗作「呀」字。《孟子・公孫
丑上》、《公孫丑下》並有「惡！是何言也」之語。

（14）吾聞之：「君不困不成王，烈士不困行不彰。」

按：寬永本、宗智本「君」下有「上」字。《說苑・雜言》作「人君不困不
成王，列士不困不成行」，此文「君」上亦可補「人」字。

（15）子路彈琴而歌，孔子和之，曲三終，匡人解甲而罷

按：孫志祖曰：「《史記索隱》引作『彈劍』，《世說新語・方正篇》注同。」
琴，《記纂淵海》卷29引同〔註247〕，《書鈔》卷122、《御覽》卷571、
《事類賦注》卷11引亦作「劍」。「劍」字是也。解甲而罷，《索隱》引
作「解圍而去」，《御覽》引作「解甲」。匡人，《記纂淵海》引誤作「康

〔註245〕盧文弨《說苑校正》，收入《群書拾補》，《續修四庫全書》第1149冊，上海
　　　　古籍出版社2002年版，第425頁。
〔註246〕參見蕭旭《象聲詞「札札」考》。
〔註247〕此據宋本，四庫本在卷60。

人」〔註248〕。

（16）不觀高崖，何以知顛墜之患

按：崖，阜陽雙古堆木牘、《說苑・雜言》作「岸」。《玄應音義》卷16引《說文》：「崖，岸高邊者也。」〔註249〕

（17）不臨深泉，何以知沒溺之患

按：泉，《記纂淵海》卷55引作「淵」，《說苑・雜言》同，此蓋避唐諱而改。

（18）為人下者，其猶土乎，汩之深則出泉

　　　　王肅注：汩，渥。

按：孫志祖曰：「注『渥』字當作『掘』。」是也，寬永本、宗智本正作「掘」。汩，四庫本誤作「泪」，《韓詩外傳》卷7、《說苑・臣術》作「掘」，《荀子・堯問》作「扣」。《御覽》卷37引《荀子》作「掘」。定縣漢簡《儒家者言》：「厥之得甘泉焉。」「掘」為本字，餘皆借字〔註250〕。楊倞注：「扣，掘也。」

（19）禽獸育焉

按：育，《荀子・堯問》、《說苑・臣術》同，《韓詩外傳》卷7作「遂」，定縣漢簡《儒家者言》作「伏」。遂亦育也。《董子・山川頌》：「生人立，禽獸伏，死人入，多其功而不言。」伏，讀為孵。《廣韻》：「伏，鳥菢子也。」

（20）生則出焉，死則入焉

按：出，《荀子・堯問》、《韓詩外傳》卷7、《說苑・臣術》、《董子・山川頌》、定縣漢簡《儒家者言》作「立」，《御覽》卷37引《荀子》作「主」。「主」為「立」形誤。

（21）多其功而不意

　　　　王肅注：功雖多而無所意也。

〔註248〕此據宋本，四庫本誤作「旅人」。
〔註249〕今本《說文》釋語作「高邊也」。
〔註250〕參見蕭旭《淮南子校補》，花木蘭文化出版社2014年版，第449頁。

按：意，《荀子·堯問》作「息」，《韓詩外傳》卷7、《說苑·臣術》、《董子·山川頌》、定縣漢簡《儒家者言》作「言」，《御覽》卷37引《荀子》作「得」。王引之謂「息」、「意」皆「惪」之譌，古「德」字〔註251〕，「得」同「德」。「不言」謂不以求譽，與「不德」義近。《史記·日者列傳》：「多其功利，不求尊譽。」言其功雖多，而不以爲德也。范家相曰：「《荀子》『意』作『息』，疑字誤也。」未得。楊朝明曰：「多，稱讚。不意，不在意。」曾不讀王氏書，乃遽而整理文獻乎？

（22）纍然如喪家之狗

王肅注：纍然是不得意之貌也。

按：孫志祖曰：「《玉篇》、《說文繫傳》並引作『儽儽』，《文選·寡婦賦》注引作『儡儡乎』。」纍然，寬永本、宗智本作「儽然」，《玉篇殘卷》「儽」字條引作「儽儽」，解云：「羸病皃。」《韓詩外傳》卷9作「羸乎」，《史記·孔子世家》作「纍纍」，《論衡·骨相》作「傫傫」，《白虎通·壽命》作「儡儡」，《長短經·察相》作「儽然」，《白氏六帖事類集》卷29作「累累」。《易林·否之遯》：「玃如失兔，傫如喪狗。」又《解之坎》：「嘉耦出走，傫如喪狗。」又《小過之歸妹》：「覆家出走，傫如喪狗。」《六書故》：「纍，借義爲疲纍之纍，《家語》曰：『纍纍若喪家之狗。』別作『儽儽』，《說文》曰：『儽，垂貌，一曰嬾解（懈）。』別作傫。」「儽」爲本字，「傫」則俗字，其餘皆爲借字。

（23）孔子弟子有公良儒者，為人賢長，有勇力

按：儒，《文選·吳都賦》李善注、《廣韻》「公」字條引同，四庫本、范本作「孺」，《史記·仲尼弟子傳》《索隱》《正義》、《御覽》卷433引亦作「孺」，《史記·孔子世家》同。賢長，《御覽》卷433引作「賢良」，《史記》作「長賢」。《廣雅》：「賢，堅也。」長、良，並讀爲彊。《越絕書·內傳陳成恒》：「夫吳王之爲人，賢彊（彊）以恣下，下不能逆。」《史記·仲尼弟子傳》、《家語·屈節解》作「吳王爲人猛暴，群臣不堪」。「賢彊」即「堅彊」，指性格剛彊，亦即「猛暴」之誼也。

〔註251〕轉引自王念孫《荀子雜志》，收入《讀書雜志》卷12，中國書店1985年版，第34～35頁。

（24）喟然曰：「昔吾從夫子遇難于匡……」

按：喟然曰，《史記・孔子世家》誤作「謂曰」，《御覽》卷 496 引已誤。

（25）挺劍而合眾，將與之戰

按：孫志祖曰：「《史記索隱》、《文選・吳都賦》注『合』作『令』。」「合」字是，《史記・孔子世家》《索隱》引作「合」，《御覽》卷 433 引同。孫氏所據爲誤本。

（26）公曰：「吾大夫以為蒲者，衛之所以恃晉楚也。」

按：恃，當從姜本、寬永本、宗智本作「待」，《史記・孔子世家》亦作「待」。待，禦也，備也〔註252〕。

（27）其男子有死之志

王肅注：公叔氏欲蒲適他國，故男子欲死之，不樂適也。

按：寬永本上方校云：「大宰本『志』下有『婦人有保西河之志』八字爲是。」《史記・孔子世家》亦有此八字。《集解》引注「適也」作「適他」，是。《集解》又引王肅注：「婦人恐懼，欲保西河，無戰意也。」今本並脫之。

（28）吾之所伐者，不過四五人矣

王肅注：本與叔孫同伴者也。

按：注「伴」，四庫本、寬永本作「畔」。《史記・孔子世家》《集解》引注作「本與公叔同畔者」，是。

（29）他日，靈公又與夫子語，見飛鴈過而仰視之，色不悅，孔子乃逝

王肅注：逝，行。

按：色不悅，《御覽》卷 917、《事類賦注》卷 19、《記纂淵海》卷 97 引作「色不在孔子」。《史記・孔子世家》亦作「色不在孔子」，又「乃逝」作「遂行」。

（30）汝置屍牖下，於我畢矣

按：《類聚》卷 40 引「汝」下有「其」字.《書鈔》卷 92、《御覽》卷 549

〔註252〕例證參見宗福邦主編《故訓匯纂》，商務印書館 2003 年版，第 744 頁。

引「汝」下有「其」字,「置」作「陳」。《治要》卷 10 引注:「畢,
猶足也。禮殯於客位。」《大戴禮記・保傳》、《韓詩外傳》卷 7、《賈
子・胎教》、《新序・雜事一》、《類聚》卷 24 引《逸禮》並作「足」
字。

（31）公愕然失容曰

按:愕然失容,《治要》卷 10 引同,《韓詩外傳》卷 7 作「造然」,《大戴禮
記・保傳》作「造然失容」,《賈子・胎教》作「戚然易容」,《新序・雜
事一》作「蹴然易容」。造、戚、蹴,並一聲之轉,字亦作踧,本字爲
欪、怵,《說文》:「欪,怵然也。《孟子》曰:『曾西欪然。』」盧辯注:
「造焉,驚慘之貌。」

（32）於是命之殯於客位

按:客,《治要》卷 10、《書鈔》卷 100、《類聚》卷 40 引同,《書鈔》卷 92
引作「賓」。

（33）古之列諫者,死則已矣

按:列,姜本、寬永本、宗智本作「烈」,《治要》卷 10、《蒙求集註》卷下
引同。

（34）不可謂直乎

按:不可謂,四庫本、《治要》卷 10、《書鈔》卷 100、《貞觀政要》卷 5、
《蒙求集註》卷下引作「可不謂」,《書鈔》卷 92 引作「可不謂」,《類
聚》卷 40、《御覽》卷 549 引作「可謂」,《韓詩外傳》卷 7 作「可謂」。
今本「不可」誤倒。

《五帝德》第二十三

此篇與《大戴禮記・五帝德》、《史記・五帝本紀》略同,下引簡稱作《大
戴》、《史記》。

（1）昔者吾聞諸榮伊曰:「黃帝三百年。」

按:伊,《大戴》同,《御覽》卷 79 引《大戴》誤作「君」。

（2）卒采之辯

　　　王肅注：采，事也。辯，說也。卒，終也。其事之說也。

　按：《大戴》作「卒業之辨」，業亦事也。

（3）播時百穀

　　　王肅注：時，是。

　按：播時，《大戴》作「時播」。何孟春注：「時，讀曰蒔。」蒔，種也。《史記》：「后稷播時百穀。」《集解》引鄭玄曰：「時，讀曰蒔。」《晏子春秋・內篇諫上》：「天果大雨，民盡得種時。」《說苑・辨物》作「種樹」，樹亦植立、栽種之義。楊朝明注：「時，季節。王肅注不確。」王注固非，楊說亦未得。鄭玄說並不難檢，楊氏每望文生訓。

（4）用水火財物以生民

　按：何本「用」上有「節」字，「民」上有「萬」字。《大戴》、《史記》作「節用水火材物」。二字當據補。《長短經・君德》亦有「節」字，「財」誤作「時」。

（5）民賴其利

　按：賴，《大戴》作「得」。

（6）孔子曰：「五帝用說，三王有度，汝欲一日徧聞遠古之說，躁哉！」

　按：《大戴》「說」作「記」，「徧」作「辨」。辨，讀為徧。

（7）淵而有謀

　按：「淵」上，何本、姜本有「靜」字，《大戴》有「洪」字，《史記》有「靜」字。二字，《唐開元占經》卷120引《大戴》作「端挾（拱）」，《後漢書・馮衍傳》《顯志賦》李賢注、《楚辭・遠遊》洪興祖補注引《史記》作「沈深」，蓋臆改。

（8）養財以任地，履時以象天

　按：財，《大戴》、《史記》作「材」，《索隱》引《大戴》作「財」，《書鈔》卷10引《大戴》作「才」。履，《大戴》同，《史記》作「載」。《索隱》：「載，行也。言行四時以象天。履亦踐而行也。」下文「履四時」，《大

戴》亦同，《史記·夏本紀》：「載四時。」

（9）治氣性以教眾

按：《大戴》作「治氣以教民」，《史記》作「治氣以教化」，《路史》卷 17 作
「治氣性以立教」。王叔岷疑《史記》本作「教民」〔註253〕。

（10）莫不底屬

王肅注：底，平。四遠皆平，而來服屬之也。

按：底屬，四庫本作「砥屬」，《大戴》作「祇勵」，《史記》、《路史》卷 17
作「砥礪」，《索隱》、《御覽》卷 79 引《大戴》作「砥礪」，《唐開元占
經》卷 120 引《大戴》作「祇屬」，《書鈔》卷 10 引《史記》作「厎屬」。
「厎」即「底」俗字，「属」即「屬」俗字。「祇」當作「抵」，「屬」字
是。《廣雅》：「抵，至也。」《史記·天官書》《索隱》：「抵，屬也。」
本字為「底」。「底」同「砥」，本義是柔石。「底」誤作「厎（砥）」，因
而「屬」字又誤作「礪」、「勵」。方向東曰：「祇讀曰厎，應訓為至。勵
讀曰屬。底屬，來至歸服之義。」〔註 254〕王叔岷疑《史記》本作「砥
厲」，訓平〔註255〕。二氏皆非也。

（11）知民所急

按：急，陳本作「隱」，《大戴》亦作「隱」，《史記》、《路史》卷 18 作「急」。
戴震謂「隱（隱）」字是，王引之謂「急」字是，合韻〔註256〕。王說是，
《御覽》卷 26 引《尚書大傳》：「知民之緩急。」〔註257〕

（12）其色也和，其德也重

按：《大戴》、《史記》、《路史》卷 18 作「其色郁郁，其德嶷嶷」。《索隱》：
「郁郁，猶穆穆也。嶷嶷，德高也。今案：《大戴禮》『郁』作『穆』，
『嶷』作『俟』。」《御覽》卷 80 引《大戴》作「其德浹浹」。「嶷嶷」
同「儗儗」，因而脫誤作「俟俟」，又誤作「浹浹」矣。《漢書·食貨

〔註253〕王叔岷《史記斠證》，中華書局 2007 年版，第 35 頁。
〔註254〕方向東《大戴禮記匯校集解》，中華書局 2008 年版，第 709 頁。
〔註255〕王叔岷《史記斠證》，中華書局 2007 年版，第 36 頁。
〔註256〕二說轉引自方向東《大戴禮記匯校集解》，中華書局 2008 年版，第 710～711 頁。
〔註257〕《禮記·月令》孔疏引《書緯考靈耀》、《說苑·辨物》同。

志》：「故其《詩》曰：『或芸或芋，黍稷儗儗。』……故儗儗而盛也。」《詩·甫田》作「薿薿」，《白氏六帖事類集》卷 23、《玉海》卷 114 引作「嶷嶷」。山高貌為嶷，草盛貌為薿，禾盛貌為儗，德盛貌為儗，其義一也。王樹枏指出「『穆』與『俟』非韻」，而未知其致誤之由；王叔岷亦但列其異文，而未作按斷〔註258〕。戴震校《大戴》，據《索隱》所引改作「其色穆穆，其德俟俟」〔註259〕，非也。

（13）其動也時，其服也哀

按：哀，四庫本、范本、姜本、寬永本、宗智本作「衷」；何本作「土」，有注：「從地宜。」《大戴》、《史記》、《路史》卷 18 作「士」。《索隱》：「舉動應天時，衣服服士服，言其公且廉也。」《御覽》卷 80 引《大戴》作「土」。宋·司馬光《稽古錄》卷 1 作「衷」。「衷」字是，讀為中，讀去聲，稱也，當也，適合也。其服也衷，言其衣服得體也。《左傳·僖公二十四年》：「君子曰：『服之不衷，身之災也。』」杜預注：「衷，猶適也。」《後漢書·五行志》：「智者見之，以為服之不中，身之災也。」即用《傳》義，而易作本字。《淮南子·詮言篇》：「聖人無屈奇之服，無瑰異之行。」〔註260〕許慎注：「屈，短。奇，長也。服之不衷，身之災也。」「不衷之服」即屈奇之服也。「士」、「土」當是「中」之誤。俞樾讀士為事；戴禮訓服為習，解「習士」為「習質樸不侈也」；方向東從俞說，謂「《家語》非」〔註261〕。三氏皆非是。

（14）富而不驕，貴而能降

按：能降，《大戴》作「不豫」，《史記》作「不舒」。《索隱》：「舒，猶慢也。」豫，讀為舒，放縱、傲慢也。《逸周書·小開解》：「貴而不傲，富而不驕。」《荀子·仲尼》：「貴而不為夸。」《呂氏春秋·下賢》：「得道之人，貴為天子而不驕倨，富有天下而不騁夸。」高誘注：「倨，傲也。夸，詫而自大也。」並可相證。楊倞注：「夸，奢侈也。」王

〔註258〕王樹枏說轉引自方向東《大戴禮記匯校集解》，中華書局 2008 年版，第 712 頁。王叔岷《史記斠證》，中華書局 2007 年版，第 37 頁。
〔註259〕戴震說轉引自方向東《大戴禮記匯校集解》，中華書局 2008 年版，第 712 頁。
〔註260〕《文子·符言》同。
〔註261〕方向東《大戴禮記匯校集解》，中華書局 2008 年版，第 712 頁。

聘珍、孔廣森、戴禮並訓豫爲樂〔註262〕，皆非也。

（15）其言不忒，其德不回

按：忒，《大戴》作「貳」。王念孫謂「貳」爲「貣」誤，「貣」同「忒」
〔註263〕。《句解》本、慶長本並有注：「其德不回邪。」《詩·鼓鍾》
「淑人君子，其德不回。」毛傳：「回，邪也。」王聘珍、孔廣森、
戴禮並訓回爲邪〔註264〕。本字爲「䙽」，《說文》：「䙽，衺也。」楊
朝明注：「回，違背。」非也。

（16）承受大命，依于二女

　　王肅注：堯妻舜以二女，舜動靜謀之於二女。

按：二女，指娥皇、女英，《大戴》作「倪皇」。「倪皇」即「娥皇」，倪、娥
聲轉〔註265〕。亦作「娥媓」，《類聚》卷11引《尸子》：「於是妻之以媓，
膌之以娥。」《御覽》卷81、156引《尸子》「媓」作「皇」。《廣韻》：「媓，
女媓，堯（舜）妻。」亦作「娥肓」，《路史》卷21：「（舜）三妃娥肓
亡子。」

（17）敏給克齊，其德不爽

　　王肅注：爽，忒。

按：慶長本有注：「齊，疾也。」非是。齊，《大戴》作「濟」，《史記·夏本
紀》、《金樓子·興王篇》、《路史》卷22引《大戴》作「勤」。爽，《大
戴》作「回」，《史記·夏本紀》、《金樓子》、《路史》引《大戴》作「違」。
回、違亦讀爲䙽。

（18）興六師以征不序

按：不序，陳本、何本、范本、慶長本作「不庭」。寬永本上方校云：「序，
當作庭。」《大戴》作「舉干戈以征不享、不庭、無道之民」。《史記·

〔註262〕三說轉引自方向東《大戴禮記匯校集解》，中華書局2008年版，第715頁。
〔註263〕王說轉引自方向東《大戴禮記匯校集解》，中華書局2008年版，第717頁。
〔註264〕三說轉引自方向東《大戴禮記匯校集解》，中華書局2008年版，第717～718頁。
〔註265〕參見汪照說，轉引自方向東《大戴禮記匯校集解》，中華書局2008年版，第720
　　　頁。朱駿聲《說文通訓定聲》說同，武漢市古籍書店1983年版，第478頁。

五帝本紀》：「於是軒轅乃習用干戈，以征不享。」《索隱》：「謂用干戈以征諸侯之不朝享者。本或作『亭』，亭訓直，以征諸侯之不直者。」此文「序」當是「享」之形誤〔註266〕，《玉海》卷136引已誤。諸本或作「庭」者，不知其誼而臆改也。《史記》當作「不享」，別本作「不亭」，即「不庭」。據《大戴》「不享」、「不庭」并言，別本誤也。《穀梁傳・僖公五年》、《昭公三十二年》並云：「諸侯不享覲。」《國語・周語上》：「有不享則修文。」又「征不享，讓不貢。」《爾雅》、《說文》並曰：「享，獻也。」不享，言不行享獻、進貢之禮也。《詩・殷武》：「昔有成湯，自彼氐羌，莫敢不來享，莫敢不來王。」鄭玄箋：「享，獻也。」亦其證。《墨子・非攻下》：「天不序其德。」俞樾曰：『『序』乃『享』字之誤。《莊子・則陽篇》：『隨序之相理。』《釋文》曰：『序，一本作享。』是其例也。『天不享其德』，文義甚明，字誤作『序』，不可通矣。」孫詒讓曰：「俞說是也，《尚賢中篇》云『則天鄉其德』，鄉亦與享通。」〔註267〕此亦「序」、「享」相譌之例。楊朝明注：「不序，不順從。」於古書不作校正，據其誤文而說，庸有得乎？

（19）宰我曰：「予也不足以戒，敬承矣。」

按：范本作「予也不足敬承命矣」，《大戴》作「予也不足誠也，敬承命矣」。二文可互訂。「誠」當作「誡」，教也，「戒」同「誡」〔註268〕。此文脫「命」字。敬承命，猶言敬受命、敬受教，古書習語。

卷　六

《五帝》第二十四

（1）天有五行：木火金水土，分時化育，以成萬物

按：分時化育，《書・舜典》孔疏、《御覽》卷17、76、《玉海》卷92引同，《禮記・祭法》孔疏引作「分四時化育」。有「四」字是，分四時，謂分春夏秋冬四季。《御覽》卷1引《漢頌論功歌詩》：「后土化育兮四時

〔註266〕王叔岷《史記斠證》已經指出，中華書局2007年版，第26頁。

〔註267〕孫詒讓《墨子閒詁》，中華書局2001年版，第150～151頁。

〔註268〕參見于鬯說，轉引自方向東《大戴禮記匯校集解》，中華書局2008年版，第735頁。

行，脩靈液養兮元氣覆，冬同雲兮春霢霂，膏澤洽兮殖嘉穀。」

（2）昔少皞氏之子有四叔，曰重，曰該，曰脩，曰熙，實能金木及水

按：下句《御覽》卷 17 引作「實能理金木水火土」。今本是也，《左傳・昭公二十九年》同。上文云「勾芒爲木正，祝融爲蓐收爲金正，玄冥爲水正」，下文云「使重爲勾芒，該爲蓐收，脩及熙爲玄冥」，故云「能金木及水」，此無涉於「火土」也。《御覽》卷 17 又引《左傳》：「實能理金木及水。」衍「理」字。

（3）唯勾龍氏兼食於社

王肅注：兼，猶配也。

按：「兼」無配義，疑「尙」之誤。《易・泰》：「得尙於中行。」王弼注：「尙，猶配也。」《古文苑》卷 4 漢・揚雄《蜀都賦》：「王基既夷，蜀侯尙叢。」章樵註：「尙，配也。」《御覽》卷 532 引已誤作「兼」。

《執轡》第二十五

（4）故令不再而民順從，刑不用而天下治

按：《治要》卷 10 引「治」上有「化」字。《治要》卷 48 引魏・杜恕《體論》：「是故令不再而民從，刑不用而天下化治。」即本此文。今本脫「化」字。《初學記》卷 22、《御覽》卷 358 引「天下治」作「天下理」，避唐諱改，已脫「化」字。

（2）其不制也，可必矣

按：《治要》卷 10、《記纂淵海》卷 54 引作「其不可制也，必矣」。今本誤倒。

（3）無德法而用刑，民必流，國必亡

按：「刑」下，《治要》卷 10 引有「辟」字，《大戴禮記・盛德》有「法」字。上文「棄其德法，專用刑辟」，亦以「刑辟」與「德法」對舉。辟亦法也。

（4）治國而無德法，則民無脩

按：下句，《治要》卷 10 引作「則民無所法修」。下文「民無修則迷惑失

道」，《治要》引亦多「所法」二字。今本脫「所法」二字。孫志祖曰：
「『脩』當作『循』，《大戴》：『民心無所法循。』」

（5）如此上帝必以其為亂天道也

按：《大戴禮記·盛德》作「上必以為亂無道」，盧辯注：「謂君。」《大戴》
是也，今本「無」誤作「天」，因又於「上」下增「帝」字。

（6）苟亂天道，則刑罰暴，上下相諛，莫知念患，俱無道故也

按：患，寬永本、宗智本誤作「忠」。《大戴禮記·盛德》作「苟以為亂無
道，刑罰必不克，成其無道，上下俱無道」，待考。

（7）今人言惡者，必比之於桀紂，其故何也？其法不聽，其德不厚

按：下二句《大戴禮記·盛德》作「法誠不德，其德誠薄」。上文「其法盛，
其德厚」，此反言之，則今本「聽」當作「威」，「盛」為形誤；《大戴》
上「德」字亦誤。「薄」即不厚也。王聘珍曰：「其德，謂凶德。薄，
迫也。」戴禮曰：「法誠不德，『德』亦當讀作『得』。」〔註269〕楊朝
明注：「聽，處理，判斷。」皆失之。

（8）朝夕祝之，升聞于天，上帝不蠲，降之以禍罰，災害並生，用殄厥世

按：蠲，《大戴禮記·盛德》作「歆」。上文云「朝夕祝之，升聞於天，上
帝俱歆，用永厥世而豐其年」，此與之對文，故當作「不歆」。今本作
「不蠲」者，後人據《書·呂刑》改之也。

（9）司馬之官以成聖

王肅注：治官，所以成聖。聖，通〔也〕。征伐，所以通天下也。

按：陳本《書鈔》卷51引注作「聖，通也。征伐，所以通天下成聖者，
聖功於是成也。」《御覽》卷203引注作「政官，所以成聖。聖，通
〔也〕。官正（征），所以平通天下」，《大戴禮記·盛德》盧辯注作「聖，
通也。夏氣物充達，又征伐者，所以平通天下」。今本注文「聖通」
當作「聖，通〔也〕」，脫一「也」字；「通」上脫「平」字。

〔註269〕二說轉引自方向東《大戴禮記匯校集解》，中華書局2008年版，第844頁。

（10）六官在手以為轡，司會均仁以為納

王肅注：納，驂馬轡。轡，繫軾前者。司會掌邦之六典、八法之戒，以周
知四方之治，冢宰之副，故不在其六轡，至當納位。

按：陳本、何本、慶長本、寬永本、宗智本脫「司會」二字。《大戴禮記・
盛德》作「故六官以為轡，司會均入以為納」，盧辯注：「納在軾前，
斂六轡之餘。《詩》云：『鋈以觼納。』司會，冢宰之屬，中大夫二人。
會，計也。」孫志祖曰：「『均仁』疑『均人』，《大戴》作『均入』，
亦『人』字之誤。」孫說是，「司會」、「均人」平列，是二官名，皆
見《周禮》〔註270〕。姜本又誤作「均貳」。楊朝明解「均仁」為實行
仁義，大誤。清儒意見，一無參考，如此治學，豈非倒退三百年乎？
「納」為「軜」借字，《說文》：「軜，驂馬內轡繫軾前者。」今本王
注前一「轡」字當據《說文》校正作「內」，八字作一句讀。《周禮・
天官・冢宰》：「小宰之職……掌邦之六典、八灋、八則之貳，以逆邦
國都鄙官府之治。」鄭玄注引鄭司農曰：「貳，副也。」《四庫全書考
證》卷48：「司會掌邦之六典、八法、八則之貳，刊本脫『八則』二
字，又『貳』訛『戒』，並據《周禮》增改。」〔註271〕

（11）故可以取長道，可赴急疾，此聖人所以御天地與人事之法則也

按：可赴急疾，范本、姜本作「可以赴急疾」，《治要》卷10引作「可以趣
急疾」，今本脫一「以」字。《說文》：「赴，趨也。」趣讀曰趨。《大戴
禮記・盛德》作「〔可〕以取長道遠行，可以之急疾，可以御天地與人
事」，脫上「可」字，「之」為「赴」脫誤。王聘珍、戴禮並訓「之」
為「往」，方向東讀為「以取長道，遠行可以之，急疾可以御，天地與
人事……」〔註272〕，皆失之。

（12）以之禮則國安，以之義則國義

王肅注：義，平也。刑罰當罪則國平。

〔註270〕又參見孫詒讓、俞樾說，轉引自方向東《大戴禮記匯校集解》，中華書局2008
年版，第846〜847頁。
〔註271〕《四庫全書考證》卷48，景印文淵閣《四庫全書》第1499冊，臺灣商務印
書館1986年初版，第3頁。
〔註272〕諸說轉引自方向東《大戴禮記匯校集解》，中華書局2008年版，第840、847
頁。

按：安，當據四庫本作「定」，《大戴禮記‧盛德》同。下「義」，范本、姜本作「乂」。孫志祖曰：「下『義』字《大戴作『成』。注『乂，平也』亦是『成，平也』之譌。下『不義』同。別本作『不乂』亦非。」孫說是也，「定」、「成」爲韻。唐‧楊炯《遂州長江縣先聖孔子廟堂碑》：「以之禮而國定，司空之官以成禮；以之義而國平，司寇之官以成義。」

（13）地而不殖

按：地而，當據姜本作「地宜」，《御覽》卷 207 引同，《大戴禮記‧盛德》亦作「地宜」。《禮記‧月令》：「土地所宜，五穀所殖。」

（14）財物不蓄

按：《大戴禮記‧盛德》同，《御覽》卷 207 引誤作「則物不蓄」。

（15）刑罰暴亂，姦邪不勝曰不義，不義則飭司寇

按：《大戴禮記‧盛德》「刑罰」下有「不中」二字，「暴亂」屬下句，「不義」並作「不成」。此文當據校正。「不成」與上文「以之義則國成」相應。

（16）度量不審，舉事失理，都鄙不脩，財物失所曰貧

按：《大戴禮記‧盛德》作「百度不審，立事失理，財物失量曰貧也」。「立事」即舉事。孫詒讓疑「立」當作「工」〔註 273〕，非也。

（17）唯達德者能原其本焉

按：「德」上，四庫本、何本、范本有「道」字，《御覽》卷 361 引同，《大戴禮記‧易本命》亦有，當據補。《淮南子‧墜形篇》作「唯知通道者能原本之」。

（18）三三如九

按：如，何本作「爲」，《御覽》卷 361 引同，《大戴禮記‧易本命》、《淮南子‧墜形篇》作「而」。

（19）魚遊於水，鳥遊於雲

按：下「遊」字，當據姜本作「飛」，《大戴禮記‧易本命》、《淮南子‧墜形

〔註 273〕轉引自方向東《大戴禮記匯校集解》，中華書局 2008 年版，第 852 頁。

篇》同，《文選・七發》李善注引《曾子》亦同，《御覽》卷 28 引已誤。
《慎子・君人》：「鳥飛于空，魚游于淵。」

（20）無角無前齒者膏，無角無後齒者脂

王肅注：《淮南》取此義曰：「無角者膏而無前，有角者脂而無後。」膏，
豚屬。而脂，羊屬。無前後，皆謂其銳小者也。

按：下句，四庫本、范本、宗智本作「有角無齒者脂」。銀雀山漢簡《曹氏
陰陽》：「夫牛羊者貴〔□□□〕，犬馬者貴前而膏。」《大戴禮記・易本
命》：「無角者膏而無前齒，有羽者脂而無後齒。」《淮南子・墜形篇》：
「無角者膏而無前，有角者指而無後。」當作「無角〔者〕無前而膏，
有角〔者〕無後而脂」〔註274〕。

（21）經山為積德，川為積刑

按：刑，《類聚》卷 6 引作「形」，借字。

（22）蜯蛤龜珠，與日月而盛虛

王肅注：月盛則蜯蛤之屬滿，月虧則虛。

按：孫志祖曰：「《大戴》無『日』、『而』二字，《淮南》：『與月盛衰。』此
誤衍。《御覽》卷 32 引作『與月盈虛』。」孫說是也，何本亦作「與月
盈虛」。《御覽》見卷 36 引，孫氏失檢。王注云云，亦不及「日」。高誘
注：「與，猶隨也。」

（23）是故堅土之人剛，弱土之人柔

按：剛，《類說》卷 38 引作「實」。柔，《御覽》卷 360 引同，《御覽》卷
36、378 引作「肥」，《本草綱目》卷 52 引作「懦」。《淮南子・墜形篇》：
「堅土人剛，弱土人肥。」《大戴禮記・易本命》脫作「堅土之人〔剛，
弱土之人〕肥」。「剛」謂剛瘦，「肥」謂肥柔。俞樾謂「肥」為「肶（脆）」
誤〔註275〕，非也。

〔註274〕參見蕭旭《〈銀雀山漢墓竹簡〔貳〕〉校補（之一）》，《湖南省博物館館刊》第
9 輯，2013 年 4 月出版，第 251 頁。
〔註275〕轉引自方向東《大戴禮記匯校集解》，中華書局 2008 年版，第 1325 頁。

（24）壚土之人大，沙土之人細

按：《御覽》卷360引同，又卷36引作「虛土之人妙，實土之人細」，《類說》卷38引作「虛土之人弱，沙土之人細」，《本草綱目》卷52引脫作「壚土之人細」。《大戴禮記・易本命》：「虛土之人大，沙土之人細。」《淮南子・墜形篇》：「壚土人大，沙土人細。」王念孫謂「虛」、「壚」皆「壚」字之誤〔註276〕。作「妙」、「弱」亦誤。

（25）息土之人美，秅土之人醜

王肅注：秅，耗字也。息土細緻，秅土麤疏者也。

按：秅，《御覽》卷360引同，范本作「耗」，《御覽》卷36引作「磽」，《初學記》卷19、《御覽》卷382、《本草綱目》卷52引作「耗」，《大戴禮記・易本命》、《淮南子・墜形篇》、《酉陽雜俎》卷4亦作「耗」。秅、耗，並讀為磽、墝，《孟子・告子上》趙歧注：「磽，薄也。」《廣韻》：「墝，墝埆，埆土。」磽土謂墝薄之土。孫志祖曰：「《說文》、《玉篇》俱無『秅』字，陳氏鱣云：『秅當作耗，《文選》注引《倉頡篇》云：「消也。」〔註277〕俗作耗。』」非也。

（26）食土者無心而不息

按：不息，《大戴禮記・易本命》、《博物志》卷5、《雜俎酉陽》卷16同，《淮南子・墜形篇》誤作「慧」。下「食木者」等參見《淮南子校補》〔註278〕。

（27）王者動必以道動，靜必以道靜，必順理以奉天地之性，而不害其所主

按：四庫本、范本作「王者動必以道，靜必順理……」，《大戴禮記・易本命》作「王者動必以道，靜必以理」，無下句。

《本命解》第二十六

此篇與《大戴禮記・本命》略同，下引簡稱作《大戴》。

〔註276〕轉引自方向東《大戴禮記匯校集解》，中華書局2008年版，第1324～1325頁。
〔註277〕《文選・獄中上書自明》李善注引《倉頡篇》：「耗，消也。」字作「耗」。
〔註278〕蕭旭《淮南子校補》，花木蘭文化出版社2014年版，第104～106頁。

（1）及生三月而微煦，

王肅注：煦，睛人也。煦，子句反。

按：（a）注「睛人」，四庫本、何本、寬永本、宗智本作「睛轉」，《御覽》
卷 360 引亦作「睛轉」，是也；「睛人」不辭，《正統道藏・太玄部》元・
汪可孫《雲宮法語》卷上注因又誤作「煦，瞳人也」。（b）微煦，《御
覽》卷 360、《先聖大訓》卷 6 引同，何本作「微照」，《大戴》作「徹
昀」，《韓詩外傳》卷 1 作「微的」，《說苑・辨物》作「達眼」。「的」、
「昀」當作「昀」，《玉篇》、《集韻》、《類篇》引《大戴》並作「昀」。
盧辯注：「昀，精也轉視貌。徹，或爲『微』也。」注當作「精轉視貌」，
「也」字衍文。「精」同「睛」。（c）本書及《外傳》作「微」不誤。《大
戴》作「徹」，當是「微」形誤；《說苑》作「達」，則又以同義字易「徹」
〔註 279〕，此岐之又岐，所失愈遠。（d）「煦」無睛轉義，當是「昀」
形誤，字本作「旬」，「昀」同「旬」，當音胡涓切。《集韻》、《類篇》
並云：「昀，目〔搖〕貌。」脫「搖」字。《說苑》作「眼」，是「昀」
形誤。王注讀「子句反」，疑後人據誤字所加。人生三月而微昀者，言
人生三月，眼睛即能微微轉動也。（e）《說文》：「旬，目搖也。從目，
勻省聲。昀，旬或從旬。」許氏謂「旬」得聲於「勻」，是「昀」亦異
體字也。《玉篇》：「旬，胡絹切，目搖也。昀，同上。」《慧琳音義》
卷 4：「不昀：玄絹反，王逸注《楚辭》：『昀，視也。』《考聲》：『目
動也。』《說文》：『目搖也。』本作旬，衛宏作旬、昀，竝通。」字亦
作瞬，《莊子・德充符》《釋文》：「昀，本亦作瞬，音舜。司馬云：『驚
貌。』崔云：『目動也。』」《弘明集》卷 13 王該《日燭》：「孰云數遼
瞥若昀目？」宋本作「瞬目」。字亦作瞚，《說文》作「瞚，開闔目數
搖也。」《玉篇》：「瞚，目動也。瞬，同上。」《玄應音義》卷 2：「視
瞚：《列子》作瞬，《通俗文》作昀，同。服虔云：『目動曰昀也。』」
此條爲《大般涅槃經》卷 12《音義》，檢經文作「視瞬喘息，悲泣喜
笑」。字亦作瞚、眹，《廣韻》：「瞚，目動。昀，上同。」又「瞬，瞬
目，目動也。瞚、昀，並上同。眹，亦同。」字又借「恂」爲之，《列
子・黃帝》：「今女恂然有恂目之志。」殷敬順《釋文》引何承天《纂

〔註 279〕《說文》：「徹，通也。」《小爾雅》：「徹，達也。」

文》：「吳人呼瞬目爲恂目。」《莊子·田子方》同〔註280〕，《莊子釋文》引李頤本作「眴」。秦恩復曰：「恂，當作眴。」〔註281〕吳玉搢曰：「恂疑從眴而誤也。」〔註282〕王先謙曰：「恂，字疑作眴。」〔註283〕朱駿聲謂恂借爲旬〔註284〕。朱說是也，不必以爲誤字。(f)《先聖大訓》卷6注：「眴，音詡，又吁句反。眴，炫也，俗謂之變炫。」洪頤煊曰：「眴即眴字，《說文》作『瞁』，云：『兒初生瞥者，一曰財見也。』『纔見』與『微』字義近，眴、瞁同聲字。」〔註285〕朱起鳳曰：「眴字從勻，或變形從勺，其音義並同。徹者通也，亦轉也。『徹眴』即轉睛之義。徹字作微，眴字作旳，或作眴，並形之誤。達與徹同義。眼、眴亦互爲訓。」〔註286〕胡吉宣曰：「似『三月』爲『三日』之譌。旳與眴通，《說文》：『瞁，兒初生瞥者。』《繫傳》引《西都賦》『目眴轉而意迷』，今《文選》作『眴轉』。眴三日後翳徹乃能轉精視也。若爲三月，則如明本作『旳』亦通。旳即旳，明也。兒生三月後，目始能明澈見境也。」〔註287〕周廷寀曰：「《玉篇》：『旳，明見也。』從『旳』爲長。」〔註288〕屈守元曰：「微當作徹，旳當作眴，皆字之誤也。《說苑》作『達眼』，達與徹同義，眼亦誤字，蓋當作眴。《家語》作『微炫』，王肅注訓炫爲睛轉，則炫亦當爲眴。《五行大義》卷5引《家語》作『微眴』，正可證知『眴』訛爲『眴』，又誤作『炫』也。」〔註289〕賴炎元曰：「作『微旳』是，《說文》：『旳，明也。』《玉篇》：『旳，明

〔註280〕敦煌寫卷 P.3789《莊子·田子方篇》亦作「恂」。

〔註281〕轉引自楊伯峻《列子集釋》，中華書局 1979 年版，第 52 頁。

〔註282〕吳玉搢《別雅》卷 4，收入景印文淵閣《四庫全書》第 222 冊，臺灣商務印書館 1986 年初版，第 726 頁。

〔註283〕王先謙《莊子集解》，中華書局 1987 年版，第 183 頁。

〔註284〕朱駿聲《說文通訓定聲》，武漢市古籍書店 1983 年版，第 831 頁。

〔註285〕洪頤煊《讀書叢錄》卷 4，收入《續修四庫全書》第 1157 冊，上海古籍出版社 2002 年版，第 595 頁。方向東《大戴禮記匯校集解》引二「眴」分別誤作「眴」、「恂」，中華書局 2008 年版，第 1286 頁。

〔註286〕朱起鳳《辭通》卷 7，上海古籍出版社 1982 年版，第 674 頁。

〔註287〕胡吉宣《玉篇校釋》，上海古籍出版社 1989 年版，第 837～838 頁。

〔註288〕周廷寀《韓詩外傳校注》卷 1，民國 21 年安徽叢書編印處據歙黃氏藏營道堂刊本影印，第 8 頁。

〔註289〕屈守元《韓詩外傳箋疏》卷 1，巴蜀書社 1996 年版，第 66～67 頁。

見也。』」〔註290〕諸說唯謂「的、煦、眼當作眴（眗）」是，餘者皆誤。《說文》：「瞦，兒初生瞥者。」《廣韻》引作「兒初生蔽目者」，《玉篇》解作「小兒初生蔽目也」，是「瞦」義爲小兒初生有目翳蔽其目也。《西都賦》文，《文選》、《類聚》卷 61 並作「眩轉」，《後漢書·班固傳》作「眴轉」，彼文「眴」讀爲眩，《繫傳》既誤解《說文》爲「轉目視人」，又誤引《西都賦》之文，其說不可據也。(g)《白虎通義·姓名》：「人生三月，目煦，亦能〔咳〕笑，與人相更答。」〔註291〕「煦」亦「眴」之誤。盧文弨曰：「煦，疑當作『眴』。《玉篇》：『眴，左右視也。』又《大戴》『徹眴』，注：『眴，精也轉視貌。』」〔註292〕陳立曰：「案『眴』爲『煦』之省，《玉篇》謂與『䀮』同，《說文》：『䀮，左右視也。』」〔註293〕「䀮」、「眴」亦作「瞿」，是左右驚視貌，非其誼也，二氏並誤。(h)《漢語大詞典》、《漢語大字典》「煦」條皆列「眼睛轉動」義，引《家語》及《白虎通》爲例〔註294〕。失於考辨矣。

（2）八月生齒，然後能食

按：此句下，何本有「朞而生臏，然後能行」一句，《御覽》卷 360、《先聖大訓》卷 6 引同，《大戴》同，《說苑·辨物》亦有「期年生臏，而後能行」一句，今本脫之。《韓詩外傳》卷 1：「朞年矚就，而後能行。」屈守元謂「矚就」爲「臏就」之誤〔註295〕。余疑「就」爲「然」誤，「而」字倒置於下。《玉篇》「髕」字條引《大戴》作「人生朞而髕」，脫「生」字。《唐開元占經》卷 113 引《大戴》作「人生朞晬，然後行」，誤不成文。

（3）三年顋合，然後能言

按：顋，《御覽》卷 360 引同，何本、姜本作「顱」，《先聖大訓》卷 6 引亦

〔註290〕賴炎元《韓詩外傳校勘記》，（香港）《聯合書院學報》第 1 期，1962 年出版，第 9 頁。

〔註291〕「咳」字據《御覽》卷 362 引補。

〔註292〕盧文弨《白虎通》校本，收入《叢書集成初編》第 239 冊，商務印書館民國 25 年初版，第 224 頁。

〔註293〕陳立《白虎通疏證》，中華書局 1994 年版，第 407 頁。

〔註294〕《漢語大詞典》（縮印本），漢語大詞典出版社 1997 年版，第 4153 頁。《漢語大字典》（第二版），崇文書局、四川辭書出版社 2010 年版，第 2380 頁。

〔註295〕屈守元《韓詩外傳箋疏》卷 1，巴蜀書社 1996 年版，第 67 頁。

作「顙」，《大戴》作「嘻」，《韓詩外傳》卷 1 作「腦」，《說苑·辨物》作「顋」。嚴元照謂「腦」、「嘻」皆「䐿」之誤，古「囟」字，俗作顋、顙。屈守元說同〔註296〕。戴禮謂「顋」爲「顙」形誤〔註297〕。《唐開元占經》卷 113 引《大戴》作「三年頭然後合焉」，誤不成文。楊朝明注：「顋，同『䐊』，即腮頰。」解爲「三年後腮頰長合」。楊氏既不知前人成果，又不思「三年腮合」之不合情理。豈有小兒腮頰需待三年方能長合乎？

（4）門內之治恩掩義，門外之治義掩恩

按：下「掩」，當從《大戴》、《禮記·喪服四制》作「斷」。郭店楚簡《六德》：「門內之治紉（恩）弅（掩）宜（義），門外之治宜（義）斬紉（恩）。」又《性自命出》：「門內之治，谷（欲）其逸也；門外之治，谷（欲）其折也。」斬、折亦斷也。整理者讀「折」爲「制」〔註298〕，非也。

《論禮》第二十七

此篇與《禮記·仲尼燕居》、《禮記·孔子閒居》及上博竹簡（二）《民之父母》略同，下引簡稱作《仲尼燕居》、《孔子閒居》、上博簡。

（1）郊社之禮，所以仁鬼神也

按：《仲尼燕居》同，鄭玄注：「仁，猶存也。」孔疏：「仁謂仁恩相存念也。郊社之祭，所以存念鬼神也。」猶今言思念。楊朝明不讀鄭注，解爲「表示仁愛」，大誤。

（2）物得其時

按：物，何本作「味」，《仲尼燕居》亦作「味」。下文「物失其時」亦然。鄭玄注：「味，酸苦之屬也。四時有所多及獻所宜也。」孔疏：「味得其時者，謂春酸夏苦之屬，得其依禮之時。」本書作「物」，借字。《禮記·檀弓上》：「瓦不成味。」《荀子·禮論》作「陶器不成物」，亦其

〔註296〕嚴元照說轉引自孫詒讓《大戴禮記斠補》，中華書局 2010 年版，第 105～106 頁。屈守元《韓詩外傳箋疏》卷 1，巴蜀書社 1996 年版，第 67 頁。
〔註297〕轉引自方向東《大戴禮記匯校集解》，中華書局 2008 年版，第 1287 頁。
〔註298〕《郭店楚墓竹簡》，文物出版社 1998 年版，第 181 頁。

例。《老子》第 13 章：「其下不昧。」馬王堆帛書甲、乙本「昧」並作「㬚」，遂州龍興觀碑作「忽」。《史記・孝武本紀》：「十一月辛巳朔旦冬至昧爽。」《漢書・郊祀志》作「㖧爽」。又「勉勿」音轉為「僶未」〔註299〕，皆其證。

（3）以橫於天下

按：橫，《孔子閒居》同，上博簡作「皇」，借字。

（4）是以正明目而視之，不可得而見；傾耳而聽之，不可得而聞

按：《孔子閒居》作「是故正」，餘同，上博簡「傾」作「奚」，「聽」作「聖」。濮茅左謂「奚」讀為繫，與「傾」同義〔註300〕。奚，當直接讀為頃、傾，字亦音轉作僁〔註301〕，不當讀為繫。陳劍、彭裕商謂「是以正」即上博簡的「君子之正」，三字為句；「明目而視之」等 28 字為下文錯簡於此，鄔可晶從其說，鄔君並指出「正」與下文的「橫於天下」同意〔註302〕。張岩不從錯簡說，謂「是以正」三字為句，「在語意上上承『五至』。『是』代『民之父母』。『以』是介詞。正，匡正。」〔註303〕余謂

〔註299〕 參見蕭旭《唐五代佛經音義書同源詞例考》「蠱沒」條，收入《佛經音義研究——第二屆佛經音義研究國際學術研討會論文集》，鳳凰出版社 2011 年出版，第 151 頁。

〔註300〕 馬承源主編《上海博物館藏戰國楚竹書（二）》，上海古籍出版社 2002 年版，第 164 頁。

〔註301〕 何琳儀《滬簡二冊選釋》、黃德寬《〈戰國楚竹書（二）〉釋文補正》、劉樂賢《讀上博簡〈民之父母〉等三篇札記》、孟蓬生《上博竹書（二）字詞札記》皆已指出「奚當讀傾」，四文皆見簡帛研究網，分別見 2003 年 1 月 10 日及 1 月 14 日、1 月 21 日，前二文又載《學術界》2003 年第 1 期，第 85、79 頁。孟蓬生指出「僁」亦同源，皆是也。陳麗桂亦從何琳儀等說，讀奚為傾。林素清改釋「奚」為「昃」，同「側」，存參。林素清《〈上博簡〉（二）〈民之父母〉幾個疑難字的釋讀》，收入《上博館藏戰國楚竹書研究續編》，上海書店 2004 年版，第 231 頁。陳麗桂《由表述形式與義理結構論〈民之父母〉與〈孔子閒居〉及〈禮論〉之優劣》，收入《上博館藏戰國楚竹書研究續編》，第 249 頁。

〔註302〕 陳劍《上博簡〈民之父母〉『而得既塞於四海矣』句解釋》，收入《上博館藏戰國楚竹書研究續編》，第 254～255 頁。彭裕商《上博簡〈民之父母〉對讀〈禮記・孔子閒居〉》，收入《康樂集——曾憲通教授七十壽慶論文集》，中山大學出版社 2006 年版，第 48 頁。鄔可晶《〈孔子家語〉成書時代和性質問題的再研究》，復旦大學 2011 年博士學位論文，第 73 頁。

〔註303〕 張岩《〈孔子家語〉之〈子路初見篇〉〈論禮篇〉研究》，清華大學 2004 年碩

據一「正」字相同，就斷爲錯簡，證據不足。張岩解「是以」非也，「是以」即《孔子閒居》的「是故」，作連詞，故張說亦誤。此「正」是推縱之辭，猶言即使、縱使也〔註304〕。「明」疑「則」之誤，本書《禮運》：「君者人所明，非明人者也。」二「明」字四庫本、同文本誤作「則」，是其例。「則」爲「側」省借。古籍常「側目而視」與「傾耳而聽」對舉，《戰國策・秦策一》：「妻側目而視，傾耳而聽。」《淮南子・主術篇》：「側目而視，側耳而聽。」《禮記集說》卷 120 引藍田呂氏曰：「聽欲傾耳，視欲正目，『明』字衍也。」呂說非是。

（5）志氣塞於天地，行之充於四海

按：行，讀爲衡，實爲橫。《大戴禮記・曾子大孝》：「夫孝，置（植）之而塞於天地，衡之而衡於四海。」盧辯注：「置，猶立也。衡，猶橫也。」《淮南子・原道篇》：「夫道者……故植之而塞於天地，橫之而彌于四海。」皆其比也。《孔子閒居》作「志氣塞乎天地」，脫下句。二文「塞」字上疑並脫「植之」二字，「植之」與「橫之」對舉，當作「志氣，植之塞於天地，橫之充於四海」，言豎之則充塞於天與地之間，橫之則充滿於四海之內。上博簡作「而夏（得）既（氣）塞於四海（海）矣」，亦有脫文。簡文「夏既」，當據今本讀爲「志氣」〔註305〕，即指孔子所論述的「五至」學說。「得」、「志」二字之職陰入對轉。龐樸括注「得」爲「志」，本已得之，但他又加問號表示不能肯定〔註306〕。劉信芳讀爲「德氣」，謂與「志氣」之異，乃傳本不同〔註307〕。彭裕商讀爲「德氣」，謂指仁德之氣〔註308〕。陳劍讀「夏」爲「德」，謂「既」訓爲「已」〔註309〕。季旭升解爲「能夠已經」〔註

士學位論文，第32～33頁。

〔註304〕參見楊樹達《詞詮》，中華書局1954年版，第201頁。

〔註305〕參見何琳儀《第二批滬簡選釋》，《學術界》2003年第1期，第86頁。

〔註306〕龐樸《喜讀「五至三無」——初讀〈上博簡〉（二）》，收入《上博館藏戰國楚竹書研究續編》，第221頁。

〔註307〕劉信芳《上博藏竹書試讀》，《學術界》2003年第1期，第94頁。

〔註308〕彭裕商《上博簡〈民之父母〉對讀〈禮記・孔子閒居〉》，收入《康樂集——曾憲通教授七十壽慶論文集》，中山大學出版社2006年版，第49頁。

〔註309〕陳劍《上博簡〈民之父母〉『而得既塞於四海矣』句解釋》，收入《上博館藏戰國楚竹書研究續編》，第253頁。

〔註310〕季旭升《〈民之父母〉譯釋》，收入《〈上海博物館藏戰國楚竹書（二）〉讀本》，

310〕。邢文讀「旻」爲「德」，謂「既」訓爲「盡」〔註311〕。張豐乾讀爲「得氣」，謂與孟子「善養浩然之氣」的「養氣」有關〔註312〕。孔子此篇所論，乃「志之所至」等「五至」，是「志氣」，無涉乎「德」。故諸說皆非，皆未知「旻（得）」可徑讀爲「志」也。寧鎮強認爲「行之充於四海」爲《家語》編者所增人〔註313〕，此未得其誼，而又過信出土文獻，強刪古書，以就之也。

（6）無服之喪

按：《孔子閒居》同，上博簡「服」作「備」，借字。

（7）子夏蹶然而起，負墻而立

按：《孔子閒居》同，鄭玄注：「負牆者，所問竟，辟（避）後來者。」負，讀爲背。

卷　七

《觀鄉射》第二十八

（1）奔軍之將，亡國之大夫

按：奔，《詩·行葦》毛傳引孔子語同，《釋文》：「奔，音奮，覆敗也。」《禮記·射義》作「賁」，鄭玄注：「賁，讀爲僨。僨猶覆敗也。」《史記·淮陰侯傳》：「敗軍之將，不可以言勇；亡國之大夫，不可以圖存。」《說苑·談叢》：「敗軍之將，不可言勇；亡國之臣，不可言智。」是奔爲敗也。

（2）脩爵無筭

按：筭，《禮記·鄉飲酒義》、《荀子·樂論》作「數」，數亦算也。

萬卷樓圖書股份有限公司 2003 年版，第 11 頁。

〔註311〕邢文《〈禮記〉的再認識——郭店、上博楚簡中與〈禮記〉有關的文獻》，收入《中國古代文明研究與學術史——李學勤教授伉儷七十壽慶紀念文集》，河北出版社 2006 年版，第 200 頁。

〔註312〕張豐乾《〈民之父母〉「得氣」說》，收入《經典與解釋》（五），華夏出版社 2005 年版，第 230～233 頁。

〔註313〕寧鎮強《由〈民之父母〉與定州、阜陽相關簡牘再說〈家語〉的性質及成書》，收入《上博館藏戰國楚竹書研究續編》，第 277～310 頁。

（3）降殺既辯

按：范本作「隆殺既辨」。上文「降殺之義辯矣」。降，讀爲隆。辯，讀爲
辨。《禮記·鄉飲酒義》、《荀子·樂論》作「隆殺辨」。

《郊問》第二十九

此篇敦煌寫卷 S.1891 存有殘卷，另詳《敦煌寫卷 S.1891〈孔子家語〉校
補》〔註314〕。

（1）天子大裘以黼之，被衮象天

按：衮，敦煌殘卷本、《句解》本、何本、姜本、慶長本、寬永本、宗智本
同，四庫本、陳本、范本作「裘」，《玉海》卷 81、《先聖大訓》卷 3
引亦作「裘」。此篇言郊祭，余舊說謂當作「被衮」爲是〔註315〕。《說
文》：「衮，天子享先王，卷龍繡於下幅，一龍蟠阿上鄉。」《周禮·春
官·司服》：「享先王則衮冕。」是「衮冕」乃享先王之禮服也。《禮記·
郊特牲》：「祭之日，王被衮以象天。」是其確證。方苞曰：「衮、裘字
形相類。衮，裘字之誤，大裘黑，象天之色也。」〔註316〕方說非是。
《禮記釋文》：「卷，本又作衮，同。」是陸本作「卷」，音義並同。字
或作袞，《荀子·富國》：「故天子袾袞衣冕。」楊倞注：「袾，古朱字。
袞字與衮同。畫龍於衣謂之衮。」如本是「裘」字，則陸本無由易作
「卷」字。《書·益稷》、《詩·采蘩》孔疏二引《禮記》，皆作「衮」
字，《事類賦注》卷 1、12 引同。楊朝明據四庫本改作「被裘」，失考。

《五刑解》第三十

此篇敦煌寫卷 S.1891 存有殘卷，另詳《敦煌寫卷 S.1891〈孔子家語〉校
補》〔註317〕。此篇與《大戴禮記·盛德》略同，下引簡稱作《大戴》。

〔註314〕蕭旭《敦煌寫卷 S.1891〈孔子家語〉校補》，收入《群書校補》，廣陵書社 2011
年版，第 1259～1260 頁。

〔註315〕鄔可晶《〈孔子家語〉成書時代和性質問題的再研究》說同，復旦大學 2011
年博士學位論文，第 139 頁。

〔註316〕轉引自沈廷芳《十三經注疏正字》卷 50，收入景印文淵閣《四庫全書》第 192
冊，臺灣商務印書館 1986 年初版，第 664 頁。

〔註317〕蕭旭《敦煌寫卷 S.1891〈孔子家語〉校補》，收入《群書校補》，廣陵書社 2011

（1）凡夫之為奸邪竊盜，靡法妄行者，生於不足

按：夫，敦煌殘卷本、四庫本、范本作「民」，是也；《句解》本、陳本、
何本、慶長本誤作「夫人」。靡，《先聖大訓》卷 4 引同，敦煌殘卷本
作「歷」。「歷」字是。《大戴》二字皆不誤。歷，犯也。鄔可晶校「歷」
為「靡」〔註318〕，傎矣。楊朝明注：「靡，無。」非也。

（2）無度則小者偷盜，大者侈靡

按：盜，敦煌殘卷本作「隨」，四庫本、范本作「惰」；《先聖大訓》卷 4 引
作「惰」，《大戴》作「墮」。隨、墮，並讀為惰。作「盜」疑後人妄改。

（3）殺上者，生於不義

按：殺，敦煌殘卷本作「試」，《句解》本、陳本、何本、范本、姜本、慶
長本作「弒」，《先聖大訓》卷 4 引作「弒」，《大戴》亦作「弒」。試
讀為弒。楊朝明注：「殺，貶損，減損，不尊重。」鄔可晶已指出其
誤〔註319〕。

（4）誣文武者，罪及四世……謀鬼神者，罪及二世

按：謀，《先聖大訓》卷4引同，敦煌殘卷本作「誣」，《御覽》卷641、《儀
禮集傳通解》卷 37、《冊府元龜》卷 609 引作「誣」，《大戴禮記・本
命篇》、《通典》卷 163 亦作「誣」。《漢書・郊祀志》引《易大傳》：「誣
神者，殃及三世。」《賈子・耳痺》：「誣神而逆人，則天必敗其事。」
《潛夫論・忠貴》：「反戾天地，欺誣神明。」謀、誣，並讀為侮，輕
侮也。《墨子・明鬼下》、《法儀》、《尚賢中》並有「詬天侮鬼」之語。
《淮南子・兵略篇》：「傲天侮鬼。」《文子・上義》：「逆天地，侮鬼
神。」皆正作「侮」字。楊朝明解「誣」為誣蔑，解「謀」為圖謀，
失之。鄔可晶謂「謀蓋誣之形訛」〔註320〕，未達通借之指。

年版，第 1260～1265 頁。
〔註318〕鄔可晶《〈孔子家語〉成書時代和性質問題的再研究》，復旦大學 2011 年博士
學位論文，第 130 頁。
〔註319〕鄔可晶《〈孔子家語〉成書時代和性質問題的再研究》，復旦大學 2011 年博士
學位論文，第 131 頁。
〔註320〕鄔可晶《〈孔子家語〉成書時代和性質問題的再研究》，復旦大學 2011 年博士
學位論文，第 136 頁。

（5）凡治君子，以禮御其心，所以屬之以廉恥之節也

按：寬永本上方校云：「屬，一作厲。」何孟春注：「屬，如舊望之屬，或
作厲。」敦煌殘卷本、《治要》卷 10 引「禮」下有「義」字，「屬」
作「厲」，當據補正〔註 321〕。《賈子·階級》作「所以厲寵臣之節也」，
尤爲確證。《困學紀聞》卷 5、《先聖大訓》卷 4 引誤同今本。

（6）則曰帷幕不修也

按：何孟春注：「幕，一作箔。」幕，敦煌殘卷本作「薄」，范本作「簿」，
《治要》卷 10 引作「薄」，《漢書·賈誼傳》亦作「薄」，《通典》卷
166、《文選·後漢書皇后紀論》李善注、《後漢書后紀》李賢注引《大
戴》並同。幕，讀爲薄，簾也。「箔」、「簿」同「薄」。《賈子·階級》
作「帷箔不修」〔註 322〕。《玉篇》：「箔，簾也。」《禮記·曲禮上》：「帷
薄之外不趨。」《釋文》：「帷，帷幔也。薄，簾也。」《白氏六帖事類
集》卷 7 引作「帷箔」〔註 323〕，《御覽》卷 700 引作「帷簿」，「簿」
亦同「薄」。《莊子·達生》：「高門縣薄。」《釋文》引司馬彪注：「薄，
簾也。」《事類賦注》卷 22、《事物紀原》卷 8 引作「箔」，《呂氏春秋·
必己》作「門閭帷薄」。門下所懸，自是門簾也。

（7）冉求跪然免席曰

按：跪然，《句解》本、陳本、何本、慶長本無此二字，敦煌殘卷本作「蹙
然」。陳本「免」誤作「足」。「跪」乃「蹙」音訛。蹙然，跳起貌。本
書《論禮》：「子夏蹙然而起。」是其例。屈直敏曰：「黃本、毛本作『跪
然』，當據寫卷校改。按《漢書·揚雄傳》注：『蹙，蹴也。』」〔註 324〕
屈君所釋不確。楊朝明注：「跪，拜。跪然，崇拜的樣子。」望文生義。

《刑政》第三十一

此篇與《禮記·王制》略同，下引簡稱作《禮記》。

〔註 321〕屈直敏《敦煌寫本〈孔子家語〉校考》已指出，《敦煌學》第 27 輯，樂學書
局 2008 年版，第 71 頁。
〔註 322〕四庫本作「簿」。
〔註 323〕《白孔六帖》在卷 24。
〔註 324〕屈直敏《敦煌寫本〈孔子家語〉校考》，《敦煌學》第 27 輯，樂學書局 2008
年版，第 71 頁。

（1）太上以德教民，而以禮齊之；其次以政焉導民，以刑禁之

按：焉，四庫本、寬永本、宗智本作「言」，《句解》本、陳本、何本、慶
　　長本作「事」，范本無，《治要》卷 10 引亦無。「言（焉、事）」當是
　　衍文。

（2）顒五刑必即天倫

按：《先聖大訓》卷 4 注：「顒，劓也。劓，裁制也。」《禮記》：「凡制五刑
　　必即天論。」注：「制，斷也。即，就也。必即天論，言與天意合。論，
　　或爲倫。」《釋文》：「論，音倫，理也。」《路史》卷 33「天倫」誤作
　　「土地」。

（3）悉其聰明、正其忠愛以盡之

按：正，四庫本、何本作「致」，《治要》卷 10 引亦作「致」，《禮記》同。「致」
　　譌作「政」，又易作「正」。

（4）正既聽之，乃告，大司寇聽之，乃奉於王

按：寬永本上方校云：「『告』下脫『大司寇』三字。」何本、范本重「大司
　　寇」三字，《治要》卷 10 引亦重，《禮記》同，當據補。奉，何本作「告」，
　　《治要》卷 10 引作「奏」。「奉」爲「奏」形誤。

（5）然後乃以獄之成疑于王

按：疑，四庫本作「告」，《禮記》亦作「告」，《治要》卷 10 引作「報」。「疑」
　　爲「報」形誤。

（6）巧言破律

　　王肅注：巧賣法令者也.

按：《治要》卷 10 引作「析言破律」，《禮記》同。王肅注襲自鄭玄注。「巧」
　　當作「析」，涉注而誤。「析言破律」是成語，《中論·核辯》、《後漢書·
　　襄楷傳》皆有此語。《論衡·案書》：「公孫龍著堅白之論，析言剖辭，
　　務折曲之言，無道理之較，無益於治。」《淮南子·齊俗篇》：「公孫龍
　　析辯抗辭，別同異，離堅白。」「析言」也稱作「析辭」，《荀子·解蔽》
　　引《傳》：「析辭而爲察，言物而爲辨，君子賤之。」又《正名》：「故析

辭擅作名，以亂正名，使民疑惑，人多辨訟，則謂之大奸。」又稱作「析文」，《風俗通義序》：「皆析文便辭，彌以馳遠。」

（7）遁名改作

王肅注：變言與物名也。

按：《治要》卷 10 引作「亂名改作」，《禮記》同。鄭玄注：「謂變易官與物之名，更造法度。」《釋文》：「亂名，如字，王肅作『循名』。」孫志祖曰：「遁，《禮記》作『亂』，《釋文》：『王肅作循名。』蓋『遁名』之譌。」臧琳曰：「古循、遁字通。此『循名』當讀爲『遁名』，謂隱遁名物也。肅蓋據《家語》以改《禮記》，有意作古，使人不疑耳。」〔註325〕注「言」當作「官」。敦煌寫卷 S.1441《勵忠節鈔·政教部》：「昔李康侍坐于晉文帝，時爲三長吏俱之言，同日辭見。」「之言」爲「之官」之誤〔註326〕，亦其例。

（8）設伎奇器

按：四庫本「伎」前有「奇」字，《治要》卷 10、《先聖大訓》卷 4、《儀禮經傳通解》卷 37 引同，《禮記》作「奇技奇器」。今本脫一「奇」字。《通典》卷 163 引孔子語作「設怪伎奇器」。

（9）順非而澤

王肅注：順其非而滑澤。

按：《治要》卷 10 引注「滑澤」下有「之」字，今本脫。順非而澤，猶言文過飾非，已詳《始誅篇》校補。

（10）此四誅者，不以聽

按：《禮記》同，《治要》卷 10 引「不以聽」上有「不待時」三字，《通典》卷 163 引孔子語同，疑今本脫。

〔註325〕臧琳《經義雜記》卷 15，收入《續修四庫全書》第 172 冊，上海古籍出版社 2002 年版，第 160 頁。

〔註326〕參見張涌泉《敦煌文獻校勘方法例釋》，《敦煌吐魯番研究》第 13 卷，2013 年出版，第 20 頁。

《禮運》第三十二

此篇與《禮記‧禮運》略同，下引簡稱作《禮記》。

（1）老有所終，壯有所用，矜寡孤疾，皆有所養

按：疾，陳本作「獨」，各有脫文。《禮記》作「使老有所終，壯有所用，幼
有所長，矜寡孤獨廢疾者，皆有所養」。《治要》卷 7、《白帖》卷 22 引
《禮記》「矜」作「鰥」，同。本書句首脫「使」字，「孤」下脫「獨廢」
二字，何本不脫。

（2）列仁義

按：列，四庫本作「別」，《禮記》同，當據改。

（3）是故夫政者，君之所以藏身也，必本之天，效以降命

王肅注：效天以下教令，所謂則天之明。

按：效，四庫本、范本作「郊」，《禮記》作「殽」。下文「命降於社之謂
效地」，范本同，四庫本作「郊」，宗智本作「教」。「效」字是，即效
法之義，故王注云「則天之明」。鄭玄注：「降，下也。殽天之氣，以
下教令，天有運移之期，陰陽之節也。」孔疏：「殽，效也。」鄭氏
《毛詩譜‧周頌譜》引《禮記》亦作「殽」，孔疏：「殽之言效，鄭云：
『效天之氣……』」《禮記集說》卷 55 引長樂劉氏曰：「殽，效也。」
《黃氏日抄》卷 18《讀禮記》：「殽，效也。效法于天，以降命令。」
《禮記》又云：「是故夫禮，必本於天，殽於地，列於鬼神。」鄭玄
注：「聖人則天之明，因地之利，取法度於鬼神，以制禮下教令也。」
孔疏亦云：「殽，效也。」《釋文》：「殽，法也。」段玉裁曰：「殽，《禮
記》借爲效字。」〔註327〕皆是也。《先聖大訓》卷 1 作「郊」，下「效
地」作「教地」，注云：「此據《家語》，《小戴記》郊作殽，教亦作殽，
未安。」其說非也。楊朝明謂「作『郊』可從」，曾不讀唐人注釋及
段注乎？

（4）從於其義，明於其利，達於其患

按：從，何本作「辟」，《禮記》同。鄭玄注：「辟，開也。」孔疏：「謂開

闡其義以教之。」

（5）故人者，天地之德，陰陽之交，鬼神之會，五行之秀

按：何本「秀」下有「氣」字，《禮記》同，當據補。

（6）五行之動，共相竭也

　　王肅注：竭，盡也。水用事盡，則木用事。五行用事，更相盡也。

按：共，《禮記》作「迭」。鄭玄注：「竭，猶負戴也。言五行運轉，更相爲始也。」鄭說「竭」與王說不同。「迭」脫誤爲「失」，又形誤爲「共」。王注「更相」云云，似所見本不誤。《先聖大訓》卷1注：「迭有異義，共有同義，故從《家語》作共。」非是。

（7）五味、六和、十二食，還相爲質

按：質，《禮記》同，周・甄鸞《五經算術》卷下《禮記》引作「滑」，《皇王大紀》卷2作「滋」。

（8）以日星爲紀，故業可別

　　王肅注：日以紀畫，星以紀夜，故事可得而分別也。

按：故業可別，《禮記》作「故事可列」。鄭玄注：「事以日與星爲候，興作有次第。」孔疏：「列，猶次第也。」「列」字是，讀去聲，音例，與下句「藝」爲韻。王注據誤字說之，非也。

（9）故龍以爲畜，而魚鮪不淰

　　王肅注：淰，潛藏也。

按：淰，范本作「淰」，《禮記》同。鄭玄注：「淰之言閃也。」孔疏：「淰，水中驚走也。」《御覽》卷929引《禮記》，注亦云：「淰，潛藏也。」閃，疾動貌，字亦作搇，《文選・射雉賦》徐爰注：「搇，疾貌也。」字亦作淜，《文選・海賦》李善注：「淜，疾貌。」《廣韻》：「淰，淰淜，水動皃。」又「淜，水動皃。」此文「淰」謂魚驚駭而水動皃。俗字亦作渗，《集韻》：「渗，渗躍，踊逸也，或作渗。」字又作渗，《集韻》：「渗，渗灤，水動皃。」「淰」則同音借字。而，《禮記》作「故」，申事之辭，下同。

（10）鳳以為畜，而鳥不觙；麟以為畜，而獸不狘

　　　王肅注：觙飛，飛走之貌也。

按：王注「觙飛」當爲「觙狘」誤刻。（a）觙，范本、寬永本、宗智本同，
　　四庫本作「觙」，《禮記》作「獝」。鄭玄注：「獝狘，飛走之貌也。」《釋
　　文》本作「矞」，云：「矞，字又作獝。」《周禮·春官·宗伯》鄭玄注
　　引《禮記》作「矞」，《釋文》：「矞，本又作獝，亦作鷸，同。」《玉篇
　　殘卷》引《禮記》作「矞」，引鄭玄曰：「矞，飛兒也。」又云：「《埤蒼》
　　爲觙字，在羽部。」《集韻》：「矞，驚懼貌，或作鷸。」「鷸」當是「鷸」
　　形誤，實當從「戌」作「鷸」，然字書、韻書皆相承從「戊」，沿誤已
　　久。本書「觙」當作「觙」。《埤蒼》作「觙」，形之訛也。影澤存堂本
　　《宋本玉篇》：「觙，許出切，飛走貌。觙，許月切，觙觙，飛走貌。」
　　澤存堂本《大廣益會玉篇》同，元至正二十六年南山書院刊本、元延祐
　　二年圓沙書院刻本、早稻田大學藏和刻本、四部叢刊本《大廣益會玉篇》
　　無「觙觙」二字，「許出切」作「許六切」；圓沙書院刻本、四部叢刊本
　　「觙」誤作「觙」。澤存堂本《廣韻》：「觙，許聿切，飛去兒。」古逸
　　叢書覆宋重修本、符山堂藏板、四部叢刊巾箱本皆同，覆元泰定本、《鉅
　　宋廣韻》皆誤作「觙」。字亦作趫、蹫，《說文》：「趫，狂走也。」《繫
　　傳》：「趫，急疾之貌也。」《集韻》：「趫、蹫，狂走，或從足。」錢大
　　昕曰：「《說文》有趫字，訓狂走，即『鳥不矞』之矞。」〔註328〕字或
　　作趫、趫，《玉篇》：「趫，許聿切，走也。」又「趫，丑律切，走也。」
　　「趫」與「趫」、「趫」同〔註329〕。字或作鴥，《六書故》：「鴥，鳥飛迅
　　疾也。鴥亦通作矞。」（b）「狘」是「跋」分別字，《說文》：「跋，輕也。」
　　《廣雅》：「跋，疾也。」《說文》：「狘，獸走兒。」黃侃曰：「狘由跋來。」
　　〔註330〕鄭知同曰：「《禮記·禮運》：『鳳以爲畜，故鳥不獝；麟以爲畜，
　　故獸不狘。』注：『獝狘，飛走之兒。』《正義》：『獝，驚飛也。狘，驚
　　走也。』二字並非古。獝，《說文》作『趫』，狂走也。狘，《說文》作
　　『疦』，亦狂走也，讀若欻。『狂』與『驚』義同，故『獝』於《禮記》
　　爲『驚』，於他書仍訓『狂』。《甘泉賦》：『挾獝狂。』《西京賦》：『斬獝

〔註328〕錢大昕《潛研堂集》卷8《答問五》，上海古籍出版社1989年版，第104頁。
〔註329〕參見胡吉宣《玉篇校釋》，上海古籍出版社1989年版，第2067頁。
〔註330〕黃侃《說文新附考原》，收入《說文箋識》，中華書局2006年版，第285頁。

狂。』可見『趫』、『疢』義本爲走，而《記》文分貼鳥、獸。故《正義》以『獝』訓『驚飛』。《釋文》本『獝』作『喬』，古字省也。『疢』之別體又作『忥』。《公羊傳》何注：『忥者，狂也，齊人語。』（忥，《釋文》作『忥』，從戌。《五經文字》亦然。《廣韻》作『忥，狂也』（引者按：符山堂藏板《廣韻》作「忥」）。從戌得之。是陸法言《切韻》原文蓋據《公羊》古本。）又作駚，《吳都賦》：『驫駚驫喬，先驅前塗。』李注：『眾馬走皃。駚，呼橘切。』『駚』、『喬』二字，正本《禮記》。左思所見《記》文，『狋』蓋作『駚』。又《江賦》：『鼓翅翻舥（狘）。』注：『翻舥（引者按：李善先引《禮記》，此是鄭注，二字原文作「獝狘」），飛走之皃。』亦即『獝狘』字。合諸字觀之，『疢』訓爲狂，則改從心，戌聲；用爲獸之狂走，則改從犬、從馬，戌聲。『趫』、『疢』本皆狂走，自《禮記》分『獝』字指鳥，於是兩字例得通飛、走爲言。而主獸言者，字作『獝』、『狋』；主鳥言者，字作『翻』、『舥』。亦即可統指鳥、獸。俗字之孳乳寖多如此。古术聲之字有別從戌聲者。《說文》訓小風之『颲』，《玉篇》作『颭』，正此『疢』、『狋』字之例。」〔註331〕鄭說於其源流，辨析甚爲精闢，故詳加引錄。但鄭氏謂「『疢』之別體又作『忥』……古术聲之字有別從戌聲者」則非是，古术聲字與喬聲字、戌聲字通，「疢」當同「越」、「趫」、「越」，「颲」當同「颭」。《廣雅》：「颲颭，風也。」王念孫曰：「颲讀如『鳥不獝』之獝。《說文》：『颲，小風也。』颲與颭同。颭讀如『獸不狘』之狘，《廣韻》：『颭，小風也。』」〔註332〕（c）本書「狘狘」即《禮記》「獝狘」，亦即《吳都賦》「喬駚」，亦即《江賦》「翻舥」，又即《廣雅》「颲颭」，又即《玉篇》「狘舥」也，上字音許聿切，下字音許月切。楊朝明本「舥」誤作「舥」，「舥」同「狘（翅）」，眞是差之毫釐，謬以千里。

（11）先王能循禮以達義，體信以達順

按：循，當據《禮記》作「脩」，形之誤也。《文選·五等論》：「下之體信，

〔註331〕鄭珍《說文新附考》卷 4，收入《續修四庫全書》第 223 冊，上海古籍出版社 2002 年版，第 314 頁。

〔註332〕王念孫《廣雅疏證》，收入徐復主編《廣雅詁林》，江蘇古籍出版社 1992 年版，第 323 頁。

於是乎結。」李善注引《禮記》文，又引鄭玄注曰：「體，猶親也。」尋《禮記・學記》：「就賢體遠。」鄭玄注：「體，猶親也。」鄭氏非訓此篇也，李善引之，其義不洽。體，當讀爲履〔註333〕。《易・繫辭上》：「履信思乎順。」正可以證此文之誼。孫希旦解「體信」爲「內體誠實」〔註334〕，非是。楊朝明分別解爲「遵循」、「體現」，亦非也。

卷　八

《冠頌》第三十三

（1）三加彌尊，導喻其志

王肅注：喻其志，使加彌尊，宜敬成。始緇布，次皮弁，次爵弁。

按：注文「成」字，四庫本、慶長本、寬永本、宗智本作「式」，皆誤。《御覽》卷147引注作「喻其志，使彌知尊，宜敬戒。加緇布、皮及（弁）、爵弁。」「戒」字是。導，陳本作「道」。喻，讀爲諭，《儀禮・士冠禮》正作「諭」。

（2）諸侯之有冠禮也，夏之末造也

王肅注：夏之末世，乃造諸侯冠禮。

按：《禮記・郊特牲》同，《儀禮・士冠禮》「諸侯」作「公侯」，餘同。《儀禮》鄭玄注：「造，作也。」是王與鄭同，皆訓造爲作。朱子《儀禮經傳通解》卷1即取鄭說。陳澔《禮記集說》卷5亦云：「夏之末造，言夏之末世所爲耳。」楊朝明曰：「末造，末世也。王注有誤。」楊氏未讀鄭注，自己誤以「末造」爲詞，而厚誣古人。

（3）使王近於民，遠於年

王肅注：遠於年，壽長。

按：年，《大戴禮・公符》同，何本作「佞」，《說苑・修文》、《博物志》卷8作「佞」，《後漢書・禮儀志》劉昭注、《通典》卷56引《冠禮》、《御覽》卷736引《禮外篇》亦作「佞」。孫志祖曰：「年、佞聲相近，注以

〔註333〕例證參見宗福邦主編《故訓匯纂》，商務印書館2003年版，第2560頁。
〔註334〕孫希旦《禮記集解》，中華書局1989年版，第623頁。

為壽，非。」汪中、洪頤煊、朱駿聲並謂年讀為侫〔註335〕。遠，遠離。王注非是。《先聖大訓》卷2注：「遠，長也，祝其壽。」亦誤。《博物志》「遠於侫」下有「近於義」三字，《後漢書》劉昭注、《通典》引《冠禮》亦有此三字，《御覽》引《禮外篇》同。

（4）去王幼志，服衮職

按：服衮職，《禮書》卷64、《資治通鑑前編》卷7引同，四庫本作「心衮職」，《黃氏日抄》卷32、《學齋佔畢》卷2、4、《孔子編年》卷2引亦作「心衮職」，《御覽》卷540引作「乃心衮職」，《儀禮經傳通解》卷1引作「心是衮職」，《先聖大訓》卷2引作「心服衮職」。考《玉海》卷82引同今本，注：「志，一作心。」然則今本不誤，諸本作「心」者，皆涉異文而譌。

（5）率爾祖考，永永無極

按：永永，《御覽》卷540引誤作「烝烝」。《董子‧觀德》：「歷年眾多，永永無疆。」《史記‧孝文本紀》：「然後祖宗之功德著於竹帛，施於萬世，永永無窮。」《後漢書‧祭祀志》：「咸蒙祉福，永永無極。」《宋書‧禮志》：「率遵祖考，永永無極。」

（6）今則冠而幣之可也

王肅注：今不復冠。幣，布幣之不復者也。

按：幣，四庫本、范本、姜本作「敝」，寬永本、宗智本作「弊」，《禮書》卷64引作「弊」，《禮記‧郊特牲》、《儀禮‧士冠禮》作「敝」。《禮記》鄭玄注：「此重古而冠之耳，三代改制，齊冠不復用也。」《釋文》：「敝，本亦作弊，棄也。」孔疏：「言緇布之冠，初加暫用冠之。罷冠，則敝棄之可也。」幣，讀為敝、弊，弊棄也，即「不復用」之誼。《禮記‧玉藻》：「始冠緇布冠，自諸侯下達，冠而敝之可也。」《釋文》：「敝，音弊，本亦作弊。」四庫本注作：「今不復冠。白布敝之不復著也。」今本「者」為「著」脫誤。楊朝明曰：「王肅注誤。幣，以幣帛相酬贈。」

〔註335〕汪中《大戴禮記正誤》，洪頤煊《讀書叢錄》，分別收入《續修四庫全書》第107、1157冊，上海古籍出版社2002年版，第386、595頁。朱駿聲《說文通訓定聲》，武漢市古籍書店1983年版，第825頁。

此又厚誣古人者也。

《辯樂解》第三十五

（1）孔子有所謬然思焉

王肅注：謬然，深思貌。

按：謬然思，四庫本、范本作「繆然思」，《御覽》卷 577、《記纂淵海》卷
78 引作「繆然深思」，《事類賦注》卷 11 引作「穆然深思」，《史記‧孔
子世家》亦作「穆然深思」，《韓詩外傳》卷 5 作「默然思」。謬、繆，
並讀爲穆。顧炎武曰：「于愼行《筆塵》曰：『繆字與穆字通，亦與謬字
通。』《家語》謬即穆字。」〔註 336〕今本脫「深」字。孫詒讓曰：「注
『繆』，宋本誤『謬』。」非也。

（2）有所睪然高望而遠眺

按：睪然，《儀禮經傳通解》卷 27 引同，《御覽》卷 577、《事類賦注》卷
11、《記纂淵海》卷 78 引作「皇然」，《史記‧孔子世家》作「怡然」，
《韓詩外傳》卷 5 作「邈然」。睪、皇，並爲「皋」之誤。《史記》作
「怡」，則讀睪爲懌。眺，《史記》作「志」。

（3）丘迨得其爲人矣

王肅注：迨，近。

按：孫詒讓曰：「《事類賦》『迨』作『殆』。」迨，《事類賦注》見卷 11 引作
「殆」，《御覽》卷 577、《記纂淵海》卷 78 引亦作「殆」，《類說》卷 38
引作「始」。迨，讀爲殆。「始」爲形聲之誤。

（4）近黮而黑

王肅注：黮，黑貌。

按：近，《御覽》卷 577 引作「始近」，《記纂淵海》卷 78 引作「殆近」，此
即上文之注而誤入正文者，范本、寬永本、宗智本、《史記‧孔子世家》
無此字。黮而黑，《御覽》、《事類賦注》引作「黮然黑」，《記纂淵海》

〔註336〕顧炎武《唐韻正》卷 14，收入景印文淵閣《四庫全書》第 241 冊，臺灣商務
印書館 1986 年初版，第 375 頁。

－479－

引作「黝然黑」，《古今事文類聚》續集卷 22、《古今合璧事類備要》前集卷 57 引作「黯而黑」，《文選·別賦》李善注引作「黯然而黑」，《史記》亦作「黯然而黑」，《集解》、《慧琳音義》卷 11、33 並引王肅曰：「黯，黑貌。」《慧琳音義》卷 68 引王肅注：「黯亦黑也。」是所見本亦作「黯」字，疑爲舊本。「黝然」、「黝然」義同「黯然」，疑後人改作。《靈樞經·通天》：「其狀黯黯然黑色。」

（5）頎然長

王肅注：頎，長貌。

按：各書引同，《史記·孔子世家》作「幾然而長」。《集解》引徐廣曰：「《詩》云：『頎而長兮。』」《詩·猗嗟》孔疏、《碩人》孔疏、《記纂淵海》卷 53 引《史記》作「頎然而長」。《索隱》：「『幾』與注『頎』，並音祈，《家語》無此四字。」幾、頎古同音通借。《莊子·天道》：「幾乎後言。」《釋文》：「幾，音機，司馬本作頎，云：『頎，長也。』」其本字待考，段玉裁謂「頎與嫣聲相近也」，朱珔說同〔註337〕；馬瑞辰謂「頎與引、永、矐俱雙聲，故有長義」，以申段說〔註338〕。錄以備考。《索隱》謂「《家語》無此四字」，蓋所據乃別本。

（6）曠如望羊

王肅注：曠，用志廣遠。望羊，遠視也。

按：曠，《御覽》卷 577、《事類賦注》卷 11 引同，《記纂淵海》卷 78 引作「眼」，《史記·孔子世家》亦作「眼」。「眼」字是。《集解》、《索隱》並引王肅曰：「望羊，望羊視也。」望羊，詳《金樓子》「望羊高視」條校補。

（7）師襄子避席葉拱而對曰

王肅注：葉拱，兩手薄其心也。

按：葉拱，《御覽》卷 577 引作「攝拱」。《困學紀聞》卷 5：「『葉拱』出《書

〔註337〕段玉裁《説文解字注》，上海古籍出版社 1981 年版，第 619 頁。朱珔《説文假借義證》，黄山書社 1997 年版，第 697 頁。

〔註338〕馬瑞辰《毛詩傳箋通釋》，中華書局 1989 年版，第 203 頁。

大傳》。」注：「子夏葉拱而進。」又引本書。拱，斂手、拱手。段玉裁曰：「《禮經》：『推手曰揖，引手曰厭。』『厭』即《尚書大傳》、《家語》之『葉拱』。」〔註339〕朱駿聲謂葉借爲擪〔註340〕。「攝」亦借字〔註341〕。

（8）夫南者，生育之鄉；北者，殺伐之城

按：城，《句解》本、陳本、何本、范本、姜本作「域」，寬永本上方校云：「吳本城作域。」慶長本「城」旁注「域」字。《御覽》卷577、《先聖大訓》卷2、《儀禮經傳通解》卷27引亦作「域」，《禮記集說》卷50引作「地」，《說苑·修文》作「域」。「城」爲「域」形誤。

（9）故君子之音，溫柔居中，以養生育之氣

按：何孟春注：「養，涵養也，一作象。」《說苑·修文》「柔」作「和」，「養」作「象」。《御覽》卷577引「柔」亦作「和」。「養」爲「象」音誤。下文云：「亢麗微末，以象殺伐之氣。」《路史》卷8、《樂書》卷61引孔子語：「君子之音，象生育之氣。」

（10）暴厲之動，不在于體也

按：暴厲，《說苑·修文》同，《路史》卷8作「暴戾」。厲，讀爲戾。

（11）亢麗微末，以象殺伐之氣

按：亢麗，何本作「亢厲」，注：「一作『湫厲』。」范本作「亢戾」，宗智本誤作「元麗」，《御覽》卷577、《記纂淵海》卷78引作「亢厲」，《說苑·修文》作「湫厲」。「亢麗」同「伉儷」，非其誼也。麗，讀爲厲。「亢厲」或作「伉厲」，《史記·汲黯傳》：「黯伉厲守高不能屈。」又作「抗厲」，《後漢書·竇融傳》：「將軍其抗厲威武，以應會期。」又作「亢戾」，《孔叢子·敘世》：「若乃貌厲內荏，高氣亢戾，多意倨跡，理不充分，業不一定，執志不果，此謂剛愎非彊者也。」湫，讀爲遒，急促也。「湫厲」又作「湫戾」，《楚辭·九歎·思古》：「風騷屑以搖木兮，雲吸吸以湫戾。」

〔註339〕段玉裁《說文解字注》，上海古籍出版社1981年版，第448頁。
〔註340〕朱駿聲《說文通訓定聲》，武漢市古籍書店1983年版，第138、141頁。
〔註341〕從聶從葉之字古通，參見張儒、劉毓慶《漢字通用聲素研究》，山西古籍出版社2002年版，第1029頁。

王逸注：「湫戾，猶卷戾也。」

（12）詠歎之，淫液之

王肅注：淫液，歎淫滋味。

按：注「歎」，寬永本、宗智本誤作「欹」。淫液，《禮記・樂記》、《史記・樂書》同，鄭玄注：「咏歎淫液，歌遲之也。」孔疏：「淫液是貪羨之貌。咏歎者，謂長聲而歎矣。淫液，謂音連延而流液不絕之意。」吳國泰曰：「淫液猶濡染之意。」〔註342〕「淫液」是古成語，《詩・賓之初筵》序：「沈湎淫液。」鄭玄箋：「淫液者，飲酒時情態也。」《周禮・冬官・考工記》：「善防者水淫之。」鄭玄注：「淫讀爲淫液之淫。」淫，浸淫。《釋名》：「淫，浸也，浸淫旁入之言也。」液，讀爲醳。《周禮・考工記》：「凡爲弓，冬析幹而春液角。」鄭玄注引鄭司農曰：「液，讀爲醳。」賈公彥疏：「先鄭液讀爲醳者，醳是醳酒之醳，亦是漬液之義，故讀從之也。」《集韻》：「液，漬也。《周禮》：『春液角。』沈重讀，或作醳。」「淫液」猶言浸漬。孔氏解「淫液」爲「流液」，非也。《困學紀聞》卷5：「淫液，刊本誤爲淫泆。」日人山井鼎、物觀《七經孟子考文補》卷46：「宋板液作泆。」《孔子編年》卷4亦作「淫泆」。是宋代有誤作「淫泆」者。

（13）發揚蹈厲之已蚤

王肅注：厲，病。備戒雖久，至其發作又疾。

按：《禮記・樂記》、《史記・樂書》同。王注「厲，病」當是「厲，疾」之誤。「疾」指急疾。《集解》引王肅注正作「厲，疾也」。孔疏：「初舞之時，手足發揚，蹈地而猛厲，言舞初則然，故云已蚤。」《正義》：「發，初也。揚，舉袂也。蹈，頓足蹋地。厲，顏色勃然如戰色也。問樂舞何意發初揚袂，又蹈頓足蹋地，勃然作色，何忽如此也？」「發揚」者，指手之奮舞也。「蹈厲」者，謂足之高跳也。《爾雅》：「厲，作也。」王引之引《樂記》文，云：「蹈厲，謂騰躍也。《小雅・菀柳》傳曰：『蹈，動也。』《漢書・楊雄傳》注曰：『厲，奮也。』」又曰：「蹈亦騰躍之名。蹈厲，謂騰上也。《廣雅》曰：『厲，上也。』」〔註343〕

〔註342〕吳國泰《史記解詁》，1933年成都居易簃叢著本，第2冊，第100頁。
〔註343〕王引之《經義述聞》卷26、19，江蘇古籍出版社1985年版，第629、476頁。

其說是也。朱駿聲謂揚借爲惕，厲借爲烈〔註344〕，皆失之。《禮記·樂記》所云「手之舞之，足之蹈之」，即「發揚蹈厲」之誼也。

（14）《武》坐致右而軒左

王肅注：右膝至地，左膝不至地也。

按：軒，《禮記·樂記》、《史記·樂書》作「憲」。鄭玄注：「致謂膝至地也。憲，讀爲軒，聲之誤。」孔疏：「致，至也。軒，起也。」《正義》說同孔疏。《禮記·內則》鄭玄注：「軒，讀爲憲。」是二字同音互訓也。《漢書·揚雄傳》《河東賦》：「麾城摲邑。」顏師古注引李奇曰：「摲音車轒之轒。」亦其證。諸家皆未得「致」字之誼。致，讀爲輊，字亦作輊，與「軒」對舉。朱駿聲曰：「致，叚借爲至。」又「憲，叚借爲軒。致右憲左，謂輊右軒左也。」〔註345〕朱氏前說失之。吳國泰曰：「致者輊之借字，憲者軒之借字。車前高曰軒，前下曰輊。輊右軒左者，猶言右下左高也。」〔註346〕吳說至確。《說文》：「輊，抵（低）也。」《廣雅》：「輊，低也。」《詩·六月》：「戎車既安，如輊如軒。」字又作轙，《文選·射雉賦》：「如轙如軒。」李善注：「輊與轙同。」字又作摯，《周禮·考工記》：「既節軒摯之任。」字或作輖，《儀禮·既夕》：「志矢一乘軒輖中。」鄭注：「輖，摯也。」段玉裁曰：「摯、輖、輊同字。」惠棟說同〔註347〕。此文言右膝低而至地，左膝高而不至地也。

（15）今汝獨未聞牧野之語乎

按：今，《禮記·樂記》作「且」，《史記·樂書》作「且夫」。王叔岷曰：「且，猶今也。」〔註348〕時間之辭。

〔註344〕朱駿聲《說文通訓定聲》，武漢市古籍書店1983年版，第881、659頁。
〔註345〕朱駿聲《說文通訓定聲》，武漢市古籍書店1983年版，第612、718頁。
〔註346〕吳國泰《史記解詁》，1933年成都居易簃叢著本，第2冊，第101頁。
〔註347〕段玉裁《說文解字注》「輖」字條，上海古籍出版社1981年版，第727頁。惠棟《九經古義》卷5《毛詩古義》，收入《叢書集成新編》第10冊，新文豐出版公司1985年版，第178頁。
〔註348〕王叔岷《史記斠證》，中華書局2007年版，第1055頁。另參見王引之《經傳釋詞》，嶽麓書社1984年版，第176頁；裴學海《古書虛字集釋》，中華書局1954年版，第671頁。

（16）武王克殷而反商之政，未及下車，則封黃帝之後於薊……

按：《禮記·樂記》、《史記·樂書》無「之政」二字。鄭玄注：「反商，當為『及』字之誤也。及商，謂至紂都也。」據此文，則「反」字不誤。下文「封黃帝之後」云云，即所謂反商政之事，指復殷商舊臣之位也。《禮記集說》卷99引石林葉氏曰：「此『商』字下脫『政』字，蓋《武成》文也，鄭氏不見古文，遂謂『反』當為『及』，此與下誤言『行商容』同。」《韓詩外傳》卷3作「既反商，〔未〕及下車……」，亦作「反」字。

（17）封王子比干之墓，釋箕子之囚，使人行商容之舊以復其位

按：人，《禮記·樂記》、《史記·樂書》作「之」。《韓詩外傳》卷3作「封比干之墓，釋箕子之囚，表商容之閭」。三句並列，「之」當據此訂作「人」。鄭玄注：「行，猶視也。使箕子視商禮樂之官，賢者所處，皆令反其居也。」鄭玄以「之」代上句之「箕子」，誤也。《禮記集說》卷99引山陰陸氏曰：「『釋箕子之囚使之』句。使之，言用之也。」亦誤。

（18）庶民弛政

王肅注：解其力役之事。

按：弛，范本作「弛」，寬永本、宗智本作「施」，《禮記》、《史記》作「弛」，《呂氏春秋·慎大》作「施」。「弛」為「弛」俗字，「施」則為借字。

（19）車甲則釁之而藏之諸府庫以示弗復用

按：釁，《呂氏春秋·慎大》同，《禮記·樂記》、《韓詩外傳》卷3作「衅」，《史記·樂書》作「弢」，《書·武成》孔疏引《樂記》作「釁」。鄭玄注：「衅，釁字也。」

（20）倒載干戈而包之以虎皮，將率（帥）之士使為諸侯，命之曰韇囊

王肅注：言所以藏弓矢而不用者，將率之士力也。故使以為諸侯，為之韇囊也。

按：韇囊，《禮記·樂記》、《史記·樂書》作「建櫜」。「櫜（tuó）」當作「櫜

（gāo）」。鄭玄注：「建，讀爲鍵，字之誤也。兵甲之衣曰櫜。鍵櫜，言閉藏兵甲也。」《集解》引王肅曰：「所以能櫜弓矢而不用者，將率（帥）之士力也，故建以爲諸侯，謂之建櫜也。」《索隱》引王肅曰：「將帥能櫜弓矢而不用，故建以爲諸侯，因謂建櫜也。」注文「藏弓矢」當作「櫜弓矢」，四庫本不誤。注文「爲之」當作「謂之」。《集解》、《索隱》所引王肅注「建以爲諸侯」之「建」，當據此作「使」（即正文「使爲諸侯」的解釋語）〔註349〕。《禮記》、《史記》「建櫜」之「建」，王引之讀爲鞬，字或作韇。《左傳·僖公二十三年》：「右屬櫜鞬。」杜預注：「櫜以受箭，鞬以受弓。」《後漢書·馬融傳》：「臣聞昔命師於鞬櫜。」《玉海》卷 151 引作「建櫜」。李賢注：「鞬以藏箭，櫜以藏弓。」李氏與杜說正反，杜說非也。《廣雅》：「櫜，弓藏也。」《玉篇》：「鞬，以藏矢。韇，同上。」又「櫜，弓衣也。」「鞬」之語源，則有二說。鄭玄謂鍵閉，此一說也。《釋名》：「鞬，建也，弓矢並建立於其中也。」此又一說也。鄭玄說誤。

《問玉》第三十六

（1）君子貴玉而賤珉

王肅注：珉，石似玉。

按：珉，《類聚》卷 83、《御覽》卷 804、809 引《禮記·聘義》同，今本《禮記》作「碈」。鄭玄注：「碈，石似玉，或作玟也。」《釋文》：「碈，字亦作瑉，似玉之石。」

（2）縝密以栗，智也

王肅注：縝密，緻塞貌。栗，堅也。

按：《禮記·聘義》同，鄭玄注：「縝，緻也。栗，堅貌。」「栗」俗字亦作㮚，《玉篇》：「㮚，塞也。」堅實之義。

〔註349〕參見王叔岷《史記斠證》，中華書局 2007 年版，第 1055 頁。王引之、孫志祖皆據誤本，駁王肅以「建以爲諸侯」解「建櫜」，皆失校也。王引之《經義述聞》卷 15，江蘇古籍出版社 1985 年版，第 371 頁。下引王引之說亦見於此。

（3）其終則詘然，樂矣

王肅注：詘，斷絕貌，似樂之息。

按：《禮記·聘義》同，鄭玄注：「詘，絕止貌也。《樂記》曰：『止如槁木。』」孔疏：「詘，謂止絕也。」至其本字，朱駿聲謂詘借爲闋〔註350〕；余則疑讀爲訖〔註351〕，故訓止絕。「訖」、「詘」二字上古都是術部字，聲紐爲見、溪旁紐雙聲。

（4）孚尹旁達，信也

王肅注：孚尹，玉貌。旁達，言似者無不通。

按：《禮記·聘義》同，鄭玄注：「孚，讀爲浮。尹，讀如竹箭之筠。浮筠，謂玉采色也。孚或作伕，或爲扶。」《釋文》：「孚，依注音浮。尹，依注音筍，又作筠。」《玉篇》「玉」字條引作「孚筠」，《初學記》卷 27 作「浮筠」。字亦作「琈筍」，《玉篇》：「琈，琈筍，玉采色。」《說文》「璠」字條引孔子贊璵璠曰：「美哉璵璠，遠而望之，奂若也；近而視之，瑟若也。一則理勝，二則孚勝。」〔註352〕《繫傳》：「孚音符，謂玉之光采也，今亦言符采也。」「孚」與本書同誼〔註353〕，「孚」、「符」亦通，可證成鄭說。王筠謂「孚勝」承「奂若」而言，「理勝」承「瑟若」而言，皆是也；而又謂「孚者，信也」〔註354〕，則非。方以智曰：「扶尹、浮筠、膚妥，即孚尹。古文《禮記》作『膚妥旁達』，或作扶尹，鄭注孚尹作浮筠，采色。」〔註355〕此亦從鄭說。「孚尹」音轉則爲「忿愉」、「敷愉」、「孚瑜」、「呴愉」〔註356〕，《方言》卷 12：「忿愉，悅也。」郭璞注：「忿愉，猶呴愉也。」《廣雅》：「忿愉，說也。」又「忿愉，喜也。」《玄應音義》卷 13、19：「敷愉：《纂文》作『孚瑜』，言『美色也』。《方言》：『忿愉，悅也。』」《慧琳音義》卷 56、57 同。《初

〔註350〕朱駿聲《說文通訓定聲》，武漢市古籍書店 1983 年版，第 618 頁。

〔註351〕從出從乞相通，參見蕭旭《世說新語》「窟窟」正詁。

〔註352〕《初學記》卷27、《御覽》卷804、《事類賦注》卷9引作「《逸論語》」之文。

〔註353〕參見《禮記注疏》卷 63《四庫考證》齊召南說，景印文淵閣《四庫全書》第 116 冊，臺灣商務印書館 1986 年初版，第 534 頁。

〔註354〕王筠《說文解字句讀》，中華書局 1988 年版，第 7 頁。

〔註355〕方以智《通雅》卷 8，收入《方以智全書》第 1 冊，上海古籍出版社 1988 年版，第 338 頁。「膚妥」疑當作「妥筠」。

〔註356〕參見錢繹《方言箋疏》，上海古籍出版社 1984 年版，第 688 頁。

學記》卷 19、《御覽》卷 381 引何承天《纂文》：「孚瑜，美色也。」《玉臺新詠》卷 1《古樂府詩‧隴西行》：「好婦出迎客，顏色正敷愉。」《大唐大慈恩寺三藏法師傳》卷 10：「色貌敷愉。」宋本作「忩愉」。《漢書‧東方朔傳》：「故卑身賤體，說色微辭，愉愉呴呴，終無益於主上之治。」顏師古注：「說，讀曰悅。愉愉，顏色和也。呴呴，言語順也。」字亦作「孚愉」，南朝‧宋‧鮑照《擬青青陵上柏》：「孚愉鸞閣上，窈窕鳳櫺前。」字亦作「姁媮」，《文選‧舞賦》：「姣服極麗，姁媮致態。」李善注：「姁媮，和愉貌。」字亦作「嘔喻」、「呴俞」，《廣雅》：「嘔嘔、喻喻，喜也。」又「愉愉，和也。」《集韻》：「喻，嘔喻，和悅皃。」《文選‧聖主得賢臣頌》：「是以嘔喻受之。」李善注引應劭曰：「嘔喻，和悅貌。」王念孫曰：「嘔喻、呴喻、忩愉，皆語之轉耳。」〔註357〕《莊子‧駢拇》：「屈折禮樂，呴俞仁義，以慰天下之心。」《釋文》：「呴，本又作傴。俞，音臾，李音喻，本又作呴，音翊。謂呴喻顏色為仁義之貌。」《集韻》：「俞，呴俞，色仁也。」字亦作「呴喻」，唐‧杜甫《太清宮賦》：「神器梟兀而小人呴喻。」字亦作「嘔喁」，《晉書‧夏侯湛傳》：「逐巧點妍，嘔喁辯佞。」字又作「嘔偷」、「嫗愉」，《大戴禮記‧文王官人》：「欲色嘔然以偷。」《逸周書‧官人》作「嫗然以愉」，《長短經‧釣情》引《鈐經》作「煴然以愉」。盧辯注：「偷，苟且也，言惟求悅人。」戴震曰：「嫗，各本訛作嘔，今從方本。」孫詒讓曰：「嚴校云：『《逸周書》偷作愉，愉即媮，通偷，當訓愉悅。』」〔註358〕《大戴》作「嘔偷」，即「嫗愉」，亦即「嘔喻」、「呴愉」、「呴俞」、「姁媮」、「呴喻」，皆和悅之義。「煴」乃「嫗」形譌。盧、戴二氏並未得。單言則作「娛」、「忩」，《玉篇》：「忩，悅也，僖（喜）也，樂也。」《廣韻》：「娛，娛悅。」《集韻》：「娛，美色。」又「忩，心附（忕）也。」〔註359〕《集韻》：「姁，女字。」女子取娛為名者，亦取義於美貌。字亦作「袝褕」，蔣斧印本《唐韻殘卷》：「袝，袝袝（褕），著衣也，出《字書》。」又「褕，袝褕。」《廣韻》：「袝，袝褕，著衣也。」《集韻》：「袝，袝褕，服稱也。」

〔註357〕 王念孫《廣雅疏證》，收入徐復主編《廣雅詁林》，江蘇古籍出版社 1992 年版，第 87 頁。
〔註358〕 三說並轉引自方向東《大戴禮記匯校集解》，中華書局 2008 年版，第 1051 頁。
〔註359〕「附」當據《五音集韻》作「忕」，《類篇》、《通志》卷 32 誤同。「心忕」即愉悅義。

字亦作「孚俞」，《文選・吳都賦》劉淵林注：「綃者，竹孚俞也。」孚
俞指鮫人所織綃，取其華盛爲義。單言則作「袡」，《集韻》：「袡，盛服。」
字亦作「薝蔛」、「菧蔛」、「薝藬」、「敷蔛」，《玉篇》：「菧，撫俱切，菧
蔛，花兒。」又「蔛，庾俱切，菧蔛。藬，同上，又音育。蔛，亦同上。」
《集韻》：「薝、菧，薝蔛，華兒，或省。」又「蔛，薝蔛，華兒，或作
藬，通作蔛。」「菧」當是「薝」的省譌，「藬」當是「蔛」形譌。《文
選・吳都賦》：「異荂薝藬。」李善注：「《爾雅》曰：『蔛，榮也。』郭
璞曰：『蔛猶敷蔛。』亦草之兒也。藬與蔛同，庾俱切。薝與敷同，無
俱切。」單言則作「荂」，《玉篇》：「荂，花盛也。」考《爾雅》：「蔛、
荂、蕾、華，榮。」郭璞注：「今俗呼草木華初生者爲荂。」「荂」即「蔛」
之音轉，猶「尹」之轉爲「愉」、「瑜」。玉謂之尹，草謂之荂（筍、筠），
其義一也。玉之光彩謂之孚尹、孚筠、浮筠、瑮筍，人之容色謂之忥愉、
敷愉、孚瑜、孚愉、嫗喻、呴愉、呴俞、姁媮、呴喻、嫗喁、嫗偷、嫗
愉，衣之華盛謂之紨褕、孚俞，花之華盛謂之薝蔛、菧蔛、薝藬、敷蔛，
皆狀其美好，其義亦一也。宋・衛湜《禮記集說》卷 160 引藍田呂氏曰：
「『孚尹』未詳。或曰：信發於忠，謂之孚也，信也。尹或訓爲誠，亦
信也。」又引山陰陸氏曰：「尹，正也。孚尹，猶言信正。」元・陳澔
《禮記集說》卷 10 引陸氏說，又引應氏曰：「尹當作允。孚、允皆信也。」
明・楊愼《丹鉛續錄》卷 2 駁陳澔說「不通文理」，而解爲：「蓋謂玉之
滑澤如女膚，緻密如筠膜也。」楊愼《古音駢字》卷上：「媭筠：孚尹。
謂玉采也，媭如女膚，筠如竹膚。」楊駁是，然楊說亦未得也。鄭珍曰：
「瑮者，浮之俗字，竹青皮滑澤有光，謂之『浮筍』。《聘義》取以喻玉
之采色，借作『孚尹』。」〔註 360〕鄭說亦拘於字形，未爲通達。孫志祖
曰：「孚尹，康成讀爲浮筠，此注云玉貌，未明。」則失考矣。程瑤田
謂「孚俞」、「敷蔛」、「薝蔛」、「忥愉」、「呴俞」、「嫗喻」皆「果臝」之
轉語〔註 361〕，余所不取。旁，溥也，徧也。王引之解曰：「謂玉之彩色
徧達於外也。」〔註 362〕

〔註 360〕鄭珍《説文新附考》卷 2，收入《續修四庫全書》第 223 冊，上海古籍出版
　　　　社 2002 年版，第 287 頁。
〔註 361〕程瑤田《果臝轉語記》，收入《續修四庫全書》第 191 冊，上海古籍出版社
　　　　2002 年版，第 517～526 頁。
〔註 362〕王引之《經義述聞》卷 2，江蘇古籍出版社 1985 年版，第 55 頁。

（5）溫柔敦厚

按：《禮記・經解》同，《白虎通義・五經》引《禮記》「敦」作「寬」。

（6）聖人力此二者，以躬己南面

按：躬，姜本作「恭」，《治要》卷 10 引同。躬、恭，並讀爲拱。《詩・巧
言》：「匪其止共。」《釋文》：「共，音恭，本又作恭。」《禮記・緇衣》
引《詩》，《釋文》：「共，音恭，皇本作躬，云：『躬，恭也。』」《論語・
衛靈公》：「子曰：『夫何爲哉？恭己正南面而已。』」《漢書・王吉傳》：
「大王垂拱南面而已。」《漢書》正作本字。字亦省作「共」，《墨子・
公孟》：「君子共己以待。」孫詒讓曰：「《荀子・王霸篇》云：『則天子
共己而已。』楊注云：『共，讀爲恭，或讀爲拱，垂拱而已也。』案此
『共己』，當讀爲『拱己』，《非儒篇》云『高拱下視』是也。」〔註363〕
孫志祖曰：「《五帝德》亦云：『率堯舊德，躬己而已。』『躬己』蓋即
『恭己』之意。」

（7）是故天下太平，萬民順伏，百官承事，上下有禮也

按：萬民順伏，《治要》卷 10 引作「萬國順服」。「國」俗字作「囻」，「民」
疑脫誤。

（8）序親疏遠近

按：近，《治要》卷 10 引作「邇」。今本作「近」，疑後人據《禮記・仲尼燕
居》改作。

《屈節解》第三十七

此篇第二節與《史記・仲尼弟子傳》、《越絕書・內傳陳成恒》、《吳越春
秋・夫差內傳》、《長短經・懼誠》略同，下引省去各書篇名。

（1）然兵甲已加魯矣，不可更

按：甲，四庫本、何本、范本作「業」，《史記》、《長短經》同。今本蓋誤。
陳本、姜本誤作「甲兵」。《越絕書》、《吳越春秋》作「吾兵已在魯之

城下矣」。何孟春注：「業，猶但也，訓事者非。」業亦已也，何說亦誤。

（2）子貢曰：「緩師，吾請於吳，令救魯而伐齊。」

按：「請」下，當據四庫本、《句解》本、陳本、范本、慶長本、寬永本、宗智本補「救」字，《長短經》亦有「救」字。

（3）然吳常困越

按：常，《句解》本、陳本、慶長本作「嘗」。吳常困越，何本、姜本、《史記》、《吳越春秋》作「吾嘗與越戰」，《越絕書》作「我常與越戰」，《長短經》作「吾實困越」。「吳」當作「吾」，「常」讀爲「嘗」。

（4）子待我先越，然後乃可

按：先越，四庫本、何本、范本、姜本、寬永本作「伐越」，《史記》、《越絕書》、《吳越春秋》亦作「伐越」。《長短經》作「子待吾先伐越」。疑本作「先伐越」，各本各脫一字。下文「待我伐越」，亦脫「先」字。

（5）此則實害越而名從諸侯以伐齊

按：害，范本、姜本作「空」，《史記》、《越絕書》、《長短經》同。《史記》、《吳越春秋》下文云「空人之國，悉人之眾，又從其君」，即承此言，是「空」字是，今本誤。「害」俗字或作「𡧛」，敦煌寫卷 S.6631VJ《九相觀詩一本》：「傷哉痛哉，爲𡧛茲甚。」敦研257《賢愚經》卷4：「刀劍柔梢，刺𡧛其身。」〔註364〕是其例。「空」字誤加「口」，因而誤作「害」字。

（6）孤嘗不料力而興吳難，受困會稽

按：而興吳難，宗智本同，范本作「而與吳難」，姜本作「而與吳戰」，何本、《史記》作「乃與吳戰」，《越絕書》、《吳越春秋》作「與吳人戰」。疑今本「興」爲「與」誤，後人改「戰」作「難」以求通。《淮南子·道應篇》：「越王勾踐與吳戰而不勝，國破身亡，困於會稽。」《越絕書·外傳記地傳》：「會稽山上城者，句踐與吳戰，大敗，棲其中。」

〔註364〕二例轉錄自黃征《敦煌俗字典》，上海教育出版社2005年版，第146頁。

（7）日夜焦脣乾舌，徒欲與吳王接踵而死，孤之願也

按：接踵而死，《史記》同，《吳越春秋》作「繼踵連死」，《越絕書》作「繼蹟連死」。「蹟」爲「踵」形譌。接踵而死者，言戰死。

（8）申胥以諫死

按：《史記》作「子胥以諫死」，《索隱》引王劭曰：「《家語》、《越絕》並無此五字。是時子胥未死。」則今本乃後人據《史記》誤增。

（9）王誠能發卒佐之，以邀射其志

王肅注：邀，激其志。

按：下句，何本、《史記》作「以徼其志」，《長短經》作「以激其志」。《集解》引王肅曰：「激射其志。」今本注「激」下「射」字誤入正文。王叔岷謂「邀」同「徼」，讀爲激〔註365〕。注文爲雙行小字，「射」恰在「激」下，而誤作大字，因竄入正文。

（10）此聖人所謂屈節求其達者也

按：達，陳本誤作「道」，何本作「伸」。《長短經》誤作「此聖人之所謂屈節以期遠者也」。

（11）臣還，北請見晉君共攻之

按：《長短經》同，何本、姜本作「請北見晉君，令共攻之」，《史記》、《越絕書》同。今本「請」誤倒在「北」下，又脫「令」字。下文「子貢遂北見晉君」，正「北見」連文。《戰國策·楚策三》：「張子曰：『王無所用臣，臣請北見晉君。』」亦是其比。

（12）而王制其弊焉

按：下文「子貢遂北見晉君，令承其弊」。弊，四庫本、何本作「敝」，《史記》、《越絕書》同。《長短經》作「王乘其弊」。承讀爲乘。

（13）若能強晉以弊吳，使吳亡而越霸者，賜之說之也

按：弊，四庫本、何本作「敝」，慶長本作「蔽」。《長短經》作「若乃強

〔註365〕王叔岷《史記斠證》，中華書局 2007 年版，第 2119 頁。

晉以疲吳」。能、乃一聲之轉。何本、慶長本無「能」字。

（14）美言傷信

按：《老子》第 81 章：「信言不美，美言不信。」

（15）故請君之近史二人與之俱至官

按：史，《治要》卷 10、《先聖大訓》卷 5 引同，《類聚》卷 74、《御覽》卷 625、747、《記纂淵海》卷 35、60、《古今事文類聚》別集卷 12 引作「吏」。《呂氏春秋・具備》作「吏」。下文「二史」同。

（16）宓子使臣書而掣肘

按：掣肘，范本、寬永本、宗智本作「掣臣肘」，《類聚》卷 74、《御覽》卷 747 引作「掣搖臣肘」，《御覽》卷 625、《古今事文類聚》別集卷 12、《先聖大訓》卷 5 引作「掣臣肘」。《呂氏春秋・具備》亦作「掣搖臣肘」。宗智本上文「掣」字脫誤作「制」。

（17）寡人亂宓子之政而責其善者，非矣

按：非，當據四庫本、范本、寬永本、宗智本作「數」，《治要》卷 10、《類聚》卷 74、《御覽》卷 625、747、《記纂淵海》卷 35、《先聖大訓》卷 5、《山谷外集》卷 8 史容注引亦作「數」。《呂氏春秋・具備》作「必數有之矣」。

（18）躬敦厚

按：敦，《治要》卷 10 引同，《御覽》卷 625 引誤作「教」。

（19）單父之老請曰

按：之，《類聚》卷 85、《白帖》卷 77、《記纂淵海》卷 53、《古今事文類聚》後集卷 22、《古今事文類聚》別集卷 23、《古今合璧事類備要》後集卷 79、《古今合璧事類備要》別集卷 58、《全芳備祖》後集卷 21 引作「父」。「之」為重文符號之誤。《賈子・審微》亦作「父老請曰」，尤為確證。《御覽》卷 838 引作「老謂曰」，脫「父」字，「請」又誤作「謂」。《御覽》卷 468 引《賈子》亦誤作「謂」。

（20）請放民出，皆穜傅郭之麥

按：傅，范本作「附」，《記纂淵海》卷 53 二引皆同。《賈子・審微》作「請
令民人出，自艾附郭者歸」，《御覽》卷 468 引作「刈傅郭者歸」。傅，讀
爲附。艾，讀爲刈。

（21）俄而齊寇逮於麥

按：《賈子・審微》作「俄而麥畢資乎齊寇」，《御覽》卷 468 引同。方向東
曰：「盧文弨曰：『資，建、潭本作「還」。』按：吉府本同。當作『資』。
資，助。與上文『資寇』相應。」〔註366〕「還」當作「遝」，與「逮」
同義，及也，言食相接續於麥也。《類聚》卷 85、《御覽》卷 838 引本
書皆作「逮」。

（22）民寒耕熱耘，曾不得食

按：耘，范本作「耨」。熱，《賈子・審微》作「熟」。「熱」字是，與「寒」
對舉。《管子・臣乘馬》：「使農夫寒耕暑耘。」又《事語》：「農夫寒耕
暑芸。」《類聚》卷 5、《白帖》卷 4、《御覽》卷 34、822 引《管子》上
例「暑」作「熱」。《齊民要術・種穀》：「春鋤起地，夏爲除草。」注引
《管子》：「使農寒耕而熱芸。」又云：「芸爲除草。」《白帖》卷 80：「寒
耕熱耨。」

（23）宓子戚然曰

按：戚，《類聚》卷 85 引同，四庫本、范本、姜本、《先聖大訓》卷 5 作
「蹙」，《御覽》卷 838 引作「壓」，《賈子・審微》作「蹴」。戚、蹙
（蹴）一聲之轉，「壓」爲「蹙」形譌。

（24）今茲無麥，明年可樹

按：茲，《賈子・審微》作「年」。《御覽》卷 468 引《賈子》「無」作「失」。
「失」爲「无」形譌。

（25）且得單父一歲之麥，於魯不加強，喪之不加弱

按：《御覽》卷 838 引無「得」字，《記纂淵海》卷 53 二引亦無，《賈子・審

〔註366〕方向東《賈誼集匯校集解》，河海大學出版社 2000 年版，第 99 頁。

《微》亦無。「得」、「喪」對舉。

（26）其創必數世不息

按：《御覽》卷838引「創」作「瘡」，「息」作「悉」。「悉」字誤。

（27）季孫聞之，赧然而愧曰

按：赧然而愧，《御覽》卷838引作「㪅然媿」。「㪅」字誤。

（28）巫馬期陰免衣，衣弊裘

按：免衣，《御覽》卷833、《爾雅·釋蟲》邢昺疏引同。《淮南子·道應篇》作「綯衣短褐」。《玉篇》：「綯，亡運切，喪服，或作免。」弊，四庫本作「敝」。

（29）凡漁者為得，何以得魚即舍之

按：即，《御覽》卷833引作「却」，《爾雅·釋蟲》邢昺疏引作「卻」。「即」字誤。

（30）魚之大者名為鱄，吾大夫愛之；其小者名為鮞，吾大夫欲長之

王肅注：鱄，宜為鱣，《新序》作鱮，鮑魚之懷任之者也。鮞，戈證反。

按：四庫本「鱣」作「鱷」，「任」作「妊」。「鱷」同「鯨」。《爾雅·釋蟲》：「鮞，小魚。」郭璞注：「《家語》曰：『其小者鮞魚也。』今江東亦呼魚子未成者為鮞。」《釋文》：「鮞，郭音繩，顧音孕，本或作鯦，同。」「鮞」之言「腜」，古「孕」字，故為小魚之名。鱄，《御覽》卷833引作「鱒鱄」，《海錄碎事》卷22引作「鱣鱄」，邢昺疏引作「鱒鱄」。邢疏衍一「鱒」字。《御覽》注作：「鱄宜為鱣，《新序》作鱮。鮞者，魚之懷仁也。」注文「戈」當作「弋」，「鮑」當作「鮞」；「仁」為「任」脫誤，同「妊」。「魚之懷任者也」當釋「鮞」字。寬永本注正作：「鮞，魚之懷任之者也。弋，戈證反。」宗智本注文「鮞」雖誤作「鮑」，而「弋」字不誤。

（31）誠於此者刑乎彼

按：刑，范本作「形」，《記纂淵海》卷35、《先聖大訓》卷5引同。《顏氏

家訓・名實》引宓子賤云：「誠於此者形於彼。」《水經注・泗水》：「誠彼形此。」《呂氏春秋・具備》：「誠乎此者刑乎彼。」高誘注：「施至誠於近以化之，使刑行於遠。」《淮南子・道應篇》：「誠於此者刑於彼。」《治要》卷41引《淮南子》作「形」。「刑」讀如字，與上文「宓子之德至，使民闇行，若有嚴刑於旁」相應。

（32）夫子將助之以沐槨

按：沐，四庫本、范本作「木」；寬永本上方校語云：「毛本沐作木。」《御覽》卷513引作「木」，無「槨」字。《禮記・檀弓下》作「沐椁」，鄭玄注：「沐，治也。」《白氏六帖事類集》卷18引《禮記》作「木槨」〔註367〕。《先聖大訓》卷2注：「治之光澤如沐。」黃生曰：「椁材光潔如沐，此夫子以贈原壤者，歌意正與此二字相暎。注訓沐爲治，謂夫子助之治椁，恐於事理未安。」〔註368〕「沐」無治義，疑「治」爲「浴」形譌。然余疑「沐槨」爲「木槨」之借，言夫子以木槨助其葬也。《御覽》卷552引《古史考》：「禹作土塈以周棺，湯作木槨易土塈。」

（33）失其與矣

按：與，《御覽》卷513引誤作「舉」。

卷　九

《七十二弟子解》第三十八

此篇與《史記・仲尼弟子傳》略同，下引《史記》不出篇名者即此傳。

（1）宰予，字子我，魯人，有口才著名

按：「著名」上，四庫本、《句解》本、何本、姜本、陳本、范本、寬永本、慶長本、宗智本有「以言語」三字，《御覽》卷463引亦有。下文「端木賜……有口才著名」，四庫本、《句解》本、陳本、范本、寬永本、慶長本同，何本、姜本有「以言語」三字，敦煌寫卷P.3636《類書》亦有。

〔註367〕《白孔六帖》在卷61。
〔註368〕黃生《義府》卷上，收入《字詁義府合按》，中華書局1954年版，第124頁。

今本皆脫之。「以……著名」是本篇常用句式。

（2）孔子每詘其辯

按：此句《叢刊》本無，玆據四庫本。陳本、范本、寬永本、宗智本作「孔子每詘其辨」。詘，《史記》作「黜」，《御覽》卷 463 引《史記》作「絀」。「詘」正字，「絀」、「黜」皆借字，字亦作「屈」，折也。《史記・匈奴傳》：「其儒先以爲欲說，折其辯；其少年以爲欲刺，折其氣。」敦煌寫卷 P.3636《類書》作「秤其辯」，「秤」當錄作「秤」，爲「抨」字誤書。鄔可晶錄作「拜」，謂「敦煌本作『拜』，當是以義近而改」〔註 369〕，非是。

（3）為人性不弘

按：弘，《大戴禮記・衛將軍文子》盧辯注引作「宏」。

（4）以取與去就以諾為名

按：以諾，姜本作「然諾」，《繹史》卷 95 引同，是。《四庫全書考證》卷 48：「案下『以』字應作『然』。」〔註 370〕

（5）（宓不齊）仕為單父宰，有才智仁愛，百姓不忍欺

按：姜本、陳際泰、慶長本、寬永本、宗智本皆如此斷句，是也。《後漢書・卓茂傳》李賢注引作「密子賤爲單父宰，人不忍欺」，「人」乃唐人避諱所改。《史記・滑稽傳》：「子賤治單父，民不忍欺。」《治要》卷 12 引「民」作「人」。楊朝明本點作「有才智，仁愛百姓，不忍欺」，以爲「不忍欺百姓」，大誤。

（6）南宮縚，魯人，字子容，以智自將

按：縚，《句解》本、陳本、范本、姜本、慶長本、寬永本、宗智本作「韜」，《記纂淵海》卷 49 引同。《漢書・兒寬傳》：「寬爲人溫良，有廉知，自將。」顏師古注：「將，衛也，以智自衛護也。」《史記・倪寬傳》

〔註 369〕鄔可晶《〈孔子家語〉成書時代和性質問題的再研究》，復旦大學 2011 年博士學位論文，第 186 頁。

〔註 370〕《四庫全書考證》卷 48，景印文淵閣《四庫全書》第 1499 冊，臺灣商務印書館 1986 年初版，第 4 頁。

「將」作「持」。

（7）公析哀，齊人，字季沉

按：陳本、范本作「公皙哀」，何本作「公皙克」，寬永本、宗智本作「公折
哀」。季沉，四庫本作「季沈」，《史記》作「季次」。《索隱》引《家語》
作「公皙克」。《史記・游俠傳》：「及若季次、原憲，閭巷人也。」《晏
子春秋・內篇問上》亦作「季次」。《子華子・虎會問》孔子弟子作「季
沈」，又云：「哀也鄙人。」（a）方以智、朱彝尊但存「季次」、「季沈」
異文，而未作按斷〔註371〕。孫志祖曰：「季次，毛本作『季沉』，誤。」
王引之引王南陔曰：「哀當爲衰……（衰）皆謂等差也。有等差，即有
次弟。故古人名衰字季次矣。《淮南・氾論篇》：『季襄、陳仲子立節抗
行。』高注：『季襄，魯人，孔子弟子。』季襄即季次，襄與次名字不
相應，襄亦衰之誤。」王引之又云：「《家語》作『公皙克』，克亦衰之
誤。衰誤爲哀，哀又誤爲克。」〔註372〕梁玉繩曰：「《索隱》引《家語》
作『公皙剋』，一本作克。而今《家語》作『公析哀』。蓋公皙，氏也。
古皙、哲通寫，而析與皙通……剋即克字，疑哀之誤文。《家語》『季次』
作『季沉』，以《游俠傳》徵之，則『季沉』誤已。《家語》云齊人，年
無考。」〔註373〕鄭環曰：「『哀』當從《索隱》作『克』，『次』當從王
本作『沈』，蓋取沈潛剛克之義。」張澍曰：「《淮南子》作『季襄』，《家
語》『哀』作『克』，皆誤。古人名字不嫌不祥，或其在喪次所生，故名
字生焉。」金鶚曰：「哀必有次，故名哀字次。」〔註374〕王叔岷曰：「《索
隱》單本、景祐本皙並作皙，黃善夫本正文、《索隱》亦並作皙。何注
本《家語》作『公皙克』，蓋依《索隱》改，不知『克』乃誤字也。季
次，《游俠列傳》、《漢書・人表》並同，《家語》作『季沈』，『沈』俗書
作『沉』，與『次』形近而誤耳。」〔註375〕（b）諸家謂「沉」是「沈」

〔註371〕方以智《通雅》卷 20，收入《方以智全書》第 1 冊，上海古籍出版社 1988
年版，第 688 頁。朱彝尊《經義考》卷 281，收入景印文淵閣《四庫全書》
第 680 冊，臺灣商務印書館 1986 年初版，第 605 頁。

〔註372〕王引之《春秋名字解詁》卷上，收入《經義述聞》卷 22，江蘇古籍出版社 1985
年版，第 545 頁。

〔註373〕梁玉繩《史記志疑》，中華書局 1981 年版，第 1221 頁。

〔註374〕上三說並轉引自周法高《周秦名字解詁彙釋補編》，中華叢書編審委員會 1964
年印行，第 53 頁。

〔註375〕王叔岷《史記斠證》，中華書局 2007 年版，第 2131 頁。

俗字，「沈」爲「次」形譌，皆是也；而謂「哀」、「克」、「襄」爲「衰」形譌，則非是，各書無作「衰」字者。「克」、「襄」當爲「哀」形譌〔註376〕。哀，讀爲依。《淮南子・說林篇》：「鳥飛反鄉，兔走歸窟，狐死首丘，寒將翔水，各哀其所生。」《文子・上德》「哀」作「依」。《老子》第31章：「殺人眾，多以悲哀泣之。」馬王堆帛書甲本「哀」作「依」，郭店本作「㤴」。又第69章：「故抗兵相加，哀者勝矣。」馬王堆帛書甲本亦作「哀」，乙本作「依」。《文子・上德》：「聖人偎陽，天下和同；偎陰，天下溺沉。」徐靈府注：「偎，音依。」舊註：「偎陽者，親忠賢，故和同。偎陰者，親姦佞，故沈溺。」《龍龕手鑑》：「㤴，哀也。」《漢書・天文志》：「聚十五星曰哀烏郎位。」《晉書》、《隋書》「哀」作「依」。楊慎曰：「按：依亦音哀，白樂天詩：『坐依桃葉妓。』自注：『依音哀。』曹子建詩：『君懷良不開，賤妾當何依。』可證。」〔註377〕方以智曰：「哀烏即依烏……哀字作衣音，如僾俙讀爲依稀。」〔註378〕白居易《歲除對酒》：「醉依香枕臥，慵傍煖爐眠。」自注：「依，烏皆切。」皆依、哀相通之證。俗字作挨、**㨈**、捱，敦煌寫卷 P.3906《碎金》：「相**㨈**倚：烏皆反。又挨。」名依字次，義正相應。（c）高誘謂「季襄（哀）」爲魯人，考《潛夫論・志氏姓》：「魯之公族，有……公析氏。」高說是也。本書謂爲齊人，蓋誤也。《潛夫論・遏利》：「伯夷、叔齊餓於首陽，白駒、介推遯逃於山谷，顏、原、公析困饉於郊野。」亦作「析」字，與本書同。《廣韻》「公」字條：「孔子門人公休哀，又有公祈哀。」「祈」爲「析」形譌〔註379〕。

（8）是故未嘗屈節人臣，孔子特歎貴之

按：貴，陳本、范本、姜本作「賞」。《史記》《索隱》引作「未嘗屈節爲人臣，故〔孔〕子特賞歎之」。王叔岷曰：「『貴』蓋『賞』之誤。」

〔註376〕王念孫曰：「孔子弟子無季襄，襄當爲哀字之誤也。《史記・仲尼弟子傳》：『公晢哀，字季次。』（《索隱》引《家語》作『公晢克』克亦哀之誤）。」王念孫《淮南子雜志》，收入《讀書雜志》卷14，中國書店1985年版，第37頁。

〔註377〕楊慎《升庵集》卷74，收入景印文淵閣《四庫全書》第1270冊，臺灣商務印書館1986年初版，第737頁。

〔註378〕方以智《通雅》卷11，收入《方以智全書》第1冊，上海古籍出版社1988年版，第434頁。

〔註379〕參見虞萬里《孫詒讓〈廣韻姓氏刊誤〉推闡（卷上）》，收入《榆枋齋學林（下）》，華東師範大學出版社2012年版，第917頁。

〔註380〕《黃氏日抄》卷 32《讀孔氏書》：「公析哀，不仕大夫家，孔
子歎賞之。」即本此文，是黃氏所見，正作「賞」字。《繹史》卷 95
引亦作「歎賞」。今本「人臣」上脫「爲」字，何本正有此字。

（9）孔子始教學於闕里而受學

按：闕里，四庫本、范本誤作「閭里」。《史記》《索隱》引作「孔子始教於
闕里而受學焉」。今本上「學」字衍文，陳本、姜本正無此字。

（10）吾斯之未能信

王肅注：言未能明信此《書》意。

按：《史記》《索隱》引注作「未得用斯《書》之意，故曰未能信也。」

（11）孔子周行，常以家車五乘從

按：周行，《史記》《索隱》引作「周遊」。

（12）秦商，魯人，字不慈

按：不慈，范本作「丕兹」，《史記》作「子丕」，《索隱》引《家語》作「丕
慈」，《正義》引作「丕兹」。《左傳・襄公十年》：「孟獻子以秦堇父爲右，
生秦丕兹，事仲尼。」《釋文》：「秦丕兹，一本作秦不兹。」以爲秦人。
子、兹、慈並通，不、丕亦通。《史記》當乙作「丕子」。

（13）其父堇父，與孔子父叔梁紇俱力聞

按：「俱」下，四庫本、陳本、范本、姜本有「以」字，《史記》《索隱》引
亦有，今本脫之。

（14）而令宦者雍梁參乘

按：梁，四庫本、陳本、范本、寬永本作「渠」，《史記》同。考《韓子・
難四》：「遂去雍鉏，退彌子瑕，而用司空狗。」「雍鉏」即「雍渠」，「梁」
乃形譌字。《漢書・古今人表》亦作「雍渠」。

（15）少成則若性也，習慣若自然也

按：「性」上當補「天」字。《大戴禮記・保傅》：「少成若天性，習貫之爲

〔註380〕王叔岷《史記斠證》，中華書局 2007 年版，第 2131 頁。

常。」戴震校：「案他本脫去天字，今從劉本。」《賈子・保傅》引孔子曰：「少成若天性，習貫如自然。」

（16）奚蒧，字子偕

按：四庫本、孫志祖本作「奚箴，字子楷」，慶長本作「奚箴，字子偕」，何本作「奚箴，字子晳」，《史記》作「奚容箴，字子晳」。《索隱》：「《家語》同也。」「偕」、「楷」、「晳」皆「晳」形誤。晳，人色白也。「蒧」同「點」，點、箴，並讀爲黯。《說文》：「黯，雖晳而黑也。古人名黯，字晳。」其名、字取相反爲義。曾點字子晳，亦然。上文「伯虔，字楷」，四庫本、寬永本、宗智本作「揩」，亦皆「晳」形誤。《史記》作「伯虔字子析」，《索隱》：「伯虔，字子折。《家語》作『伯處，字子晳』，皆轉寫字誤，未知適從。」《正義》：「《家語》云『子晳』。」「晳」、「折」當作「晳」，讀爲晳。「處」乃「虔」形誤，讀爲黔〔註381〕。孫志祖曰：「『奚容』複姓，今本《家語》脫『容』字，又誤『蒧』爲『箴』，誤『晳』爲『楷』。」其說「箴」字誤，非也，餘說皆是。

（17）廉潔，字子曹

按：何本作「廉絜，字子庸」，《史記》作「廉絜，字庸」，《索隱》：「《家語》同也。」范家相曰：「今作『子曹』，蓋誤。」

（18）宰父黑，字子黑

按：何本作「罕父黑，字子黑」，當據四庫本作「罕父黑，字子索」，《史記》作「罕父黑，字子索」，《集解》、《索隱》引《家語》並作「罕父黑，字索」。范家相曰：「宰當作罕。」《元和姓纂》卷6：「宰父：仲尼弟子有宰父黑。」《廣韻》「父」字條云：「孔子弟子有宰父黑。」則唐代已誤。黑，讀爲纆，《說文》：「纆，索也。」故名黑字子索也〔註382〕。

（19）公西減，字子尚

按：減，陳本、何本、范本作「蒧」。《史記》作「公西蒧，字子上」，《索

〔註381〕參見王引之《春秋名字解詁》卷上，收入《經義述聞》卷22，江蘇古籍出版社1985年版，第539頁。
〔註382〕參見王引之《春秋名字解詁》卷上，收入《經義述聞》卷22，江蘇古籍出版社1985年版，第545頁。

隱》：「公西箴，字子上。」孫志祖曰：「箴乃葳字譌，『上』、『尚』通。」
《四庫全書考證》卷 48：「刊本葳訛箴，據《史記》改。」〔註383〕

《本姓解》第三十九

何本篇名誤作「《本始解》」。

**（1）周公相成王，東征之，二年，罪人斯得，乃命微子於殷後，作
《微子之命》由之，與國于宋**

按：於，范本作「代」。由，姜本、范本作「申」。《書·微子之命》序：「成
王既黜殷命，殺武庚，命微子啓代殷後，作《微子之命》。」《史記·
宋微子世家》：「乃命微子開代殷後，奉其先祀，作《微子之命》以申
之，國于宋。」又《周本紀》：「周公……以微子開代殷後，國于宋。」
此文「由」當作「申」，其上脫「以」字。於，猶爲也。「與國于宋」
四字爲句。《周本紀》：「康王即位，徧告諸侯，宣告以文、武之業以申
之，作《康誥》。」亦「作《微子之命》以申之」之比。

**（2）唯微子先往仕周，故封之賢。其弟曰仲思，名衍，或名泄，嗣
微之後，故號微仲**

按：孫詒讓曰：「『賢』字疑衍。」故封之賢，《史記·宋微子世家》作「故
能仁賢」，疑此誤也。微之，當據四庫本、范本作「微子」。楊朝明引《小
爾雅》「賢，多也」爲解，非是。

（3）金父生睪夷

按：睪夷，何本作「皋夷父」，《左傳·昭公七年》孔疏、《儀禮經傳通解》
卷 11 引亦作「皋夷父」，《詩·那》孔疏、《左傳·桓公元年》孔疏引
《世本》並作「祁父」，《潛夫論·志氏姓》亦作「祁父」。「夷」、「祁」
古通，《韓子·十過》：「晉平公觴之於施夷之臺。」《論衡·紀妖》同。
《說苑·辨物》：「置酒虒祁之臺（臺）。」「施夷」即「虒祁」也〔註384〕。

〔註383〕《四庫全書考證》卷 48，景印文淵閣《四庫全書》第 1499 冊，臺灣商務印
書館 1986 年初版，第 4 頁。
〔註384〕參見陳奇猷《韓非子新校注》，上海古籍出版社 2000 年版，第 208 頁；又參
見黃暉《論衡校釋》、劉盼遂《論衡集解》說同，中華書局 1990 年版，第 909

《史記・樂書》作「施惠之臺」，《正義》：「一本『慶祁之堂』。《左傳》云『虒祁之宮』。」「惠」、「慶」皆誤。江永曰：「『翠夷』當作『皋夷』……蓋祁父即皋夷之字也。」〔註385〕江氏謂「當作『皋夷』」是也，古人多以「皋夷」爲名，或作「皋繹」；而謂「祁父」爲字，則誤，「祁父」即「夷父」，乃「皋夷父」之省稱。朱駿聲曰：「祁者亦翠夷之合音也。」〔註386〕亦非是。

（4）（防叔）避華氏之禍而奔魯

按：避華氏之禍，《史記・孔子世家》《索隱》引作「畏華氏之逼」，《左傳・昭公七年》孔疏、《儀禮經傳通解》卷11引作「辟華氏之偪」。「禍」疑「偪」之譌。《詩・那》孔疏引《世本》：「爲華氏所偪，奔魯。」《潛夫論・志氏姓》：「防叔爲華氏所逼，出奔魯。」

（5）曰：「雖有九女，是無子。」

按：何本「九女」下有「而無適」三字。《御覽》卷541引「曰」字上有「叔梁紇娶於魯施氏，生女九人，無男，叔梁紇」十七字，孫志祖、王叔岷皆謂今本脫之〔註387〕。

（6）其人身長十尺，武力絕倫，吾甚貪之

按：十尺，何本作「九尺」，《禮記・檀弓上》孔疏、宋・衛湜《禮記集說》卷15引作「七尺」，《御覽》卷541引作「九尺」。疑「九」脫誤爲「十」，又形誤爲「七」。何孟春注：「貪，愛也。」唯范本「貪」作「賢」，蓋形譌。

（7）至十九，娶于宋之并官氏

按：至，何本、范本作「年」，《史記・孔子世家》《索隱》、《左傳・桓公六年》孔疏、《通典》卷59、《資治通鑑前編》卷16引作「年」，《孔

頁。
〔註385〕江永《鄉黨圖考》卷2，收入景印文淵閣《四庫全書》第210冊，臺灣商務印書館1986年初版，第735頁。
〔註386〕朱駿聲《說文通訓定聲》，武漢市古籍書店1983年版，第607頁。
〔註387〕王叔岷《史記斠證》，中華書局2007年版，第1725頁。

子編年》卷 1、《嬾眞子》卷 4 同。「至」爲「年」形譌。并,《索隱》、《左傳・桓公六年》孔疏、《御覽》936、《姓氏急就篇》卷下引同,《通志》卷 28 引白褒《魯先賢傳》亦同,《句解》本、陳本、寬永本、宗智本作「开」,姜本、范本作「开」,四庫本作「上」,慶長本作「井」,日本山井鼎《七經孟子考文補遺》卷 58 引作「上」,《索隱》單行本引作「笄」,《通典》卷 59 引作「开」,《甕牖閒評》卷 1、《書儀》卷 3、《資治通鑑前編》卷 16 引作「亓」,《廣韻》「官」字條引《魯先賢傳》、《東家雜記》卷上、《嬾眞子》卷 4 作「亓」,《孔子編年》卷 1 作「开」。宋・鄧名世《古今姓氏書辯證》卷 16:「幵,一作弁,《先賢傳》云:『孔子娶幵官氏,生伯魚。』案:幵一作亓,音堅。或作笄,或作上,未有可證,不能定從何字。」顧藹吉《隸辨》卷 2:「《韓勑碑》:『幵官聖妃。』按《家語》與此碑同,或作开官,誤。」

（8）榮君之貺

按:貺,《史記・孔子世家》《索隱》、《左傳・桓公六年》孔疏引作「賜」。《爾雅》:「貺,賜也。」

（9）子與悅,曰:「吾鄙人也,聞子之名,不覩子之形久矣,而求知之寶貴也。」

按:求知之,四庫本、范本作「未知」,寬永本、宗智本作「未知之」,《孔子編年》卷 5 作「未之知」。「求知之」當訂作「未之知」,宋人所見本不誤。楊朝明解作「求得的知識是很寶貴的」,大誤。

《終記解》第四十

（1）余逮將死

按:逮,四庫本、何本、姜本、范本作「殆」,《禮記・檀弓上》亦作「殆」。逮即讀爲殆。《句解》本、慶長本注:「我次弟死。」非也。

（2）晗以疏米三貝

王肅注:疏,粳米。《禮記》曰:「稻曰嘉疏。」

按:疏,何本作「蔬」。三貝,四庫本、何本、范本誤作「三具」,《書鈔》卷 92 引作「二貝」。《禮記・檀弓下》:「飯用米貝,弗忍虛也。」《釋

名》：「含，以珠（米）貝含其口中也。」《書鈔》卷 92、《御覽》卷
549 引作「唅，以米貝含其口中也」。考《公羊傳・文公五年》何休注：
「天子以珠，諸侯以玉，大夫以璧，士以貝，春秋之制也。」「珠」、
「貝」一類，「珠」為天子所用，不合。「珠」當為「米」字之誤。「米」
誤作「朱」，因又改作「珠」字。

《正論解》第四十一

（1）季康子使冉求率左師禦之

按：禦，《御覽》卷 308 引誤作「衛」。

（2）樊遲為右

按：此句下，《御覽》卷 308 引有「季氏曰：『須也弱。（須，遲名。弱，幼
也。）』有子曰：『能用命矣。』及齊師戰於郊，未踰溝。樊遲曰」三十
一字，孫志祖謂今本有脫文。《左傳・哀公十一年》：「季孫曰：『須也弱。』
有子曰：『就用命焉。』……師及齊師戰於郊，齊師自稷曲，師不踰溝。
樊遲曰……。」范本、姜本存「師不踰溝，樊遲曰」七字。

（3）請三刻而踰之

王肅注：與眾要信，三刻而踰蒲也。

按：刻，《左傳・哀公十一年》同，《御覽》卷 308 引誤作「交」，注同。注
文「蒲」，四庫本作「溝」，《御覽》引同，是也。

（4）季孫曰：「從事孔子，惡乎學？」

按：惡乎，《御覽》卷 308 引誤作「茲于」。

（5）夫孔子者大聖，無不該，文武並用兼通

按：《文選・運命論》李善注引作「孔子者大聖兼該，文武並通」，《御覽》
卷 308 引作「孔子者大聖兼該，文武並用也」。唐・杜牧《注孫子序》：
「大聖兼該，文武並用。」即本此文。《家語》原文當作「夫孔子者大
聖兼該，文武並用」，今本「兼」形譌作「無」，因加「不」字以求通，
「兼通」當作「並通」，乃旁注異文竄入正文，「通」乃「用」字之譌。
《先聖大訓》卷 6 同今本，是其誤始自宋代也。

（6）夫子之在此，猶燕子巢于幕也。懼猶未也，又何樂焉

按：燕子，范本、姜本作「燕之」。《左傳・襄公二十九年》作「懼猶不足，而又何樂？夫子之在此也，猶燕之巢于幕上」，《史記・吳太伯世家》「樂」誤作「畔」，餘同。「燕子」當作「燕之」，「未」下脫「足」字。《御覽》卷 458、《先聖大訓》卷 6 引作「燕之」不誤，亦脫「足」字。

（7）孔子聞之曰：「季子能以義正人，文子能克己服義，可謂善改矣。」

按：《御覽》卷 458 引「服」作「復」，「善改」上有「善譏」二字。孫志祖謂今本脫「善譏」，是也。復，反也。

（8）知其罪，校首於我

按：校，當據四庫本、宗智本作「授」。姜本作「陳知其罪，授首於我」。范本、《左傳・襄公二十五年》作「陳知其罪，授手於我」。授首，猶言被殺，此指降服。「手」乃借字。《四庫全書考證》卷 48：「刊本脫陳字。」〔註388〕孫志祖曰：「首，《左傳》作『手』，猶言假手也。首、手古通。」孫解非也。

（9）昔周穆王欲肆其心，將過行天下，使皆有車轍並馬迹焉

王肅注：肆，極。

按：四庫本、范本無「並」字，是也。寬永本上方校云：「『並』字衍。」過，范本、姜本作「遍」，是也。《先聖大訓》卷 6 正作「遍」，無「並」字。《左傳・昭公十二年》作「昔穆王欲肆其心，周行天下，將皆必有車轍馬迹焉」。「遍行天下」即「周行天下」也。

（10）王是以獲殆於文宮

按：殆，當據四庫本、姜本作「歿」，范本、寬永本、宗智本作「沒」，同。文，寬永本、宗智本作「祇」，《左傳・昭公十二年》亦作「祇」。《先聖大訓》卷 6 作「祇」，注：「《春秋傳》祇作祇。」孫志祖曰：「文，盧校改『支』，《左傳》作『祇』。」「祇」亦誤。《竹書紀年》卷下：「穆王元年，冬十月，築祇宮于南鄭。」又「十八年春正月，王居祇宮，

〔註388〕《四庫全書考證》卷 48，景印文淵閣《四庫全書》第 1499 冊，臺灣商務印書館 1986 年初版，第 4 頁。

－505－

諸侯來朝。」又「五十五年，王陟于祗宮。」

（11）子革之非左史，所以風也，稱《詩》以諫，順哉

按：順，讀爲愼。楊朝明注：「順，道，理。」非也。

（12）豎牛禍叔孫氏，使亂大從

　　王肅注：從，順。

按：《左傳・昭公五年》同，杜預注：「使從於亂。」《釋文》：「從，如字。
　　服云：『使亂大和順之道也。』」孔疏引服虔說同。王肅注即用服義。杜
　　氏讀「從」爲「縱」也。陸粲曰：「服虔是也。大順者，適庶之常分。」
　　朱鶴齡曰：「按《哀三年傳》：『鄭勝亂從。』杜亦作此解。服虔云云。
　　從，順也，謂適庶之順。此說得之。」惠棟曰：「案：從，順也。服注
　　是。」〔註389〕方苞曰：「從，順也。立適，順也。殺適立庶，是亂大順
　　也。」〔註390〕服說是也，王引之亦取其說〔註391〕。宋・劉敞《劉氏春
　　秋意林》卷下改「從」作「倫」，得其誼矣。顧炎武《左傳杜解補正》
　　卷下引傅氏曰：「大從，猶云亂大作。」亦非也。

（13）雍子納其女於叔魚

按：納，《國語・晉語九》、《左傳・昭公十四年》同，《列女傳》卷3作
　　「入」。納，讀爲內。《說文》「內」、「入」二字互訓。

（14）叔魚弊獄邢侯

　　王肅注：弊，斷。斷罪歸邢侯。

按：范本誤作「弊其邢獄」。寬永本上方校云：「獄，當作『罪』。」《左傳・
　　昭公十四年》作「叔魚蔽，罪邢侯」，《國語・晉語九》作「及蔽獄之
　　日，叔魚抑邢侯」，韋昭注：「蔽，決也。抑，枉也。」此文「邢侯」
　　上脫「罪」字，當點作「叔魚弊獄，〔罪〕邢侯」。弊、蔽，並讀爲擊、

〔註389〕陸粲《左傳附注》卷3，朱鶴齡《讀左日鈔》卷9，惠棟《春秋左傳補註》卷
　　　　5，分別收入《四庫全書》第167、175、181冊，臺灣商務印書館1986年初
　　　　版，第712、157、196頁。
〔註390〕方苞《讀書筆記・左傳》，收入《方望溪先生全集集外文補遺》卷2，《四部
　　　　叢刊》本。
〔註391〕王引之《經義述聞》卷19，江蘇古籍出版社1985年版，第452頁。

撤，《說文》：「擎，別也。」

（15）施生戮死

王肅注：施，宜爲「與」，與猶行，行生者之罪也。

按：《左傳・昭公十四年》同，杜預注：「施，行罪也。」孔疏引王肅註作：「弛，宜爲施。施，行也。」《釋文》：「服云：『施罪於邢侯也。』孔晁注《國語》云：『廢也。』」《國語・晉語九》、《列女傳》卷 3 作「請殺其生者而戮其死者」。《晉語八》：「從欒氏者爲大戮施。」韋注：「施，陳也，陳其屍。」諸家解「施」皆誤。施即殺義，字或作肔、肔，《莊子・胠篋篇》：「萇弘肔。」《釋文》：「肔，本又作肔，徐勑纸反，郭詩氏反，崔云：『讀若拖。或作施字。』肔，裂也。《淮南子》曰：『萇弘鈹裂而死。』司馬云：『肔，剔也。』一云刳腸曰肔。」《玉篇》：「肔，引腸也。」

（16）雍子自知其罪，而略以置直

按：置，姜本、寬永本、宗智本作「買」，《左傳・昭公十四年》作「買」，《國語・晉語九》、《列女傳》卷 3 作「求」，《御覽》卷 640 引《左傳》作「賈」。賈亦買也，此文「置」乃「買」字形譌。

（17）貪以敗官為默

王肅注：默，猶冒，苟貪不畏罪。

按：默，范本、《左傳・昭公十四年》作「墨」。杜預注：「墨，不潔之稱。」默讀爲墨，不潔之稱，故爲貪義。另詳《在厄篇》「埃墨」條校補。字亦作冒，下文：「不度於禮，而貪冒無厭，則雖賦田，將有不足。」字亦作昧，《左傳・襄公二十八年》：「不脩其政德，而貪昧於諸侯，以逞其願。」《淮南子・兵略篇》：「貪昧饕餮之人，殘賊天下，萬人搔動。」《風俗通義・愆禮》：「孔子疾時貪昧，退思狂狷。」《御覽》卷 492 引《晉中興書》引《諡法》：「因事有功曰襄，貪以敗官曰墨。」王肅謂「默猶冒」，楊樹達謂昧讀爲沒，貪沒猶言貪溺〔註 392〕，皆未得。

〔註 392〕楊樹達《淮南子證聞》，上海古籍出版社 1985 年版，第 150 頁。

（18）三數叔魚之罪，不為末，或曰義，可謂直矣

　　　王肅注：末，薄。或，《左傳》作「咸」也。

　按：范本作「不爲末減，曰義」，姜本作「不爲末減，咸曰義」。《左傳・
　　　昭公十四年》：「三數叔魚之惡，不爲末減，曰義也夫。」杜預注：「末，
　　　薄也。減，輕也。皆以正言之。」孫志祖曰：「今《左傳》作『減』。
　　　減、咸古字通。《正義》曰：『服虔讀減爲咸，下屬爲句。不爲末者，
　　　不爲末㩻（俗作抹煞），隱蔽之也。咸曰義，言人皆曰叔向是義。』
　　　王注蓋襲服說。」臧琳曰：「王肅《家語》句讀與服氏合。其所見《左
　　　傳》作『咸』不作『減』，亦與服本同。杜氏改『咸』爲『減』，而屬
　　　之上句，失之臆見也。『不爲末』，王、杜皆同，服云『不爲末㩻』，
　　　是讀末爲抹。《集韻》引《字林》云：『抹摋，滅也。』知古但作『末
　　　㩻』矣。」〔註393〕《正義》指出服說「妄也」，其說是，「或」乃「咸」
　　　之譌，讀爲減，屬上爲句。《先聖大訓》卷5作「不爲末減，由義也」，
　　　「由」爲「曰」之譌。

（19）叔向，古之遺直也……殺親益榮，由義也夫

　按：由，《左傳・昭公十四年》作「猶」。上文杜預注：「於義未安，直則有
　　　之。」孔子認爲叔向殺弟，不合於義，只能稱爲直，故此云「殺親益榮，
　　　由義也夫」。

（20）我聞忠言以損怨，不聞立威以防怨

　按：言，四庫本、范本作「善」，《左傳・襄公三十一年》作「善」，《新序・
　　　雜事四》作「信」。「善」形譌爲「言」，因又譌作「信」。《御覽》卷483
　　　引《左傳》作「忠恕以積怨」，尤誤。

（21）防怨猶防水也

　按：水，《左傳・襄公三十一年》、《新序・雜事四》作「川」，此爲形譌。
　　　上博簡《三德》：「毋壅川。」馬王堆帛書《三禁》：「毋服川。」《國
　　　語・周語下》：「不防川。」「防川」、「服川」、「壅川」義同。《國語・
　　　周語上》：「防民之口，甚於防川。」又「民之有口，猶土之有山川也。」

〔註393〕臧琳《經義雜記》卷6，收入《續修四庫全書》第172冊，上海古籍出版社
　　　　2002年版，第86頁。

《呂氏春秋・達鬱》同,《史記・周本紀》作「防水」,亦誤。

（22）孔子曰：「子產於是行也，是以為國基也。」

按：四庫本脫「基」字。是以，當據范本、寬永本作「足以」,《左傳・昭公十三年》亦作「足以」,形之譌也。

（23）子產，君子之於樂者

王肅注：能為國之本，則人樂藝也。

按：於，當據《左傳・昭公十三年》作「求」。

（24）合諸侯而藝貢事，禮也

王肅注：藝，分別貢獻之事也。

按：《左傳・昭公十三年》同。孔疏：「盟主會合諸侯，限藝貢賦之事，使貢賦有常，是為禮也。」林堯叟注：「藝極貢賦之事，使有定制。」《白孔六帖》卷 79 注：「藝，法也。」

（25）民是以能遵其道而守其業

按：《左傳・昭公二十九年》作「民是以能尊其貴，貴是以能守其業」。孫志祖指出下文「尊貴守業」即承此而言，不當改為「遵道」，是也。

（26）今棄此度也，而為刑鼎，銘在鼎矣，何以尊貴

王肅注：民將棄神而徵於書，不復戴奉上也。

按：銘，當據四庫本、范本、《左傳・昭公二十九年》作「民」。王注云云，亦作「民」字。

（27）楚昭王知大道矣

按：大，《左傳・昭公二十九年》、《史記・楚世家》同，《說苑・君道》作「天」。《左傳釋文》：「本或作『天道』，非。」《事類賦注》卷 2 引《左傳》亦誤作「天」字。知，《史記》作「通」。

（28）亦訪衛國之難也

按：訪，《左傳・哀公十一年》同，此與上文「文子就而訪焉」相應。姜本誤作「防」。楊朝明注：「訪，疑當作『防』。《左傳》洪亮吉詁：『《家

語》訪作防。』可證。」非也。洪氏所見爲誤本。

（29）孔子曰：「人之於冉求，信之矣，將大用之。」

按：《史記・孔子世家》：「孔子曰：『魯人召求，非小用之，將大用之也。』」
此文「人」上脫「魯」字。

（30）（孔子）曰：「以吾從大夫之後，吾不敢不告也。」

按：下「吾」字，四庫本、范本無，《論語・憲問》亦無，《左傳・哀公十四
年》作「故」。

（31）《書》云：「高宗三年不言，言乃雍。」

王肅注：雍，歡聲貌。《尚書》云：「言乃雍。」〔雍〕，和〔也〕。

按：《御覽》卷146引「三年」上有「諒闇」二字，引注作：「雍，懽（歡）
貌。《書》：『言乃雍。』雍，和也。」《書・無逸》作「乃或亮陰，三
年不言，言乃雍」，《史記・魯世家》作「乃有亮闇，三年不言，言乃
讙」。雍，《禮記・檀弓下》作「讙」，鄭玄注：「讙，喜說也。」《禮
記・坊記》：「高宗云三年其惟不言，言乃讙。」鄭玄注：「讙，當爲
歡，聲之誤也。」

（32）古者天子崩，則世子委政於冢宰

按：冢，《禮記・檀弓下》同，《御覽》卷146引誤作「家」。

（33）公父文伯之母紡績不解

按：《國語・魯語下》：「公父文伯退朝，朝其母，其母方績。」《列女傳》卷
1：「文伯退朝，朝敬姜，敬姜方績。」〔註394〕此文「紡」爲「方」字
之譌，脫「退朝」二字，因改「其」作「之」。

（34）社而賦事，烝而獻功，男女紡績，愆則有辟，聖王之制也

王肅注：績，功也。辟，法也。

按：紡，當據《國語・魯語下》、《列女傳》卷1作「效」，此涉上文而譌。
韋昭注：「績，功也。辟，罪也。」孫志祖曰：「注以績爲功，則效必

〔註394〕《列女傳》據影摹重刊南宋余氏本、四庫本，《四部叢刊》影印長沙葉氏觀古
堂所藏明刊本「方」字誤作「力」。

不作紡。《文選・文賦》注引作『效績』。辟，刑辟也，注訓法，非。」
《四庫全書考證》卷 48：「刊本效訛紡，據《國語》改。」〔註395〕
效亦獻也。愸，《國語》同，《列女傳》作「否」。楊朝明注：「績亦作
緝，多指緝麻。此處引申爲建功立業。」大誤。

（35）季氏之婦，可謂不過矣

按：過，范本、《國語・魯語下》、《列女傳》卷 1 作「淫」。淫亦過分、奢
侈之誼。不淫，謂知禮也。黃中松曰：「淫，《魯語》『季氏之婦不淫』，
作怠荒解。」〔註396〕非也。

（36）以受大刖

按：刖，當據四庫本、范本、寬永本、宗智本作「刑」，《先聖大訓》卷 6
同。

（37）季康子欲以一井田出法賦焉，使訪孔子。子曰：「丘弗識也。」 冉有三發……

按：「訪」上當據姜本、《左傳・哀公十一年》、《國語・魯語下》補「冉有」
二字。

（38）而底其遠近

王肅注：底，平。平其遠近，俱十一而中。

按：「底」同「砥」。《國語・魯語下》作「而砥其遠邇」，韋昭注：「砥，平
也。平遠近，遠近有差也。」砥（砥）、底，正、假字。

（39）於是鰥、寡、孤、疾、老者，軍旅之出則徵之，無則已

按：「軍旅」上當據范本、《國語・魯語下》補「有」字。

（40）不度於禮，而貪冒無厭，則雖賦田，將有不足

按：冒，讀爲墨，亦貪也。有，讀爲又，姜本、范本、《左傳・哀公十一年》

〔註395〕《四庫全書考證》卷 48，景印文淵閣《四庫全書》第 1499 冊，臺灣商務印
書館 1986 年初版，第 4 頁。
〔註396〕黃中松《詩疑辨證》卷 2，景印文淵閣《四庫全書》第 88 冊，臺灣商務印書
館 1986 年初版，第 301 頁。

正作「又」。

（41）且子孫若以行之而取法，則有周公之典在；若欲犯法，則苟行
之，又何訪焉

按：寬永本上方校云：「太宰本『子』下有『季』字。」子孫，《儀禮集傳
通解》卷 29 引作「子季孫」，《左傳·哀公十一年》、《國語·魯語下》
同，是也。四庫本、范本、姜本脫「子」字。

（42）子游問於孔子曰：「夫子之極言子產之惠也，可得聞乎？」

按：極，讀爲亟，數也。《書鈔》卷 39、《御覽》卷 477、625 引正作「亟」
〔註397〕。

（43）子產以所乘之輿濟冬涉者，是愛無教也

按：是，《御覽》二引作「盡」，乃「蓋」字形譌。「愛」下，四庫本、范本、
寬永本有「而」字，《御覽》卷 477、625 引亦有，是也。

（44）年者貴於天下久矣

按：寬永本上方校云：「太宰本『者』作『之』。」年者，姜本作「高年」，
范本作「年高者」，當據《治要》卷 10、《儀禮經傳通解》卷 19 引作「年
之」，《禮記·祭義》同。

（45）八十則不仕朝，君問則就之

按：仕，《治要》卷 10 引同，當據姜本、《禮記·祭義》作「俟」。《禮記·
王制》、《內則》並云：「七十不俟朝，八十月告存。」

（46）斑白者不以其任於道路

王肅注：任，負也。少者代之也。

按：「任」下，當據《治要》卷 10 引補「行」字，《禮記·祭義》亦有「行」
字。四庫本脫「道」字，《治要》卷 10 引亦脫。

（47）循於軍旅

按：循，《治要》卷 10 引作「修」，《禮記·祭義》作「脩」。「循」爲「脩」

〔註397〕《書鈔》據孔本，陳本同今本作「極」。

形譌。

（48）則眾感以義死之，而弗敢犯

按：感，《治要》卷 10 引作「同」，《禮記・祭義》無此字。感，讀爲咸，皆
也。同亦皆也。陳士珂、楊朝明皆於「以義」斷句，非也。

（49）夫損人自益，身之不祥

按：「自益」上，當據何本補「而」字，《治要》卷 10、《御覽》卷 180 引亦
有，與下文文例相同。《新序・雜事五》作「損人而益己」。

（50）季孫之宰謁曰：「君使求假於田，特與之乎？」

按：特，當據四庫本、姜本、寬永本作「將」，《先聖大訓》卷 3 亦作
「將」。孫志祖曰：「毛本『馬』作『田』，譌。」姜本作「馬」。《韓
詩外傳》卷 5、《新序・雜事五》並作「君使人假馬，其與之乎」，
其亦將也。

（51）季孫色然悟曰

按：色然，驚駭貌。馬王堆帛書《五行》：「同之聞也，獨不色然於君子道，
故胃（謂）之不聰。」《公羊傳・哀公六年》：「諸大夫見之，皆色然而
駭。」何休注：「色然，驚駭貌。」王引之曰：「色者，歡之借字也。《一
切經音義》卷 9：『歡，《埤蒼》云：「恐懼也。」《通俗文》：「小怖曰歡。」
《公羊傳》云「歡然而駭」是也。』《集韻》：『歡，恐懼也。』亦引《春
秋傳》『歡然而駭』。」〔註398〕字亦作憳，或省作嗇。《玄應音義》卷 9
又指出：「論文作憳，近字耳。」《佛說長者音悅經》卷 1：「王即驚覺，
歡然毛豎。」宮本作「憳然」，《經律異相》卷 36 引作「嗇然」。《釋迦
譜》卷 3：「於時須達聞佛僧名，嗇然毛豎。」《經律異相》卷 34 引《佛
說七女經》：「聞哭泣之聲，嗇然毛豎。」宋、元本作「歡然」。《賢愚經》
卷 10：「聞佛僧名，忽然毛豎。」元、明本作「懍然」。「懍」乃「憳」
形誤，「忽」乃「色」形誤。

〔註398〕王引之《經義述聞》卷 24，江蘇古籍出版社 1985 年版，第 588 頁。

卷 十

《曲禮子貢問》第四十二

（1）南宮敬叔以富得罪於定公，奔衛，衛侯請復之

按：《御覽》卷 472 引作「南宮敬叔富，得罪於定公，而奔衛，期年，衛侯請復之」。

（2）敬叔聞之，驟如孔氏，而後循禮施散焉

按：《御覽》卷 472 引脫誤作「而後備禮散焉」。「備」為「循」形訛。驟，陳本作「遂」。「遂」當是「遽」形誤。

（3）馳道不修

按：修，《御覽》卷 879 引誤作「備」。

（4）祈以幣玉

按：幣玉，《類聚》卷 100 引作「敝𤣥」。「敝」為「幣」省借。「玉」字或作「𤣥」、「𤣥」等字形，因又誤作「𤣥」。

（5）祭祀不懸

按：懸，《御覽》卷 879 引誤作「見」；《儀禮集傳通解》卷 31 引作「縣」，注：「縣，音懸。」

（6）此賢君自貶以救民之禮也

按：「此」下，四庫本、范本有「則」字，《類聚》卷 100、《御覽》卷 879、《儀禮集傳通解》卷 31、《孔子編年》卷 1 引亦有。

（7）是故夜居外，雖弔之，可也；晝居於內，雖問其疾，可也

按：「夜居」下，范本有「於」字，《儀禮集傳通解》卷 3、《孔子編年》卷 5 引亦有，當據補。《禮記·檀弓上》：「夫晝居於內，問其疾可也；夜居於外，弔之可也。」

（8）君子上不僭下，下不偪上

按：四庫本、慶長本、宗智本同，慶長本注：「居上位不僭下，在下位不陵上。」皆誤。《句解》本作「君子上不僭上，下不偪下」，《禮記·雜記

下》同。言對上不僭越於君，對下不偪迫于民也。《後漢書‧王暢傳》：「夫奢不僭上，儉不偪下。」《漢紀》卷 12 公孫弘曰：「臣聞管仲相齊，有三歸之奢，桓公以霸，上不僭於君；晏子相齊，食不重肉，妾不衣帛，齊因以治，下不比於民。」公孫弘以「比」代「偪」，「上不僭於君」、「下不比於民」云云，亦與《禮記》合。何本、范本、寬永本作「君子下不僭上，上不偪下」，何本注：「不使上難爲也，不欲下難爲也。」《記纂淵海》卷 51 引《禮記》作「下不僭上，上不偪下」。此亦通，言在下位不僭越于君，居上位不偪迫于民也。然疑後人所改。《元包經‧履》唐‧蘇源明傳：「下不僭，上不偪。」「下」、「上」互倒，唐‧李江注：「故曰上不僭，下不偪也。」是其證也。

（9）昔文仲知魯國之政

按：昔文仲，四庫本、范本作「臧文仲」，各脫一字，當作「昔臧文仲」，《先聖大訓》卷 2 不脫。

（10）夫竈者，老婦之所祭

按：竈，《禮記‧禮器》作「奧」。鄭玄注：「奧，當爲爨，字之誤也，或作竈。」《儀禮‧特牲饋食禮》鄭玄注引《禮記》作「爨」；《風俗通義‧祀典》、《史記‧孝武本紀》《索隱》、《類聚》卷 80、《白帖》卷 11、《御覽》卷 186、《古今事文類聚》續集卷 10 引《禮記》作「竈」，《御覽》卷 529 引《五經異義》、《說郛》卷 69 引《荊楚歲時記》皆引《禮記》作「竈」，與本書合。鄭說得其字，《玉篇》：「爨，竈也。」《禮記》別本及本書作「竈」者，以同義字易之也。《黃氏日抄》卷 18《讀禮記》：「奧，古音爨。」范家相曰：「『竈』當作『爨』。」楊朝明曰：「『奧』當爲『竈』之誤。」皆失之。

（11）盛於甕，尊於瓶

按：甕，寬永本、宗智本作「瓮」，《禮記‧禮器》作「盆」，《御覽》卷 524 引《禮記》作「瓮」。「甕」同「瓮」，爲「盆」之誤。瓶，《禮記》同，《御覽》卷 186 引《禮記》作「鉼」，又卷 524 引作「缾」，字同，以金爲之，故字作鉼；以土爲之，故字作缾或瓶也。尊，俗作罇，言以瓶爲罇也。

（12）凡謀人之軍，師敗則死之；謀人之國，邑危則亡之，古之正也

按：正，四庫本「道」，「正」疑當作「法」，已詳《三恕篇》校補。

（13）**雖非晉國，其天下孰能當之**

　　　王肅注：言雖非晉國，使天下有強者，猶不能當也。

按：雖非，《禮記・檀弓下》作「雖微」。鄭玄注：「微，猶非也。」鄭說、
王說皆誤。雖微，猶言豈但〔註399〕。本書作「非」，當讀爲微，但也。
《戰國策・趙策二》：「非社稷之神靈。」《史記・趙世家》「非」作「微」。
《荀子・哀公》：「非吾子無所聞之也。」《新序・雜事四》「非」作「微」。
皆其相通之證。其天下，當據四庫本、范本、《禮記》乙作「天下其」。

（14）**璩伯玉請曰**

按：《御覽》卷 545 引作「蘧伯玉謂孔子曰」。

（15）**毀竃而綴足**

　　　王肅注：綴足，不欲令僻戾。

按：僻戾，《先聖大訓》卷 3、《儀禮經傳通解續》卷 15 同，四庫本作「解
戾」，《御覽》卷 545 引亦作「解戾」。「解戾」不辭，乃「辟戾」之形
誤也。「辟戾」爲二漢人成語。《儀禮・士喪禮》：「綴足用燕几。」鄭
玄注：「綴，猶拘也。爲將履（屨），恐其辟戾也。」〔註 400〕又《既
夕》鄭玄注：「以拘足，則不得辟戾矣。」《周禮・冬官・考工記》：「欲
宛而無負弦。」鄭玄注：「負弦，辟戾也。」「辟戾」即「僻戾」。「戾」
俗字亦作捩，曲也。僻戾言歪僻扭曲也。《鍼灸甲乙經》卷 12：「目痛、
口僻戾、目不明，四白主之。」《備急千金要方》卷 15：「目痛僻戾不
明，四白主之。」

（16）**襲於床**

按：《御覽》卷 545 引「襲」下有「屍」字。

〔註399〕參見楊樹達《詞詮》，中華書局 1954 年版，第 336 頁；王叔岷《古書虛字新
　　　　義》，聯經出版事業公司 1978 年版，第 104 頁；徐仁甫《廣釋詞》，四川人民
　　　　出版社 1981 年版，第 355 頁。
〔註400〕《通典》卷 83、《儀禮經傳通解續》卷 2、5、《六書故》「綴」字條引「履」
　　　　作「屨」。

（17）公父穆伯之喪，敬姜晝哭；文伯之喪，晝夜哭

按：《禮記・檀弓下》同，疑下「晝」字衍文。《國語・魯語下》：「公父文伯之母朝哭穆伯，而暮哭文伯。」《列女傳》卷1：「敬姜之處喪也，朝哭穆伯，暮哭文伯。」「夜哭」即「暮哭」。

（18）爾毋從從，爾毋扈扈

王肅注：從從，高。扈扈，大也。扈（皆）言喪百（者）無容節也。

按：從從，《禮記・檀弓上》同，范本作「縱縱」，《儀禮・士喪禮》鄭玄注引《檀弓》亦作「縱縱」，《禮記・喪服小記》孔疏《檀弓》引作「總總」。鄭玄注：「從從，謂大高。扈扈，謂大廣。」《禮記釋文》：「從，音揔，高也。一音崇，又仕紅反。扈，廣也，大也。」「從從」之本字當即「崇崇」，故爲高義。扈扈，《禮記》同，本字作「俁俁」，《說文》：「俁，大也。」《詩・簡兮》：「碩人俁俁。」毛傳：「俁俁，容貌大也。」《釋文》：「俁俁，《韓詩》作『扈扈』，云：『美貌。』」「俁俁」狀碩人，是爲容貌壯大貌，古以壯大爲美，故又爲美貌也。《爾雅》：「（山）卑而大，扈。」郭璞注：「扈，廣也。」《釋文》作「嶇」。《玉篇》：「嶇，山廣貌。」「嶇」是山卑矮而廣大的專字。字或作「偓偓」，《太玄・遇》：「偓偓兌人，遇雨，厲。」《集韻》：「俁，或作偓。」

（19）拜而后啟顙，頹乎其順也

按：啟，《禮記・檀弓上》作「稽」，正字。鄭玄注：「頹，順也。」字亦作隤，《禮記・曲禮上》鄭玄注：「弓有往來體，皆欲令其下曲，隤然順也。」《釋文》：「隤，本又作頹，順貌。」《易・繫辭下》：「夫坤，隤然示人簡矣。」韓康伯注：「隤，柔貌也。」字亦作儥，《莊子・外物》：「於是乎有儥然而道盡。」《釋文》：「儥，音頹，順也。」

（20）頎乎其至也

按：《禮記・檀弓上》同。鄭玄注：「頎，至也。先觸地無容，哀之至。」《釋文》：「頎，音懇，惻隱之貌。」頎音懇，堅韌貌，與「頹」訓柔順貌相對。鄭注頎訓至者，「至」讀爲實。此言頭先觸地堅實之貌，故爲哀之至也。《周禮・多官・考工記》：「是故輈欲頎典。」鄭玄注：「頎典，堅刃（韌）貌。」鄭司農曰：「頎，讀爲懇。典，讀爲殄。」惠棟曰：「殄，

古文朡字。朡，善也。」〔註401〕惠說非也。典之言朡，字亦作鋪。《說文》：「朡，多也。」《方言》卷13：「朡，厚也。」又卷6：「鋪，重也。」顧典謂堅實而厚重也。

（21）我未之能也

按：「能」下，《禮記·檀弓上》有「行」字。《檀弓上》「我未之能易也。」亦其比。

（22）孔子曰：「哀則哀矣，而難繼也。」

按：「難」下，《禮記·檀弓上》有「爲」字。

（23）可御而處內

按：「處」上，四庫本、寬永本有「不」字。《禮記·檀弓上》作「比御而不入」。此文當補「不」字，「處」字疑衍文。「內」、「入」同義，後人不達「內」字之誼，妄加「處」字耳。

（24）爾責於人終無已夫

按：《禮記·檀弓上》同，《釋文》：「已夫，音扶，絕句。本或作『已矣夫』。」楊朝明誤以「夫」屬下句。

（25）斂手足形，旋葬而無椁，稱其財，為（謂）之禮

王肅注：旋，便。

按：旋，下文作「還」，《禮記·檀弓上》亦作「還」。鄭玄注：「還，猶疾也，謂不及其日月。」《釋文》：「還，音旋。」

（26）其封廣輪揜坎，其高可時隱也

按：時，姜本、宗智本同，四庫本、寬永本作「肘」，范本無此字，《禮記·檀弓下》、《說苑·修文》、《漢書·楚元王傳》亦無。顏師古注引臣瓚曰：「謂人立可隱肘也。」疑後人據臣瓚說補「肘」，因又誤作「時」字。

（27）既封，則季子乃左袒，右還其封

按：還，《禮記·檀弓下》同，《說苑·修文》作「旋」。鄭玄注：「還，圍

〔註401〕惠棟《九經古義》卷8《周禮古義下》，收入《皇清經解》卷366，上海書店1988年版，第2冊，第764頁。

也。」

（28）冉求在衛，攝束帛、乘馬而以將之

按：《禮記·檀弓上》同，鄭玄注：「攝，猶貸也。」將，送也。本書《曲禮
子夏問》：「吾惡夫涕而無以將之。」「將」字義同。楊朝明注：「攝，代
理。將，將命，奉命。」皆誤。

（29）徒使我不成禮於伯高者，是冉求也

按：不成禮，范本作「不誠」，《禮記·檀弓上》亦作「不誠」，《御覽》卷
818 引《禮記》作「不得成禮」。孔疏：「空使我不得誠信行禮於伯高。」
孫志祖曰：「此改作『不成禮』，非。」「誠」脫作「成」，後人因補「禮」
字以足其義。

（30）行道之人皆弗忍也

按：《禮記·檀弓上》同，鄭玄注：「行道，猶行仁義。」鄭說非也。宋·衛
湜《禮記集說》卷 16 引嚴陵方氏曰：「行道之人，與《孟子》『呼爾而
與之，行道之人弗受』同義。」又引廬陵胡氏曰：「行道，謂道路之人。」

（31）先王制禮，過之者俯而就之，不至者企而及之

按：企，孫志祖本、《禮記·檀弓上》作「跂」，借字。及，四庫本作「望」。

（32）旁治昆弟，所以教睦也

按：教，姜本、寬永本、宗智本同，當據四庫本、范本作「敦」，《儀禮經
傳通解》卷 2、5、《先聖大訓》卷 3、《西山讀書記》卷 13 引亦作「敦」。

（33）故雖國君之尊，猶百姓不廢其親，所以崇愛也

按：國君，《孔叢子·雜訓》作「國子」，宋咸注：「國子，諸侯、卿大夫之
子。」本書為長。百姓，當據四庫本作「百世」，《儀禮經傳通解》卷 5、
《先聖大訓》卷 3 引同。

《曲禮子夏問》第四十三

（1）請問從昆弟之仇如之何

按：從昆弟之仇，《禮記·檀弓上》作「居從父昆弟之仇」。此文脫「居」、

「父」二字。寬永本「從」下朱筆旁補一「父」字。

（2）況于其身以善其君乎

王肅注：于，寬也，大也。

按：《禮記·文王世子》同。鄭玄注：「于，讀爲迂。迂，猶廣也，大也。」《先聖大訓》卷 2 注：「于即迂字，曲也。以臣攝政，非正也，權也，故曲也。」宋·衛湜《禮記集說》卷引黃氏曰：「蓋迂者，迂迴委曲之義也。」又引嚴陵方氏曰：「于者，曲也。」何孟春注：「于，讀爲迂，曲也。」鄭玄、王肅說是也。《亢倉子·訓道》臆改「于」作「利」。

（3）居處言語飲食衎爾

按：衎，《御覽》卷 546 引作「侃」，同。

（4）子路問於孔子曰：「魯大夫練而杖，禮也？」

按：杖，當據《荀子·子道》作「牀」。楊倞注：「練，小祥也。《禮記》曰：『期而小祥，居堊室，寢有席。』又『期而大祥，居復寢中，月而禫，禫而牀也。』」宋·黃幹《儀禮經傳通解續》卷 15 云：「案《禮經》練猶有杖，至大祥始除，當以《荀子》爲正。」孫志祖曰：「杖，《荀子》作『牀』，是。豈有練而始杖者乎？」

（5）晏子曰：「唯卿大夫。」

按：《左傳·襄公十七年》、《禮記·雜記上》「大夫」上有「爲」字，當據補。

（6）贈以珠玉

按：贈，各書引同，唯孔本《書鈔》卷 92 引作「賵」。贈送死者爲賵，亦通。

（7）孔子初爲中都宰，聞之，歷級而救焉

王肅注：歷級，遽登階，不聚足。

按：《呂氏春秋·安死》：「孔子徑庭而趨，歷級而上……徑庭歷級，非禮也；雖然，以救過也。」《論衡·薄葬》：「徑庭麗級而諫。」麗、歷一聲之轉。《說文》：「救，止也。」

（8）送而以寶玉

按：「送」下，何本、范本有「死」字，《御覽》卷 550 引有「死人」二字，《書鈔》卷 92、《初學記》卷 14、《先聖大訓》卷 3、《錦繡萬花谷》後集卷 22、《古今事文類聚》前集卷 55、《古今合璧事類備要》前集卷 65 引有「死」字〔註402〕，《記纂淵海》卷 52 引有「人」字，今本有脫文。

（9）不以回事人

按：事，《左傳・昭公二十年》作「待」。「待」當作「侍」，承奉之誼。

（10）二三婦人之欲供先祀者

王肅注：言欲留不改嫁，供奉先人之祀。

按：欲供先祀，《國語・魯語下》作「辱共先祀」，《列女傳》卷 1 作「辱共祀先祀」。韋昭注：「辱，自屈辱，共奉先人之祀者。」「辱」、「欲」疊韻通假，共讀爲供〔註403〕。《禮記・儒行》鄭玄注：「溽之言欲也。」是其證。

（11）無揮涕

王肅注：揮涕，不哭，流涕，以手揮之。

按：揮，《列女傳》卷 1 同，《國語・魯語下》、《資治通鑑外紀》卷 8 作「洶」。韋昭注：「無聲涕出爲洶涕也。」《國語舊音》引賈逵曰：「洶，彈也。」洶讀爲抅、搄，音呼宏切，《集韻》：「搄，揮也，或作抅。」

（12）無拊膺

王肅注：拊，猶撫也。膺，謂胷也。

按：拊，《國語・魯語下》作「搯」，《列女傳》卷 1 作「陷」，《資治通鑑外紀》卷 8 作「搯」。韋昭注：「搯，叩也。」「搯」字是，「陷」、「搯」皆誤。

〔註402〕《書鈔》據陳本，孔本引同今本，亦脫。
〔註403〕參見蕭旭《國語校補》，收入《群書校補》，廣陵書社 2011 年版，第 114 頁。下二條同。

（13）剖情損禮

按：損，《記纂淵海》卷 189 引作「析」〔註404〕，是也。「禮」當作「理」。

（14）欲以明其子為令德也

按：為，《國語・魯語下》、《列女傳》卷 1 作「之」。為，猶之也。

（15）柴也其來，由也死矣

按：《左傳・哀公十五年》同，「死」上並脫「其」字，《禮記・檀弓上》孔疏、《御覽》卷 548、《習學記言》卷 8 引《左傳》並有下「其」字。《史記・衛康叔世家》亦作「由也其死矣」，是其確證。范本不脫。

（16）是故竹不成用，而瓦不成膝

　　王肅注：膝，鎛。

按：「而」字衍文。王肅注「鎛」當作「臏」。膝，寬永本、宗智本作「縢」，二本注作：「縢，嬪。」《禮記・檀弓上》「膝」作「味」。《禮記》「瓦不成味」下有「木不成斲」四字，疑此脫之。鄭玄注：「成，猶善也。味，當作沬。沬，靧也。」《釋文》：「靧，音梅，洗面。」孔疏：「味，猶黑光也，今世亦呼黑為沬也。瓦不善沬，謂瓦器無光澤也。靧謂靧面，證沬為光澤也。」《群經音辨》卷 1：「味，光也。鄭康成說喪禮陳明器，謂瓦不成味。」《集韻》、《類篇》並云：「味，器光澤也。《禮》：『瓦不成味。』」《禮記・喪服小記》孔疏、《白氏六帖事類集》卷 3、19、《御覽》卷 552 引《禮記》作「沬」，敦煌寫卷 P.3636《類書》、《書儀》卷 7 引《禮記》作「沬」〔註405〕，敦煌本注：「沬，靧。」蓋皆據鄭說而改。訓「靧」之字當從「未（wei）」作「沬」，「沫」乃形譌。《先聖大訓》卷 2 據本書作「膝」，云：「其謂無下體乎？《小戴記》膝作味。」考《荀子・禮論》：「木器不成斲，陶器不成物，薄器不成內。」楊倞注：「木不成於雕斲，不加功也。瓦不成於器物，不可用也。薄器，竹葦之器。不成內，謂有其外形，內不可用也。內，或為用。《禮記》曰：『竹不成用，瓦不成味。』鄭云云。」《白虎通義・三教》：「故竹器不成用，木器不成斲，瓦器不成沫。」《荀子》「內」當作「用」，

〔註404〕此據北京圖書館古籍珍本叢刊本，四庫本在卷 81。
〔註405〕《白孔六帖》分別在卷 10、66。

本書「膝」、《白虎通》「沫（沬）」當作「味」〔註406〕。「膝」本作「**脒**」形，因而致誤，因又誤作「膝」。王肅注云「膝，臏」，則王氏所見本已誤作「膝」，這是《家語》不是王肅偽造的一條鐵證。《荀子》作「物」，乃「味」借字，楊倞解爲「器物」，非也。本書《論禮》：「物得其時。」又「物失其時。」《禮記・仲尼燕居》「物」作「味」。「味」當讀如字，「成」亦不訓善，上引諸說皆非是。《埤雅》卷 15：「瓦不成味，則言以受飲食，又不足以成味也。《荀子》曰：『木器不成斲，陶器不成物，薄器不成內。』變味言物，變用言內，其義一也。」《黃氏日抄》卷 15：「不成味，不可盛飲食也，恐不必改字。」讀「味」如字，皆是也。言作明器，不求實用，但具其形而已。故上文云：「凡爲盟（明）器者，知喪道矣，有備物而不可用也。」《鹽鐵論・散不足》亦云：「古者明器，有形無實，示民不用也。」孫志祖曰：「『膝』疑『漆』字之誤。注『膝，臏（毛本誤鑌）』，亦不可解。《禮記》作『味』，鄭注：『味當作沫，靧也。』蓋不取光澤之意。」楊朝明曰：「『沫』同『昧』，指沒有光澤。『膝』當作『漆』，不成漆意爲未曾上漆，沒有光澤。」皆未得。

（17）死者而用生者之器，不殆而用殉也

按：殆而，四庫本、姜本作「殆於」，《禮記・檀弓下》亦作「殆於」。鄭玄注：「殆，幾也。」

（18）於其封也，與之蓆，無使其首陷於土焉

按：封，《禮記・檀弓下》同。鄭玄注：「封，當爲窆。陷，謂沒於土。」

《曲禮公西赤問》第四十四

（1）夫子之言祭也，濟濟漆漆焉

王肅注：威儀容止。

按：《禮記・祭義》同。鄭玄注：「漆漆，讀如朋友切切。」「漆漆」同「切切」。

（2）孔子曰：「繹之於庫門內，祊之於東，市朝於西方，失之矣。」

按：此以下三事，四部叢刊本無，據四庫本。范本、寬永本、宗智本同。東，

〔註406〕陳立《白虎通疏證》失校，中華書局 1994 年版，第 372 頁。

《先聖大訓》卷 2 引同，姜本作「東方」，《禮書》卷 46、《儀禮經傳通解續》卷 25、《文獻通考》卷 96 引作「東方」，《禮記・郊特牲》同。市朝，姜本、《禮書》引作「朝市」，《禮記・郊特牲》同。孫志祖謂作「朝市」是。四庫本脫「方」字。

（3）康子往焉，側門而與之言，內皆不踰閾

王肅注：側門，於門之側而與之言，言不外身，不踰門限。

按：下二句，姜本作：「側門而與之言曰：『禮不踰閾。』」范本作：「側門而與之言，內外皆不踰閾。」寬永本、宗智本作：「側門而與之言曰，皆不踰閾。」寬永本上方校語云：「『曰』字衍。」《先聖大訓》卷 3 引「側門」作「側身」，「閾」作「閾」，「內」作「曰」。《國語・魯語下》、《列女傳》卷 1「側門」作「闈門」，「閾」作「閾」，無「內」字。韋昭注：「闈，閨也。」「內」、「曰」衍文，范本誤作「內」，因又增「外」字。「閾」為「閾」形誤。闈，斜開門，字或作閽、闒，俗作「歪」字〔註 407〕。「側身」誤。

〔註 407〕參見蕭旭《國語補箋》。